"博学而笃志,切问而近思。"
(《论语》)

博晓古今,可立一家之说;
学贯中西,或成经国之才。

主编简介

杨克磊，1963年出生，河北人，天津大学管理与经济学部副教授，硕士生导师。担任沧州化工独立董事、天津市设备管理协会理事会理事、天津市机械设备成套管理局评审专家等。主要研究方向为：技术经济理论与方法、公司金融。近五年主持或参与多项省部级科研项目，并在国内外学术期刊上发表论文多篇、出版著作数部。

廖青虎，1985年生，河南人，天津商业大学公共管理学院副教授，硕士生导师。天津市高校"中青年骨干创新人才"、天津市"131"创新型人才培养工程第三层次人才、天津商业大学"青年英才百人计划"入选人才。主要研究方向为：技术经济理论与方法、财务与金融、文化政策及其治理。近五年主持国家级科研项目一项、省部级科研项目三项，发表SCI、CSSCI论文多篇。

复旦博学·21世纪工程管理系列

GONGCHENG JINGJIXUE

工程经济学（第二版）

编 著／杨克磊 廖青虎

复旦大学出版社

内容提要

本书具有多学科交叉的特点，兼备理论性与应用性，融合了近几年工程经济法规与税收制度的变化情况，体现了最新的会计政策和税法文件精神。本书共十二个章节，可分为三个板块：第一章到第三章主要介绍工程经济学的理论基础，从工程经济学的产生开始，联系相关经济学理论，详细介绍工程经济学学科的发展历程、相关理论基础；第四章到第六章为工程经济学的理论与方法部分，详细阐述资金的时间价值、经济评价指标与方法、多方案比选与排序等内容；第七章到第十二章为工程经济学的应用部分，结合现阶段我国工程经济学的应用现状，介绍工程项目融资、财务经济效益评价、不确定分析、风险分析、设备更新的经济分析与决策、项目可行性研究。

本书既可作为技术经济及管理、财务管理、工程管理、工程造价、公共管理等专业的教科书，也可作为项目管理、工程造价从业人士的实际操作手册。

PREFACE 总 序

摆在我们面前的这套丛书是一套 21 世纪工程管理类专业的系列教材。这是我国高校工程管理教育中的一件大喜事。

众所周知,20 世纪 90 年代末以来,我国房地产业得到了迅猛发展。这无论对改善我国城镇广大居民住房条件、拓展城市空间、改变城镇面貌,还是对启动内需、促进经济增长,都起了巨大的积极作用。当然,在房地产业迅猛发展过程中,也产生了一系列包括房地产供应结构失衡、房价上升过快、市场秩序不规范等问题,但这些问题都是前进中的问题。房地产业作为我国国民经济的支柱产业,地位并不会因产生了这些问题而有所动摇。从 2005 年的"国八条"到 2006 年的"国六条",政府对房地产业发展的一系列宏观政策调控,绝不是要打压或抑制这一行业的发展,相反,完全是为了引导和扶植房地产业更好地、健康地发展。正如医生给一个生了点病的孩子打针吃药一样,是为了使孩子能更好、更健康地成长。

今天,我国经济在科学发展观指引下正阔步前进,人民生活水平在不断提高,农村城镇化进程在加速,在这样的大背景下,我国房地产业的发展正方兴未艾,前程似锦。为了使我国房地产业在今后能更科学、更健康地持续发展,人才培养可说是重中之重。正因为这样,我国目前已有 190 所高校设置了与国际接轨的工程管理专业,这还不包括只在一所大学设置的本科专业。如果含交叉学科(专业基础课,如土地资源管理专业、公共管理专业等),目前全国约有 360 所高校开设有工程管理课程。工程管理专业既不是一般的房地产经济专业,也不是纯土木建筑工程专业,而是一个涵盖这些专业并着重于管理的交叉学科专业。这个专业主要是培养具备管理学、经济学和土木工程技术的基本知识,掌握现代管理科学理论、方法和手段,能在国内外工程建设领域从事项目决策和全过程管理的复合型高级管理人才。这样的人才,必须获得和掌握以下几方面的知识和能力:① 工程管理的基本理论和方法。② 投资经济的基本理论和知识。③ 土木工程的技术知识。④ 工程项目建设的方针、政策和法规。⑤ 国内外工程管理发展动态的信息和知识。⑥ 运用计算机辅助解决管理问题的能力。

为了适应培养这类人才的需要，复旦大学出版社组织了国内一些著名大学的一批专家教授编写出版这套工程管理系列教材，包括《房地产市场营销》《工程项目投资与融资》《工程经济学》《投资经济学》《房地产开发与经营》《工程合同管理》《国际工程承包管理》《工程造价与管理》《建设工程成本计划与控制》《房地产法》《房地产开发企业财务管理》《房地产开发企业会计》《房地产金融》《房地产估价》《物业管理》《房地产管理学》等。由于这套教材是由从华北到华中再到上海的几所知名大学里的有经验的知名教授编写的，因此，有理由预期，这套教材的问世，将对提升我国工程管理专业类教学水平起到极大推动作用。

尹伯成

2006 年 7 月于复旦大学

REPRINT INSTRUCTIONS 再版说明

《工程经济学》自 2007 年初版问世以来,受到了广大读者的欢迎,出版社为满足读者需求数次重印。随着《企业会计准则》的不断修订、工程经济法规与税收制度的不断完善,工程经济理论与实践也发生了新的变化。为适应工程经济学发展的实际需求,也为了全面提高本书的质量,我们着手进行了新一次的修订。关于本书的修订工作,特做出以下几点说明:

1. 基本保持原书的体系、结构不变,对部分章节的知识点和习题进行了更新,为避免本书篇幅过大,本书简明扼要的编写风格没有改变。

2. 大量更新了工程项目财税知识,体现了最新的会计政策和税法文件精神。

近几年来,我国会计政策和税法改革速度加快,会计政策历经多次改革,《中华人民共和国会计法》《企业会计准则第 14 号——收入》《企业会计准则第 16 号——政府补助》《企业会计准则第 21 号——租赁》等做了多次修订;税收政策改革速度加快,尤其是增值税和企业所得税变化较大,2016 年 5 月 1 日全面实施营业税改征增值税后,工程项目从投标报价到工程结算,从会计核算到经营管理,都要符合增值税法规的要求;同时,企业会计报表格式变化很大,在 2017 年、2018 年、2019 年财政部先后发布《关于修订印发一般企业财务报表格式的通知》(财会〔2017〕30 号)、《关于修订印发 2018 年度一般企业财务报表格式的通知》(财会〔2018〕15 号)、《关于修订印发 2019 年度一般企业财务报表格式的通知》(财会〔2019〕6 号),对企业财务报表的格式进行了多次修改。

本次修订在第三章、第五章、第七章和第八章,体现了这些政策的变化。

3. 体现了国家新制定和修订的有关工程经济的法律、法规、规章、规定精神。根据工程经济的实践需求和最新法规环境变化,本书重新梳理与更新了投资项目多方案比选的方法、修订了工程项目风险等级划分与评估方法。

4. 吸收了工程经济从业人员的实践经验和宝贵意见。

本书充分吸收了工程经济、工程咨询、建筑施工等从业人员的实践经验,听取从业人员的宝贵意见,并对书中的实训例题进行了修改,使其符合工程经济实践需求。

本书由天津大学杨克磊副教授、天津商业大学廖青虎副教授共同编著,杨克磊拟定本书章节结构,各章节撰写修订的分工如下:

杨克磊:第一、二、四、九、十一、十二章;

廖青虎:第三、五、六、七、八、十章。

我们本着对读者负责和精益求精的精神,对原书通篇进行了字斟句酌的思考、研究,力求本书既体现工程经济新法规、政策等的要求,又能结合工程经济的实践需求。但由于水平所限,书中纰漏和不足之处在所难免,恳请广大读者批评指正!

杨克磊　廖青虎
2021 年 3 月

CONTENTS 目 录

第一章　工程经济学 ·· 1
　学习目标 ·· 1
　第一节　工程经济学概述 ·· 1
　　一、工程经济学的产生与发展 ································ 2
　　二、工程经济学研究内容 ···································· 4
　　三、工程经济学研究的基本原则 ······························ 5
　　四、工程经济学的决策过程 ·································· 6
　第二节　工程经济学的应用 ······································ 6
　第三节　本书的研究内容及体系 ·································· 7
　本章小结 ·· 7
　关键词 ·· 8
　复习思考题 ·· 8

第二章　经济学基础知识 ·· 9
　学习目标 ·· 9
　第一节　市场供求与市场均衡 ···································· 9
　　一、需求 ·· 9
　　二、供给 ·· 11
　　三、均衡理论 ·· 13
　　四、供需预测与价格预测 ···································· 14
　第二节　经济分析中的效用理论 ·································· 15
　　一、效用论概述 ·· 15
　　二、基数效用论和边际效用分析法 ···························· 15

1

三、序数效用论和无差异曲线分析法 ································· 17
　第三节　工程经济分析的应用原理 ····································· 20
　本章小结 ··· 21
　关键词 ·· 21
　复习思考题 ··· 21

第三章　工程经济分析要素 ··· 23
　学习目标 ··· 23
　第一节　投资概述 ··· 23
　　一、投资的概念 ··· 23
　　二、资产分类 ·· 24
　第二节　投资估算 ··· 25
　　一、建设投资估算 ··· 25
　　二、流动资金投资估算 ·· 30
　　三、建设期利息估算 ·· 32
　第三节　产品成本与费用估算 ··· 33
　　一、成本与费用构成 ·· 33
　　二、总成本费用估算 ·· 35
　　三、相关成本的概念 ·· 41
　第四节　营业收入和利润估算 ··· 43
　　一、营业收入估算 ··· 43
　　二、利润估算 ·· 44
　第五节　主要税金计算 ·· 46
　　一、流转税类 ·· 47
　　二、资源税类 ·· 50
　　三、所得税类 ·· 50
　　四、特定目的税类 ··· 51
　　五、财产和行为税类 ·· 53
　本章小结 ··· 54
　关键词 ·· 54
　复习思考题 ··· 54

第四章　资金的时间价值 ··· 57
　学习目标 ··· 57
　第一节　项目概述 ··· 57
　　一、工程项目现金流 ·· 58

二、现金流量图 ··· 59
第二节　资金时间价值的计算 ··· 60
　　一、资金时间价值概述 ·· 60
　　二、利息与利率 ··· 61
　　三、利息的计算方式 ··· 62
第三节　资金等值及等值变换 ··· 64
　　一、资金等值计算 ·· 64
　　二、资金等值换算 ·· 67
本章小结 ·· 71
关键词 ··· 71
复习思考题 ·· 71

第五章　投资项目经济评价指标与方法 ································ 73
学习目标 ·· 73
第一节　项目经济评价指标分类 ··· 73
第二节　时间性指标与评价方法 ··· 75
　　一、静态投资回收期 ··· 75
　　二、动态投资回收期 ··· 78
第三节　价值性指标与评价方法 ··· 80
　　一、净现值 ··· 80
　　二、净年值 ··· 81
第四节　比率性指标与评价方法 ··· 82
　　一、内部收益率 ··· 82
　　二、净现值率 ·· 85
　　三、总投资收益率 ·· 86
　　四、项目资本金净利润率 ··· 87
　　五、利息备付率 ··· 87
　　六、偿债备付率 ··· 87
　　七、资产负债率 ··· 88
第五节　经济评价指标的关系及选择 ··· 88
　　一、经济评价指标间的关系 ·· 88
　　二、经济评价指标间的选择 ·· 89
本章小结 ·· 90
关键词 ··· 90
复习思考题 ·· 90

第六章 投资项目多方案比选与排序 92
- 学习目标 92
- 第一节 多方案组合关系 92
  - 一、多方案组合的相关性 92
  - 二、多方案组合类型 93
- 第二节 多方案比选的一般性解法 95
  - 一、万加特纳整数规划解法 95
  - 二、互斥组合法 97
- 第三节 互斥型方案的比选 99
  - 一、寿命期相等的方案比选 99
  - 二、寿命期不相等的方案比选 105
  - 三、寿命期无限长的方案比选 109
- 第四节 独立型方案的比选 111
  - 一、独立项目互斥化解法 111
  - 二、独立项目的比选 112
- 第五节 层混型方案的比选 116
  - 一、净现值排序法 117
  - 二、差量效率指标排序法 118
  - 三、存在必须上的层混型项目方案群选优 121
- 本章小结 124
- 关键词 124
- 复习思考题 124

第七章 工程项目融资 127
- 学习目标 127
- 第一节 工程项目融资概述 127
  - 一、项目的融资组织形式 128
  - 二、融资主体的确定 129
  - 三、既有法人内部融资 129
  - 四、基础设施项目融资的特殊方式 130
- 第二节 工程项目资本金来源分析 133
  - 一、项目资本金制度 133
  - 二、项目资本金的出资方式 135
  - 三、项目股本资金及准股本资金 137
- 第三节 工程项目债务资金来源分析 139

  一、项目债务资金的特点 ………………………………………………………… 139
  二、债务资金融资的影响因素 …………………………………………………… 140
  三、项目债务资金的筹措方式 …………………………………………………… 142
 第四节　资金成本分析 ………………………………………………………………… 146
  一、资金成本分析概述 …………………………………………………………… 146
  二、资金成本的计算 ……………………………………………………………… 147
 第五节　融资方案优化 ………………………………………………………………… 153
  一、融资方案优化概述 …………………………………………………………… 153
  二、资金结构分析 ………………………………………………………………… 154
  三、融资风险分析 ………………………………………………………………… 157
 本章小结 ………………………………………………………………………………… 159
 关键词 …………………………………………………………………………………… 159
 复习思考题 ……………………………………………………………………………… 160

第八章　工程项目财务效益评价 ……………………………………………………… 161
 学习目标 ………………………………………………………………………………… 161
 第一节　工程项目财务效益评价概述 ………………………………………………… 162
  一、财务评价的概念和作用 ……………………………………………………… 162
  二、财务评价基础数据与参数的选择 …………………………………………… 165
 第二节　财务评价报表编制 …………………………………………………………… 170
  一、财务评价辅助报表 …………………………………………………………… 170
  二、财务评价主要报表 …………………………………………………………… 175
 第三节　财务效益分析 ………………………………………………………………… 184
  一、盈利能力分析 ………………………………………………………………… 184
  二、偿债能力分析 ………………………………………………………………… 186
 第四节　非营利性项目的财务效益分析 ……………………………………………… 188
  一、非营利性项目财务效益分析的目的和要求 ………………………………… 188
  二、非营利性项目财务效益分析的方法和指标 ………………………………… 188
 本章小结 ………………………………………………………………………………… 189
 关键词 …………………………………………………………………………………… 189
 复习思考题 ……………………………………………………………………………… 190

第九章　工程项目的不确定性分析 …………………………………………………… 191
 学习目标 ………………………………………………………………………………… 191
 第一节　不确定性问题概述 …………………………………………………………… 191

一、不确定性的概念 ·· 191
　　二、不确定性问题的产生 ·································· 192
第二节　敏感性分析 ·· 192
　　一、敏感性分析的基本概念 ······························ 192
　　二、敏感性分析的步骤 ···································· 194
　　三、单因素敏感性分析法 ································· 195
　　四、多因素敏感性分析法 ································· 196
第三节　盈亏平衡分析 ·· 197
　　一、盈亏平衡分析概述 ···································· 197
　　二、线性盈亏平衡分析模型 ······························ 198
本章小结 ·· 200
关键词 ··· 200
复习思考题 ··· 200

第十章　工程项目风险分析 ·································· 202

学习目标 ·· 202
第一节　工程项目风险分析概述 ······························ 202
　　一、风险和风险分析 ······································· 202
　　二、不确定性分析与风险分析 ··························· 202
　　三、风险分析在项目评价决策中的作用 ················ 203
第二节　风险识别 ·· 203
　　一、风险识别的方法 ······································· 204
　　二、投资项目常见风险归纳 ······························ 204
第三节　风险评估 ·· 207
　　一、风险等级的划分 ······································· 207
　　二、风险评估方法 ·· 208
第四节　风险防范 ·· 221
本章小结 ·· 222
关键词 ··· 222
复习思考题 ··· 223

第十一章　设备更新的经济分析及决策 ··················· 225

学习目标 ·· 225
第一节　设备磨损及其经济寿命 ······························ 225
　　一、设备磨损及其分类 ···································· 225

二、设备磨损的计算 ………………………………………………… 226
　　三、设备的寿命 ……………………………………………………… 227
　　四、设备经济寿命的确定 …………………………………………… 228
第二节　设备大修理的经济分析 …………………………………………… 229
　　一、设备大修理的弊端 ……………………………………………… 229
　　二、设备大修理的经济依据 ………………………………………… 230
　　三、设备大修理的时间选择 ………………………………………… 231
第三节　设备更新的经济分析 ……………………………………………… 233
　　一、设备更新的意义、策略及程序 ………………………………… 233
　　二、设备更新的时机选择 …………………………………………… 235
　　三、设备更新方案比较的特点和原则 ……………………………… 236
　　四、设备更新方案的比较选择方法 ………………………………… 236
第四节　设备租赁的经济分析 ……………………………………………… 238
　　一、设备租赁基础概念 ……………………………………………… 238
　　二、设备租赁的类型 ………………………………………………… 238
　　三、设备租赁的经济分析：租赁还是购买 ………………………… 239
第五节　改扩建项目更新分析 ……………………………………………… 240
　　一、改扩建项目经济分析的特点 …………………………………… 240
　　二、几种更新分析的比较 …………………………………………… 240
本章小结 …………………………………………………………………… 242
关键词 ……………………………………………………………………… 242
复习思考题 ………………………………………………………………… 242

第十二章　项目可行性研究 …………………………………………… 244

学习目标 …………………………………………………………………… 244
第一节　可行性研究概述 …………………………………………………… 244
　　一、可行性研究的必要性 …………………………………………… 244
　　二、可行性研究的概念和作用 ……………………………………… 245
第二节　可行性研究的阶段和内容 ………………………………………… 245
　　一、可行性研究的阶段 ……………………………………………… 245
　　二、可行性研究的内容 ……………………………………………… 247
第三节　可行性研究工作的组织与实施 …………………………………… 250
　　一、可行性研究的依据 ……………………………………………… 250
　　二、可行性研究的要求 ……………………………………………… 250
　　三、可行性研究的工作程序 ………………………………………… 251

第四节　可行性研究在我国的应用 ………………………………………… 252
本章小结 …………………………………………………………………… 255
关键词 ……………………………………………………………………… 255
复习思考题 ………………………………………………………………… 255

参考文献 ……………………………………………………………………… 256

复习思考题参考答案 ……………………………………………………… 258

附表　复利系数表 ………………………………………………………… 287

后记 ………………………………………………………………………… 300

第一章 工程经济学

学 习 目 标

学习了本章后,应该能够:
1. 理解工程经济学的概念;
2. 了解工程经济学的发展史;
3. 了解工程经济学研究的对象及方法;
4. 了解工程经济学国内外的研究现状。

相对于其他学科而言,工程经济学是一门年轻的学科,在我国尤其如此。我国对工程经济学的研究和应用始于20世纪70年代后期。但社会经济的发展,科学技术的进步,以及市场竞争的日益激烈,产品与工程项目的投入同质性越高,工程项目的投资规模日趋增大,所用的技术也越来越复杂,这些都提高了进行工程项目经济分析和决策的难度,也增强了工程经济学的重要性。

第一节 工程经济学概述

工程经济学是以工程技术为主体,以技术和经济这个系统为核心,研究如何有效利用工程技术资源,使得各项工程活动取得最大的经济效益的一门学科。也有人将工程经济学定义为简化经济比较的一种数学方法集合。

工程经济学是一门应用性的学科。对工程技术人员来说,知识本身不是学习的目的,而是用来设计和制造各种结构、系统、过程等的理论依据。工程技术能够创造出落后生产技术不能创造的产品,例如核能利用技术、网络信息技术等等,还能够用较少的资源创造出相等数量或者更多的产品。脱离了经济效果的标准来评价生产技术的先进或者落后,决定孰取孰舍,都是毫无意义的。但是工程技术的先进性和应用性之间又存在着矛盾,由于实际生产中的具体的自然和社会条件不同因而产生的技术效果也是不一样的。在一种条件下,某种技术的先进性可能在另一种情况下却体现出落后性。在经济社会中,应用工程学不单单是一种分析和设计活动,也是为了满足人的要求而采取的手段。因此,在实际应用工程学时有两个要点必须牢记:自然条件和人的需求。由于资源限制,应用工程学知识必须同经济紧密联系在一起。在工程项目实施之前,非常有必要对其设计提案根据产生的价值和费用来进行评估。为了更好地为社会经济建设服务,最大限度地满足社会的需要,就要研究在一定时间和具体条件下,采用哪种工程技术才是合适的、可行的。这个问题不仅由技术的先进或者落后所决定,更要通过项目产生的经济价值和所耗费的成本的计算才能解决。所以,作为一个工程师应综合考虑工程学和经济学的因素,来进行项目的设计、评价和取舍。

一、工程经济学的产生与发展

(一)工程经济学的萌芽与形成(1887—1930)

一般以为,惠灵顿(A. M. Wellington)1887年的著作《铁路布局的经济理论》最早阐述了工程经济的思想。作为一名建筑工程师,惠灵顿开创了工程领域的经济评价工作,他以为不能将工程学等同于建造艺术,其同时也是一门"少花钱多办事的艺术",并开创性的将资本化的成本分析法,应用到铁路最佳长度或路线率的选择中,工程经济学由此萌芽。20世纪初,美国斯坦福大学的菲什(J. C. L. Fish))则直接出版了第一部冠以《工程经济学》(Engineering Economics,1915年第一版,1923年第二版)名称的著作。

惠灵顿的学说对后来的工程学家和经济学家的思想和研究都产生了重大的影响。在20世纪20年代,戈尔德曼(O. B. Goldman)发表了其著作《财务工程学》(Financial Engineering),在此书中,提出了复利这种利息计算方法,并且在书中提出:"有一种奇怪并且遗憾的现象,许多作者在他们的工程学的书籍中,没有或者很少考虑成本的问题,没有考虑到工程师的最基本的职责是如何结合成本的限制以使工程项目达到最大的经济性,即能够获得最大可能数量的货币,获得最好的财务效率。"戈尔德曼的学说再一次将工程学当中的经济性问题提高到学术研究的高度。

然而真正使工程经济学成为一门系统化科学的学者,则是格兰特教授(E. L. Grant)。他在1930年发表了被誉为工程经济学经典之作的《工程经济学原理》(Principles of Engineering Economy)。格兰特教授不仅在该书中剖析了古典工程经济的局限性,而且以复利计算为基础,讨论了判别因子和短期评价理论和原则。他的许多理论贡献获得了社会公认,故被誉为工程经济学之父。这本书被美国很多大学作为教材所使用,被称为工程经济学的经典之作。

自此,工程经济学获得了公众的认可,作为一门独立的系统的经济学科而存在了。此后,工程经济学在美国得到了快速的发展,逐渐成长和完善起来。

(二)工程经济学的发展(1950—1990)

第二次世界大战之后,工程经济学受凯恩斯主义经济理论的影响,研究内容从单纯的工程费用效益分析扩大到市场供求和投资分配领域,从而取得重大进展。20世纪60年代以来,工程经济学(包括公司理财学)研究主要集中在风险投资、决策敏感性分析和市场不确定性因素分析等三个方面。

迪安(J. Dean)与其同事,在20世纪50年代提出工程经济学当中的现代研究方法,即用折现现金流的贴现方法和资本限额分配方法来进行项目投资和发展的研究。

布西(L. E. Bussey)在1978年出版著作《工业投资项目的经济分析》,在书中,布西对工程经济学当中工程项目的资金筹集、经济评价、决策优化、项目风险以及项目不确定性分析进行系统性的分析和总结。

里格斯(J. L. Riggs)在1982年出版《工程经济学》,系统、严谨地阐述了工程经济学的内容。这本书比以往的工程经济学著作多了很多新的研究方向和内容,着重研究了货币的时间价值,时间的货币价值,如何管理货币,如何进行经济决策分析,如何衡量项目的风险和不确定性等内容。

随着现代科学技术的迅速发展,为使工程项目服务于经济并应用于实践,使有限的资金发挥最大限度地满足社会需要的作用,就需要考虑根据资金条件确定工程项目方案和针对特定的经济环境选择作为衡量标准的经济指标,以正确地评价和比较各种方案,从中选择最优方案。同时随着人类社会活动的增强,工程技术活动的经济环境和工程项目的经济结构日趋复杂,这就必须结合考虑各种无形因素对工程项目的影响,以客观的经济规律指导工程技术活动,充分估计活动过程中的风险和不确定状况。工程经济学产生于上述背景之下,工程经济学运用经济理论和定量分析方法,研究工程投资和经济效益的关系,或者是费用与效益的关系,并平衡成本、性能和效益之间的关系,其任务是以有限的资金,完成工程项目任务,获得最高的经济效益。现代工程经济学的发展侧重于用概率统计进行公共项目的评估,风险性、不确定性和无形分析的新方法研究以及非经济因素的研究。其中不确定情况下的各种决策准则对不确定性的研究与通过概率分析的蒙特卡罗法对风险性的研究构成了严格的区别。

20世纪70年代以来,处于新技术革命时代的各国企业经历了从传统的规模经济下的标准化、连续化和自动化的少品种、大批量的生产方式向在规模经济、集约经济下的专业化、效益最佳化和生产手段智能化的多品种、中小批量生产方式的转变。这就要求国际市场上的产品在资本、信息、能源和时间上组成人力和自然资源一体化的系统。企业为适应这种转变,必须突出对先进制造技术的资本和非资本投资的关注。因此工程经济学在"企业战略投资"问题上日益发挥积极的作用,这种转变在制造和服务性的跨国公司中尤为突出。新的工程项目发展重点,已从传统的单纯的项目优化分析转向企业的生存战略决策,工程经济学中发展了用财政和非财政指标或指标组对企业生存竞争的战略投资评估、基于活动的成本估算ABC分析、多目标决策和模糊分析等内容,其研究领域和范围日渐丰富。

近20年来,蒂森(G.J. Thuesen)与法布里基(W.J. Fabrycky)于2001年出版《工程经济学》(*Engineering Economy*);布兰克(L. Blank)与塔尔坎(A. Tarquin)于2002年出版《工程经济学》(*Engineering Economy*);沙利文(W.G. Sullivan)、威克斯(E.M. Wicks)与

勒克斯霍(J.T. Luxhoj)于2003年出版《工程经济学》(Engineering Economy),可以看作是工程经济学研究领域的新进展,书中内容包括如何运用新的方法对上文所述新问题进行分析和研究。斯坦纳(H.M. Steiner)出版著作《工程经济学原理》(Engineering Economic Principles)介绍了有关投资决策的基本概念、原理和有关评价指标等,并且把所得税、折旧、通货膨胀、借贷(包括抵押贷款等方式)等纳入经济分析。

此外,工程经济学在东方也得到了很大的发展,日本早在20世纪50年代便开始了对西方工程经济学的研究和探索。我国从20世纪70年代后期开始,逐步发展和应用工程经济学。在工程项目成本估算中,采用了间断支付和间断复利的折现现金流量法。80年代初,在标准化效益评价的国家标准中,首次出现了现值、终值和利率的概念。1984年,交通部编制的《运输船舶技术经济论证名词术语》部颁标准(JT0013-85)的附录部分较详细地阐述了工程经济学中的有关名词术语。从而使我国的工程经济学研究向规范化、标准化迈出重要的一步。目前在项目投资决策分析、项目评估和管理中,已经广泛地应用工程经济学的原理和方法。在1998年新设置的大学本科管理学科与工程一级学科都安排了工程经济学课程,表明工程经济学在当前的实践中日益受到重视。这相对于我国以前工程学科不设置经济学课程、工程技术人员缺少经济学知识的历史状况是质的跨越。在当前投资作为经济增长的重要内容的市场经济发展阶段,形成投资的每个工程项目的经济效益评价和经济学分析,必然具有十分重要的现实意义。

二、工程经济学研究内容

工程经济学和管理经济的研究对象是如何进行经济决策,亦即按经济准则选取最佳方案的学科,工程经济的主题就是对经济决策提供原理和技术方法。

无论是第一代的工程经济学家惠灵顿、菲什、戈尔德曼,还是当代的里格斯,乃至布西,都或明或暗地认为工程经济学就是为工程师而准备的经济学。惠灵顿直接将工程经济学定义为"使工程师少花钱多办事的艺术"。这样一来,工程经济学的具体对象就涵盖了工程项目规划、投资项目经济评价、投资决策分析及生产经营管理领域的决策问题。日本学者千住镇雄、伏见多美雄教授和中村善太郎副教授自20世纪50年代开始,就对西方的工程经济学进行研究、反思和新的探索,创建了颇具特色的经济性工学。他们认为,不论是企业还是非营利组织,为合理地运营发展,都以"经济性"为准则或尺度选择行为方案,这种基于经济性的分析称为经济性分析。我国学者任隆洧、陈云鹏1987年出版了一本《工程经济》,主要研究了"工程项目的节约即经济性"。

实际上,工程经济研究的对象就是工程项目的经济性,也就是研究各种工程项目的经济规律,研究其工程技术方案的经济效果,研究如何将技术最好地应用到生产过程中,以最少的投入获得最大的收益。

工程经济学应用工程学和经济学的综合知识来研究项目的投资和生产过程的各类工程经济问题,因此,其主要的研究内容包括:项目投资决策的可行性分析及经济评价指标体系、技术设备的使用和更新、项目的风险和不确定性分析、成本分析和控制、企业规模的选择等。

工程经济学的目的就是对工程项目的各个备选方案进行分析、评价，以选择和确定有限资源的正确选择和合理的使用，在技术上可行，经济上合理，以产生最佳的结果。

三、工程经济学研究的基本原则

对任何理论的研究、发展和应用都必须从其基础开始。我们将工程经济学的基础定义为一系列的原理，或者基础概念。经验证明，在工程经济学的分析中，很多决策的失误并不是具体的计算或操作的失误，而多是由于其对最基本的原理的认知错误或误解。整个工程经济学的基础理论可以体现在以下七个原则之中。

1. 原则一：形成备选方案

决策是在两个或者多个备选方案中做出选择，首先要鉴定备选方案，然后定义其后的分析。因此有必要多做出一些备选方案，以提供更好的选择基础。

2. 原则二：着重备选方案的差异

只有备选方案期望收益的差异才是与方案比选有关的，并且应该在决策中给予重要考虑。

3. 原则三：运用持续的观点

备选方案的期望收益、经济性以及其他等，应该以一个持续发展的视角来分析。

4. 原则四：使用常规的衡量体系

尽可能地运用常规的衡量体系来进行期望效果的分析，这样可以简化备选方案的分析和比选。作为经济分析，用货币来度量工程项目的效益是最普遍的，但是很多效益无法直接表现为货币形式，为了比较，最好尽可能地转化为货币单位的形式。如若实行困难，也应该尽量加以量化。

5. 原则五：考虑所有的相关标准

在备选方案的决策择优选择时需要使用一定的标准。决策过程中必须考虑体现为货币单位形式的经济效益，其他形式体现的经济效益，或者其他的准确而清晰的描述。在决策时，通常从长期利益的角度来选择备选方案。在工程经济学分析中，主要标准与长期的经济利益相关联。其根据源自这样一个假设，即尽可能调拨可用资产以获得最大资金收益。通常，在决策中项目还有期望达到的其他的系统目标，这些也应该在项目比选的时候给予充分的考虑和重视。那些非经济意义的属性和多目标构成决策过程中另外一些标准的基础。

6. 原则六：明确项目的不确定性

项目的不确定性蕴含于备选方案对未来收益的评价中，在未来工程项目的经济分析中涉及的预测和估计都具有不确定性，这种不确定性是无法避免的。应该在分析和比选的时候尽可能地事先揭示和估测出其不确定性以及它对项目的影响程度。

7. 原则七：重新检验决策

从一个适应过程中提高决策的制定效果，为了拓展可行性，所选备选方案的初始目标收益随后应该与其实际能达到的收益作比较。

四、工程经济学的决策过程

一项工程经济学的研究,伴随着计算机技术和数学建模方法的应用,决策状态的经济效果,包含两个或两个以上的备选方案,通常还包括其他的工程学知识和投入。一个有效的、合理的工程经济分析程序与前一节所阐述的基本原则相结合,包含以下七个步骤。

(1) 明确问题。为整个项目随后的分析提供基础。

(2) 开发备选方案。这个步骤首要的两个活动包括:首先开发潜在的备选项目,然后筛选这些备选项目以选择出较少的一些可行方案以备在步骤(5)中进行细致的分析和比选。

(3) 显示预期收益。

(4) 选择决策标准。

(5) 分析和比选备选方案。

(6) 选择最优方案。

(7) 性能鉴定及项目产生效果的后评价。

第二节　工程经济学的应用

工程经济学的研究范围不断扩大,几乎对各行各业均有涉猎并形成了专门的研究领域。如已经形成规模的不同行业的项目评价、资产评估等咨询工作,资源类(土地、能源、人力资源等)技术经济研究,环境经济研究,技术经营(管理)等。工程经济学在国内的应用还有待扩展,虽然目前工程项目都在可行性研究中包含了经济分析,其中包括经济分析和财务分析的内容,但对有限资金条件下的项目组群的评价和排序、评价指标体系的构成等宏观调控领域的工程经济学研究和项目的不确定性研究还亟待开展。

工程经济学从微观领域向宏观领域不断渗透,其本质上属于微观经济学的应用学科,主要涉及厂商、市场、价格、成本、所得等微观经济学概念。目前相当多的研究涉及投资与消费、就业、产业结构等宏观经济领域,如技术进步与产业结构演进,经济全球化下的技术转移与技术扩散,国家技术创新战略和技术创新体系等。即便是项目评价中的区域经济与宏观经济影响分析,也主要以宏观经济学的理论为指导。从简单定量分析向应用复杂系统模型深化,坚持采用定量分析和定性分析相结合的分析方法。所采用的定量分析方法比较简便易懂,以利于普及。

当前的一个显著特点是:一方面,这些工程经济学常规方法已经从大学、研究院所进入企业和市场咨询机构,发挥着重要作用;另一方面,一些国家重大技术经济课题,往往借助模型化的数学方法,将系统分析、最优化理论、运筹学、计量经济学与工程经济学融为一体,构造更加复杂系统的数学模型进行分析和模拟,大大提高了分析的科学性和可靠性。

工程经济学将伴随中国经济建设的实践需要而不断发展。在我国，工程经济学被赋予一个新的学科名称——技术经济学，很大程度上，我国对工程经济学的研究体现在技术经济学的内容和角度上。技术经济学是在中国老一辈技术经济学者的带领下，经过技术经济的实际工作者和理论工作者多年的创新和发展，在总结我国经济建设中技术经济分析论证经验的基础上，吸收国外工程经济学的理论和方法，形成的一门跨越技术科学与经济科学两大领域的综合性交叉学科。随着市场经济的发展，技术经济学方法的应用范围将不断扩大，广泛应用于各种产业政策及其他政策的论证与评价；生产力布局、转移的论证与评价；经济规模的论证与评价；资源开发利用与有效配置的论证与评价；企业技术改造的论证与评价；技术转移与技术扩散的经济分析与技术引进的论证与评价；企业技术创新、新技术开发、新产品研制的论证与项目评价；企业技术经济潜力的分析、论证与评价；技术发展战略的研究、论证与评价等。其经济理论方法也将应用于环境研究领域中，如环境污染与生态破坏的经济损失估算，绿色GDP核算体系，环境政策与管理的经济分析。在资源技术经济领域，将研究节能技术的经济评价，替代能源及新能源技术开发的经济分析，重大能源项目的经济分析，人力资源配置，技术进步，增长方式转变与就业形势分析等。在信息经济领域，将应用于技术进步与信息化战略，企业信息化技术经济评价理论与方法等。知识经济研究也将把技术与经济互动关系的研究带入一个新的天地，相关的研究针对知识经济的发展背景、概念，知识经济与高技术产业的关系，知识经济与工业化现代化的关系，国家技术创新体系等展开。此外，还涉及企业绩效评估，证券投资基金绩效评估，资产评估，资源、生态与环境的价值评估，资本效率与经济增长分析，人力资源开发，政府公共工程项目评价理论与方法，大型区域开发项目经济分析与社会分析，技术产权交易和金融挤兑的博弈分析等。

第三节 本书的研究内容及体系

本书分为十二章，首先对经济学基础知识作了基本介绍，将经济学贯穿于学科整体的研究中，在此基础上具体进行了工程经济学分析要素，资金的时间价值与等值变换及计算，投资项目经济评价指标与方法，项目投资多方案比选及排序，工程项目融资，工程项目财务效益评价，工程项目不确定性分析及风险分析，设备更新的经济分析及决策以及工程项目可行性研究等方面的阐述与探讨。

本章小结

工程经济学起始于西方国家，在我国还属于新兴学科，我国对工程经济学的研究还需要深入提高。总体来说，工程经济学实际上就是以工程技术为主体，以技术和经济这个系统为核心,研究如何有效利用工程技术资源,使得各项工程活动取得最大的经济效益的一门学科。学习工程经济学就要从了解它的萌芽与形成开始,进而对第二次世界大战之后它的飞速发展进行分析和研究。重点是掌握工程经济学的研究对象,研究中必须基本遵循的原则,以及决策过程。

关键词

  工程经济学 工程技术 项目规划 经济评价 投资决策分析 方案比选 预期收益

复习思考题

1. 什么是工程经济学?请简述其发展过程。
2. 工程经济学的研究内容是什么?
3. 简述工程经济学研究的基本原则。

第二章 经济学基础知识

学 习 目 标

学习了本章后,应该能够:
1. 理解工程经济学与经济学的相互关系;
2. 了解经济学的基本概念和基本理论;
3. 了解边际效用分析和无差异曲线分析;
4. 掌握工程经济分析的应用原理。

工程经济学是经济学的重要组成部分,它研究问题的出发点、分析问题的方法和主要指标内容都与经济学一脉相承。经济学是工程经济学的理论基础,而工程经济学则是经济学的具体化和延伸。故在本书的开始需要对涉及经济学的一些基本概念和基本理论做一些阐述。

经济学是研究个人、家庭、企业、政府以及其他社会组织如何进行选择和使用可以有许多用途的稀缺的经济资源,以便在某个时间生产经济物品(经济物品指必须付出某种代价才能得到的物品),并把所生产的经济物品分配给社会成员供其消费的一门社会科学。在经济学定义中提到的稀缺性,是一个非常重要的概念,它是指经济资源相对于人类无止境的欲望所表现出来的有限性和不足性。经济学所要讨论的就是如何利用现有的经济资源去尽可能地生产更多的经济物品来更有效地满足人类欲望的所谓选择问题。选择包括:生产产品的选择、生产时间的选择、生产方式的选择和产品使用者的选择。以下就从这门学科最基本的两个概念(需求和供给)开始简要介绍一下经济学。

第一节 市场供求与市场均衡

一、需求

1. 需求的定义

需求是指消费者在一定时期内,在各种可能的价格水平愿意而且能够购买的某种商品的数量。根据定义,如果消费者对某种商品只有购买的欲望而没有购买的能力,就不能算作需求。需求的前提必须是既有购买欲望又有购买能力。一种商品的需求数量是许多因素共同决定的。其中主要的因素有:该商品的价格、消费者的收入水平、相关商品的价格、消费者的偏好和消费者对该商品的价格预期等。需求函数可以表达为

$$D = f(A, B, C, \cdots, N) \tag{2-1}$$

式(2-1)中,D 为需求;$A,B,C,\cdots,N$ 为各种影响需求的因素。若除价格外其他因素不变,需求函数可记为

$$D = f(P) \tag{2-2}$$

2. 需求定律

在其他条件不变的情况下,需求量随价格的上升而减少,随价格的下降而增加。

3. 需求曲线及其变动

需求曲线是在平面直角坐标系中,表示商品需求数量与商品价格之间对应关系的曲线。经济学中一般以纵轴表示价格,以横轴表示需求数量。如图 2-1 所示。

通常的需求曲线都是向右下方倾斜的。需求曲线向右下方倾斜的状况正好反映了需求定律,即:在其他条件不变的条件下,商品需求量与其价格呈反方向变化。价格上升,需求量减少;价格下降,需求量上升。用数学语言表述就是:需求定律表明需求量对于价格的一阶导数小于零,即:$\dfrac{dQ}{dP} < 0$。

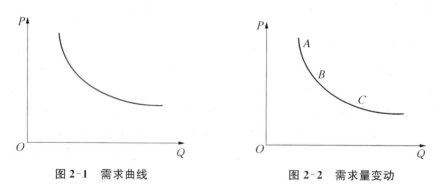

图 2-1 需求曲线　　　　　　图 2-2 需求量变动

注意:需求曲线有例外的情况,即需求曲线向右上方倾斜;需求曲线是一条水平线或需求曲线是一条垂线。例如吉芬商品的需求曲线就是向右上方倾斜的。吉芬商品现象是以 19 世纪英国经济学家吉芬发现的一种不遵守需求法则的商品市场现象。吉芬发现在当时闹饥荒的情况下,所有食品的价格都在上升,其需求量也在减少。但唯独土豆(吉芬品)的价格上升,其需求量也在上升,即价格与需求量同方向变动。

价格变动引起的需求量的变动称为需求量变动。需求量变动在图形上表现为在一条既定的需求曲线上点的位置移动。如图 2-2 所示。

其他因素引起的需求量的变动称为需求的变动。需求的变动在图形上表现为整条

需求曲线的移动。如图 2-3 所示。

4. 需求弹性

弹性是一个变量对另一个变量的敏感性的度量。

需求的价格弹性是以价格为自变量、需求量为因变量的弹性关系。如果用 E_d 表示需求的价格弹性系数,用 Q 和 ΔQ 分别表示需求量和需求量的变动量,用 P 和 ΔP 分别表示价格和价格的变动量,那么有

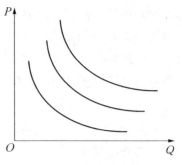

图 2-3 需求的变动

$$E_d = \frac{\frac{\Delta Q}{Q}}{\frac{\Delta P}{P}} = \frac{\Delta Q}{\Delta P} \cdot \frac{P}{Q} \quad (2-3)$$

它表明了需求量对市场价格的变动做出反应的程度。

(1) $E_d = 0$,需求完全无弹性,无论价格怎样变动,需求量都不会变动。

(2) $E_d = \infty$,需求完全弹性,表示在既定的价格水平上,需求量是无限的,而一旦高于既定价格,需求量几乎为零,说明商品的需求变动对其价格变动异常敏感。

(3) $E_d = 1$,单位需求弹性,表示需求量与价格按同一比率变动。

(4) $0 < E_d < 1$,需求缺乏弹性,表示需求量变动的比率小于价格变动的比率。

(5) $1 < E_d < \infty$,需求富于弹性,表示需求量变动的比率大于价格变动的比率。

一种商品的需求价格弹性的大小与很多因素有关,其中主要因素有:该种商品的可替代程度、该商品在生活中的重要程度、该商品用途的多寡、该商品的购买支出占消费支出的比例等。

商品的可替代程度是影响该商品需求价格弹性大小最重要的因素。一种商品的替代品越多,该商品的需求价格弹性就越大。

从商品在生活中的重要程度看,生活必需品的需求价格弹性小,奢侈品的需求价格弹性大。

从商品用途的多寡来看,一种商品的用途越广,其需求价格弹性就越大。反之,商品的用途就窄,其需求价格弹性就越小。

从购买商品的支出占消费的比例来看,某种商品购买支出占消费总支出的比例越大,其需求价格弹性就越大;某种商品的购买支出占消费总支出的比例越小,其需求价格弹性就越小。

分析商品的需求价格弹性的大小及影响因素对于企业的经营决策,特别是价格决策是非常重要的。企业在制定产品的价格时,一定要分析自己产品的需求价格弹性的情况。如果企业生产经营的某种商品需求价格弹性富有弹性,则可以采取"薄利多销"的价格策略。相反,如果企业经营的商品其需求价格弹性缺乏弹性,则应维持一个较高的商品价格。

二、供给

1. 供给的定义

供给是指生产者在一定时期内在各种可能的价格下愿意而且能够提供出售的某种

商品的数量。根据上述定义,如果生产者对某种商品只有提供出售的愿望,而没有提供出售的能力,则不能形成有效供给,也不能算作供给。

一种商品的供给数量取决于多种因素的影响,其中主要的因素有:该商品的价格、生产的成本、生产的技术水平、相关商品的价格和生产者对未来的预期等,供给函数可表达为

$$S = f(A,B,C,\cdots,N) \tag{2-4}$$

式(2-4)中,$A,B,C,\cdots,N$ 为各种影响供给的因素。若除价格外其他因素不变,供给函数可记为

$$S = f(P) \tag{2-5}$$

2. 供给定律

在其他条件不变的情况下,商品供给量随价格的上升而增加,随价格的下降而减少。

3. 供给曲线及其变动

供给曲线是在供给函数的基础上绘制的,用来表明供给数量与商品价格之间关系的曲线。经济学中以纵坐标表示价格,以横坐标表示供给数量。如图 2-4 所示。

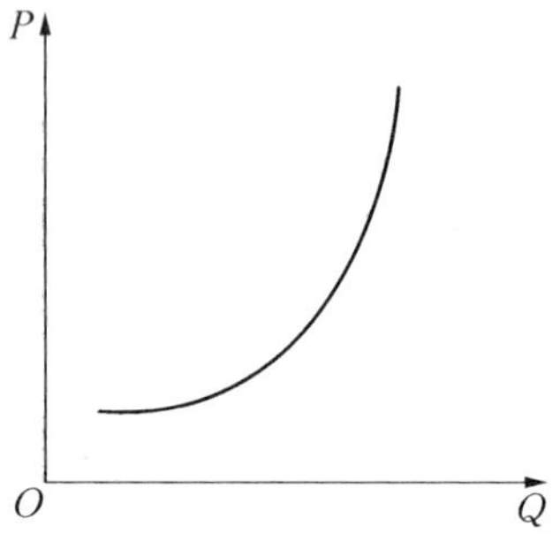

通常的供给曲线都是向右上方倾斜的。供给曲线向右上方倾斜的状况反映了供给定律,即:在其他条件不变的情况下,商品供给量与其价格呈同方向变化。价格上升,供给量增加;价格下降,供给量减少。用数学语言表述就是:供给法则表明供给量对于价格的一阶导数大于零,即 $\dfrac{\mathrm{d}Q}{\mathrm{d}P} > 0$。

图 2-4 供给曲线

注意:供给曲线与需求曲线一样也有例外情况,即供给曲线向右下方倾斜或者供给曲线是一条垂线。例如土地的供给曲线即使在长期也是垂直于横坐标的一条曲线。又如劳动的供给曲线在工资率达到一定水平之后就可能向右下方倾斜。价格变动引起的供给量的变动称为供给量变动。供给量变动在图形上表现为在一条既定的供给曲线上点的位置移动。如图 2-5 所示。

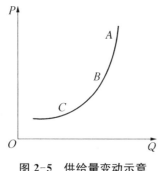

图 2-5 供给量变动示意

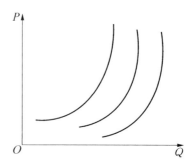

图 2-6 供给的变动示意

其他因素引起的供给量的变动称为供给的变动。供给的变动在图形上表现为整条供给曲线的移动。如图 2-6 所示。

4. 供给弹性

供给的价格弹性是以价格为自变量、以供给量为因变量的弹性关系。如果用 E_s 表示供给的价格弹性系数,用 Q 和 ΔQ 分别表示供给量和供给量的变动量,用 P 和 ΔP 分别表示价格和价格的变动量,则有

$$E_s = \frac{\frac{\Delta Q}{Q}}{\frac{\Delta P}{P}} = \frac{\Delta Q}{\Delta P} \cdot \frac{P}{Q} \tag{2-6}$$

(1) $E_s = 0$,供给完全无弹性,无论价格怎样变动,供给量都不会变动。
(2) $E_s = \infty$,供给完全弹性,表示在既定的价格水平上,供给量是无限的,而一旦低于既定价格,供给量几乎为零,说明商品的供给变动对其价格变动异常敏感。
(3) $E_s = 1$,单位供给弹性,表示供给量与价格按同一比率变动。
(4) $0 < E_s < 1$,供给缺乏弹性,表示供给量变动的比率小于价格变动的比率。
(5) $1 < E_s < \infty$,供给富于弹性,表示供给量变动的比率大于价格变动的比率。

一种商品的供给价格弹性的大小与很多因素有关,其中主要因素有:该种商品生产周期的长短、该商品生产的技术状况、该商品生产所需生产要素的供给情况、该商品生产所需规模等。可以说所有影响该商品生产能力的因素都会影响该商品的供给弹性。

三、均衡理论

1. 均衡价格与均衡产量

需求与供给是共同影响市场但作用方向相反的两种力量。当需求与供给两种力量的作用力相等时,其商品市场就进入一种相对静止的状态,此状态被称为市场均衡。在市场均衡状态下,需求价格和供给价格相等,此时的价格就称为均衡价格。在同样的均衡状态下,需求量和供给量相等,此时的商品数量被称为均衡产量。

如果需求函数是 $Q_d = f(P)$,供给函数是 $Q_s = g(P)$,那么方程 $Q_d = Q_s$ 的解 P^* 就是均衡价格。同理,方程 $f(P^*) = g(P^*)$ 的解 Q^* 就是均衡产量。

2. 均衡价格的决定

如果把需求曲线 D 与供给曲线 S 绘制在同一坐标系中,如图 2-7 所示,两条曲线的交点所对应的价格 P_0 就是均衡价格,所对应的数量 Q_0 就是均衡产量。

当市场价格为 P_1 时,市场供给量大于市场需求量,出现商品竞卖。急于将积压商品脱手的生产者将降低商品价格,使市场价格趋于下降。当市场价格为 P_2 时,市场供给量小于市场需求量,出现商品竞买。急于购买到商品的消费者将提高商品价格,使市场价格趋于上升。以上商品价格的变动直至市场价格达到

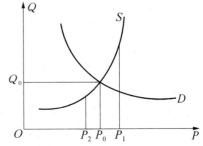

图 2-7 均衡价格和均衡产量

P_0 为止。此时市场上买卖双方的力量处于均势状态,商品的价格在此状态下已没有任何向上或向下变化的可能。这就是市场经济决定商品价格的基本机制。通过以上分析可以看出,决定均衡价格的是供给与需求,均衡价格是在市场供求双方的竞争过程中自发形成的。

3. 供需定律

供给和需求的变化将引起均衡产量与均衡价格的如下变化:

(1) 当价格上升时,均衡需求量下降;反之则上升。

(2) 当价格下降时,均衡供给量下降;反之则上升。

(3) 当市场出现过度需求时,价格会上升,直至达到新的均衡为止。

(4) 当市场出现过度供给时,价格会下降,直至达到新的均衡为止。

(5) 在需求不变的情况下,供给增加时导致均衡价格下降,但均衡产量增加;供给减少时导致均衡价格上升,但均衡产量减少。

(6) 在供给不变的情况下,需求增加导致均衡价格和产量同时增加;需求减少导致均衡价格和产量同时减少。

(7) 当供求同时增加(或减少)时,均衡产量增加(或减少),但均衡价格不定。

(8) 当供求反向变动时,均衡价格与需求变化方向相同,而均衡产量不定。

四、供需预测与价格预测

1. 供应预测

供应预测是预测一定时期内国内市场总供给量,含现在、在建、拟建,国际市场可供给量、可进口量。还要预测项目产品目标市场的供给量。

2. 需求预测

需求预测是预测项目一定时期内国内市场总需求量,含现在、在建、拟建,国际市场需求量、可出口量。还要预测项目产品目标市场的需求量。预测期限尽可能包括项目计算期年份,一般最低要求预测期限为今后 5 年和 10 年。

3. 供需平衡分析

在供需预测的基础上,分析产品在项目计算期内的供需平衡状况,以及可能导致供需失衡的因素和波及范围。不仅应分析全社会的,还应分析项目初步拟定的目标市场的供需平衡状况,分析项目可能占有的市场份额。反之,通过供需平衡分析又帮助选择目标市场。

4. 价格预测

产品价格是计算项目收入的基础,也是影响项目收益的关键因素。价格的预测和确定是项目决策分析与评价阶段中的可行性研究工作的一项重要内容。对项目效益估算的准确性和评价结论的可靠性有着至关重要的影响。

在市场经济条件下,市场定价产品价格一般以均衡价格为基础,供求关系是价格形成的主要影响因素。当产品供给大于产品需求时,出现商品竞卖,产品价格趋于下降;当产品供给小于产品需求时,出现商品竞买,产品价格趋于上升;当产品供需均衡时,选择合适的目标市场,预测可能占有的市场份额。

第二节 经济分析中的效用理论

一、效用论概述

（一）效用及其特点

所谓效用,是指商品或劳务满足消费者的需要或欲望的能力。一种商品或劳务是否具有效用或效用的大小,以它能否满足和在多大程度上满足消费者的需要或欲望为条件。经济学所说的效用,不是指商品或劳务的客观效用,即使用价值,而是指主观效用,即消费者对商品或劳务满足其需要或欲望的能力的主观评价。一般来说,效用具有下述特点：

(1) 同一物品对同一消费者,效用具有可比性,对不同的消费者缺乏可比性;

(2) 同一物品的效用,因时空条件不同而不同;

(3) 效用是中性的,不具有伦理学意义,效用不分好的或不好的,但可分为正效用或负效用。

（二）效用分类

既然效用是用来表示消费者在消费商品或劳务时所感受到的满足程度,于是就产生了对这种"满足程度"即效用的度量问题。在这一问题上,西方经济学家先后提出了基数效用和序数效用的概念,并在此基础上,形成基数效用论者的边际效用分析方法和序数效用论者的无差异曲线的分析方法。以下就对这两种方法进行详细介绍。

二、基数效用论和边际效用分析法

（一）基数效用

基数效用是指用效用单位表示的效用,而效用单位则是人们用来度量效用大小的单位。基数这个术语是从数学词汇中借用来的,数字1,2,3,4,5等是基数。据认为,采用基数效用进行经济分析,首先可以表示某消费者消费一定数量的商品或劳务的总效用,以及他每多(或少)消费一单位商品或劳务所增加(或减少)的效用,即边际效用。也就是说,借助效用单位,可以说明总效用和边际效用的相互关系及其变动情况。其次,利用基数效用可以表示某消费者所需要的不同商品的效用大小以及他所获得的总效用。比如,对某一个人来说,吃一顿丰盛的晚餐和看一场高水平的足球赛的效用分别为6效用单位和12效用单位,则可以说这两种消费的效用之和为18效用单位,且后者的效用是前者的效用的2倍。

(二)边际效用递减规律

边际效用递减规律(law of diminishing marginal utility)是指由于同一物品的每一单位对消费者的满足程度不同,当消费者消费或购买某种物品的数量增加时,连续增加的每单位物品所提供的效用呈递减趋势。

如表 2-1 所示,当消费者消费 1 单位该物品时,所获得的效用为 6 个效用单位;当消费量由 1 增加到 2 时,总效用为 10,消费者从新增加的 1 单位物品中所获得边际效用为 4;消费量由 2 增加到 3 时,新增加的第 3 单位物品所提供的总效用为 12,边际效用为 2;消费量由 3 增加到 4 时,新增加的第 4 单位物品所提供的边际效用为 1;消费量从 4 增加到 5 时,所增加的边际效用为零;再增加 1 单位的消费量,则第 6 单位物品所提供的边际效用为 -2。表 2-1 说明,消费者消费或购买的某一物品数量较多,物品对该消费者的重要性越低,伴随物品数量增加,边际效用逐渐变小,甚至成为负数。

表 2-1 某物品的数量和效用的关系

物品的数量	总 效 用	边际效用	物品的数量	总 效 用	边际效用
1	6	6	4	13	1
2	10	4	5	13	0
3	12	2	6	11	-2

关于边际效用递减的原因有多种解释,这里介绍其中有代表性的两种。一是设想每种物品有多种用途,而消费者将不同的用途按重要性划分为若干等级。当物品只有一单位时,他将该物品用于满足最重要的用途上;当物品有两单位时,他将新增的物品用于次重要的用途上;当物品再增加时,他将新增物品用于一般的用途上。依此类推,新增物品给消费者提供的效用或满足程度是顺次递减的。另一种解释是由于物品的效用是消费者对它的主观感受,因此,当某种物品数量很多时,使消费者生理上或心理上对重复刺激的反应就递减了,从而导致物品增加所带来的追加效用呈递减趋势。

依据表 2-1,可以绘出总效用曲线和边际效用曲线,如图 2-8 所示。

根据总效用和边际效用的定义,可将总效用和边际效用的关系概括如下。

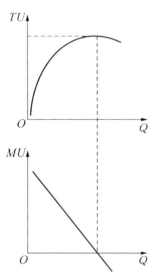

图 2-8 总效用曲线(上)和边际效用曲线(下)

(1)任何数量的边际效用等于该数量的总效用减去该数量减 1 的总效用。消费者在消费的商品数量为 n 时,将每一单位商品的效用相加,即构成他从 n 个商品消费中所得到的总效用 TU_n,则第 n 个商品的边际效用 MU_n 可表示为 $MU_n = TU_n - TU_{n-1}$。如表 2-1 中,消费者从第 3 个商品中所获得的总效用为 12,从第 4 个商品中所获得的总效用等于 13,则消费者从第 4 个商品中所获得的边际效用为 1（13－12＝1）。

（2）任何数量边际效用的总和等于同一数量单位商品的总效用。用数学表达式可表述为 $TU_n = \sum_{i=1}^{n} MU_i$。

（3）在边际效用递减规律作用下，当边际效用等于零时，总效用达到最大值。也就是说当 TU 曲线的切线为水平时，也就是斜率为零时，$MU=0$，TU 取最大值。利用这一变化关系，当消费者连续消费某一商品时，可以很便利地计算出他从该商品消费中所获得最大满足（总效用最大）的消费数量。

三、序数效用论和无差异曲线分析法

（一）序数效用论

序数效用论者认为，效用是一个有点类似于香、臭、美、丑那样的概念，效用的大小是无法具体衡量的，效用之间的比较只能通过顺序或等级来表示。即面对两种不同的消费，消费者要回答的是偏好哪一种消费，也就是说哪一种消费的效用是第一，哪一种消费的效用是第二。为此，序数效用论者提出了消费者偏好的概念。所谓偏好，就是爱好或喜欢的意思。序数效用论者认为，对于各种不同的商品组合，消费者的偏好程度是有差别的，正是这种偏好程度的差别，反映了消费者对这些不同的商品组合的效用水平的评价。具体地讲，给定 A，B 两个商品组合，如果某消费者对 A 商品组合的偏好程度大于 B 商品组合，那也就是说，这个消费者认为 A 组合的效用水平大于 B 组合，或者说，A 组合给该消费者带来的满足程度大于 B 组合。

序数效用论者提出了关于消费者偏好的三个基本的假设。

1. 完备性假设

完备性假设是指一个理性的消费者应该有能力判断、比较任何一对消费组合。比如，有 X 和 Y 两类商品混合放在两个篮子里，构成 A 和 B 两种商品组合。A 组合是 4X 和 4Y，B 组合是 3X 和 6Y。一个消费者可以偏好 A 组合，亦可以偏好 B 组合，或者可以对两者的偏好无差异。当然上述偏好的选择是忽略成本的，一个消费者可能偏好汽车而不是自行车，但他或许还是会买自行车。因为最后的购买决策不仅取决于消费者偏好，还取决于消费者的收入。

2. 传递性假设

传递性是指如果消费者在商品的各种组合中认为 A 比 B 好，并且 B 又比 C 好，那么他一定认为 A 比 C 好。这一假定保证了消费者的各种偏好是一致的，因而也是理性的。

3. 多多益善假设

这是指其他状况都一样的条件下，某商品越多，消费者就感到越满意。当然，这里所涉及的商品是值得拥有的，是消费者所偏好的。但是"多多益善"并不是消费中的一般性规律。比如，对于被农药污染的水果是不值得拥有的，不是越多越好，而是越多越糟。由于经济学研究的对象主要是稀缺物品，即好东西，故多多益善的假定不失为一种理性的

选择。另外,应注意这一假设是建立在同一商品具有相同质量基础上的。

(二)无差异曲线

根据上述关于偏好的三个假定,可以引入无差异曲线的概念。在市场上消费者总能在两种不同的商品组合中表明其偏好或无差异的倾向。这一信息便可以用来排列所有可能的消费选择。为了运用坐标图直观说明,假设只有 X 和 Y 两类商品可供消费者选择,表 2-2 提供了可供选择的部分商品组合。

表 2-2 可供选择的商品组合

组合方式	X 商品数量	Y 商品数量	组合方式	X 商品数量	Y 商品数量
A	20	30	D	30	40
B	10	50	E	10	20
C	40	20	F	10	40

图 2-9 显示了与表 2-2 相同的商品组合,横轴代表 X 商品的数量,纵轴代表 Y 商品的数量。根据多多益善假设,在 A 和 E 商品组合比较中,消费者偏好 A。同理,在 A 和 D 中,消费者又偏好 D。根据完备性假设,如果消费者从 A 组合移向 B 组合,放弃了 10 单位 X 商品而多获得 20 单位 Y 商品,他既不会感到情况有所好转,也不感到情况有所恶化,即消费者对 A,B 两种商品组合的偏好是无差异的。同样,在 A 组合和 C 组合(放弃 10 单位 Y 商品而多得 20 单位 X 商品)之间,消费者的偏好也是无差异的。考虑到偏好的可传递性,消费者在 B 组合与 F 组合中偏好 B 组合,而 B 与 A 是无差异的,故在 A 与 F 两种组合中,消费者偏好 A。

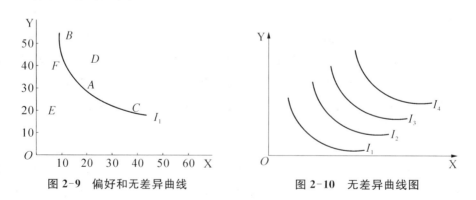

图 2-9 偏好和无差异曲线　　　图 2-10 无差异曲线图

在图 2-9 中,将 A,B,C 三点连接起来的曲线 I_1 被称为无差异曲线。无差异曲线包含了全体给予某消费者同等满足程度的消费组合(这里假定商品可以被任意分割,即消费组合的变化是连续的而不是离散的)。

为了描述某消费者对 X 和 Y 商品所有组合的偏好,可以绘制一组(或一族)无差异曲线。这组曲线组成的图被称为无差异曲线图,如图 2-10 所示。

根据无差异曲线图,可以概括出无差异曲线的特点如下。

(1) 距原点越远的无差异曲线所代表的满足程度越高,即 $I_1 < I_2 < I_3 \cdots < I_n$。由于每一条无差异曲线上的任何一点给消费者满足程度是没有差别的,因而无差异曲线亦可称为"等效用曲线"。据此,也可以说,在无差异曲线图上,距原点越远的无差异曲线所代表的总效用水平就越高。

(2) 在无差异曲线图中,任何两条无差异曲线不能相交。如果不同的无差异曲线能够相交,那么就意味着交点所代表的满足程度与两条不同无差异曲线上的各点所代表的满足程度相等,这显然在逻辑上是矛盾的。

(3) 无差异曲线一般均由左上方向右下方倾斜,并凸向原点,表明无差异曲线的斜率为负值。这是因为,在同一条无差异曲线上,为了确保每一种商品组合给消费者满足的程度不变,一种商品增加时,另一种商品必须相应减少,两种商品在满足消费者的需求方面是相互替代的。下面,借助边际替代率的概念解释这一特点。

(三) 边际替代率递减规律

正如前面所说的,同一条无差异曲线上的每一点所代表的两种商品的不同组合,给消费者的满足程度是相同的。其前提条件是:为维持同等程度的满足,增加一种商品的数量时,另一种商品数量必须相应减少。在维持满足程度不变的前提下,为增加一单位某种商品而需要相应减少另一种商品的数量称为边际替代率。如果用 X 商品替代 Y 商品,ΔX 代表 X 商品的增加量,ΔY 代表 Y 商品的减少量,则边际替代率可用式(2-7)来表示

$$MRS_{XY} = -\frac{\Delta Y}{\Delta X} \tag{2-7}$$

由于边际替代率是在一条无差异曲线上一种商品的增加量替代另一种商品减少量的比率,因此,MRS_{XY} 的值为负,但经济学家习惯上取其绝对值,故在公式前标一负号。根据无差异曲线的定义,在同一条无差异曲线上的不同商品组合,给消费者带来相等的效用。如果用 X 商品替代 Y 商品,Y 商品的减少必然导致 X 商品的增加。在边际效用递减规律下,由于 Y 商品的减少所发生的边际效用($\Delta Y \cdot MU_Y$)必定等于由于 X 商品增加所发生的边际效用($\Delta X \cdot MU_X$),并且两者所构成的总效用不变。于是就有

$$\Delta X \cdot MU_X + \Delta Y \cdot MU_Y = 0 \tag{2-8}$$

或

$$-\frac{\Delta Y}{\Delta X} = \frac{MU_X}{MU_Y} \tag{2-9}$$

则边际替代率亦可写成

$$MRS_{XY} = -\frac{\Delta Y}{\Delta X} = -\frac{dY}{dX} \tag{2-10}$$

这就是说，无差异曲线上任一点的边际替代率，又可用过该点对无差异曲线所作切线的斜率 $\dfrac{dY}{dX}$ 表示。由于边际替代率为负数，则切线的斜率也是一个负数，故在公式前均加上负号。

西方经济学家指出，在两商品的替代过程中，普遍存在这么一种现象，这种现象被称为商品的边际替代率递减规律。具体地说，商品的边际替代率递减规律是指：在维持效用水平不变的前提下，随着一种商品的消费数量的连续增加，消费者为得到每一单位的这种商品所需要放弃的另一种商品的消费数量是递减的。之所以会普遍发生商品的边际替代率递减的现象，其原因在于随着一种商品的消费数量的逐步增加，消费者想要获得更多的这种商品的愿望就会递减，从而，他为了多获得一单位的这种商品而愿意放弃的另一种商品的数量就会越来越少。

从几何意义上讲，由于商品的边际替代率就是无差异曲线的斜率的绝对值，所以，边际替代率递减规律决定了无差异曲线的斜率的绝对值是递减的，即无差异曲线是凸向原点的。

需要注意的是，上述分析说明，边际替代率概念和边际替代率递减规律是以边际效用概念和边际效用递减规律为基础的。

工程经济学研究的对象就是研究工程技术方案的经济效果，研究如何将技术最好地应用到生产过程中，以最少的投入获得最大的收益。换句话说，就是研究如何在工程项目中以有限的资源获得效用最大化。而所拥有的资源的效用是随着时间的推移而变化的，这也就是工程经济学中所讨论的资金的时间价值。所以说，工程经济学是经济学的一个延伸，它和经济学是一脉相承的。理解了经济学的基本概念和基本理论，我们才能更好地掌握工程经济学中的原理和方法。

第三节　工程经济分析的应用原理

工程经济分析的应用原理包括以下几个方面。

1. 资金的时间价值原则

工程经济学中一个最基本的概念是资金具有时间价值。资金时间价值的存在，使得今天的1元钱比未来的1元钱更值钱。若想用现在时点的价值来衡量未来时期获得的财富，就必须将其打一个折扣，折现为现值。如果不考虑资金的时间价值，就无法合理地评价项目的未来收益水平。

2. 现金流量原则

衡量投资收益用的是现金流量而不是会计利润。现金流量反映项目发生的实际现金的流入和流出，而不反映应收、应付款项及折旧、摊销等非现金性质的款项；会计利润是会计账面数字，而非手头可用的现金。

3. 增量分析原则

对不同方案进行评价和比较必须从增量角度进行,即用两个方案的投资差与现金流量差来进行分析,得到各种差额评价指标,再与基准指标对比,以确定投资多的方案是否可行。

4. 机会成本原则

企业投资进行项目的建设,只要是投入了这个项目,就算是投入,不管这些资金是借来的还是自有的,或者是企业自有的机械、设备、厂房等资源,都要计入成本,这个成本就是机会成本。沉没成本是与决策无关的成本。

5. 有无对比和前后对比原则

"有无对比"是将有这个项目和没有这个项目时的现金流量情况进行对比;"前后对比"是将某一项目实现以前和实现以后所出现的各种效益费用情况进行对比。

6. 可比性原则

进行比较的方案在时间上、金额上必须可比。因此,项目的效益和费用必须有相同的货币单位,并在时间上匹配。

7. 风险收益的权衡原则

投资任何项目都是存在风险的,因此必须考虑方案的风险和不确定性。不同项目的风险和收益是不同的,对风险和收益的权衡取决于人们对待风险的态度。

本章小结

本章主要介绍了与工程经济相关的经济学基础知识包括市场供求与市场均衡、效用理论、无差异曲线分析等经济学理论,在此基础上总结了工程经济分析的应用原理。其主要目的是为了让读者能对后面工程经济学的学习有一个扎实的基础。

关键词

供给与需求　均衡　供需预测　市场预测　基数效用论　序数效用论　边际效用递减　无差异曲线　工程经济分析的应用原理

复习思考题

1. 经济学的研究对象和方法是什么?经济学包括了哪些主要内容?
2. 需求定律和供给定律分别是什么?
3. 什么是均衡价格?什么是均衡产量?供给和需求的变化将引起均衡价格和均衡

产量哪些变化?

4. 什么是基数效用?什么是边际效用递减规律?

5. 什么是序数效用?什么是无差异曲线分析法?

6. 工程经济分析的应用原理是什么?

第三章 工程经济分析要素

学习目标

学习了本章后,应该能够:
1. 理解建设项目投资的构成、形成的资产分类;
2. 掌握建设投资和流动资金投资估算的方法;
3. 了解项目成本与费用的估算方法、收入和利润的估算;
4. 了解与建设项目相关的主要税金种类和估算方法。

企业的各种活动都需要投入,如原材料、人工和资金等的投入。经济活动的最终目标是以最少的投入取得尽可能多的产出。在对工程项目进行技术经济分析时,必然要考察其投入和产出,即考虑投入和产出的经济要素。投入的经济要素主要包括投资、成本及费用等;产出的经济要素主要包括收入、利润及税金等。投入和产出的这些经济要素就构成了工程项目的基本经济分析要素,这也是进行工程项目评价不可缺少的基本数据。

经济分析要素的基本数据主要来自分析评价人员的预测、预算及根据以往经验的估算,这些数据预测或估算的准确性如何将会直接影响工程项目评价的质量及决策。因此,有必要明确这些基本经济要素的含义、构成和内容,并熟练掌握其预测估算的基本方法。

第一节 投资概述

一、投资的概念

投资(investment)是指经济主体(国家、企业、个人)以获得未来货币增值或收益为目的,预先垫付一定量的货币与实物,经营某项事业的经济行为。投资是工程经济分析中的重要概念,投资一词具有双重含义。第一,投资是指投资活动,即经济主体为了获取预期的利益,向某项计划投入一定量资源并使资源不断地转化为资产的全部经济活动,这是广义上的投资。第二,投资是指投入的资金数量,即为了保证项目投产和生产经营活动的正常进行而投入的活劳动和物化劳动价值的总和,是为了未来获得报酬而预先垫付的资金。这里的投资是衡量工程项目或技术方案投入的重要经济指标,是项目建设期主要的现金流出项目,这是狭义上的投资。按照投资行为的直接程度,投资可分为直接投资与间接投资;按其性质的不同,投资可分为固定资产投资和流动资产投资;按其投资期限的长短,投资可分为长期投资和短期投资;按其用途的不同,投资可分为生产性投资和非生产性投资。

对于工程建设项目来说,项目总投资一般由建设投资、流动资金和建设期借款利息三项构成。估算项目总投资时,需对项目建设投资、流动资金和建设期借款利息分别进行估算。其中,建设投资部分由建筑工程费、设备及工器具购置费、安装工程费、工程建设其他费用、基本预备费和涨价预备费等构成。建设项目总投资的构成见图3-1。

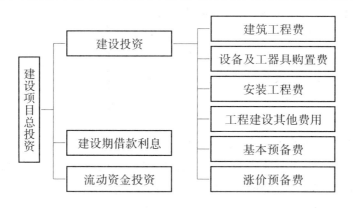

图 3-1 建设项目总投资的构成

二、资产分类

企业或机构对工程项目投资以后会形成资产,即固定资产、流动资产、无形资产和其他资产。

1. 固定资产

固定资产是指同时具有下列特征的有形资产:(1) 为生产商品、提供劳务、出租或经营管理而持有的;(2) 使用寿命超过一个会计年底。也就是说,固定资产通常是指为生产经营活动而持有的、使用期限较长、单位价值较高,并且在使用过程中保持原有实物形态的资产,主要包括房屋及建筑物、机器设备、运输设备以及其他工器具等。

固定资产应该按照取得时的实际成本,即原始价值入账。实际成本是指为构建某项固定资产,达到可使用状态前所发生的一切费用,包括买价、税金、运杂费、包装费和安装费等。固定资产的价值通过固定资产折旧费用分期计入产品成本或费用,并通过取得相应的收入而得到补偿。在工程项目中,工程费用、工程建设其他费用、预备费、建设期利息形成固定资产的原值。

2. 流动资产

流动资产是指可以在 1 年内或者超过 1 年的一个营业周期内变现或耗用的资产,总投资中的流动资金与流动负债共同构成流动资产。在流动资产中,现金和各种存款是企业在生产经营过程中停留于货币形态的那部分资产,它具有流动性大的特点。企业要进行生产经营活动,首先必须拥有一定数量的现金和各种存款,以支付劳动对象、劳动手段和活劳动方面的费用。通过生产经营过程,将劳动产品销售出去又获得了这部分资金。流动资产中存活的价值占有较大的比重,它包括为企业销售或制造产品所耗用而储备的一切物资,其特点是不断处于销售和重置或耗用和重置中。一般情况下,其价值以此转移并随着产品销售的实现,被耗用的价值以此得到补偿。

3. 无形资产

无形资产是指企业长期使用但是没有实物形态的资产,包括品牌、专利权、商标权、著作权、土地使用权、非专利技术等。无形资产从开始使用之日起,在有效使用期限内平均摊入成本。法律和合同规定了法定有效期限或者受益年限的,摊销年限从其规定。否则摊销年限应注意符合税法的要求。无形资产的摊销一般采用平均年限法,不计残值。

4. 其他资产

构成其他资产原值的费用主要包括生产准备费、开办费、出国人员费、来华人员费、图纸资料翻译复制费、样品样机购置费和农业开荒费等。其他资产的摊销可以采用平均年限法,不计残值,摊销年限应注意符合税法的要求。

第二节 投资估算

投资估算包括建设投资估算、建设期利息估算和流动资金投资估算。对拟建中的项目进行投资估算是项目建议书和可行性研究的需要。通过投资估算可以了解项目总投资金额,并提前制定资金筹措计划和使用安排计划。科学的投资估算对项目建设过程的控制以及对项目进行合理的经济评价都起着重要作用。投资估算的主要依据有:项目建议书、建设规模和设计方案、图样及设备明细表、设备价格、材料预算价格、运杂费率,以及同类型建设项目的投资资料、相关标准和定额等。

一、建设投资估算

(一) 生产能力指数法

生产能力指数法是根据已建成的、性质类似的建设项目或生产装置的投资额和生产能力及拟建项目或生产装置的生产能力来估算项目的投资额。计算公式为

$$I_2 = I_1 \left(\frac{Q_2}{Q_1}\right)^n \cdot f \tag{3-1}$$

式(3-1)中：I_1、I_2——分别为已建类似项目或装置和拟建项目或装置的投资额；

Q_1、Q_2——分别为已建类似项目或装置和拟建项目或装置的生产能力；

f——不同时期、不同地点的定额、单价、费用变更等的综合调整系数；

n——生产能力指数，$0 \leqslant n \leqslant 1$。

若已建类似项目或装置的规模和拟建项目或装置的规模相差不大，生产规模比值在0.5—2，则指数n的取值近似为1。若已建类似项目或装置与拟建项目或装置的规模相差不大于50倍，且拟建项目的扩大是依靠增大设备规模来达到时，则n取值为0.6—0.7；若是靠增加相同规格设备的数量达到时，n的取值在0.8—0.9。

采用这种估算方法，计算简单、速度快，但要求类似工程的资料可靠，条件基本相同，否则误差就会增大。

(二) 百分比估算法

百分比估算又分为以下两种。

(1) 以拟建项目或装置的设备费为基数，根据已建成的同类项目或装置的建筑安装费和其他工程费用等占设备价值的百分比，求出相应的建筑安装及其他有关费用，其总和即为项目或装置的投资。公式如下

$$I = C(1 + f_1\lambda_1 + f_2\lambda_2) + C' \tag{3-2}$$

式(3-2)中：I——拟建项目或装置的投资额；

C——根据拟建项目或装置的设备清单按当时当地价格计算的设备费(包括运杂费)的总和；

λ_1, λ_2——分别为拟建项目中建筑、安装及其他工程费用占设备费百分比；

f_1, f_2——分别为由于时间因素引起的定额、价格、费用标准等变化的综合调整系数；

C'——拟建项目的其他费用。

(2) 以拟建项目中的最主要、投资比重较大并与生产能力直接相关的工艺设备的投资(包括运杂费及安装费)为基数，根据同类型的已建项目的有关统计资料，计算出拟建项目的各专业工程(总图、土建、暖通、给排水、管道、电气及电信、自控及其他工程费用等)占工艺设备投资的百分比，据以求出各专业工程的投资，然后把各部分投资费用(包括工艺设备费)相加求和，即为项目的总投资。其表达式为

$$I = C(1 + f_1\lambda'_1 + f_2\lambda'_2 + f_3\lambda'_3 + \cdots) + C' \tag{3-3}$$

式(3-3)中：$\lambda'_1, \lambda'_2, \lambda'_3$分别为各专业工程费用占工艺设备费用的百分比；其余符号含义同上式。

(三) 分类估算法

在可行性研究阶段，由于精度要求提高，建设投资估算可采用分类估算法。建设投

资估算的步骤大致如下：

(1) 分别估算各单项工程所需的建筑工程费、设备及工器具购置费、安装工程费。

(2) 在汇总各单项工程费用基础上，估算工程建设其他费用和基本预备费。

(3) 估算涨价预备费和建设期利息。

下面我们简单介绍一下各项费用的计算。

1. 建筑工程费估算

建筑工程费是指为建造永久性建筑物和构筑物所需要的费用，包括以下几部分内容。

(1) 各类房屋建筑工程和列入房屋建筑工程预算的供水、供暖、卫生、通风、煤气等设备费用及其装饰、油饰工程的费用，列入建筑工程预算的各种管道、电力、电信和电缆导线敷设工程的费用。

(2) 设备基础、支柱、工作台、烟囱、水塔、水池、灰塔等建筑工程以及各种炉窑的砌筑工程和金属结构工程的费用。

(3) 为施工而进行的场地平整，工程和水文地质勘察，原有建筑物和障碍物的拆除以及施工临时水、电、气、路和完工后的场地清理，环境绿化、美化等工作的费用。

(4) 矿井开凿、井巷延伸、露天矿剥离，石油、天然气钻井，修建铁路、公路、桥梁、水库、堤坝、灌渠及防洪等工程的费用。

在估算建筑工程费时，对于没有上述估算指标，并且建筑工程费占总投资比例较大的项目，可采用概算指标估算法。建筑安装工程概算指标通常是以整个建筑物为对象，以建筑面积、体积或成套设备安置的台或组为计量单位而规定的劳动、材料和机械台班的消耗量标准和造价指标。采用这种估算法，应具有较为详细的工程资料、建筑材料价格和工程费用指标，使用该方法投入的时间和工作量较大。

2. 设备及工器具购置费估算

设备及工器具购置费是由设备购置费和工器具购置费、生活家具购置费组成的。在生产性工程建设中，设备及工器具购置费用占工程造价比重的增大，意味着生产技术的进步和资本有机构成的提高。

设备购置费是指为建设项目购置或自制的达到固定资产标准的各种国产或进口设备、工具、器具的购置费用。它由设备原价和设备运杂费构成。

$$设备购置费 = 设备原价 + 设备运杂费 \tag{3-4}$$

式(3-4)中：设备原价指国产设备或进口设备的抵岸价；设备运杂费指除设备原价之外的关于设备采购、运输、途中包装及仓库保管等方面支出费用的总和。

3. 安装工程费估算

需要安装的设备应估算安装工程费，安装工程费用内容一般包括以下两项。

(1) 生产、动力、起重、运输、传动和医疗、实验等各种需要安装的机械设备的装配费用，与设备相连的工作台、梯子、栏杆等装设工程费用，附属于被安装设备的管线敷设工程费用，以及被安装设备的绝缘、防腐、保温、油漆等工作的材料费和安装费。

(2) 为测定安装工程质量,对单台设备进行单机试运转、对系统设备进行系统联动无负荷试运转工作的调试费。

安装工程费通常按行业或专门机构发布的安装工程定额、取费标准和指标估算。具体计算可按安装费率、每吨设备安装费或者每单位安装实物工程量的费用估算,即

$$安装工程费=设备原价×安装费率(每吨安装费或者安装费用指标) \quad (3-5)$$

4. 工程建设其他费用估算

工程建设其他费用是指工程造价中除建筑工程费、设备及工器具购置费、安装工程费以外的其他费用。主要包括与土地使用有关的费用、与项目建设有关的费用和与企业未来生产有关的费用等。工程建设其他费用按各项费用科目的费率或者取费标准估算后,应编制工程建设其他费用估算表,如表3-1所示。

表3-1 工程建设其他费用估算表　　　　　　单位:万元

序号	费用名称	计算依据	费率或标准	总价
1	土地使用费			
2	建设单位管理费			
3	勘察设计费			
4	研究试验费			
5	建设单位临时设施费			
6	工程建设监理费			
7	工程保险费			
8	施工机构迁移费			
9	引进技术和进口设备其他费用			
10	联合试运转费			
11	生产职工培训费			
12	办公及生活家具购置费			
⋮	⋮			

注:上表所列费用科目,仅供估算工程建设其他费用参考。项目的其他费用科目,应根据拟建项目实际发生的具体情况确定。

5. 基本预备费估算

基本预备费是指在项目实施中可能发生难以预料的支出,需要事先预留的费用,又称工程建设不可预见费,主要指设计变更及施工过程中可能增加工程量的费用。

基本预备费主要由下列3项内容构成。

(1) 在批准的初步设计范围内,技术设计、施工图设计及施工过程中所增加的工程费用,设计变更、工程变更、材料代用、局部地基处理等增加的费用;

(2) 一般自然灾害造成的损失和预防自然灾害所需要的费用；
(3) 竣工验收时为鉴定工程质量对隐蔽工程进行必要的挖掘和修复费用。

基本预备费按工程费用(建筑工程费、设备及工器具购置费和安装工程费之和)和工程建设其他费用两者之和乘以基本预备费的费率计算，计算公式为

$$\text{基本预备费} = (\text{工程费用} + \text{工程建设其他费用}) \times \text{基本预备费率} \quad (3\text{-}6)$$

其中，基本预备费率如表 3-2 所示。

表 3-2 基本预备费费率

序 号	设 计 阶 段	基本预备费率/%
1	项目建议书、可行性研究	10—15
2	初步设计	7—10

6. 涨价预备费估算

涨价预备费是对建设工期较长的项目，由于在建设期内可能发生材料、设备、人工等价格上涨引起投资增加，需要事先预留的费用，亦称价格变动不可预见费。涨价预备费以建筑工程费、设备及工器具购置费、安装工程费之和为计算基数。计算公式为

$$PC = \sum_{t=1}^{n} I_t [(1+f)^t - 1] \quad (3\text{-}7)$$

式(3-7)中：PC——涨价预备费；

I_t——第 t 年的建筑工程费、设备及工器具购置费、安装工程费等之和；

f——建设期价格上涨指数；

n——建设期。

建设期价格上涨指数，政府部门有规定的按规定执行，没有规定的由可行性研究人员预测。

[**例 3-1**] 某项工程的工程费用投资为 20 800 万元，按本项目进度计划，项目建设期为 3 年，3 年的投资分年使用，比例为第 1 年 20%、第 2 年 50%、第 3 年 30%，建设期内年平均价格变动率预测为 6%，估计该项目建设期的涨价预备费。

解：第 1 年投资计划用款额：

$$I_1 = 20\,800 \times 20\% = 4\,160 (\text{万元})$$

第 1 年涨价预备费额：

$$PC_1 = I_1[(1+f) - 1] = 4\,160 \times [(1+6\%) - 1] = 249.6 (\text{万元})$$

第 2 年投资计划用款额：

$$I_2 = 20\,800 \times 50\% = 10\,400 (\text{万元})$$

第 2 年涨价预备费额：

$$PC_2 = I_2[(1+f)^2 - 1] = 10\,400 \times [(1+6\%)^2 - 1] = 1\,285.44 (\text{万元})$$

第3年投资计划用款额：
$$I_3 = 20\,800 \times 30\% = 6\,240(万元)$$

第3年涨价预备费额：
$$PC_3 = I_3[(1+f)^3 - 1] = 6\,240 \times [(1+6\%)^3 - 1] = 1\,191.94(万元)$$

所以，建设期的涨价预备费：
$$PC = PC_1 + PC_2 + PC_3 = 249.6 + 1\,285.44 + 1\,191.94 = 2\,726.98(万元)$$

二、流动资金投资估算

（一）分项详细估算法

对构成流动资金的各项流动资产和流动负债分别进行估算。为简化计算，仅对存货、现金、应收账款、预付账款和应付账款、预收账款六项内容进行估算，计算公式为

$$流动资金 = 流动资产 - 流动负债 \tag{3-8}$$

$$流动资产 = 应收账款 + 预付账款 + 存货 + 现金 \tag{3-9}$$

$$流动负债 = 应付账款 + 预收账款 \tag{3-10}$$

$$流动资金本年增加额 = 本年流动资金 - 上年流动资金 \tag{3-11}$$

估算的具体步骤如下。首先计算各类流动资产和流动负债的年周转次数，然后再分项估算占用资金额。

1. 周转次数计算

$$周转次数 = 360\,天 / 最低周转天数 \tag{3-12}$$

存货、现金、应收账款和应付账款的最低周转天数，可参照同类企业的平均周转天数并结合项目特点确定，或按部门（行业）规定，在确定最低周转天数时应考虑储存天数、在途天数，并考虑适当的保险系数。

2. 应收账款估算

应收账款是指企业已对外销售商品、提供劳务尚未收回的资金，包括若干科目，在此只计算应收销售款。计算公式为

$$应收账款 = 年营业收入 / 应收账款周转次数 \tag{3-13}$$

3. 预付账款估算

预付账款是指企业为购买各类材料、半成品或服务所预先支付的款项，计算公式为

$$预付账款 = 外购商品或服务年费用金额 / 预付账款周转次数 \tag{3-14}$$

4. 存货估算

存货是企业为销售或者生产耗用而储备的各种货物，主要有原材料、辅助材料、燃料、低值易耗品、维修备件、包装物、在产品、自制半成品和产成品等。为简化计算，仅考

虑外购原材料、外购燃料、在产品和产成品，并分项进行计算。计算公式为

$$外购原材料 = 年外购原材料 / 按种类分项周转次数 \quad (3-15)$$

$$外购燃料 = 年外购燃料 / 按种类分项周转次数 \quad (3-16)$$

$$在产品 = (年外购原材料 + 年外购燃料 + 年工资及福利费$$
$$+ 年修理费 + 年其他制造费用) / 在产品周转次数 \quad (3-17)$$

$$产成品 = (年经营成本 - 年营业费用) / 产成品周转次数 \quad (3-18)$$

$$存货 = 外购原材料 + 外购燃料 + 在产品 + 产成品 \quad (3-19)$$

5. 现金需要量估算

项目流动资金中的现金是指货币资金，即企业生产运营活动中停留于货币形态的那部分资金，包括企业库存现金和银行存款。计算公式为

$$现金需要量 = (年工资及福利费 + 年其他费用) / 现金周转次数 \quad (3-20)$$

$$年其他费用 = 制造费用 + 管理费用 + 销售费用 -$$
$$(以上三项费用中所含的工资及福利费、$$
$$折旧费、摊销费、修理费) \quad (3-21)$$

6. 流动负债估算

流动负债是指在 1 年或者超过 1 年的一个营业周期内，需要偿还的各种债务，包括短期借款、应付票据、应付账款、预收账款、应付工资、应付福利费、应付股利、应交税金、其他暂收应付款项、预提费用和 1 年内到期的长期借款等。在项目评价中，流动负债的估算只考虑应付账款和预收账款两项。计算公式为

$$应付账款 = (年外购原材料 + 年外购燃料) / 应付账款周转次数 \quad (3-22)$$

$$预收账款 = 预收的营业收入年金额 / 预收账款周转次数 \quad (3-23)$$

[例 3-2] 某建设项目达到设计生产能力后，全厂定员为 1 000 人，工资和福利费按照每人每年 7 200 元估算，每年其他费用为 855 万元。年外购原材料、燃料、动力费估算为 18 900 万元。年经营成本为 20 000 万元，年修理费占年经营成本的 10%。各项流动资金最低周转天数分别为：应收账款 36 天，现金 40 天，应付账款 30 天，存货 40 天。试用分项详细估算法估算拟建项目的流动资金。（说明：其他制造费用近似取年其他费用）

解：用分项详细估算法估算流动资金：

$$应收账款 = 年经营成本 / 年周转次数 = 20\,000 / (360/36) = 2\,000(万元)$$

$$现金 = (年工资及福利费 + 年其他费用) / 年周转次数$$
$$= (1\,000 \times 0.72 + 855) / (360/40) = 175(万元)$$

$$外购原材料、燃料 = 年外购原材料、燃料动力费 / 年周转次数$$
$$= 18\,900 / (360/40) = 2\,100(万元)$$

$$在产品 = (年外购原材料、燃料费 + 年工资及福利费 +$$

年修理费＋其他制造费用)/年周转次数
$$=(18\,900+1\,000\times0.72+20\,000\times10\%+855)/(360/40)$$
$$=2\,497.22(万元)$$

产成品＝年经营成本/年周转次数
$$=20\,000/(360/40)=2\,222.22(万元)$$

存货＝2 100＋2 497.22＋2 222.22＝6 819.44(万元)

流动资产＝应收账款＋现金＋存货＝2 000＋175＋6 819.44
$$=8\,994.44(万元)$$

应付账款＝年外购原材料、燃料动力费/年周转次数
$$=18\,900/(360/30)=1\,575(万元)$$

流动负债＝应付账款＝1 575(万元)

流动资金＝流动资产－流动负债＝8 994.44－1 575＝7 419.44(万元)

(二)扩大指标估算法

扩大指标估算法是按照流动资金占某种基数的比率来估算流动资金。一般常用的基数有营业收入、经营成本、总成本费用和建设投资等,究竟采用何种基数依行业习惯而定。所采用的比率根据经验确定,或根据现有同类企业的实际资料确定,或依行业、部门给定的参考值确定。扩大指标估算法简便易行,但准确度不高,适用于项目建议书阶段的估算。

具体方法包括:产值(或营业收入)资金率估算法、经营成本(或总成本)资金率估算法、建设投资资金率估算法、单位产量资金率估算法。如化工项目流动资金约占固定资产投资的15%—20%,一般工业项目流动资金占固定资产投资的5%—12%。

三、建设期利息估算

建设期利息是指项目借款在建设期内发生并计入总投资的利息。本项费用需根据筹资方式(银行贷款、企业债券)、金额及筹资费率(银行贷款利率、企业债券发行手续费率)等进行计算。建设期贷款利息的计算方法如下:

(1)贷款额在各年年初发放。具体计算公式为

$$各年利息=(上一年为止贷款本息累计+本年贷款额)\times年利率 \qquad (3-24)$$

[例3-3] 某建设单位从银行贷款1 000万元,分3年发放,第1年年初500万元,第2年年初300万元,第3年年初200万元,贷款年利率5%,计算各年的贷款利息。

解:第1年的贷款利息＝500×5%＝25(万元)

第2年的贷款利息＝(500＋25＋300)×5%＝41.25(万元)

第3年的贷款利息＝(500＋25＋300＋41.25＋200)×5%＝53.31(万元)

因此,项目建设期贷款利息合计＝25＋41.25＋53.31＝119.56(万元)。

(2) 贷款额在各年均衡发放。贷款不在每年年初发放,而是按季度、月份平均发放,为了简化计算,通常假设贷款均在每年的年中支用,贷款第1年按半年计息,其余各年份按全年计息,此时贷款利息的计算公式如下

各年应计利息＝(上一年为止贷款本息累计＋本年借款额/2)×年利率　　(3-25)

[例3-4]　某建设单位从银行贷款1 000万元,分3年发放而且各年按季度均衡发放,第1年贷款额500万元,第2年贷款额300万元,第3年贷款额200万元,贷款年利率5%。计算各年的贷款利息。

解:第1年的贷款利息＝1/2×500×5%＝12.5(万元)

第2年的贷款利息＝(500＋12.5＋300×1/2)×5%＝33.125(万元)

第3年的贷款利息＝(500＋12.5＋300＋33.125＋200×1/2)×5%＝47.28(万元)

因此,项目建设期贷款利息合计＝12.5＋33.125＋47.28＝92.91万元。

第三节　产品成本与费用估算

一、成本与费用构成

成本与费用是指用货币表示的,为达到一定目的或获取一定的利益所必须付出或已经付出的代价。它们的区别主要在于:成本有特定的对象,而费用没有特定的对象。成本总是针对特定对象或目的,它是转嫁到一定产出物的耗费,是针对一定的产出物来计算归集的。这个产出物成为成本计算对象,它可以是一件产品或一项服务,也可以是产品的某一生产步骤等。费用的概念有广义和狭义之分。广义的费用泛指资产的耗费,它强调资产已经被耗费,而不是被"谁"耗费;狭义的费用仅指取得本期营业收入所发生的资产耗费,它强调与特定期间收入相配比的耗费,而不是特定产出物的耗费。

1993年财政部颁布新的财务制度,参照国际惯例将成本核算办法由原来的完全成本法改成制造成本法。所谓制造成本法是在核算产品成本时,只分配与生产经营最直接和关系密切的费用,而将与生产经营没有直接关系和关系不密切的费用计入当期损益,即直接材料、直接工资、其他直接支出和制造费用计入产品制造成本,管理费用、财务费用和销售费用则直接计入当期损益,不要求计算产品的总成本费用。

成本费用的计算公式为

制造成本＝直接材料＋直接燃料和动力＋直接工资
＋其他直接支出＋制造费用　　(3-26)

期间费用＝管理费用＋财务费用＋销售费用　　(3-27)

(一) 制造成本

1. 直接费用

直接费用是指为生产商品和提供劳务等发生的各项费用，包括直接材料、直接耗费的燃料、动力和直接人工等其他直接费用（支出）。

直接材料包括企业生产经营过程中实际消耗的原材料、辅助材料、备品配件、外购半成品、包装物以及其他直接材料费。直接燃料、动力包括企业生产经营过程中实际消耗的燃料、动力费。直接工资包括企业直接从事产品生产人员的工资、奖金、津贴和补贴。其他直接支出包括企业直接从事产品生产人员的职工福利费等。

2. 制造费用

制造费用是指企业各生产单位（分厂、车间）为组织和管理生产活动而发生的生产单位管理人员工资，职工福利费，生产单位房屋建筑物、机械设备等的折旧费，原油储量有偿使用费，油田维护费，租赁费（不包括融资租赁费），修理费，机物料消耗，低值易耗品，取暖费，水电费，办公费，差旅费，运输费，保险费，设计制图费，试验、检验费，劳动保护费，季节性、修理期间的停工损失以及其他制造费用。

制造费用直接用于产品生产但不能直接计入产品成本，需要按照一定的标准分摊后才能计入产品成本的那部分费用。制造费用也称为间接成本。

（二）期间费用

期间费用是企业当期发生的费用中的重要组成部分，是指本期发生的、不能直接或间接归入某种产品成本的，而直接计入损益的各项费用，包括管理费用、财务费用和销售费用。期间费用容易确定其发生的时间，但难以判断其所应归属的产品，因而在发生的当期便从当期的损益中扣除，即直接计入当期损益。

1. 管理费用

管理费用是指企业的行政管理部门为管理和组织经营而发生的各项费用，包括：公司经费、工会经费、职工教育经费、劳动保险费、待业保险费、董事会费、咨询费、中介费/代理费、无形资产摊销、其他资产摊销、业务招待费、租赁费、运输费、邮电费、电话费、研究开发费、技术转让费、技术研究开发费、技术提成、住房公积金、会议费、劳动保护费、培训费、水电费、保险费、招待费、车辆费。

（1）公司经费包括总部管理人员工资、职工福利费、差旅费、办公费、折旧费、修理费、物料消耗、低值易耗品摊销以及其他公司费用。

（2）工会经费是指按照职工工资总额2%计提拨交给工会的经费。

（3）职工教育经费是指企业为职工学习先进技术和提高文化水平支付的费用，按照职工工资总额的80%计提。

（4）董事会费是指企业最高权力机构（如董事会）及其成员为执行职能而发生的各项费用，包括差旅费、会议费等。

（5）无形资产摊销是指专利权、商标权、著作权、土地使用权、非专利技术等无形资产的摊销。

（6）其他资产摊销是指开办费和以经营租赁方式租入的固定资产改良支出等。

（7）业务招待费是指企业为业务经营的合理需要而支付的费用，在下列限额内据实列入管理费用：按照业务招待费发生额的60%据实扣除，但不得高于当年销售收入的5‰。

2. 财务费用

财务费用是指企业为筹集资金而发生的各项费用，包括企业生产经营期间发生的利息支出（减利息收入）、汇兑净损失、调剂外汇手续费、金融机构手续费以及筹资发生的其他财务费用等。

3. 销售费用

销售费用是指企业在销售产品、自制半成品和提供劳务等过程中发生的各项费用以及专设销售机构的各项经费，包括应由企业负担的运输费、装卸费、包装费、保险费、委托代销手续费、广告费、展览费、租赁费（不含融资租赁费）、销售服务费用和销售部门人员工资、职工福利费、差旅费、办公费、折旧费、修理费、物料消耗、低值易耗品摊销以及其他经费。

二、总成本费用估算

在估算总成本费用时，通常采用生产要素估算法，其计算公式为

$$\text{总成本费用} = \text{外购原材料费用} + \text{外购燃料及动力费用} + \text{工资及福利费} + \text{修理费} + \text{折旧费} + \text{摊销费} + \text{财务费用} + \text{其他费用} \tag{3-28}$$

这种方法是按成本费用中各项费用性质进行归类后，计算总生产费用。

（一）外购材料费用估算

外购材料费用包括直接材料费中预计消耗的原材料、辅助材料、备品配件、外购半成品、包装物以及其他直接材料；制造费、管理费以及销售费用中机物料消耗、低值易耗品费用及其运输费用等归并在本科目内，可统称为其他材料费。其计算公式为

$$\text{外购材料费} = \text{主要外购材料消耗定额} \times \text{单价} + \text{辅料及其他材料费} \tag{3-29}$$

（二）外购燃料及动力费用估算

外购燃料及动力费用包括直接材料费中预计消耗的外购燃料及动力，制造费、管理费以及销售费用中的外购水电费等。

$$\text{外购燃料及动力费} = \text{主要外购燃料及动力消耗量} \times \text{单价} + \text{其他外购燃料及动力费} \tag{3-30}$$

式(3-30)中：主要外购燃料及动力消耗量，是指按拟订方案提出的消耗量占总消耗量比例较大的外购燃料及动力。其他外购燃料及动力费是指消耗量占总消耗量比例较小的外购燃料及动力，其计算方法可据项目的实际情况，采用其占主要外购燃料动力费的百分比进行估算。

(三) 工资或薪酬估算

工资和福利费是成本费用中反映劳动者报酬的科目，是指企业为获得职工提供的服务而给予各种形式的报酬以及福利费，通常包括职工工资、奖金、津贴等。

按照生产要素估算法估算总成本费用时，所采用的职工人数为项目全部定员。

执行《企业会计准则(2019版)》的项目(企业)，应当用"职工薪酬"代替"工资和福利费"。职工薪酬包括：

(1) 职工工资、奖金、津贴和补贴；
(2) 职工福利费；
(3) 医疗保险费、养老保险费、失业保险费、工伤保险费和生育保险费等社会保险费；
(4) 住房公积金；
(5) 工会经费和职工教育经费；
(6) 非货币性福利；
(7) 因解除与职工的劳动关系给予的补偿；
(8) 其他与获得职工提供的服务相关的支出。

可见职工薪酬包含的范围大于工资和福利费，如原在管理费用中核算的由企业缴付的社会保险费和住房公积金以及工会经费和职工教育经费等都属于职工薪酬的范畴。实际工作中，当用"职工薪酬"代替"工资和福利费"时，应注意核减相应的管理费用。

按照《企业会计准则》的要求，职工薪酬应当根据职工提供服务的受益对象，区分下列情况处理：

(1) 生产产品、提供劳务负担的职工薪酬，计入产品成本或劳务成本；
(2) 其他职工薪酬，计入当期损益。

在项目评价中，当采用生产要素法估算总成本费用时，公式(3-28)中的工资及福利费是指项目全部定员的职工薪酬。

确定工资或薪酬时需考虑以下因素：

(1) 项目地点。工资或薪酬水平随地域的不同会有差异，要注意考虑地域的不同对工资水平的影响，项目评价中对此应有合理的反映。

(2) 原企业工资水平。对于依托老厂建设的项目，在确定单位工资或薪酬时，需要将原企业工资或薪酬水平作为参照系。

(3) 行业特点。不同行业的工资或薪酬水平可能有较大差异，确定单位工资或薪酬时需考虑行业特点，参照同行业企业薪酬标准。

(4) 平均工资或分档工资或薪酬。根据不同项目的需要，财务分析中可视情况选择按项目全部人员年工资或薪酬的平均数值计算，或者按照人员类型和层次的不同分别设定不同档次的工资或薪酬进行计算。如采用分档工资或薪酬,最好编制工资或薪酬估算表。

(四)修理费估算

修理费是指为恢复固定资产原有生产能力,保持其原有使用效能,对固定资产进行修理或更换零部件而发生的费用,它包括制造费用、管理费用和销售费用中的修理费。固定资产修理费一般按固定资产原值的一定百分比计提,提取比例可根据经验数据、行业规定或参考同类企业的实际数据加以确定。在生产运营的各年中,修理费率的取值一般采用固定值,根据项目特点也可以间断性地调整修理费率,开始取较低值,以后取较高值。其计算公式为

$$修理费 = 固定资产原值 \times 计提比率 \tag{3-31}$$

其中,固定资产原值要扣除建设期利息。

(五)固定资产折旧费估算

固定资产折旧是指固定资产由于损耗而减少的价值。固定资产损耗分为有形损耗和无形损耗两种。有形损耗是指固定资产在使用过程中由于使用和自然力的影响在使用价值和价值上的损耗;无形损耗是指由于技术进步而引起的固定资产价值上的损耗。固定资产与存货不同,它的价值不是一次转移计入产品成本或费用;而是在长期使用过程中,随着损耗程度,以折旧费项目分期计入产品成本或费用,并通过取得相应的收入而得到补偿。

企业分期计算提取折旧时,应考虑的因素有固定资产应计提折旧总额、预计使用年限或预计工作总量、固定资产的净残值。常用的固定资产折旧计算方法有两类:直线法和加速折旧法。

1. 直线法

直线法是指按照时间或完成的工作量平均计提折旧的方法,主要包括平均年限法和工作量法。

(1)平均年限法。平均年限法是指按照固定资产的预计使用年限平均计提折旧的方法,其累积折旧额为使用时间的线性函数。固定资产的应计提折旧总额可以均匀地摊配于预计使用年限内的各个会计期间。其计算公式为

$$\begin{aligned}年折旧额 &= 固定资产原值 \times (1-预计净残值率)/预计使用年限 \\ &= 固定资产应计提折旧总额/预计使用年限\end{aligned} \tag{3-32}$$

$$月折旧额 = 年折旧额/12 \tag{3-33}$$

在实际工作中,固定资产折旧额一般根据固定资产原值乘以折旧率计算。在平均年限法下,固定资产折旧率是固定资产折旧额与固定资产原值的比率,其计算公式为

$$年折旧率 = (1-预计净残值率)/预计使用年限 \times 100\% \tag{3-34}$$

月折旧率＝年折旧率/12×100%　　　　　　　　　　　　　　　　(3-35)

月折旧额＝固定资产原值×月折旧率　　　　　　　　　　　　　(3-36)

[例 3-5] 某企业某项固定资产原值为 750 000 元,预计净残值率为 4%,预计使用年限为 20 年。其折旧率和折旧额计算如下

固定资产年折旧率＝(1－4%)/20×100%＝4.8%

固定资产月折旧率＝4.8%/12＝0.4%

固定资产月折旧额＝750 000×0.4%＝3 000(元)

(2) 工作量法。工作量法是指按照固定资产预计完成的工作总量平均计提折旧的方法,其累积折旧额为完成工作量的线性函数。计算公式如下

单位工作量折旧额＝固定资产原值×(1－预计净残值率)/预计总工作量　(3-37)

固定资产月折旧额＝单位工作量折旧额×当月实际完成的工作总量　　(3-38)

不同的固定资产,其工作量有不同的表现形式。对于运输设备来说,其工作量表现为运输里程;对于机器设备来说,其工作量表现为机器工时和机器台班。

[例 3-6] 某企业运输汽车一辆,原值为 400 000 元,预计净残值率为 5%,预计行驶总里程为 800 000 千米。某月该汽车行驶 6 000 千米。该汽车采用工作量法计提折旧,单位工作量折旧额和当月折旧额的计算如下

单位工作量折旧额＝400 000×(1－5%)/800 000＝0.475(元/千米)

当月折旧额＝0.475×6 000＝2 850(元)

工作量法一般适用于价值较高的大型精密机床以及运输设备等固定资产的折旧计算。这些固定资产的价值较高,各月的工作量一般不很均衡,采用平均年限法计提折旧,会使各月成本费用的负担不够合理。

2. 加速折旧法

加速折旧法也称为递减折旧法,是指在固定资产使用初期计算折旧较多而在后期计提折旧较少,从而相对加速折旧的方法。采用加速折旧法,各年的折旧额呈递减趋势,一般只采用个别折旧方式。加速折旧法可真正考虑固定资产的无形耗损因素,有效促进技术进步和固定资产的投资回收速度,而且其更符合会计配比原则。根据《关于完善固定资产加速折旧企业所得税政策的通知》(财税〔2014〕75 号),对生物药品制造业;专用设备制造业;铁路、船舶、航空航天和其他运输设备制造业;计算机、通信和其他电子设备制造业;仪器仪表制造业;信息传输、软件和信息技术服务业等 6 个行业的企业,2014 年 1 月 1 日后新购进的固定资产,可采取加速折旧的方法计提折旧。较常用的加速折旧法有双倍余额递减法和年数总和法两种。

(1) 双倍余额递减法。双倍余额递减法是指按固定资产净值和双倍直线折旧率计提折旧的方法。其计算公式如下

双倍直线折旧率＝2/预计使用年限×100%　　　　　　　　　　(3-39)

固定资产年折旧额＝固定资产期初净值×双倍直线折旧率　　　(3-40)

需要说明的是,双倍余额递减法最后两年改直线法计提折旧。

[例3-7]　某企业某项固定资产原值为60 000元,预计净残值为2 000元,预计使用年限为5年。该项固定资产采用双倍余额递减法计提折旧。年折旧率及各年折旧额计算见表3-3。

表3-3　双倍余额递减法折旧计算　　　　　　　　　　　　单位:元

年　份	期初净值	年折旧率	年折旧额	累积折旧	期末净值
1	60 000	40%	24 000	24 000	36 000
2	36 000	40%	14 400	38 400	21 600
3	21 600	40%	8 640	47 040	12 960
4	12 960	—	5 480	52 520	7 480
5	7 480	—	5 480	58 000	2 000

(2) 年数总和法。年数总和法是指按固定资产应计提折旧总额和某年尚可使用年数占预计可使用年数总和的比重(即年折旧率)计提折旧的方法。计算公式如下

年折旧率＝尚可使用年数/预计可使用的年数总和×100%　　　(3-41)

年折旧额＝固定资产应计提折旧总额×年折旧率　　　(3-42)

[例3-8]　某企业固定资产原值为62 000元,预计净残值为2 000元,预计使用年限为5年。该项固定资产按年数总和法计提折旧。该项固定资产的年数总和为

年数总和＝5+4+3+2+1＝15

采用年数总和法计算的各年折旧率和折旧额见表3-4。

表3-4　年数总和法折旧计算　　　　　　　　　　　　　单位:元

年　份	应计提折旧总额	年折旧率	年折旧额	累积折旧
1	62 000−2 000＝60 000	5/15	20 000	20 000
2	60 000	4/15	16 000	36 000
3	60 000	3/15	12 000	48 000
4	60 000	2/15	8 000	56 000
5	60 000	1/15	4 000	60 000

固定资产采取加速折旧方法的,既可采用双倍余额递减法亦可采用年数总和法,但加速折旧方法一经确定,一般不得变更。

(六) 摊销费估算

摊销费指无形资产摊销费和其他资产摊销费。无形资产与其他资产的摊销是将这

些资产在使用中损耗的价值转入成本费用中去,从受益之日起,在一定期间分期平均摊销,一般不计残值。无形资产、其他资产的摊销价值通过营业收入得到补偿,增加企业盈余资金,可用于还款,作为周转资金或其他用途。

无形资产的摊销期限,凡法律和合同或企业申请书分别规定有效期限和受益年限的,按照法定有效期限与合同或企业申请书规定的受益年限孰短的原则确定。无法确定有效期限,但企业合同或申请书中规定有受益年限的,按企业合同或申请书中规定的受益年限确定。无法确定有效期限和受益年限的,按照不应超过10年的期限确定。

其他资产的摊销可以采用平均年限法,不计残值,摊销年限应注意符合税法的要求。一般按不少于5年摊销。

(七) 财务费用估算

按照会计法规,企业为筹集所需资金而发生的费用称为借款费用,又称财务费用,包括利息支出(减利息收入)、汇兑损失(减汇兑收益)以及相关的手续费等。在大多数项目的财务分析中,通常只考虑利息支出,利息支出的估算包括长期借款利息、流动资金借款利息和短期借款利息三部分,并根据资金筹措和使用安排计划估算。

1. 长期借款利息

长期借款利息是指对建设期间借款余额(含未支付的建设期间利息)应在生产期支付的利息,项目评价中可以选择等额还本付息方式或者等额还本利息照付方式来计算长期借款利息。

2. 流动资金借款利息

项目评价中估算的流动资金借款从本质上说应归类为长期借款,但目前企业往往有可能与银行达成共识,按期末偿还、期初再借的方式处理,并按1年期利率计息。流动资金借款利息计算公式如下

$$年流动资金借款利息 = 年初流动资金借款余额 \times 流动资金借款年利率 \quad (3-43)$$

财务分析中对流动资金的借款可以在计算期最后1年偿还,也可以在还完长期借款后安排。

3. 短期借款利息

项目评价中短期借款系指运营期间由于资金的临时需要而发生的短期借款,短期借款的数额应在财务计划现金流量表中得到反映,其利息应计入总成本费用的利息支出中。短期借款利息的计算同流动资金借款利息,短期借款的偿还按照随借随还的原则处理,即当年借款尽可能于下年偿还。

(八) 其他费用估算

其他费用是指从制造费用、管理费用和销售费用中,扣除了以上折旧费、摊销费、工资或薪酬和修理费等之后的剩余部分。

综上所述,总成本费用的估算等于以上八项费用之和。需要说明的是,上面叙述的

内容只是给出了此种方法的框架,操作上应根据实际情况合理地计算。如外购原材料的估算,就会遇到是原材料还是外购件,是外购原材料还是自制材料的问题。

三、相关成本的概念

(一) 经营成本

经营成本是项目经济评价中的一个专门术语,在财务会计中没有经营成本的概念。经营成本涉及产品生产及销售、企业管理过程中的物料、人力和能源的投入费用,它反映企业的生产和管理水平。经营成本的计算公式为

$$\text{经营成本费用}=\text{总成本费用}-\text{折旧费}-\text{摊销费}-\text{财务费用} \quad (3-44)$$

式(3-44)中:总成本费用=制造成本+管理费用+财务费用+销售费用。

(1) 项目评价动态分析的基本报表是现金流量表。经营成本是为经济分析方便从总成本费用中分离出来的一部分费用,之所以要分离出折旧费、摊销费和财务费用,其原因在于:项目评价动态分析的基本报表是现金流量表,它根据项目在计算期内各年发生的现金流入和流出,进行现金流量分析。各项现金收支在何时发生,就在何时计入。由于投资已在其发生的时间作为一次性支出计入现金流出,所以不能将折旧费和摊销费在生产经营期再计为现金流出,否则会发生重复计算。因此,在现金流量表中不能将含有折旧费和摊销费的总成本费用作为生产经营期经常性支出,而规定以不包括折旧费和摊销费的经营成本作为生产经营期的经常性支出。

(2)《方法与参数》规定,财务评价要编制的现金流量表有项目投资现金流量表和项目资本金现金流量表。项目投资现金流量表是在不考虑资金来源的前提下,以全部投资(固定资产投资和流动资金,不含建设期利息)作为计算基础,利息支出不作为现金流出。而在项目资本金现金流量表中已将利息支出单列。因此,经营成本中也不包括利息。

(二) 固定成本和可变成本

为了进行项目的成本结构分析和不确定性分析,在项目经济评估中应将总成本费用按照费用的性质划分为可变成本和固定成本。

产品成本费用按其与产量变化的关系分为可变成本、固定成本和半可变(或半固定)成本。在产品总成本费用中,有一部分费用随产品产量及销售量的增减而成正比例地增减,称为可变成本,主要包括原材料、燃料、动力消耗、包装费和生产人员工资等。另一部分费用与产量的多少无关,称为固定成本,即当产品产量增加或减少时,费用总额并不发生变化,它一般包括在制造费用中。如非生产人员工资、固定资产折旧费、无形资产及其他资产摊销、修理费、管理费等。还有一些费用,虽然也随着产量增减而变化,但非成正比例地变化,称为半可变半固定成本。长期借款利息应视为固定成本,短期借款如果用于购置流动资产,其利息可视为半可变半固定成本,为简化计算,也可视为固定成本。

在实践中,固定成本还可以根据其支出数额是否能改变,进一步细分为约束性固定成本和酌量性固定成本两类。约束性固定成本是指通过管理当局的决策行动不能改变其数额的成本,如固定资产折旧费、管理人员工资等。这些成本是企业经营业务必须负担的最低成本,是维持整个企业生产能力的成本,具有很大程度上的约束性。酌量性固定成本是指可以根据企业的经营目标和管理人员的主观意图进行调整的成本,如广告费、职工培训等。从企业长期利益看,这类成本必不可少,但每期预算多少,要视企业当时的财务状况而定。

不同的项目由于各自的特点使固定成本和可变成本的划分没有统一的标准,应视具体情况而定。将产品成本区分为固定成本和变动成本简化了对项目费用的识别,便于对成本费用的控制。还必须指出,人们习惯上往往把直接成本和变动成本、间接成本和固定成本等同起来,把两者视为同义语。虽然大多数情况下的确如此,如产品的原材料、主要燃料及计件工资等是直接成本,也是变动成本;管理人员的工资和固定资产的折旧费是间接成本,也是固定成本。但严格地说,两者是有区别的,两者的分类标准并不相同。如有些企业车间使用的电力计入制造费用,分摊后计入产品成本,但并不完全与产量变动成正比例增减,它是直接成本,并不一定是变动成本;又如企业在生产一种产品的情况下,管理人员工资、折旧费等都可直接计入该种产品成本,它是固定成本,同时也是间接成本。

(三) 机会成本

机会成本是指将一种具有多种用途的有限资源置于特定用途时所放弃的收益。当一种有限资源具有多种用途时,可能有许多个投入这种资源获取相应收益的机会,如果将这种资源置于某种特定用途,必然要放弃其他的资源投入机会,同时也放弃了相应的收益,在所放弃的机会中最佳的机会可能带来的收益,就是将这种资源置于特定用途的机会成本。

机会成本是理论经济学中的一个概念,它不是实际发生的成本,因此在会计上是不存在的,但对决策非常重要,其作用在于寻求利用资源的最佳方案。比如,一个人能够做经理和教师,而经理的收入通常要比教师的收入高,因此,当你从事教师工作时,相对于经理工作来说你就存在着一个机会成本的问题。但是我们不能反过来说,从事经理工作会使你失去更低收入的教师工作而产生一个机会成本。收入高的工作相对于收入低的工作来说是没有机会成本的,因为你已经找到了一个更好的机会使你有更高的收入。机会成本在决策中的意义在于它有助于全面考虑可能采取的各种方案,以便保证经济资源得到最佳利用。

(四) 沉没成本

沉没成本是指过去已经支出而现在已无法得到补偿的成本。经济活动在时间上是具有连续性的,但从决策的角度来看,以往发生的费用只是造成当前状态的一个因素,当前状态是决策的出发点,当前决策所要考虑的是未来可能发生的费用及所能带来的收益,不考虑以往发生的费用。例如,企业考虑某台旧设备是否需要更新这一问题时,该设备几年前的购置成本已经作为一项沉没成本,不应影响是否更新的决策。若设备更新后能够提高企业的生产能力,并且降低单位产品的生产成本,则应考虑更新设备,反之则不考虑更新。如果将沉没成本纳入工程项目方案的总成本,则一个有利的方案可能因此而变得不利,一个较好的方案可能变为较差的方案,从而造成决策失误。因而在工程经济分析中,沉没成本不应在现金流量中出现。

第四节　营业收入和利润估算

一、营业收入估算

销售过程是企业再生产过程的重要一环,是产品价值的实现过程。在这一过程中,企业一方面要把生产出来的产品或劳务按照合同规定向购货单位提供;另一方面要按照销售的数量和价格,从购货单位收回货币资金。

收入是企业在销售商品、提供劳务及让渡资产使用权等日常活动中形成的经济利益的总流入,包括销售产品收入、劳务收入、利息收入、使用费收入、租金收入和股利收入等,但不包括第三方或客户代收的款项。日常活动是指企业为完成其经营目标从事的所有活动以及与之相关的其他活动,如制造业的销售产品,服务业提供产品和服务等等。按收入的性质可分为销售商品收入、提供劳务收入和让渡资产使用权等取得的收入;按经营业务的主次可分为主营业务收入和其他业务收入。

营业收入是企业对外销售产品或提供劳务所取得的收入。企业的营业收入包括产品营业收入和其他营业收入。产品营业收入包括销售产成品、自制半成品、工业性劳务取得的收入;其他营业收入包括材料销售、技术转让、包装物出租、外购产品销售、承担运输等非工业性劳务所取得的收入。生产多种产品和提供多项服务的,应分别估算各种产品及服务的营业收入。计算营业收入时,假设生产出来的产品能全部按定价售出,销售量等于生产量,即

$$\text{营业收入} = \text{销售量(或生产量)} \times \text{销售单价} \qquad (3-45)$$

销售价格一般采用出厂价格,也可根据需要采用送达用户价格或离岸价格,但此时需注意使相关的成本费用计算采用一致的口径。当项目有多种产品销售时,应分别计算后加总。未特别注明的,本书所谓营业收入均指不含增值税收入,销售价格亦指不含增值税价格。

在工程经济分析中,所计算的营业收入与财务核算中的营业收入有所不同,财务核算中营业收入的确认必须符合以下4个条件:

(1) 相关的收入和成本能够可靠地计量。企业在销售产品时,价格通常已经确定,但

销售过程中由于某种不确定因素,也有可能出现价格变动的情况,则新的价格未确定前不能确定收入。

(2) 与交易相关的经济利益能够流入企业,指的是销售价款有把握回收。在进行判断时,应进行定性分析,当确定价款收回的可能性大于不能收回的可能性时,即认为价款可以收回。

(3) 企业将与产品所有权有关的主要风险和报酬已转移给买方。风险主要是指产品由于贬值、损坏、报废等造成的损失;报酬是指产品中包含的未来经济利益,包括产品因升值等给企业带来的经济利益。如果一项产品发生的任何损失均不需要本企业负担,带来的经济利益也不归本企业所有,则意味着该产品的主要风险和报酬已移出该企业。

(4) 企业既没有保留与所有权相联系的继续管理权,也没有对已出售的产品实施控制。

因此,按会计方法计算的营业收入并不一定等于实际现金流入。而在进行工程经济分析时为简便起见,常假定产量等于销量,且全部收入立即回收,此时的营业收入即为技术方案的现金流入。

二、利润估算

企业在一定时期内生产经营活动的最终财务成果,是用货币形式反映的企业生产经营活动的效率和效益的最终体现,是以企业生产经营所创造的收入与所发生的成本对比的结果。企业最终的财务成果一般有两种可能:一种是取得正的财务成果,即利润;另一种是负的财务成果,即亏损。

(一) 利润构成

企业利润的实现表明企业生产耗费得到了补偿,并取得了盈利。对利润进行核算可以及时反映企业在一定时期的经营业绩和获利能力,反映企业的投入产出效率和经济利益。利润主要是指利润总额和净利润。

$$利润总额 = 营业利润 + 投资净收益 + 补贴收入 - 营业外收支净额 \quad (3-46)$$

式(3-46)中:营业利润 = 主营业务利润 + 其他业务利润 - 期间费用 - 资产减值损失 + 公允价值变动收益(-公允价值变动损失) + 投资收益(-投资损失) + 资产处置收益(-资产处置损失) + 其他收益

主营业务利润 = 主营业务收入 - 主营业务成本 - 税金及附加

其他业务利润 = 其他业务收入 - 其他业务成本

(1) 主营业务利润是由主营业务收入、主营业务成本、税金及附加构成。主营业务收入是指销售产品、提供劳务等取得的收入;主营业务成本是指企业已销售的产品、劳务等的制造成本;税金及附加是指应由销售的产品、提供的劳务等负担的税金及附加,包括消费税、城市维护建设税、资源税、教育费附加及房产税、土地使用税、车船使用税、印花税等相关税费。

(2) 其他业务利润可以根据其他业务收入和其他业务成本账户上的有关资料确定。由于其他业务不属于企业主要经营业务,根据会计重要性原则,对其他业务核算可采取比较简单的方法。期末将"其他业务收入"和"其他业务支出"两个账户余额分别转入本年"利润"账户,以确定其他业务利润。

(3) 期间费用是指管理费用、财务费用和销售费用。

(4) 投资净收益是指投资收益扣减投资损失后的数额。投资收益包括对外投资分得的利润、股利和债券利息,投资到期回收或者中途转让、出售取得的款项高于账面价值的差额等;投资损失包括投资到期回收或者中途转让、出售取得的款项低于账面价值的差额。

(5) 补贴收入是指企业按照国家规定取得的各种补贴,包括国家财政拨付的专项储备商品、特准储备物资、临时储备商品的补贴、亏损补贴及其他补贴收入。对于实行增值税后采取即征即退、先征后退、先征税后返还等形式减免的增值税,企业应于收到减免的增值税时,计入补贴收入。

(6) 营业外收支净额是指与企业生产经营无直接关系的收入与支出的差额,即营业外收入扣减营业外支出。营业外收入是与企业生产经营活动无直接关系的各项收入,是一种纯收入,不需要也不可能与有关费用进行配比。营业外支出是指与企业生产经营活动无直接关系的各项支出,包括固定资产盘亏、处理固定资产损失、非常损失、罚款支出、资产评估减值等。

(二) 利润分配

利润是劳动者新创造的价值,应在全社会范围内进行分配。企业实现的利润中的一部分以缴纳所得税的方式交给国家,作为国家的财政收入。企业缴纳所得税后的利润,除国家另有规定外,一般按照固定的顺序分配。利润分配就是企业将实现的税后利润在投资者之间进行分配,具体表现为在法定盈余公积金、任意盈余公积金以及股东之间分配利润、股利等。

企业当期实现的净利润,加上年初未分配利润或减去年初未弥补的亏损和其他转入后的余额,即为可供分配的利润。如果可供分配的利润为负数(即亏损),则不能进行后续分配;如果可供分配的利润为正数(即利润),应按以下顺序进行分配。

1. 弥补损失

根据企业所得税法规定,公司发生年度亏损,可以用以后年度的应纳税所得进行弥补,1年弥补不足的,可以逐年连续弥补,但最长不能超过5年。根据公司法规定,公司的法定盈余公积金主要用处之一就是弥补亏损。

2. 提取法定盈余公积金

法定盈余公积金按照本年度实现的净利润扣除被没收的财物损失、违反税法规定支付的滞纳金和罚款及弥补以前年度亏损后净额的10%提取,盈余公积金已达注册资金50%时,可不再提取。

3. 计提任意盈余公积金

向股东分配利润之前提取任意盈余公积金作为公司的留存收益,主要是出于经营管理上的需要,为了控制向投资者分配利润的水平以及调整各年利润波动而采取的限制措施。

4. 向投资者分配利润

在提取盈余公积金、公益金之后,其余值为可供投资者分配的利润,并在应付利润和未分配利润之间分配。应付利润按照一定的比例向投资者分配利润。企业当年无利润时,不得向投资者分配利润,但股份有限公司在用盈余公积金弥补亏损后,经股东会特别决议,可以按照不超过股票面值6%的比率,用盈余公积金分配股利,在分配股利后,企业法定盈余公积金不得低于注册资金的25%。

5. 保留未分配利润

税后利润经过以上顺序分配以后,余值为未分配利润。未分配利润主要用于偿还借款本金,以前年度的未分配利润可以并入本年度向项目投资主体分配。

第五节 主要税金计算

税金是国家依据法律对有纳税义务的单位和个人征收的财政资金,国家采用的这种筹集财政资金的手段叫税收。税收是国家凭借政治权力参与国民收入分配和再分配的一种方式,具有强制性、无偿性和固定性的特点。税收不仅是国家取得财政收入的主要渠道,也是国家对各项经济活动进行宏观调控的重要杠杆。我国的现行税制就其实体法而言,是1949年后经过几次较大的改革逐步演变而来的,共有18个税种,按其性质和作用大致分为以下七类。

(1) 流转税类。包括增值税、消费税和关税。主要在生产、流通或者服务业中发挥调节作用。

(2) 资源税类。包括资源税、城镇土地使用税。主要是对因开发和利用自然资源差异而形成的级差收入发挥调节作用。

(3) 所得税类。包括企业所得税、外商投资企业和外国企业所得税、个人所得税。主要是在国民收入形成后,对生产经营者的利润和个人的纯收入发挥调节作用。

(4) 特定目的的税类。包括城市维护建设税、土地增值税、烟叶税、环境保护税、耕地占用税。主要是为了达到特定目的,对特定对象和特定行为发挥调节作用。

(5) 财产和行为税类。包括房产税、车船税、车辆购置税、船舶吨税、印花税、契税。主要是对某些财产和行为发挥调节作用。

施工企业和房地产开发企业缴纳的主要税收包括增值税、所得税、城市维护建设税、教育费附加和地方教育附加(可视作税收)。另外,针对其占有的财产和行为,还涉及房产税、土地使用税和契税等的征收。房地产和建筑施工企业一般纳税人针对项目,自主选择采取一般计税或简易征税。

一、流转税类

(一)增值税

增值税是对在我国境内销售货物或提供加工、修理修配劳务,以及进出口货物的单位和个人,就其取得的货物或应税劳务的销售额,以及进口货物的金额计算税款,并实行税款抵扣制的一种流转税。增值税应纳税额的计算公式为

$$应纳税额 = 当期销项税额 - 当期进项税额 \tag{3-47}$$

1. 销项税额的计算

销项税额是指纳税人销售货物或者提供应税劳务,按照销售额或应税劳务收入和规定的税率计算并向购买方收取的增值税税额。销项税额的计算公式为

$$销项税额 = 销售额 \times 适用税率 \tag{3-48}$$

式(3-48)中:增值税是价外税,销售额应为不含税销售额。若销售额中含有销项税额,必须转换成不含税的销售额。不含税销售额=含税销售额/(1+增值税税率)。

增值税税率的选定分以下几种情况。

(1) 纳税人销售或者进口货物,提供加工、修理修配劳务,大多数适用13%的基本税率。

(2) 纳税人销售或进口粮食、煤气、自来水、书刊、饲料、农机、农药等,适用9%的税率。

(3) 小规模纳税人按照简易办法纳税,应纳税额按不含税销售额和一定征收率计算。商业企业属于小规模纳税人的适用3%的征收率。

2. 进项税额的计算

根据税法的规定,准予从销项税额中抵扣的进项税额,必须有增值税扣税凭证上注明的增值税税额(如从销售方取得的增值税专用发票,从海关取得的完税凭证等),或按规定的扣除率计算的进项税额。

$$进项税额 = 购进货物或应税劳务已缴纳的增值税 \tag{3-49}$$

(1) 与2017年"四并三"改革时一样,纳税人在购进农产品时,应按照农产品抵扣的一般规定,按照9%计算抵扣进项税额。而在领用农产品环节,如果农产品用于生产或者委托加工13%税率货物,则再加计1%进项税额,即按照10%计算抵扣进项税额。例如:某增值税一般纳税人2019年5月份购进一批农产品,购进时按照9%计算抵扣进项税额;6月份领用时,确定用于生产13%税率货物,则在6月份再加计1%进项税额。

(2) 自2013年8月1日起,增值税一般纳税人外购货物(固定资产除外)所支付的运输费用,以及一般纳税人销售货物所支付的运输费用,根据运费结算单据所列运费金额和相应的税率准予扣除,其中,一般纳税人适用增值税税率11%,小规模纳税人适用征收率3%。而且,取得专票的可以抵扣,取得运输发票是普通发票的,不允许抵扣进项税额。

(3) 生产企业一般纳税人购入废旧物资,回收经营单位销售回收的免税废旧物资,可按照废旧物资回收经营单位开具的由税务机关监制的普通发票上注明的金额,按10%计算抵扣进项税额。

[例3-9] 某生产企业为增值税一般纳税人,适用增值税税率13%,2020年5月有关生产经营业务如下:销售甲产品给某大商场,开具增值税专用发票,取得不含税销售额75万元;另外,开具普通发票,取得销售甲产品的运货运输费收入6万元。购进货物取得增值税专用发票,注明支付的货款60万元、进项税额7.8万元;另外支付购货的运输费用5万元,取得运输公司开具的普通发票,交通运输增值税税率为11%。计算该企业2020年5月应缴纳的增值税税额。

解:销售甲产品的销项税额:

$$75 \times 13\% + 6 \div (1+13\%) \times 13\% = 9.75 + 0.69 = 10.44(万元)$$

外购货物应抵扣的进项税额:

$$7.8 + 5 \times 11\% = 8.35(万元)$$

该企业5月份应缴纳的增值税额:

$$10.44 - 8.35 = 2.09(万元)$$

(二) 消费税

消费税是对一些需要特别调节的消费品课征的税收,其纳税义务人为在中华人民共和国境内生产、委托加工和进口应税消费品的单位和个人。确定征收消费税的税目有:烟、酒及酒精、化妆品、护肤护发品、贵重首饰及珠宝玉石、鞭炮及焰火、成品油、汽车轮胎、摩托车、小汽车、高尔夫球及球具、高档手表、游艇、木制一次性筷子、实木地板。消费税实行从价定率和从量定额的办法计算应纳税额。

1. 从价定率计算方法

在从价定率计算方法下,应纳税额的计算方法取决于应税消费品的销售额和适用税率两个因素。计算公式为

$$应纳税额 = 应税消费品的销售额 \times 适用税率 \quad (3-50)$$

式(3-50)中:销售额为纳税人销售应税消费品向购买方收取的全部价款和价外费用,不包括已纳增值税。

[例3-10] 某化妆品生产企业为增值税一般纳税人,2020年4月向某大型商场销售化妆品一批,开具增值税专用发票,取得不含增值税销售额30万元;向某大型超市销售化妆品一批,开具普通发票,取得含增值税销售额17.55万元。该化妆品公司4月应缴纳的消费税额为多少?

解:化妆品适用消费税税率为15%

$$化妆品的应税销售额 = 30 + 17.55 \div (1+13\%) = 45.53(万元)$$

$$应缴纳的消费税额 = 45.53 \times 15\% = 6.83(万元)$$

2. 从量定额计算方法

在从量定额计算方法下，应纳税额的计算方法取决于应税消费品的销售数量和单位税额两个因素。计算公式为

$$应纳税额 = 应税消费品的销售数量 \times 单位税额 \tag{3-51}$$

3. 从价定率和从量定额混合计算方法

现行消费税的征税范围中，只有卷烟、粮食白酒、薯类白酒采用混合计算方法。其基本计算公式为

$$应纳税额 = 应税销售额 \times 比例税率 + 应税销售数量 \times 定额税率$$

（三）关税

关税是由海关对进出国境或关境的货物、物品征收的一种税。我国海关有关法律法规规定，我国进口关税的纳税人为进口货物的收货人，出口关税的纳税人为出口货物的发货人。从关税征税范围来看，凡是国家允许，属于《中华人民共和国进出口税则》规定应税的货物、物品，均属于关税的征税范围。关税应纳税额的计算分为四种方法：从价税计算、从量税计算、复合税计算以及滑准税计算。

（1）从价计税应纳税额

$$关税税额 = 应税进（出）口货物数量 \times 单位完税价格 \times 适用税率 \tag{3-52}$$

（2）从量计税应纳税额

$$关税税额 = 应税进（出）口货物数量 \times 单位货物税额 \tag{3-53}$$

（3）复合计税应纳税额

$$关税税额 = 应税进（出）口货物数量 \times 单位货物税额 + \\ 应税进（出）口货物数量 \times 单位完税价格 \times 税率 \tag{3-54}$$

（4）滑准税应纳税额

$$关税税额 = 应税进（出）口货物数量 \times 单位完税价格 \times 滑准税税率 \tag{3-55}$$

其中，进口货物以海关审定的成交价格为基础的到岸价格（CIF）为完税价格；出口货物完税价格指的是以出口商将货物运至出口港装货以前所有的费用作为计价基础的价格，也就是FOB价格。但只有当进出口商申报的价格被海关接受后才能成为进出口货物的完税价格。

[例3-11] 甲公司2020年1月20日从德国进口铁盘条20万吨，其成交价格为CIF天津新港250 000美元，已知填发税款缴款书日的外汇买卖中间价100美元=652.22人民币元，海关审核申报价格，符合"成交价格"条件，确定的进口关税税率为15%。

解：关税完税价格 = 250 000 × 652.22 ÷ 100 = 1 630 550（元）

应纳关税税额 = 1 630 550 × 15% = 244 582.5（元）

二、资源税类

（一）资源税

资源税的纳税义务人是指在我国境内开采应税资源的矿产品或者生产盐的单位和个人。目前我国资源税的税目有7类，分别是：原油、天然气、煤炭、其他非金属矿原矿、黑色金属矿原矿、有色金属矿原矿、盐。资源税应纳税额的计算根据应税产品的课税数量和规定的单位税额，计算公式为

$$应纳税额 = 课税数量 \times 单位税额 \tag{3-56}$$

式(3-56)中：课税数量为实际产量和自用量。其中开采原油过程中用于加热、修井的原油免税，油气在储存运输过程中的损耗免税。单位税额：原油，大庆24元/吨，胜利、辽河等12元/吨，其他如华北、玉门、江汉等为8元/吨。

（二）城镇土地使用税

城镇土地使用税是以城镇土地为征税对象，对拥有土地使用权的单位和个人征收的一种税。城镇土地使用税以纳税人实际占用的土地面积为计税依据，土地面积计量标准为平方米，即税务机关根据纳税人实际占用的土地面积，按照规定的税额计算应纳税额。计算公式为

$$全年应纳税额 = 实际占用应税土地面积(平方米) \times 适用税额 \tag{3-57}$$

城镇土地使用税采用定额税率，即采用有幅度的差别税额，按大、中、小城市和县城、建制镇、工矿区分别规定每平方米土地使用税的应纳税额。具体标准如下：（1）大城市 $1.5 \sim 30 (元/m^2)$；（2）中等城市 $1.2 \sim 24 (元/m^2)$；（3）小城市 $0.9 \sim 18 (元/m^2)$；（4）县城、建制镇、工矿区 $0.6 \sim 12 (元/m^2)$。

[例3-12] 某城市的一家公司，实际占地 $23\,000\,m^2$。由于经营规模扩大，年初该公司又受让了一尚未办理土地使用证的土地 $3\,000\,m^2$，公司按其当年开发使用的 $2\,000\,m^2$ 土地面积进行申报纳税，以上土地均适用 $2\,元/m^2$ 的城镇土地使用税税率。试确定该公司当年应缴纳城镇土地使用税额。

解：应纳税额 = $(23\,000 + 2\,000) \times 2 = 50\,000$（元）

三、所得税类

（一）企业所得税

企业取得利润后，应向国家缴纳所得税，即凡在我国境内实行独立经济核算的企业或组织，来源于我国境内、境外的生产经营所得和其他所得，都应依法缴纳企业所得税。企业所得税率一般是25%，符合条件的小型微利企业，所得税的税率一般为20%。国家重点扶持的高新技术企业，所得税的税率一般为15%。非居民企业对于来源于中国境内

的所得缴纳企业所得税,适用税率均为 20%。PE 溢价投资类企业,所得税税率一般在 40%左右。如果企业上一年度发生亏损,可用当年应纳税所得额予以弥补,按弥补亏损后的应纳税所得额来确定适用税率。企业所得税的计算公式为

$$应纳税额 = 应纳税所得额 \times 税率 \quad (3-57)$$

$$应纳税所得额 = 应纳税收入总额 - 准予扣除项目金额$$

式(3-57)中:收入总额是指企业在生产经营活动中以及其他行为取得的各项收入的总和。准予扣除的项目是指纳税人每一纳税年度发生的与取得应税收入有关的所有必要和正常的成本、费用、税金和损失。

[例 3-13] 某企业 2020 年实现收入 300 万元,发生成本费用总额为 210 万元,计算该企业 2020 年应缴纳的企业所得税。

解:应纳税所得额 = 300 - 210 = 90(万元)

应纳税额 = 90 × 25% = 22.5(万元)

(二)外商投资企业和外国企业所得税

外商投资企业和外国企业所得税的纳税义务人可以分为两部分:一部分是在我国境内设立的外商投资企业,包括中外合资经营企业、中外合作经营企业和外资企业;另一部分是外国企业,指在我国境内设立机构、场所,从事生产经营和虽未设立机构、场所,但有来源于境内所得的外国公司、企业和其他经济组织。其征税对象是外商投资企业和外国企业从事生产、经营所得和其他所得。

(三)个人所得税

个人所得税是对个人(自然人)取得的各项应税所得征收的一种税。其纳税义务人包括香港、澳门、台湾同胞在内的中国公民、个体工商户以及在中国有所得的外籍人员(包括无国籍人员)。

个人所得税的应税项目有 11 类:工资、薪金所得;个体工商户的生产、经营所得;对企事业单位的承包经营、承租经营所得;劳务报酬所得;稿酬所得;特许权使用费所得;利息、股息、红利所得;财产租赁所得;财产转让所得;偶然所得;以及经国务院财政部门确定征税的其他所得。不同的应税项目,个人所得税税率标准不同。

四、特定目的税类

(一)城市维护建设税和教育费附加

城市维护建设税(简称城建税)是国家对缴纳增值税、消费税的单位和个人就其实际缴纳的"两税"税额为计税依据而征收的一种税。它属于特定目的税,是国家为加强城市的维护建设,扩大和稳定城市维护建设资金的来源而采取的一项税收措施。

城建税实行地区差别比例税率。纳税人所在地在市区的税率为 7%,在县城、镇的税

率为5%,不在市区、县城或镇的税率为1%。城建税应纳税额的计算公式为

$$应纳税额＝纳税人实际缴纳的增值税、消费税税额×适用税率 \quad (3-58)$$

教育费附加、地方教育附加是对缴纳增值税、消费税的单位和个人,就实际缴纳的税额为计税依据征收的一种附加费。它是为加快地方教育事业,扩大地方教育经费的资金而征收的一项专用基金。教育费附加的征收比率为3%,地方教育附加征收率为2%。

(二) 土地增值税

土地增值税是对转让国有土地使用权、地上建筑物以及其地上附着物并取得收入的单位和个人,就其转让房地产所取得的增值额征收的一种税。我国开征土地增值税,是为了规范国家参与土地增值收益的分配方式,增加国家对房地产开发和房地产市场调控力度的客观需要。土地增值税实行四级超率累进税率,见表3-5。

表3-5 土地增值税四级超率累进税率 (单位:%)

级数	增值额与扣除项目金额的比率	税率	速算扣除系数
1	不超过50%的部分(含50%)	30	0
2	超过50%—100%的部分(含100%)	40	5
3	超过100%—200%的部分(含200%)	50	15
4	超过200%的部分	60	35

土地增值税的应纳税额是按照纳税人转让房地产取得的增值额和规定的使用税率计算征收,计算公式为

$$应纳税额＝\sum(每级距的土地增值额×适用税率) \quad (3-59)$$

$$土地增值额＝应税收入－扣除项目 \quad (3-60)$$

应税收入是指纳税人转让房地产取得的应税收入,包括转让房地产的全部价款及其有关的经济利益,从收入的形式上来看包括货币收入、实物收入和其他收入。扣除项目是指取得土地使用权所支付的金额,房地产开发成本和房地产开发费用。

[例3-14] 某纳税人转让房地产所取得的收入为400万元,其扣除项目金额为100万元,请计算其应纳土地增值税的税额。

解:土地增值额＝400－100＝300(万元)

　　增值额与扣除项目金额之比为300÷100＝300%

由此可见,增值额超过扣除项目金额200%,其适用的简便计算公式为

　　土地增值税税额＝增值额×60%－扣除项目金额×35%

即

　　土地增值税税额＝300×60%－100×35%＝145(万元)

五、财产和行为税类

(一) 房产税

房产税是以房产为征税对象,依据房产价格或房产租金收入向房产所有人或经营人征收的一种税。房产税的计税依据是房产的计税价值或房产的租金收入,按照房产的计税价值征税的称为从价计征,按照房产的租金收入征税的称为从租计征。

从价计征是按房产的原值减除一定比例后的余值计征,其公式为

$$应纳税额 = 应税房产原值 \times (1 - 扣除比例) \times 1.2\% \quad (3-61)$$

式(3-61)中:房产原值是固定资产科目中记载的房屋原价;扣除比例是省、自治区、直辖市人民政府规定的 10%—30% 的扣除比例;计征税率为 1.2%。

从租计征是按房产的租金收入计征,自 2008 年 3 月 1 日起,对个人出租住房,不区分用途,按 4% 的税率征收房产税;对企事业单位、社会团体以及其他组织按市场价格向个人出租用于居住的住房,减按 4% 的税率征收房产税。对于出租类的经营住房,按 12% 的税率征收房产税。

其公式为

$$应纳税额 = 租金收入 \times 12\% (或 4\%) \quad (3-62)$$

[例 3-15] 某企业 2020 年 1 月 1 日的房产原值为 3 000 万元,4 月 1 日将其中原值为 1 000 万元的临街房出租给某连锁商店,月租金 5 万元。当地政府规定允许将房产原值减除 20% 后的余值计税。试确定该企业当年应缴纳的房产税额。

解:自身经营用房的房产税按房产余值从价计征,临街房 4 月 1 日才出租,1—3 月仍从价计征。

自身经营用房应缴房产税 = (3 000 - 1 000) × (1 - 20%) × 1.2% + 1 000
　　　　　　　　　　　× (1 - 20%) × 1.2% × 1/4
　　　　　　　　　　　= 19.2 + 2.4 = 21.6(万元)

出租的房产按本年租金从租计征 = 5 × 9 × 12% = 5.4(万元)

企业当年应缴房产税 = 21.6 + 5.4 = 27(万元)

(二) 印花税

印花税是对经济活动和经济交往中书立、使用、领受具有法律效力的凭证单位和个人征收的一种税。印花税是一种具有行为税性质的凭证税,凡发生书立、使用、领受应税凭证的行为,就必须依照印花税法的有关规定履行纳税义务。

纳税人的应纳税额,根据应税凭证的性质,分别按比例税率或者定额税率计算,其计算公式为

$$应纳税额 = 应税凭证计税金额(或应税凭证件数) \times 适用税率 \quad (3-62)$$

印花税的税目有13类,税率有比例税率和定额税率两种形式。各类合同以及具有合同性质的凭证、产权转移书据、营业账簿中记载资金的账簿,适用比率税率。比例税率分为4个档次,分别是0.05‰、0.3‰、0.5‰、0.1‰。权利、许可证照和营业账簿税目中的其他账簿,适用定额税率,均按件贴花,税额为5元。

本章小结

本章主要是介绍工程经济分析相关的经济要素和估算方法,建设项目投资的构成和形成的资产分类,重点阐述了建设项目投资估算、产品成本与费用、营业收入和利润的估算方法,以及相关的主要税金计算,系统地介绍了建设项目经济效益评价的分析要素和计算方法。

关键词

投资 建设投资估算 流动资金 成本与费用 营业收入 利润 增值税 关税 所得税 土地增值税

复习思考题

1. 工程建设项目的总投资如何构成?
2. 建设投资和流动资金投资如何分项详细估算?
3. 总成本费用包括哪几项?其含义是什么?
4. 无形资产摊销年限的确定原则有哪些?
5. 经营成本和总成本有何区别和联系?
6. 什么是机会成本和沉没成本?
7. 工程建设项目如何确定营业收入和进行利润分配?
8. 房产税、增值税和所得税有什么不同?
9. 某石油化工企业拟与外商合资共同投资建二期30万吨市场紧缺化工原料生产装置。10年前建第一套年产20万吨该产品的生产装置时,设备投资13亿美元。根据该行业生产设施投资经验数据,该生产装置的设备投资生产能力指数为0.8。由于时间原因造成的价格波动,估计该设备的费用综合调整系数为1.2。另外,根据该行业基建部门的经验,估计该二期扩建工程的建筑工程费用约为设备费的40%,安装工程费用约为设备费的30%,其他工程费用约为设备费的20%。考虑到定额变化及价格变动等因素,建筑、安装及其他工程费的综合调整系数估计为1.2。此外,该二期扩建项目配套的行政办公和生活设施投资估算约为80亿元人民币。美元汇率按6.86计算。试估算该项目的建设投资额(人民币)。

10. 某建设项目达到设计生产能力后，全厂定员为 1 100 人，工资和福利费按照每人每年 7 200 元估算。每年其他费用为 860 万元(其中，其他制造费用为 660 万元)。年外购原材料、燃料、动力费估算为 19 200 万元。年经营成本为 21 000 万元，年修理费占年经营成本 10%。各项流动资金最低周转天数分别为：应收账款 30 天，现金 40 天，应付账款 30 天，存货 40 天。试用分项详细估算法估算拟建项目的流动资金。

11. 某地拟建年产 6 亿粒三七通舒胶囊的制药项目。根据可行性研究提供的主厂房工艺设备清单和询价资料，估算出该项目主厂房设备投资约 4 223 万元，主厂房的建筑工程费占设备投资的 18%，安装费占设备投资的 12%，该厂房投资有关的辅助工程及附属设备投资系数见表 3-6。

表 3-6 辅助工程及附属设备投资系数

辅助生产项目	公用工程	服务性工程	环境保护工程	总图运输工程	工程建设其他费
9%	12%	0.7%	2.8%	1.5%	32%

本项目的资金来源为自有资金和贷款，贷款总额为 6 416 万元(不含利息)，贷款利率为 6%(按年计息)。建设期 3 年，第 1 年投入 30%，第 2 年投入 50%，第 3 年投入 20%。预计建设期物价平均上涨 3%，基本预备费率为 10%。

项目达到设计生产能力后，劳动定员 240 人，年标准工资为 1.5 万元/人，年福利费为工资总额的 14%。年其他费用 20 820 万元(其中其他制造费用 820 万元)，年外购原材料、燃料动力费 9 482 万元。经营成本为 30 877 万元。年修理费按固定资产原值的 2.5% 计取(建设投资中工程建设其他费用全部形成无形及其他资产)。年销售收入为 50 000 万元。各项流动资金最低周转天数分别为：应收账款 45 天，现金 30 天，应付账款 60 天，原材料、燃料动力 90 天，在产品 3 天，产成品 20 天。

问题：(1) 试用分类估算法估算该项目主厂房投资和项目建设的工程费与其他费投资。

(2) 估算该项目建设投资和建设期利息。

(3) 用分项详细估算法估算拟建项目的流动资金。

12. 某企业固定资产原值为 58 000 元，预计净残值为 2 000 元，预计使用年限为 4 年。试用年数总和法计提折旧。

13. 某公司以 100 万元购进一台设备，净值率为 5%，按规定使用年限为 10 年，每年设备的工作量数见表 3-7。试分别用平均年限法、工作量法、双倍余额递减法、年数总和法计算各年应该计提的折旧额是多少。

表 3-7 按不同折旧方法计算的设备每年折旧额

使用年限	年工作量/小时	年计提折旧额/万元			
		平均年限法	工作量法	双倍余额递减法	年数总和法
1	20				
2	30				

续 表

使用年限	年工作量/小时	年计提折旧额/万元			
		平均年限法	工作量法	双倍余额递减法	年数总和法
3	30				
4	30				
5	40				
6	40				
7	40				
8	40				
9	30				
10	20				
合计	320				

14. 某企业2020年转让1幢新建办公楼取得收入5 000万元,该办公楼建造成本和相关费用3 700万元,缴纳与转让办公楼相关的税金277.5万元。试确定该企业应缴纳的土地增值税。

第四章 资金的时间价值

> **学习目标**
>
> 学习了本章后,应该能够:
> 1. 掌握现金流的概念和现金流量图的表示方法;
> 2. 理解资金时间价值的概念,并掌握资金时间价值的计算;
> 3. 理解资金等值的含义,熟练进行资金等值变换;
> 4. 应用本章知识解决日常生活中的资金等值问题。

资金的时间价值的实质是指资金作为生产的一个基本要素,在扩大再生产以及资金流通过程中,随时间的推移而产生增值,资金的时间价值理论表明,一定的资金在不同时点具有不同价值,资金必须与时间相结合才能显示出真正的价值。因而,资金的时间价值理论是工程经济方法中的基本原理。

第一节 项目概述

项目,在经济学中是指投入一定的资源的计划、方案、规划,并且可以进行分析和评价的独立单元,所以,工程项目可以广泛定义为一个待建的项目,如计划建立的车间、已建项目、扩建项目,如扩建厂房,或者技术革新及引进、设备更新等。建设项目和施工项目一般统称为工程项目。

(一)建设项目

建设项目,是项目中最重要的一类。一个建设项目就是一项固定资产投资项目,既有基本建设项目,比如新建、扩建、改建等扩大生产能力的建设项目,又有技术改造项目,即以节约、增加产品品种、提高质量、治理"三废"、劳动安全等为主要目的的项目。所以建设项目就是指那些需要一定量的投资,经过决策、设计、施工等的一系列程序,在一定约束条件下以形成固定资产为明确目标的一次性事业。

建设项目有如下特征。

(1) 在一个总体设计和初步设计范围内,由一个或者若干个相互内在联系的单项工程或者单位工程所组成,建设中实行统一核算,统一管理的建设单位。

(2) 在一定的约束条件下,以形成固定资产为特定目标。约束条件包括时间约束,即一个建设项目有合理的建设工期目标;资源约束,即一个建设项目有一定的投资总量;目标与质量约束,即一个建设项目有预期的生产能力、技术水平或者使用效益目标。

(3) 建设项目需要遵循必需的建设程序和经过特定的建设过程,即一个建设项目从提出建设的构思、方案、方案选择、评估、决策、勘查、设计、施工以及到最后竣工、投产有一个有序的过程。

(二) 施工项目

施工项目,是建筑施工企业对一个建筑产品的施工过程及成果,即建筑施工企业的生产对象。可能是一个建设项目的施工,也可能是其中的一个单项工程或者单位工程。

施工项目有如下特征。

(1) 它是建设项目或者其中的单项工程或单位工程的施工任务。

(2) 它作为一个管理整体,是以建筑施工企业为管理主体的。

(3) 施工项目的任务范围,是由工程承包合同界定的,但只有单位工程、单项工程的施工称之为项目,因此单位工程才是建筑施工企业的产品,而分部、分项工程不是完整的产品,不能称为项目。

然而,建设项目和施工项目有共同的属性,对它们的分析和研究在基本原理上是相同的,因此在本书下文中,统一为对工程项目的分析和研究。

一、工程项目现金流

工程项目一般需要经历投资期、投产期、达产期、稳产期、减产期、回收处理期等阶段。我们把整个过程称之为项目寿命周期。正确确定工程项目在寿命期内各个时期,各个时间点的现金流量,是整个工程项目评价的基础。在工程经济分析中,把评价的项目视为一个独立的系统。通常,对流入系统的资金收入叫作现金流入,对流出系统的资金支出叫作现金流出,并把某一个时间点的现金流入和现金流出的差额叫作净现金流量。系统的现金流入、现金流出和净现金流量,统称为现金流量。

在工程项目经济分析和评价中,构成系统现金流量的要素主要包括投资、成本与费用、销售收入、税金和利润等,这些经济量是构成系统现金流量的基本要素,也是进行工程项目经济分析最重要的基础数据。其中,构成系统现金流入的要素,主要是销售收入、回收固定资产余值和回收流动资金等;构成现金流出的要素,主要是投资、经营成本、税金等。

工程经济学中研究的现金流量和会计学中研究的财务收支是不同的概念,两者区别很大:

(1) 工程经济学研究的是拟建项目未来发生的现金流量，系统的现金流出量和现金流入量是预测的，因此，预测的精确程度非常重要。而会计学中研究的一般是已经发生了财务收支的实际数据，因此，统计记录的完整性和真实性，是非常重要的。

(2) 工程经济学中的现金流量计算是以特定经济系统为研究对象的，凡是已经流入和流出系统的资金都视为现金流量，并对应发生的时间点，例如固定资产投资和无形资产投资发生在建设期，已作为一次性支出而计入了现金流出，因此，就不能在生产经营期以产品成本费用中的折旧和摊销费的形式再次计入现金流出，以免重复计算。但是在会计核算的时候，却以产品成本费用要素的形式逐期计提和摊销。

(3) 在工程经济学许多研究中，由于考察工程项目的角度和范围不同，现金流量包括的内容不同。比如，企业上缴国家的税金，从企业的角度来看，是现金流出量，但从整个国民经济考察的角度来看，则既不是现金流出也不是现金流入，因为社会资源量没有发生变化，国民收入也没有发生变化，只是在国家范围内资金分配权和使用权的一种移动，而在会计学中税金则作为企业财务的一项支出。

二、现金流量图

从资金的时间价值可知，为了表示一个经济活动的全过程，除了收入和支出的金额外，还需要有这笔金额对应的发生时间，因此需要用二维空间，即用纵轴表示金额的收支及大小，横轴表示发生收支的时间系列，这就是所谓的现金流量图（cash flow diagram）。在工程经济活动中往往要考察一个企业的某一项活动，例如，建设一个厂房进行扩大生产的经济效果如何，在这种情况下，为了考察投资项目在其整个寿命期或者计算期内的全部收益和全面费用，以及此项目投资的回收情况等，用现金流量图可以直观地、方便地将项目的所有情况表现出来。

现金流量：

现金流入（正）：CI

现金流出（负）：CO

净现金流量：$NCF_t = (CI - CO)_t$

则现金流量如图 4-1 所示。

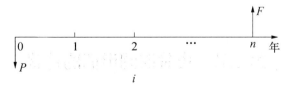

图 4-1 存款过程的现金流量图

对于任意一般的建设项目，其现金流量图一般表现为图 4-2。

说明：

(1) 水平线是时间的标度，时间从左到右，逐次推移，每一格表示一个时间单位，可以

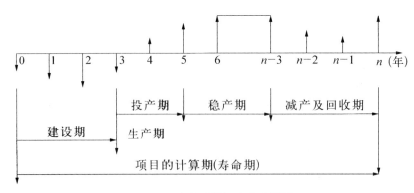

图 4-2 建设项目的现金流量图

为年、季度、月、日等。第 n 格的终点和第 $n+1$ 格的起点是重合的。

（2）箭头的方向表示现金流动的方向，向上的箭头表示资金的收入，向下的箭头表示资金的支出，箭头的长短表示收入或支出的大小。

（3）现金流量图绘制时必须站在固定立场上。

[**例 4-1**] 某企业投资一个项目，第一年初投资 200 万，第二年初投资 100 万，第三年初投资 50 万，以后年收益都为 150 万，每年经营费用为 30 万，寿命期 10 年，残值收益 30 万，试绘制现金流量图。

解：该项目的现金流量图见图 4-3。

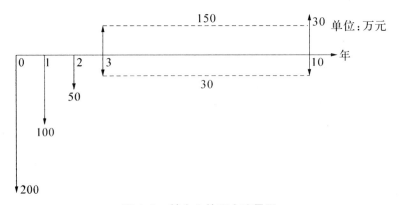

图 4-3 某企业的现金流量图

第二节 资金时间价值的计算

一、资金时间价值概述

货币是被用来充当固定的一般等价物的特殊的商品。在商品交换中，人们使用货币作为商品交换的媒介，作为价值尺度衡量商品的价值。除此以外，货币还具有储藏手段、流通手段和充当世界货币的其他三个主要功能。货币在作为一种投资参与社会生产过程的循环时被称为资金,作为体现着社会再生产的价值外在表现。

当把资金投入到生产或流通领域中后,经过物化劳动和活劳动,会产生一个增值,这个增值来源于剩余价值,但由于它取得了时间的外在表现,故称之为资金时间价值。这是在生产和流通过程中随着时间推移而产生的价值增值。

由于货币的时间价值的存在,不同时间上发生的现金流量无法直接比较。把货币存入银行可以获得利息,把资金作为投资投入到生产项目中可以获得利润。房产购置中的分期付款,实质上就是延期付款的有息信贷。一项合理的投资必须要求资金的使用费用,即贷款的费用,能被贷款所产生的更大的利润所弥补。资金时间价值在现实的经济活动中有两种表现形式:利息和利润。

二、利息与利率

1. 利息

利息(I)是取得和占用资金所付的代价,或放弃资金所获得的报酬,是资金时间价值的体现。利息主要考虑以下几个方面。

(1) 贷款人由于借出资金,因而延误了他使用资金进行消费或者投资,因而要求得到一定的补偿。

(2) 贷款人由于不能确定借款人是否能够如期偿还债务,因而承担了一定的风险,为此要求得到一定的补偿。

(3) 在借款这段时间内,价格水平发生了变化,即借出的资金由于物价上涨而导致的购买力的下降,因而要求得到一定的补偿。

(4) 债务拖延会造成风险。例如,借款人到期无法偿还债务,由于延期偿还,造成了较高风险,从而要求对延期偿还的债务要求一定的更大的补偿。

利息的大小,由利息的计算方式,即单利或者复利,利率的大小,计息周期的长短来确定。

2. 利率

利率(i)是一定时间内利息和本金之比。使用银行贷款时必须定期按照规定的利率支付一定的贷款利息,如果使用自有资金进行项目投资,就牺牲了使用这部分资金进行其他投资获得一定利润的机会,造成了相应的机会损失,通常把这种伴随着资金筹措而产生的应付的利息或者使用资金机会的牺牲额称为资本成本,其单位成本称为资本的利率。i 越大,则表明资金增值的速度越快。

3. 本金

本金(p)是初始的存款或贷款额,故由上述定义:$i=I/p$ 或 $I=p \times i$。

4. 本利和

本利和(F)是用资金 n 年后的本金加利息。

三、利息的计算方式

按是否考虑资金的时间价值分类,利息的计算可以分为单利和复利两种方式,利率也可分为名义利率和实际利率两种。

(一) 单利和复利

单利:仅以原始本金为基数计算利息,而不考虑利息的时间价值,就是单利。利息和时间呈线性关系。因此,单利的利息计算公式为

$$I = p \times i \times n \text{ 或者 } F = p(1+ni) \tag{4-1}$$

复利:为了使借款及投资活动中所有的货币都按同样标准产生时间价值,那么对尚未支付的利息也应当以同样的利率计算利息,这种计算方法就是复利。

如存入银行 p 元,年利率为 i,按数学归纳法则有表4-1所示的复利计算过程。

表4-1 复利的计算过程

年 份	本 金	利 息	本 利 和
1	p	pi	$p(1+i)$
2	$p(1+i)$	$p(1+i)i$	$p(1+i)^2$
3	$p(1+i)^2$	$p(1+i)^2 i$	$p(1+i)^3$
…	…	…	…
n	$p(1+i)^{n-1}$	$p(1+i)^{n-1}i$	$p(1+i)^n$

所以,这笔钱存入 n 年后的本利和为

$$F = p(1+i)^n \tag{4-2}$$

[例4-2] 某人在银行存入20 000元,他希望3年后取出这笔钱,已知存款1年期的利率是6%,3年期利率是7%,试计算利息,有几种存款方式?哪种最合适?

方法一:每年年末取出本金和利息后,再把本金重新存入银行,按1年定期利率存储,直至第3年年末。

$$F = 20\,000 + 20\,000 \times (6\% \times 3) = 23\,600(元)$$

方法二:存1年期的定期,然后每年年末取出本金和利息后,全部再按1年期的定期利率储蓄,存进银行,直至第3年末取出。

$$F = 20\,000 \times (1+6\%) \times (1+6\%) \times (1+6\%) = 23\,820.32(元)$$

方法三:存3年定期,按照3年的定期利率,第1年初存入银行,第3年年末取出本息。

$$F = 20\,000 \times (1+7\% \times 3) = 24\,200(元)$$

经计算,发现第三种存款方式最合适。

[例4-3] 为了新建一个厂房,某公司向银行借款2 000万元,借款期为3年,年利率为10%,分别按照单利和复利计算3年后应该还款数目。

方式一:按照单利的计息方式
$$F = 2\,000 \times (1 + 10\% \times 3) = 2\,600(万元)$$

方式二:按照复利的计息方式
$$F = 2\,000 \times (1 + 10\%)^3 = 2\,662(万元)$$

从以上例子可以看出,同一笔资金,在利率和年限都相同的情况下,用复利计息方式计算出来的利息金额比用单利计息方式计算出来的利息金额数目大,在本金越大,利率越高,年数越长的情况下,两者的差距越大。

在实际生活中,一般都是按照复利的计息方式来计息的,因为不让前期产生的利息作为下期的本金带入计息,是不合理的,没有理由的。但是,银行为了储户的便利和容易接受,通常在我国,名义上还是用单利计算利息,只是根据存储期的不同规定了不同的单利利率。并且,银行为了吸引长期存款,它规定的利率一般高于等价的复利利率。

(二)名义利率和实际利率

以上计息期公认为1年,工程经济分析时一般复利计算都以1年计算一次,但是实际上计息期可以规定为半年、3个月,或者1个月。当利率的时间单位与计息期不一致时,就出现了不同计息周期的利率换算问题,从而产生了名义利率和实际利率的概念。

名义利率(r):计息周期利率与付息期内计息次数的乘积。如付息周期为1年,计息周期为1个月,月利率为0.5%时,则名义利率为$0.5\% \times 12 = 6\%$。

实际利率(i):规定1年的利息与本金之比。很明显,计息周期和付息周期相等时实际利率等于名义利率,其他时候实际利率都比名义利率高。

若1年的利率为r,1年内计息m次,则两者的关系为

$$i = \left(1 + \frac{r}{m}\right)^m - 1 \tag{4-3}$$

所以上例中,年利率为6%,1年计息一次时,实际利率与名义利率相等,都为6%。若每个季度计息一次,名义利率仍为6%,而实际利率为

$$\left(1 + \frac{6\%}{4}\right)^4 - 1 = 6.14\%$$

[例4-4] 某企业向银行存款,年初存款额400万元,计息周期为1个季度,其季度利率为2%,问1年末的收入是多少?

方式一:按照名义利率计算方式计算
$$F = 400 \times (1 + 2\%)^4 = 433(万元)$$

方式二:按照实际利率计算方式计算
$$i = (1 + 2\%)^4 - 1 = 8.24\%$$

$$F = 400 \times (1 + 8.24\%) = 433(万元)$$

如果 1 年内计息次数无限增大,即 m 趋近于无穷大,这时得到的利率的极限值称为连续利率:

$$i = \lim_{m \to \infty}\left(1 + \frac{r}{m}\right)^m - 1 = \lim_{m \to \infty}\left[\left(1 + \frac{r}{m}\right)^{\frac{m}{r}}\right]^r - 1 = e^r - 1$$

12%的名义利率,计息时间连续计算,m 趋向无穷大,对应的实际利率为

$$i = e^r - 1 = e^{0.12} - 1 = 1.127\,497 - 1 = 0.127\,497$$

在一般情况下,现金流量非常接近于连续复利的情况,就是说经济活动在 1 年内总是或多或少倾向于平均分配,而不是集中在某一特定时点。此外,某些数学模型的计算,用连续复利比间歇计息方便。考虑到实际情况,会计通常在年底结算 1 年的进出款项,财务上也是按年支付所得税、保险金等。为了使借贷及投资中所有的货币都以同一标准产生时间价值,那么对尚未支付的利息也应以同样的利率产生利息,因此在一般经济分析中,采用的是间歇现金流复利。

第三节 资金等值及等值变换

一、资金等值计算

由于时间价值的存在,不同时间点上的绝对数额不等的现金流量,其经济价值相等,就称其为资金等值。因此,两笔现金流量,即使金额相同,由于发生在不同时间点,其价值一般不会相等。

发生资金等值有三要素:资金发生的时间、利率、资金额。

利用前面介绍的等值的概念,可以把在一个时间点上发生的资金金额换算到另一个时间点上的等值金额,这样的计算过程就称为资金的等值变换。由前面介绍的复利公式:$F = p(1+i)^n$ 可以找到现在的一笔资金 P 在 n 年时间点的资金等值 F;同理由 $P = F(1+i)^{-n}$ 也可找到将来一笔资金 F 相当于现在的价值 P。

在现实的经济活动中,除了经常遇到 P 或 F 的现金流量外,还经常遇到每年(或按等时)等额支付的现金系列,即年度等值或年金 A,见图 4-4。

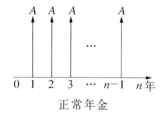
正常年金

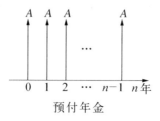
预付年金

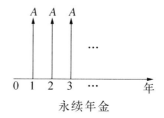
永续年金

图 4-4 年金的现金流量图

为了将来表达的方便,也可以将图 4-4 中年金的表达简化为图 4-5 年金的现金流量图。

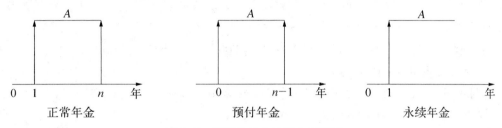

图 4-5 简化的年金的现金流量图

在定义了年金这个流量后,在现实的经济活动中,我们要找出 P,F,A 三者之间的变换关系,并画出现金流量图,如图 4-6 年金转化为现值的现金流量图,则可以求出 P—A 间的变换关系

$$P=\frac{A}{1+i}+\frac{A}{(1+i)^2}+\frac{A}{(1+i)^3}+\cdots+\frac{A}{(1+i)^n} \qquad (4-4)$$

式 (4-4)×(1+i)

$$P(1+i)=A+\frac{A}{1+i}+\frac{A}{(1+i)^2}+\frac{A}{(1+i)^3}+\cdots+\frac{A}{(1+i)^{n-1}} \qquad (4-5)$$

式 (4-5)—式(4-4)

$$Pi=A-\frac{A}{(1+i)^n} \qquad (4-6)$$

两边同除以 i:得

$$P=A\frac{(1+i)^n-1}{(1+i)^n i} \qquad (4-7)$$

由于式(4-7)中 $\frac{(1+i)^n-1}{(1+i)^n i}$ 不为零,将上式两边同除以 $\frac{(1+i)^n-1}{(1+i)^n i}$

则得到 A 与 P 间的变换关系:$A=P\frac{(1+i)^n i}{(1+i)^n-1} \qquad (4-8)$

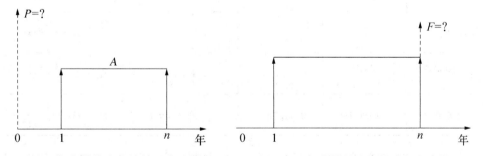

图 4-6 年金转化为现值的现金流量图   图 4-7 年金转化为终值的现金流量

由现金流量图 4-7,我们又可得到 F 与 A 间的变换关系

$$F=A\frac{(1+i)^n-1}{i} \qquad (4-9)$$

或者

$$A=F\frac{i}{(1+i)^n-1} \qquad (4-10)$$

65

[**例 4-5**] 某企业为购买一项设备,向银行借款 200 万元,年利率为 10%,借款期 3 年,3 年后一次还清,则第 3 年年末,该企业应该一次偿还银行本利和多少?如果此设备 3 年后残值收益为 50 万元,那么折合到现在为多少?

解:偿还银行本利和为:$F = p(1+i)^n = 200 \times (1+10\%)^3 = 266.2$(万元)

残值收益现值为:$P = F(1+i)^{-n} = 50 \times (1+10\%)^{-3} = 37.57$(万元)

[**例 4-6**] 上例企业,购买设备后,年收益为 100 万元,每年年末存入银行,利率为 6%,按照复利计算,则第 3 年末合计共收益多少?

解:$F = A \dfrac{(1+i)^n - 1}{i} = 100 \times \dfrac{(1+6\%)^3 - 1}{6\%} = 318.36$(万元)

[**例 4-7**] 某公司,计划每年年末发行等额股票,筹集资金于 5 年后新建厂房,估计那时需要资金 2 000 万元,年利率 6%,那么,该公司每年应该发行股票的金额总量为多少?

解:$A = F \dfrac{i}{(1+i)^n - 1} = 2\,000 \times \dfrac{6\%}{(1+6\%)^5 - 1} = 354.8$(万元)

[**例 4-8**] 某公司,每年年末交纳职工保险金 10 万元,已知年利率为 10%,若现在预备交纳未来 10 年的职工保险,那么现在应该在保险基金中提前存入多少?

解:$P = A \dfrac{(1+i)^n - 1}{(1+i)^n i} = 10 \times \dfrac{(1+10\%)^{10} - 1}{10\% \times (1+10\%)^{10}} = 61.45$(万元)

将上述例子和公式进行归纳和整理,总结出六大基本公式,如表 4-2 所示。

表 4-2 六个基本的资金等值计算公式

公式名称	已知项	欲求项	系数符号	公　　式
一次支付终值	P	F	$(F/P, i, n)$	$F = p(1+i)^n$
一次支付现值	F	P	$(P/F, i, n)$	$P = F(1+i)^{-n}$
年金终值	A	F	$(F/A, i, n)$	$F = A \dfrac{(1+i)^n - 1}{i}$
偿债基金	F	A	$(A/F, i, n)$	$A = F \dfrac{i}{(1+i)^n - 1}$
资金回收	P	A	$(A/P, i, n)$	$A = P \dfrac{(1+i)^n i}{(1+i)^n - 1}$
年金现值	A	P	$(P/A, i, n)$	$P = A \dfrac{(1+i)^n - 1}{(1+i)^n i}$

由前一节得知,在采用连续复利的时候,连续复利的实际利率 $i = e^r - 1$,因此一次支付的连续复利计算公式为

$$F = P(1+i)^N = Pe^{rN} \tag{4-11}$$

同样可以推出连续复利计算时,F 和 A,P 和 A 的关系为

$$F = A\left[\dfrac{(1+i)^N - 1}{i}\right] = A\left[\dfrac{e^{rN} - 1}{e^r - 1}\right] \tag{4-12}$$

$$P = A\left[\frac{(1+i)^N - 1}{i(1+i)^N}\right] = A\left[\frac{e^{rN} - 1}{e^{rN}(e^r - 1)}\right] \quad (4-13)$$

二、资金等值换算

（一）现金流动期与计息期不等的资金时间价值换算

当现金流动期与计息期不等的时候，需要进行一些调整或变换，使得现金流动与计息周期一致，才能运用前面所介绍的方法和公式进行计算。下面分别就两种不同的情况予以讨论。

1. 现金流动期短于计息期

通常规定的存款必须存满一个整计息周期才能计算利息，也就是说在计息周期期间存入的存款在该期不计算利息，要到下一期才能计算。因此，现金流动期短于计息期的处理方法应该是计息期间的存款相当于在本期末存入，而提款相当于本期初支取，以使两者期间一致。简单讲就是存款不够一个计息期不给计息。

[例 4-9] 假如有一项财务活动，其现金流如图 4-8 所示。如果复利是每个季度计息一次，则这个流量图可以按照上述原则加以整理，例如：图 4-8 中第 1 个月和第 2 个月月末的 100 元提款并入第一季度的期初支取，而第 3 个月月末的 100 元不变。经过整理而得到等值的现金流如图 4-9。按照新的现金流，计息期与现金流动期相等，计算可以按照利息公式进行。

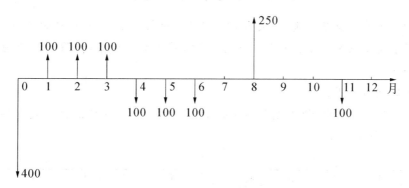

图 4-8　某财务活动现金流量图

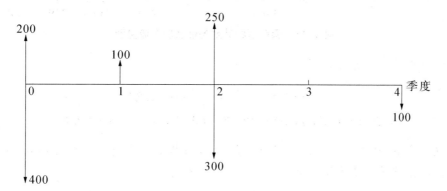

图 4-9　调整后的某财务活动现金流量图

若年利率为8%,每个季度计息一次,则每季度利率为2%。这个财务活动等值于年底的262.3元,以存入为正,取出为负,计算如下

$$F=(400-200)\times(F/P,2\%,4)-100\times(F/P,2\%,3)+$$
$$(300-250)\times(F/P,2\%,2)+100$$
$$=262.3(元)$$

2. 现金流动期长于计息期

在计息周期前存入的存款在该期要计算利息。因此,现金流动期长于计息期的处理方法应该是计息期前的存款相当于在本期初存入,而提款相当于本期末支取,以使两者期间一致。

[**例 4-10**] 某项财务活动,年利率为12%,每个季度计息一次计算利息,从现在开始连续3年的等额年末存款为1 000元,问与其等值的第3年年末的存款金额为多少?

其现金流量如图4-10所示。

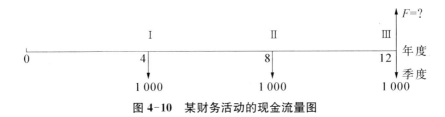

图 4-10 某财务活动的现金流量图

本例的现金流动每年一次,即支付期为1年,计息按季,故现金流动期比计息期长。这类问题不能直接采用上述各种等值变换公式,需要加以调整,使得计息期与现金流动期的长度一致。

调整的方法有以下三种。

(1) 取一个循环周期,使得这个周期的年末支付转变成等值的计息期末的等额支付系列,其现金流量见图4-11。

图 4-11 调整后的某财务活动现金流量图

则计息周期利率计算如下。

由于 $r=12\%,n=4,i=12\%/4=3\%$

得 $A=F\times(A/F,i,n)=1\,000\times(A/F,3\%,4)=239(元)$

经过转变后,计息期和支付期完全重合,可以直接利用利息公式进行计算,并适用于后2年。现金流量图变为图4-12。

计算得 $F=A\times(F/A,I,n)=239\times(F/A,3\%,12)=3\,392(元)$

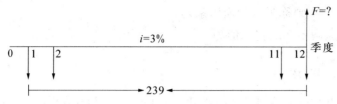

图 4-12 转化后的某财务活动现金流量图

(2) 把等额支付的每一个支付看作一次支付,求出每个支付的将来值,然后把将来值加起来,这个和就是等额支付的实际结果。

$$F = 1\,000 \times (F/P, 3, 8) + 1\,000 \times (F/P, 3, 4) + 1\,000 = 3\,392(元)$$

其中的第一项表示第 1 年年末的 1 000 元将计息 8 次,第二项表示第 2 年年末存入的 1 000 元将计息 4 次,最后一项表示第 3 年年末存入的 1 000 元。

(3) 先求出支付期的实际利率,本例支付期为 1 年,然后以 1 年为基础进行计算,年有效利率为

$$i = \left(1 + \frac{r}{m}\right)^m - 1$$

现在 $m = 4, r = 12\%$,则 $i = 12.55\%$

得 $F = 1\,000 \times (F/A, 12.55\%, 3) = 3\,392(元)$

(二) 等差与等比现金流量系列的资金时间价值换算

多次支付的现金流可以分为等值或不等值的多次支付,等额的多次支付是不等额的多次支付的一种特殊情况。同样,各年的现金流虽然不相等,但是遵循着某一规律,例如等差递增或递减,或按某一比例递增或递减的现金流量系列也是不等额支付的多次支付的一种特殊情况,下面分别予以讨论。

1. 等差现金流的现值变换

很多工程经济问题,例如设备的维修费用等,它的现金流量是逐年等额递增的,若这个恒定的增量为 G,那么对应 N 年的值为

$$F_n = (n-1)G \quad n = 1, 2, \cdots, N \tag{4-14}$$

如图 4-13 所示,这个等额增量 G 可能是正值也可能是负值,如 $G < 0$,则称为等额

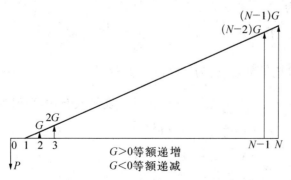

图 4-13 等差数列的现金流量图

递减系列，如 $G>0$，则称为等额递增系列。

这个递减或递增系列的将来值为

$$F = \sum_{n=1}^{N}(n-1)G(1+i)^{N-n}$$
$$= G\left[\frac{(1+i)^{N-1}-1}{i} + \frac{(1+i)^{N-2}-1}{i} + \cdots + \frac{(1+i)^2-1}{i} + \frac{(1+i)-1}{i}\right]$$
$$= \frac{G}{i}\left[(1+i)^{N-1} + (1+i)^{N-2} + \cdots + (1+i)^2 + (1+i) - (N-1)\right]$$
$$= \frac{G}{i}\left[\frac{(1+i)^N - 1}{i}\right] - \frac{NG}{i}$$
$$= \frac{G}{i}\left[(F/A, i, N) - N\right] \tag{4-15}$$

把 F 换算成年度等值的方法是将式(4-15)两边分别乘以 $\left[\dfrac{i}{(1+i)^N - 1}\right]$，得

$$A = \frac{G}{i} - \frac{NG}{(1+i)^N - 1} = G\left[\frac{1}{i} - \frac{N}{i}\frac{i}{(1+i)^N - 1}\right] = G\left[\frac{1}{i} - \frac{N}{i}(A/F, i, N)\right]$$

同理可以推出等额递增或递减系列与现值间的关系为

$$P = \sum_{n=1}^{N}(n-1)G(1+i)^{-n} = G\left[\frac{1-(1+Ni)(1+i)^{-N}}{i^2}\right] \tag{4-16}$$

2. 等比现金流的现值变换

在有些经济问题中，其费用支出常呈现以某一固定百分数 g 增加或减少的现金流量系列，即几何数列。通货膨胀或紧缩对现金流量的影响，某些设备的劳动工时、动力和材料消耗，普通股股利增长模型下资金成本的计算等，就是最常遇到的几何数列的例子。

与等比序列等值的总现值应等于每期支付的现值之和

$$P = A_1/(1+i) + A_2/(1+i)^2 + \cdots + A_n/(1+i)^n$$
$$= A_1/(1+i)\left[1 + (1+g)/(1+i) + \cdots + (1+g)^{n-1}/(1+i)^{n-1}\right] \tag{4-17}$$

令 $(1+g)/(1+i) = x$

则式(4-17)变为

$$P = A_1(1+i)^{-1}\left[1 + x + x^2 + \cdots + x^{n-1}\right] \tag{4-18}$$

方括号中为一等比级数，公比为 x，当 $i \neq g$ 时，$[1 + x + x^2 + \cdots + x^{n-1}] = \dfrac{1-x^n}{1-x}$；当 $i = g$ 时，$[1 + x + x^2 + \cdots + x^{n-1}] = n$。将其分别代入上式，则得到如下结果

$$P = \begin{cases} A_1(1+i)^{-1}[(1-x^n)/(1-x)] & i \neq g \\ A_1 n(1+i)^{-1} & i = g \end{cases} \tag{4-19}$$

式(4-19)可化为如下形式

$$P = \begin{cases} \dfrac{A_1[1-(1+i)^{-n}(1+g)^n]}{i-g} & i \neq g \\ A_1 n(1+i)^{-1} & i = g \end{cases} \quad (4\text{-}20)$$

式(4-20)中 $\begin{cases} \dfrac{[1-(1+i)^{-n}(1+g)^n]}{i-g} & i \neq g \\ n(1+i)^{-1} & i = g \end{cases}$

叫作普通复利几何序列现值系数,并以符号$(P/A_1,i,g,n)$表示,故有

$$P = A_1(P/A_1, i, g, n) \quad (4\text{-}21)$$

$$A = A_1(P/A_1, i, g, n)(A/p, i, n) \quad (4\text{-}22)$$

本章小结

本章主要介绍了项目现金流的概念、图示方法以及现金流与时间的换算和等值关系。本章的重点内容为项目现金流的时间价值与等值换算。关键词表现形式为利率和利息,在利率和利息的计算中涉及单利与复利、名义利率与实际利率的计算方法,读者应重点掌握资金等值换算需要掌握六个基本换算公式,主要包括现值、终值和年值的等值换算。此外,本章还深入讨论在各种复杂情况下,比如计息期与支付期不等或者连续复利情形下利息及利率的计算,这就需要读者在掌握基本换算公式基础上的灵活运用。

关键词

资金 现金流 现金流量图 时间价值 资金等值 利率 利息 单利 复利 连续复利

复习思考题

1. 若年利率 $i=6\%$,第 1 年年初存入银行 100 元,且 10 年年中每年末均存入 100 元,试计算:

(1) 到第 10 年年末时的本利和。

(2) 其现值是多少?

(3) 其年金是多少?

2. 已知年利率 $i=12\%$,某企业向金融机构贷款 100 万元。

(1) 若 5 年后一次还清本息共应偿还本息多少?

(2) 若5年内每年年末偿还当年利息,第5年年末还清本息,5年内共还本息多少?

(3) 若5年内每年年末偿还等额的本金和当年利息,5年内共还本息多少?

(4) 若5年内每年年末以相等的金额偿还这笔借款,5年内共还本息多少?

(5) 这四种方式是等值的吗?

(6) 你认为哪种偿还方式最好,为什么?

(7) 你能否给出一种最符合经济学原理的偿还方式?

3. 某人存款1 000元,8年后共得本息2 000元,这笔存款的利率是多少? 若欲使本息和翻两番,这笔钱应存多少年?

4. 复利计算:

(1) 年利率 $r=12\%$,按季计息,1 000元现款存10年的本息和是多少?

(2) 年利率 $r=12\%$,按月计息,每季末存款300元,连续存10年,本利和是多少?

(3) 年利率 $r=9\%$,每半年计息一次,若每半年存款600元,连续存10年,本利和是多少?

5. 证明:

(1) $(P/A, i, n) = (P/A, i, n-1) + (P/F, i, n)$

(2) $P(A/P, i, n) - L(A/F, i, n) = (P-L)(A/P, i, n) + Li$

6. 假设你从9年前开始,每月月初存入银行500元,年利率为6%,按月复利计息,你连续存入71次后停止,但把本息仍存在银行。你计划从现在起1年后,租一套房子,每月月末付1 000元租金,为期10年。试问:你的存款够支付未来10年房租吗?

7. 某人借了5 000元,打算在48个月中以等额按月每月月末偿还,再归还25次之后,他想以一次支付的方式偿还余额,若年利率为12%,按月计息,请问:① 若他在第26个月末还清,至少要还多少? ② 若他在第48个月月末还清,至少要还多少?

8. 某公司1998年1月1日发行2004年1月1日到期、利息率为8%的半年计息并付息一次、面值为1 000元的债券。如果某人拟购此债券,但他希望能获得年利率为12%,按半年计息的复利报酬,问在1998年1月1日该债券的价值是多少?

9. 某工厂购买了一台机器,估计能使用20年,每4年要大修一次,每次大修费用假定为50 000元,现在应存入银行多少钱才足以支付20年寿命期间的大修费支出?(按年利率12%,每半年计息一次。)

10. 某公司对一项建设项目初期投资为1 400万元,每期末纯收入分别为600万元,520万元,440万元……每期递减80万元,设备寿命为6年,6年末残值为140万元,其计算利率为12%。试求其净收益的现值和等年值。

11. 某建筑工队,有一个建筑设备,这个设备由于效率降低,每年的耗电量呈10%递增,原耗电量为每小时100千瓦小时。年工作时间为3 000小时,每千瓦小时电的价格为2.5元,公司的资金成本为 $i=15\%$,平时用电入账,电费每年年底一次付清。求:此公司在设备大修期间(每4年大修一次),耗电费总额相当于现值多少?

第五章　投资项目经济评价指标与方法

> **学习目标**
>
> 学习了本章后,应该能够:
> 1. 了解项目经济评价的概念与分类;
> 2. 掌握时间性评价指标的计算;
> 3. 掌握价值性评价指标的计算;
> 4. 掌握比率性评价指标的计算。

经济效果评价是工程项目评价的核心内容。为了确保工程项目投资决策的正确性和科学性,研究经济评价的指标与方法是非常必要的。

项目的经济评价可以根据不同的评价目标、评价深度、方案的特点和可获得的数据资料等情况选用不同的评价标准。正确选择经济评价指标,是项目经济评价工作成功与否的关键因素之一。

项目经济评价指标的设定应遵循以下原则。

(1) 与经济学原理相一致的原则,即所设指标应该符合社会经济效益。

(2) 项目或方案的可鉴别性原则,即所设指标能够检验和区别各项目的经济效益与费用的差异。

(3) 互斥型项目或方案的可比性原则,即所设指标必须满足共同的比较基础与前提。

(4) 评价工作的可操作性原则,即在评价项目的实际工作中,这些方法和指标是简便易行而确有实效的。

第一节　项目经济评价指标分类

由于项目的复杂性,任何一种具体的评价指标都只是反映项目的某一侧面或某些侧面,都忽视了另外的因素,凭单一指标难以达到全面评价项目的目的。故对项目需采用一系列的指标进行评价,常用的有 10 余种。根据经济评价指标所考虑因素及使用方法的不同,可进行不同的分类,一般有三种划分办法。

（一）按指标在计算中是否考虑资金时间价值分类

项目的经济评价指标按是否考虑资金的时间价值,可以分为静态评价指标和动态评价指标两大类,见图 5-1。

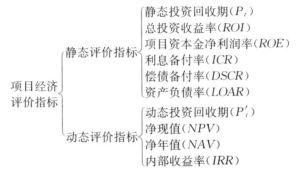

图 5-1 按是否考虑资金时间价值的指标分类

1. 静态评价指标

静态评价指标是指不考虑资金时间价值的评价指标,如静态投资回收期、总投资收益率、项目资本金净利润率等。其优点是计算简便、直观、易于掌握,故传统的经济评价多采用静态评价指标。静态评价指标的缺点是由于忽略了资金的时间价值,造成反映项目投资经济效益并不准确,以此作为投资决策的依据,通常容易导致资金的积压和浪费。

2. 动态评价指标

动态评价指标是指考虑资金时间价值的指标,如动态投资回收期 P'_t、净现值 NPV、内部收益率 IRR 等。其克服了静态评价指标的缺点,但由于需要的数据和资料较多,计算起来往往比较复杂,工作量比较大。

静态评价指标和动态评价指标两者各有所长,两者通常配合使用,相互补充。

（二）按考察的投资范畴分类

经济评价工作的任务是分析投资项目经济效益的好坏。由于项目的经济效益与其投资有着密切的关系,故可以根据所考察投资范畴的不同,将经济评价指标分为以下三种。

(1) 考察全部投资经济效益的评价指标,项目的经济评价指标多数为此种。例如,投资回收期、净现值、内部收益率等。

(2) 考察总投资经济效益的评价指标,例如,总投资收益率、项目资本金净利润率等。

(3) 考察自有资金投资经济效益的评价指标。项目投资均为自有资金,只是一种假设,对于多数项目投资而言,银行贷款是必不可少的。所以,投资者更关心自有资金从项目实施中所得到的可能利益,即项目资本金净利润率。

(三)按指标所反映项目的经济含义分类

(1)时间性指标:利用时间的长短来衡量项目对其投资回收清偿能力的指标。常用的时间性评价指标有静态投资回收期、动态投资回收期、借款还款期等。

(2)价值性指标:反映项目投资的净收益绝对量大小的指标。常用的价值性评价指标有净现值、净年值、净终值等。

(3)比率性指标:反映项目单位投资获利能力或项目对贷款利率的最大承受能力的指标。常用的比率性指标有内部收益率、外部收益率、净现值率、经济效益费用比等,见图5-2。

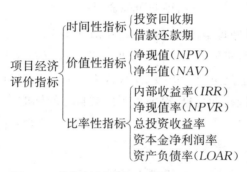

图5-2 按指标所反映项目的经济含义分类

本章就对一些主要的时间性指标、价值性指标和比率性指标分别进行讨论。

第二节 时间性指标与评价方法

时间性指标最常用的是投资回收期。投资回收期(也称投资返本期限)是以项目的净收益抵偿投资所需的时间(常用年表示),它是反映项目财务上投资回收能力的重要指标。项目评价求出的投资回收期不大于行业基准投资回收期或设定的基准投资回收期(P_c)时,可以认为项目在财务上是可以考虑接受的。根据是否考虑资金的时间价值,投资回收期可分为静态投资回收期和动态投资回收期。

一、静态投资回收期

(一)静态投资回收期的定义、计算方法与判别标准

静态投资回收期(P_t)是在不考虑资金时间价值的条件下,以项目净收益抵偿项目全部投资所需要的时间。其定义表达式为

$$\sum_{t=0}^{P_t}(CI-CO)_t=0 \tag{5-1}$$

式(5-1)中：CI——现金流入量；

CO——现金流出量；

P_t——投资回收期。

从式(5-1)我们知道，累计净现金流量为零处的时间就是该项目的 P_t。

在实际计算中，累计净现金流量等于零的时间往往不是某一自然年份，这时可以采用下列公式计算静态投资回收期：

$$P_t=[累计净现金流量开始出现正值的年份数]-1 \\ +\frac{上年净现金流量累计值的绝对值}{当年的净现金流量} \tag{5-2}$$

其中，"当年"指累计净现金流量开始出现正值的年份。

项目评价求出静态投资回收期 P_t 与行业的基准投资回收期 P_c 进行比较，若 $P_t \leqslant P_c$，则认为项目在财务上是可以考虑接受的；若 $P_t > P_c$ 时，可以考虑拒绝接受该项目。投资回收期标准有部门或行业标准，企业也可以有自己的标准。

[**例 5-1**] 某项目的现金流量见表 5-1，计算投资回收期，若该项目的基准投资回收期是 4 年，则该项目是否可接受？

表 5-1 现金流量 单位：万元

t	0	1	2	3	4	5	6	7	8
t 年的净现金流量	-5 000	-2 500	3 000	3 000	6 000	6 000	6 000	6 000	6 000
t 年的累计净现金流量	-5 000	-7 500	-4 500	-1 500	4 500	10 500	16 500	22 500	28 500

根据计算公式(5-2)有

$$P_t=4-1+\frac{1\,500}{6\,000}=3.25(年)$$

因 P_t 小于 $P_c=4$ 年，则该项目可以接受。

如果项目投产后的年净收益相等，其项目现金流如图 5-3 所示，

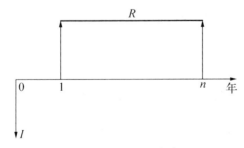

图 5-3 项目现金流

则有
$$P_t = \frac{I}{R} \tag{5-3}$$

式(5-3)中：I——项目全部投资；

R——年净收益。

[例 5-2] 图 5-3 中，若投资 I 为 1 000 万元，每年收益 R 为 200 万元，则静态投资回收期为

$$P_t = \frac{I}{R} = \frac{1\,000}{200} = 5（年）$$

（二）P_t 指标的优点与不足

1. P_t 指标的优点

P_t 指标的最大优点是经济意义明确、直观，计算简便，便于投资者衡量项目承担风险的能力，同时在一定程度上反映了投资效果的优劣，因此，P_t 指标获得了广泛的应用。

2. P_t 指标的缺点与局限性

（1）P_t 指标只考虑投资回收之前的效果，不能反映投资回收之后的情况，无法反映盈利水平，难免有片面性。事实上，有战略意义的长期投资往往早期效益较低，而中后期效益较高，这类项目的特点该指标就无法体现。

（2）P_t 指标没有考虑资金时间价值，无法正确地辨识项目的优劣，不免带来不必要的失败。

[例 5-3] 设某投资项目需 5 年建成，每年需投资 40 亿元。投资全部为国外贷款，年利率为 11%。项目投产后每年可收回现金 15 亿元。项目寿命为 50 年。如果不考虑资金的时间价值，只用静态投资回收期加以衡量，则其分析过程如下：$P_t = (40 \times 5) \div 15 = 13$（年）。结论：只用 13 年就可回收全部投资，以后 37 年回收的现金都是净赚的钱，共计 555 亿元，似乎可以认为是一个很好的投资项目。其实不然，如果考虑利息因素，情况将大为不同：

$$投产时欠款 = 40 \times \frac{(1+0.11)^5 - 1}{0.11} = 249.1（亿元）$$

$$投产后每年利息支出 = 249.1 \times 11\% = 27.4（亿元）$$

可见每年回收的现金 15 亿元只能偿还 55% 的利息，另外 45% 的利息将变为新的借款，因此贷款余额将逐年上升。如果每年不用巨额的其他款项偿付 45% 的利息和部分本金，则项目寿命终结时的欠款将达几千亿元之巨。显然，这是一个极不可取的项目。

3. P_c 的确定问题

目前还有很多部门或行业的 P_c 尚未确定，同时，制定 P_c 也存在一些问题。投资回收期取决于项目寿命，而决定项目寿命的因素既有技术方面的，又有产品需求方面的，还有经济方面的。因为技术进步加速，使各部门各行业的项目寿命缩短，并且相差很大，从而导致部门或行业基准投资回收期各不相同，而且必须及时加以调整。这项工作要求不断

地投入人力、物力和资金。此外,制定部门或行业基准投资回收期不利于资金在行业之间的移动,对于我国产业结构的转变调整形成障碍。而我国业已形成的产业结构是建立在封闭的经济系统之上的,并不适应参加国际经济大循环的开放经济系统的需要,产业结构必须加以调整。故从这个角度说,又似乎不宜制定行业基准投资回收期。

综上所述,由于静态投资回收期没有考虑项目全过程及不考虑资金时间价值,有可能导致评价判断错误。行业基准投资回收期也给评价工作和产业结构调整带来了不明晰性。因此,静态投资回收期不是全面衡量项目的理想指标,它只能用于粗略评价或者作为辅助指标与其他指标结合起来使用。

二、动态投资回收期

(一) 动态投资回收期的定义、计算方法与判别标准

为了克服静态投资回收期未考虑资金的时间价值的缺点,可采用其改进指标动态回收期。动态回收期(P'_t)是在考虑资金时间价值的条件下,以项目净收益抵偿项目全部投资所需要的时间。其定义表达式为

$$\sum_{t=0}^{P'_t}(CI-CO)_t(1+i_c)^{-t}=0 \tag{5-4}$$

在实际计算中,累计净现金流量等于零的时候往往不是从某一自然年份,这时可采用如下公式计算

$$P'_t = [净现金流量折现累计开始出现正值的年份数] - 1 + \frac{上年净现金流量折现累计值的绝对值}{当年净现金流量的折现值} \tag{5-5}$$

其中,"当年"指净现金流量折现累计开始出现正值的年份。

动态投资回收期的判别标准是:

(1) 当 $P'_t \leqslant n$ 时,考虑接受该项目(其中 n 为项目寿命期);

(2) 当 $P'_t > n$ 时,考虑拒绝该项目。

[**例 5-4**] 试求例 5-1 题的动态回收期,现金流量计算见表 5-2,同时考虑该项目是否接受(利率为 10%)。

表 5-2 现金流量计算　　　　　　　　　　　单位:万元

t	0	1	2	3	4	5	6	7	8
t 年的净现金流量	-5 000	-2 500	3 000	3 000	6 000	6 000	6 000	6 000	6 000
t 年的累计净现金流量	-5 000	-7 500	-4 500	-1 500	4 500	10 500	16 500	22 500	28 500

续 表

t	0	1	2	3	4	5	6	7	8
t 年折现的净现金流量	−5 000	−2 273	2 479	2 254	4 098	3 726	3 387	3 079	2 799
t 年折现的累计净现金流量	−5 000	−7 273	−4 793	−2 539	1 559	5 284	8 671	11 750	14 549

由计算公式(5-5)得

$$P'_t = 4 - 1 + \frac{2\,539}{4\,098} = 3.62(年)$$

因 P'_t 小于 $N=8$ 年，动态回收期小于项目寿命，因此可以接受。

如果项目投资为 I，各年净现金流量为 R，寿命为 n，利率为 i_c，其现金流量图如图 5-4 所示。

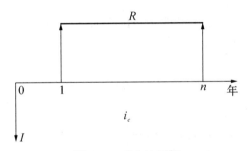

图 5-4 现金流量图

则动态回收期为 $P'_t = -\dfrac{\ln\left(1 - \dfrac{I i_c}{R}\right)}{\ln(1 + i_c)}$

[例 5-5] 若投资 I 为 1 000 万元，每年收益 R 为 200 万元，$i_c = 10\%$，寿命期为 10 年，则动态投资回收期为

$$P'_t = -\frac{\ln\left(1 - \dfrac{I i_c}{R}\right)}{\ln(1 + i_c)} = -\frac{\ln\left(1 - \dfrac{1\,000 \times 10\%}{200}\right)}{\ln(1 + 10\%)}$$
$$= 7.27 \text{ 年} < 10 \text{ 年}$$

此项目可行。

（二）动态投资回收期 P'_t 的特点

动态投资回收期 P'_t 考虑了资金的时间价值，比静态投资回收期 P_t 更合理地反映了项目和资金的运作状况。但是，动态投资回收期指标的计算相对复杂，而且其不能反映投资回收之后的情况，仍然具有局限性。更需要注意的是，动态投资回收期与折现率有

关,若折现率不同,其反映的投资回收年限就不同,当折现率为零时,动态投资回收期就等于静态投资回收期。通常折现率是以行业基准折现率为计算依据的。

第三节 价值性指标与评价方法

一、净现值

(一)净现值的定义、计算与判别标准

所谓净现值(NPV)是指投资项目按基准收益率(i),将各年的净现金流量折现到投资起点的现值之代数和。其计算公式为

$$NPV(i) = \sum_{t=0}^{n} (CI-CO)_t (1+i)^{-t} \tag{5-6}$$

式(5-6)中:n——计算期期数,一般为项目的寿命期;

CI——现金流入量;

CO——现金流出量;

i——设定折现率;

t——第 t 年。

从式(5-6)我们可以看出,当设定的折现率 $i=i_c$ 时,若 $NPV(i_c)=0$,表明项目达到了行业基准收益标准,而不是表示该项目投资盈亏平衡。当 $NPV(i_c)>0$ 时表明该项目的投资方案除了实现预定的行业收益率,还有超额的收益。当 $NPV(i_c)<0$ 时表明该项目不能达到行业基准收益率水平,但不能确定该项目是否亏损。所以该指标的判别标准是:若 $NPV(i_c) \geqslant 0$,说明该项目的盈利能力超过或达到了所期望的最低财务盈利水平,可以考虑接受该项目。反之,若 $NPV(i_c)<0$,说明经济上不可行,可以拒绝该项目。

净现值可以列表计算,也可以直接利用公式计算;既可以利用效益流折现值总和减成本流折现值总和的方法,也可以采用净现金流量折现方法。列表计算清楚醒目,便于检查。净现金流量折现方法比较简单,因而获得更广泛的利用。

[例 5-6] 某项目的原始投资为 20 000 元,以后各年净现金流量如下:第 1 年为 3 000 元,第 2—10 年为 5 000 元。项目计算期为 10 年,折现率为 10%,求净现值。

$$NPV(10\%) = -20\,000 + [3\,000 + 5\,000 \times (P/A, 10\%, 9)] \cdot (P/F, 10\%, 1)$$
$$= -20\,000 + (3\,000 + 5\,000 \times 5.759\,0) \times 0.909\,1$$
$$= 8\,905(元)$$

若某项目的现金流量图如图 5-5,则有:

$$NPV(i_c) = R(P/A, i_c, n) - I$$

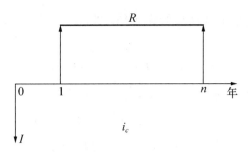

图 5-5　某项目的现金流量图

[例 5-7]　上图中,若投资 I 为 1 000 万元,每年收益 R 为 200 万元,$i_c=10\%$,寿命期为 10 年,则净现值为

$$NPV(10\%)=-1\,000+200\times\frac{(1+10\%)^{10}-1}{(1+10\%)^{10}\times 10\%}=228.91(万元)>0$$

故此项目可行。

(二) NPV 的优点与不足

净现值的主要优点是:考虑了资金时间价值并全面考虑了项目在整个寿命期内的经济状况;直接以货币额表示项目的净收益,经济意义明确直观。

净现值法的主要问题是必须事先确定一个较符合经济现实的基准收益率 i_c,而基准收益率的确定是一个比较复杂的困难问题,基准收益率若定得太高,会失掉一些经济效益好的项目;若定得太低,则可能会接受过多的项目,其中的一些项目的经济效益并不好。

(三) NPV 函数

根据投资项目现金流系列本身的形式区分为常规投资与非常规投资。所谓常规投资项目是在项目初期有一次或若干次投资支出(现金流出)之后接着出现的全部(一个或多个)净现金流入。一般工业项目的投资类型多属常规型。

若项目为常规投资项目,由净现值的计算公式,我们可以看到:当 $(CI-CO)_t$ 与 n 确定后,净现值仅是折现率 i_c 的函数,称之为净现值函数。

$$NPV(i)=\sum_{t=0}^{n}\frac{(CI-CO)_t}{(1+i)^t}$$

图 5-6 表示单调递减的曲线。

从图 5-6 中可以看出,选取不同的折现率,将导致同一技术方案净现值大小不一样,进而影响经济评价结论。

二、净年值

净年值(NAV)也称净年金,是指把投资项目所有现金流量转化为与其等值的年金。求一个投

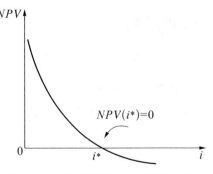

图 5-6　常规项目的 NPV 函数曲线

资项目的净年值,可以先求出该项目的净现值,然后乘以资金回收系数进行等值变换求解,即

$$NAV(i_c) = NPV(i_c)(A/P, i_c, n) \tag{5-7}$$

若项目初始投资为 I_0,每年的净收益为 R,行业基准折现率为 i_c,项目寿命期为 n,则

$$NAV(i_c) = R - I_0(A/P, i_c, n) \tag{5-8}$$

净年值指标的判别标准是 $NAV(i_c) \geqslant 0$,可以考虑接受该项目;否则拒绝接受该项目。

用净现值 NPV 和净年值 NAV 对一个项目进行评价,结论是一致的。就一般项目的评价而言,要计算 NAV,一般先要计算 NPV。因此,在项目经济评价中,很少采用净年值指标,但是对寿命不相同的多个互斥方案进行优选时,净年值比净现值有独到的简便之处,以下举例说明之。

[例 5-8] 有 A,B 两种设备均可满足使用要求,数据如下:

设 备	投资 I/万元	每年净收益/万元	寿命/年
A	1 000	400	4
B	2 000	530	6

折现率 $i_c = 10\%$,此题不求 NPV 指标,而直接求 NAV 指标有:

$$NAV_A = -1\,000 \times \frac{(1+0.1)^4 \times 0.1}{(1+0.1)^4 - 1} + 400 = 84.53(万元)$$

$$NAV_B = -2\,000 \times \frac{(1+0.1)^6 \times 0.1}{(1+0.1)^6 - 1} + 530 = 70.79(万元)$$

所以,$NAV_A > NAV_B$,A 项目优于 B 项目。

第四节 比率性指标与评价方法

一、内部收益率

(一) 内部收益率(IRR)的定义

内部收益率是一个同净现值一样被广泛采用的项目评价指标,它是指使项目净现值为零时的折现率。其计算公式为

$$NPV(IRR) = \sum_{t=0}^{n}(CI - CO)_t(1 + IRR)^{-t} = 0 \tag{5-9}$$

式(5-9)中:IRR 为内部收益率,取值区间是 $(-1, +\infty)$,对于大多数项目而言,$IRR \in$

$(0,+\infty)$。内部收益率用于财务评价时,将其结果称为财务内部收益率,记为 FIRR;当内部收益率用于国民经济评价时,将其结果称为经济内部收益率,记为 EIRR。

(二)内部收益率的判别标准

计算求出的内部收益率和行业基准收益率进行比较,若 $IRR \geqslant i_c$,则认为项目在经济上是可以接受的。若 $IRR < i_c$,则项目在经济上应予以拒绝。

内部收益率指标的经济含义是项目对占用资金的恢复能力,对于一个有投资者和经营者之间发生了借贷关系的企业来说,内部收益率是仅从企业内部经营(即经营期间无外部资金投入或无内部资金转为外部资金)来回收投资余额的资金回收利率。它仅仅反映了在投资决策中投资额的回收能力。内部收益率指标的另一层经济含义是反映项目对贷款利率的承受能力。在借贷关系中,它可以是一个最高可以接受的贷款利率的上限。企业可以将它与银行利率比较,决定是否借款投资,尤其是在自有资金的情况下,决定是否投资还是存入银行等。由于内部收益率不是用来计算投资收益的,因此不能用内部收益率指标作为多个独立项目优劣顺序排列的依据。

(三)IRR 的一般解法

由于计算式(5-6)是一个 n 次多项式,故一般需通过累试法求解内部收益率。即首先假定一初值 r_0,代入净现值公式,如果净现值为正,则增加 r 的值;如果净现值为负,则减少 r 的值,直到净现值等于零为止,此时的 r 即为所求的内部收益率。

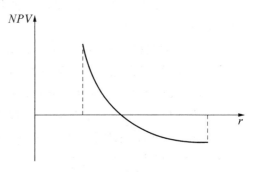

图 5-7 线性内插法图示

人工计算时,通常当试算的 r 使 NPV 在零值左右摆动且先后两次试算的 r 值之差距足够小,一般不超过 5% 时,可用线性内插法近似求出 IRR,见图 5-7,内插公式为

$$IRR = r_1 + (r_2 - r_1) \frac{NPV_1}{NPV_1 - NPV_2} \tag{5-10}$$

[例 5-9] 已知某方案现金流量如表 5-3 所示,试计算该方案的内部收益率。

表 5-3 现金流量表   单位:万元

年　　份	0	1	2	3	4	5
净现金流量	-1 000	-800	500	500	600	1 000

具体做法如下:

(1) 令 $i = 12\%$,求净现值,得 $NPV = -11.060\ 9$(万元)。

(2) 令 $i=11\%$，求净现值，得 $NPV=39.3761$（万元）。

(3) 将以上参数代入上述内插公式，得 $i=11.7807\%$，求净现值，得 $NPV=-0.20886$（万元）。

(4) 将 $i=11\%$，$i=11.7807\%$ 的相关参数代入内插公式，得 $i=11.7766\%$，求净现值，得 $NPV=-0.00487$（万元）。

可近似地认为该项目的内部收益率为 11.7766%。

（四）内部收益率的几种特殊情况

1. 具有多个内部收益率的情况

从内部收益率的定义式可知，它是一个 N 次多项式，根据 N 次多项式的根存在原理：系数为实数的 N 次多项式，其正实数根的数目不会超过其系数系列中符号变更的数目（在运用此规则时，零年可以看作无符号的）。可见若项目在整个实施过程中有多次投资，就会有可能出现多个根，即多个内部收益率。

对于常规投资项目，只要累计净现金流量大于零，则必存在唯一的正实根，该根必是项目的内部收益率。一般来说，大多数项目都是常规投资项目，这是因为大多数项目都是在建设期集中投资，直到投产初期还可能出现入不敷出、净现金流量为负值的情况。但是，项目进入正常生产或达产后收入就能大于支出，净现金流量为正值。因而，在整个计算期内净现金流量序列的符号从负值到正值符号仅改变一次，构成常规投资项目。

对于非常规投资项目，内部收益率方程的解通常不止一个，如果所有正实数均不符合内部收益率的经济含义，则它们都不是项目的内部收益率。一般来说，内部收益率指标此时已失效，不能用内部收益率指标来进行评价和选择。为了适应内部收益率指标评价项目的需要，对于非常规投资项目，通常可采取对现金流量进行适当处理的办法。比如用设定折现率将某些年份的现金流量进行适当折算，使之转化为类似的常规项目，从而得到唯一解。不过，对原有现金流量进行处理后，必然导致项目的经济内容发生变化。

2. 内部收益率不存在的情况

有些项目的现金流量似乎没有内部收益率，如表 5-4 所示。

表 5-4 没有内部收益率的情况 （单位：万元）

项目	0	1	2	3	4	5
A	600	400	200	100	100	10
B	-1000	-200	-100	-50	-50	-50
C	-1000	-800	800	500	500	0

可见项目 A，B 均不是投资的情况。A 情况通常可以认为是租赁固定资产，产生效益，租赁费后付；B 情况可以理解为捐款或公用（益）事业非盈利目的的活动。

（五）IRR 的主要优点与不足

1. 优点

与净现值法一样，内部收益率既考虑了资金时间因素，又考虑了项目在整个寿命周期内的全部情况。内部收益率是由项目内在因素决定的，即由项目的现金流量系数特征决定的，与项目外在因素没有关联。这与净现值、净年值等指标需要事先设定基准折现率才能进行计算比较起来，操作困难小，因此，我们进行项目经济评价时往往把内部收益率作为最主要的指标之一。

2. 不足

内部收益率指标计算繁琐，非常规项目有多解现象，分析、检验和判别比较复杂。同时它只适用于独立方案的经济评价和可行性判断，一般不能直接用于互斥方案的比较和选优，也不能对独立项目进行优劣排序。此时，应采用差额内部收益率（ΔIRR）比较选优。内部收益率不适用于只有现金流入或现金流出的项目。

（六）内部收益率与净现值的比较

内部收益率与净现值都是反映投资项目经济效益的重要指标。它们虽然存在着很大的联系，但两者之间仍有许多不同。从形式上看，前者反映项目的绝对经济效果，后者反映项目的相对经济效果。用这两个指标评价投资项目时，有时结论是一致的，有时则相矛盾，这就给评价者带来麻烦。因此，用这两个指标评价工程项目投资时，应该根据两者的特点进行有针对性的选择。

1. 从工程项目投资的目的考虑

对于新建项目，通常希望它在整个经济寿命期内的盈利水平较高，并且还要同本行业的盈利状况进行比较，因此应着重考虑它的相对经济效益，故一般优先使用 IRR 进行评价。而对老项目的改造或设备更新项目，投资者更关心能否维持或提升原有的盈利水平，因此通常优先选用反映项目经济效益的 NPV 法。

2. 从指标本身的特点考虑

IRR 不能反映项目的寿命期及其规模的不同，故不适宜作为项目优先排队的依据。而 NPV 则特别适用于互斥方案的评价。

另外，我们还应考虑投资者的主观要求。例如，世界银行和亚洲发展银行认为，计算 IRR 事先不必规定标准折现率，容易用复利法计算，而且 IRR 代表了资本的收益性和周转能力，可看出资本运用的效率，因此偏重 IRR 法。而美国国际开发署却彻底否定 IRR 法，它规定只用 NPV 法，认为对项目实施最重要的并不是规定投资的下限，而是要确定投资的优先次序，故应该用 NPV 法。

二、净现值率

净现值指标用于多方案比较时，虽然能反映每个方案的赢利水平，但是由于没有考虑各个方案投资额的大小,因而不能直接反映资金的利用效率。为了考察资金的利用效率,可采用净现值率指标作为净现值的补充指标。净现值率反映了净现值与投资现值的比较关系,是多方案评价与选优的一个重要评价指标。

(一) 净现值率(NPVR)的定义

净现值率 NPVR 是衡量单位投资所获得的净现值的大小,它是项目计算期的净现值与全部投资现值的比率。

其计算公式为

$$NPVR = \frac{NPV(i_c)}{I_P} \tag{5-11}$$

式(5-11)中:I_P 为项目全部投资现值。

净现值率表明单位投资的赢利能力或资金的使用效率。净现值率的最大化,将使有限投资取得最大的净贡献。

若用例 5-6 的资料数据,可计算其净现值率为

$$NPVR = \frac{8\ 905}{20\ 000} = 44.52\%$$

(二) 净现值率的判别标准

NPVR 的判别标准是若 NPVR ≥ 0,从经济上可以考虑接受该项目。当 NPVR < 0 时,应予拒绝。

用净现值率进行方案比较时,以净现值率较大的方案为优。当对有资金约束的多个独立方案进行比较和排序时,则宜按照净现值率从大到小将项目排序,并依此次序选择满足资金约束条件的项目组合方案,使总 NPV 实现最大化。

三、总投资收益率

总投资收益率(ROI)表示总投资的盈利水平,系指项目达到设计能力后正常年份的年息税前利润或运营期内年平均息税前利润(EBIT)与项目总投资(TI)的比率;总投资收益率应按以下公式计算

$$ROI = \frac{EBIT}{TI} \times 100\% \tag{5-12}$$

式(5-12)中:$EBIT$——项目正常年份的年息税前利润或运营期内年平均息税前利润;

TI——项目总投资。

总投资收益率高于同行业的收益率参考值,表明用总投资收益率表示的盈利能力满足要求。

四、项目资本金净利润率

项目资本金净利润率（ROE）表示项目资本金的盈利水平，系指项目达到设计能力后正常年份的年净利润或运营期内年平均净利润（NP）与项目资本金（EC）的比率；项目资本金净利润率应按以下公式计算

$$ROE = \frac{NP}{EC} \times 100\% \tag{5-13}$$

式(5-13)中：NP——项目正常年份的年净利润或运营期内年平均净利润；

EC——项目资本金。

项目资本金净利润率高于同行业的净利润率参考值，表明用项目资本金净利润率表示的盈利能力满足要求。

以上两个指标是反映项目获利的静态指标，只是从不同角度考察项目的获利能力。这两个指标可就不同项目（方案）进行横向对比，也可就不同时期的项目进行纵向的历史对比，其优点是简便、直观，非经济专业人员也容易理解，缺点是选择正常的生产年份比较困难，且没有考虑现金流入和流出的时间因素。

五、利息备付率

利息备付率（ICR）系指在借款偿还期内的息税前利润（EBIT）与应付利息（PI）的比值，它从付息资金来源的充裕性角度反映项目偿付债务利息的保障程度，应按以下公式计算

$$ICR = \frac{EBIT}{PI} \tag{5-14}$$

式(5-14)中：$EBIT$——息税前利润；

PI——计入总成本费用的应付利息。

利息备付率应分年计算。利息备付率高，表明利息偿付的保障程度高。

利息备付率应当大于1，并结合债权人的要求确定。

六、偿债备付率

偿债备付率（DSCR）系指在借款偿还期内，用于计算还本付息的资金（EBITDA－T_{AX}）与应还本付息金额（PD）的比值，它表示可用于还本付息的资金偿还借款本息的保障程度，应按以下公式计算

$$DSCR = \frac{EBITDA - T_{AX}}{PD} \tag{5-15}$$

式(5-15)中：$EBITDA$——息税前利润加折旧和摊销；

T_{AX}——企业所得税；

PD——应还本付息金额，包括还本金额和计入总成本费用的全部利息。融资租赁费用可视同借款偿还。运营期内的短期借款本息也应纳入计算。

如果项目在运行期内有维持运营的投资，可用于还本付息的资金应扣除维持运营的投资。

偿债备付率应分年计算，偿债备付率高，表明可用于还本付息的资金保障程度高。

偿债备付率应大于1，并结合债权人的要求确定。

七、资产负债率

资产负债率($LOAR$)系指各期末负债总额(TL)同资产总额(TA)的比率，应按以下公式计算

$$LOAR = \frac{TL}{TA} \times 100\% \tag{5-16}$$

式(5-16)中：TL——期末负债总额；

TA——期末资产总额。

适度的资产负债率，表明企业经营安全、稳健，具有较强的筹资能力，也表明企业和债权人的风险较小。对该指标的分析，应结合国家宏观经济状况、行业发展趋势、企业所处竞争环境等具体条件判定。项目财务分析中，在长期债务还清后，可不再计算资产负债率。

第五节 经济评价指标的关系及选择

一、经济评价指标间的关系

项目经济评价的常用指标之间既有区别，又有联系。它们既能反映项目投资直接经济效益的大小，又具有反映项目投资直接经济效益的角度和程度不同的区别。

1. 静态评价指标与动态评价指标间的关系

静态评价指标与动态评价指标的区别主要是按计算中是否考虑资金时间价值来划分的。动态评价指标反映评价方案投资收益大小的"真实"程度要比静态指标更合理。在项目投资方案的初选过程中往往采用静态评价指标，在更进一步的判断项目可行性时，则需要采用动态评价指标。由于考虑了资金的时间价值，动态评价指标在计算上往

往较为复杂和繁琐。

对于多个方案的经济比较与选择,采用静态投资回收期与动态投资回收期两个指标进行经济评价,结论通常是一致的。但是用于单方案投资决策时,两个指标的结论未必一致。

2. 净现值、净年值之间的关系

净现值、净年值在反映项目投资经济效益上是一致的,它们之间仅仅相差一个复利因子。

3. 投资回收期、净现值与内部收益率的关系

可以证明,在项目投资决策时,采用投资回收期、净现值和内部收益率指标评价,结果是一致的。但当用于多方案的经济比较和选优时,用净现值和内部收益率两指标评选时,结果未必一致。

4. 静态投资回收期与动态投资回收期的关系

对于项目的单方案投资决策时,静态投资回收期与动态投资回收期两项指标的评价结论未必一致。但对于多方案的经济比较与选择,则评价结论是一致的。

二、经济评价指标间的选择

经济评价指标主要有两个方面的应用:一是用于单方案投资经济效益的大小与好坏的衡量,以决定方案的取舍;二是用于多方案的经济性优劣的比较,以决定方案选优。

项目投资方案投资经济评价指标的选择,应根据投资方案的具体情况、评价的主要目标、指标的用途和决策者最关心的因素等问题来进行。由于技术方案投资的经济效益是一个综合概念,必须从不同的角度去衡量才能清晰、全面,因此,进行投资方案经济评价,应尽量考虑一个适当的评价指标体系,避免用一两个指标来判断方案投资的经济性。由于净现值指标反映了投资方案所获净收益的现值大小,它的极大化与项目经济评价目标是相一致的,因此,净现值指标是项目经济评价时最常用的首选指标,并且常用来检验其他评价指标。

为了便于我们正确地选用评价指标,下面对评价指标作一个小结。

(1) 如果采用基准收益率计算折现率,那么几种动态评价指标将会从备择项目中挑选出完全相同的一批项目以供实施。因为对同个项目而言,如果 $NPV(i_c) \geqslant 0$,必有 $IRR \geqslant i_c$,$NPVR(i_c) \geqslant 0$ 以及 $P'_t \leqslant n$。

(2) 上述指标均可视为项目的筛选指标,也就是按项目取舍原则加以应用。

(3) 对于互斥的方案,应该用 NPV 指标,不能直接用 IRR,$NPVR$ 和 P_t,P'_t 等指标。

(4) 对于相互独立的项目,只能用 $NPVR$ 指标排序,不能直接用 IRR 指标排序。在实践中虽然常用 IRR 指标排序,但不能保证排序是正确的。

(5) 关于指标的选择随国家或项目评价机构的偏好而变化。世界银行倾向于把 IRR 作为主要评价指标,而美国国际开发署则规定采用 NPV,发达国家对公用项目的经

济评价常用 R_{BC},但 R_{BC} 在发展中国家却使用不多,我国则规定主要的评价指标是 NPV 和 IRR。

本章小结

本章讨论了工程项目经济评价的常用指标和方法,包括静态投资回收期、动态投资回收期、净现值、净年值、内部收益率、净现值率、总投资收益率、项目资本金净利润率、利息备付率、偿债备付率、资产负债率。在这些指标中,净现值、内部收益率和投资回收期是最常用的工程项目评价指标。本章最后总结了各种经济评价指标的关系及选择,旨在为本书读者在实际的项目评价工作中提供一些参考。

关键词

项目经济评价指标　投资回收期　净现值　内部收益率　总投资收益率　项目资本金净利润率　利息备付率　偿债备付率　资产负债率

复习思考题

1. 什么是时间性评价指标?常见的时间性评价指标有哪些?各指标的概念、计算公式是什么?

2. 什么是价值性评价指标?常见的价值性评价指标有哪些?各指标的概念、计算公式是什么?

3. 什么是比率性评价指标?常见的比率性评价指标有哪些?各指标的概念、计算公式是什么?

4. 内部收益率的经济含义是什么?有几种求算方法?它的适用范围和局限性是什么?

5. 某建设项目,计划引进外资 227 万元兴建,投产后预计每年可创利税 17.5 万元,贷款年利率为 7.5%,如果全部利税用来偿还贷款,需要偿还多少年?

6. 某设备的购价为 40 000 元,每年的运行收入为 15 000 元,年运行费用为 3 500 元,4 年后该设备可以按 5 000 元转让,如果基准折现率 $i_0 = 20\%$,问此项设备投资是否值得?

7. 某拟建项目,第 1 年初投资 1 000 万元,第 2 年初投资 2 000 万元,第 3 年初投资 1 500 万元,从第 3 年起连续 8 年每年获净收入 1 450 万元。若期末残值忽略不计,最低希望收益率为 12%,试计算净现值和内部收益率,并判断该项目经济上是否可行。

8. 购置一间临时仓库约为 8 000 元,但一经拆毁即无残值。假定每年仓储净收益为 1 260 元,问:

(1) 若使用 8 年,其 IRR 为多少?

(2) 如果行业基准收益率为 10%,问该仓库至少使用多少年才值得投资?

9. 某项目净现金流量如表 5-6 所示。当基准折现率 $i_0=12\%$ 时,试用内部收益率指标判断该项目在经济效果上是否可以接受。

表 5-6　某项目的净现金流量　　　　　　　　单位:万元

年　　末	0	1	2	3	4	5
净现金流量	−100	20	30	20	40	40

10. 设某项目投资为 100 万元,4 年内各年末收益分别为 40 万元、37 万元、24 万元和 22 万元。

试问:

(1) 该项投资的静态投资回收期为多少年?

(2) 如 $i=8\%$,该项投资的动态投资回收期为多少年?静态、动态投资回收期何者较长,为什么?

(3) 试作投资项目现金流量图并计算 $NPV(8\%)$ 的数值。

(4) 计算内部收益率。

(5) 分别计算 $i=3\%,8\%,10\%,12\%$ 时的 NPV 值,画出 $NPV(i)$-i 的曲线。

第六章 投资项目多方案比选与排序

学 习 目 标

学习了本章后,应该能够:
1. 理解多方案组合的相关性和组合类型;
2. 了解多方案比选的一般性解法;
3. 掌握互斥型、独立型和层混型方案的比选方法;
4. 熟练运用多方案比选方法进行项目排序和选优。

工程经济分析的一个重要方面就是多方案比选和排序,即在一个项目的规划、设计或施工过程中,从多种可以相互替代而又相互排斥的方案中,筛选出一个最优方案付诸实施;或在资源限定条件下各级计划部门对若干个独立的可行方案,按照它们的经济效果好坏,优先安排某些效益好的项目,保证有限资源用到最有利的项目上去。

多方案比选与排序是根据方案的特点,对指标进行计算、比较和分析的一个过程,进而进行方案排序和选优,因此,前几章的内容是本章的基础。企业现实中所面临的选择不是单独一个项目,而是一组项目群,所追求的目标不是单一项目的局部最优,而是群整体的最优化,企业必须在项目群所组成的方案中进行选优。企业通常遇到的关于项目(方案)决策方面的问题可分为互斥型、独立型和层混型。本章首先介绍多方案组合的类型及一般性解法,然后详细探讨互斥型、独立型和层混型方案的解法。

第一节 多方案组合关系

一、多方案组合的相关性

企业在进行项目(方案)群选优时,首先必须分析各项目(方案)之间的相互关系,同时选择正确的评价指标,才能以简便的方法做出科学决策。许多工程项目的投资方案之间,在政治、技术、经济,甚至生态平衡等方面都存在着一定的联系和影响。在投资方案的评价、选择过程中,按方案之间的经济关系,可分为相关方案与非相关方案。如果采纳或放弃某一方案并不显著地改变另一方案的现金系列,或者不影响另一方案,则可以说这两个方案在经济上是不相关的;如果采纳或放弃某一方案显著地改变了任何其他方案的现金系列,或者影响了其他方案,则可以说这两个方案在经济上是相关的。影响项目方案的经济相关性的因素有以下三种。

1. 资金约束

可用于投资项目的资金要受到两方面的约束:一是资金总量的约束;二是资本成本的约束。资金总量的约束使投资者不可能选择所有经济上合理的投资项目,而必须采用投资项目多方案比选方法,从待选方案组中选择某些项目而放弃另一些项目。资本成本的约束使投资者在项目比选中必须坚持一个原则:项目的投资收益不得低于资本成本,因此,在投资项目选择中,资本成本往往被以为是投资项目的最低收益率。

2. 资源限制

社会主义市场经济是资源高效配置的经济。投资项目进行过程中消耗的经济资源、社会资源以及生态资源都是稀缺有限的,投资项目多方案比选中,应综合考虑经济效益、社会效益以及生态效益,按照资源优化配置的原则选择投资项目。

3. 项目的不可分性

投资者在面临资金约束和资源限制而对项目进行取舍时,一般认为项目是不可分的,即一个项目作为一个整体要么被完全采用,要么被完全放弃。只要在投资决策中一个项目被否定了,则该项目的局部或"一小部分"也不应被采用。

二、多方案组合类型

投资主体所面临的项目选择往往并不是单独一个项目,而是一个项目群,其追求的不是单一项目方案的局部最优,而是项目群的整体最优。系统理论认为,单独每一个项目的经济性往往不能反映整个项目群的经济性。因此,投资主体在进行项目(方案)比选时,除考虑每个项目(方案)的经济性之外,还必须分析各项目(方案)之间的相互关系。现实中的方案间存在多种关系,如方案相互独立、方案具有从属关系、方案具有互斥关系等,其中最常见的是互斥型、独立型和层混型三种类型。

1. 互斥型

互斥型关系,是指各个项目(方案)之间互不相容、互相排斥。在投资项目多方案比选时,在各个备选项目(方案)中只能选择一个,其余的则必须放弃,不能同时存在。互斥型也可称为替代型、排他型、对立型、择一型等。如公司计划购买一台机器设备,市场上有生产同类型设备的三个厂家可供选择,因为只能购买其中一家的产品,而不能同时选购各厂家的产品,这就是互斥型的方案。

互斥型方案比选可以用0—1规划表示:

$$\sum_{i=1}^{n} X_i \leqslant 1 \tag{6-1}$$

式(6-1)中：$X_i = \begin{cases} 1 & 代表选中第 i 个项目(方案); \\ 0 & 代表没有选中第 i 个项目(方案); \end{cases}$

$i = 1, 2, 3, \cdots, N$。代表共有 N 个项目(方案)构成项目(方案)群。

2. 独立型

独立型关系，是指各个项目(方案)的现金流量是独立的、不具有相关性，其中任一项目(方案)的采用与否与其自己的可行性有关，而与其他项目(方案)是否被采用没有关系。如公司打算购买一批办公用品，包括电脑、复印机、打印机、电话等，购买其中一种办公用品并不影响购买其他办公品，这就是独立方案。

独立型方案比选的表达式为

$$\sum_{i=1}^{n} X_i \leqslant N \qquad \sum_{i=1}^{n} I_i \leqslant I_总$$

$$\sum_{i=1}^{n} C_i \leqslant C_总 \qquad \sum_{i=1}^{n} B_i \leqslant B_总 \tag{6-2}$$

式(6-2)中：$X_i = \begin{cases} 1 \\ 0 \end{cases} \quad i = 1, 2, \cdots, N$（$N$ 为项目群共有 N 个项目）；

I_i 代表第 i 个项目的投资；C_i 代表第 i 个项目的经营费用；B_i 代表第 i 个项目的收益。

3. 层混型

层混型关系又称为混合关系，是指各个项目(方案)之间既有互相独立关系又有互相排斥关系，而且，这些项目(方案)可分为两个层次，高层次是一组独立型项目(方案)，而低层次则是由互斥型项目(方案)群组成。例如，某企业拟上 3 个相互独立的项目，A 项目改善运输状况，B 项目扩大生产能力，C 项目防治污染。其中，为改善运输状况的方案有两个：A_1，A_2；为扩大生产能力，可以新建项目(方案 B_1)，亦可进行技术改造(方案 B_2)，也可以增加机器设备数量(方案 B_3)，而防治污染的方案可能有两个，C_1，C_2。这样，从企业角度来看就有所谓的层混型投资项目群。层混型方案比选关系见图 6-1。

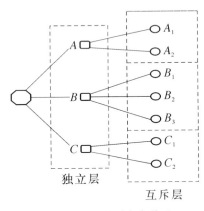

图 6-1 层混型方案关系

一般说来，工程技术人员遇到的问题多为互斥型方案的选择；高层计划部门遇到的问题多为独立型项目或层混型项目(方案)的选择。不论项目群中的项目是何种关系，项目经济评价的宗旨只能有一个：最有效地分配有限的资金，以获得最好的经济效益，即有限投资总额的总体净现值或者净年值最大。更重要的是，根据不同的项目关系类型正确地选择和使用简单的评价方法。

第二节 多方案比选的一般性解法

如果投资主体是能够独立逐个考虑的各个项目，并用任何一种合理的评价标准，如净现值、内部收益率或净现值率决定这些项目的取舍，便能做出正确的决策。但在实践中，由于项目的资金约束、资源限制，以及项目不可分性等前提条件，往往出现在一组待选项目中有些项目是互相联系的，而且没有足够的资金实现全部有利的项目。由于有这些限制，选择问题就变得非常复杂。

在进行多方案的经济性比较与选择时，我们总是希望在进行方案比较时方案越少越好，这就要求我们在进行方案比较前首先对单个方案进行初步考察，从而将不能达到经济上最低要求的方案剔除掉，也就是要剔除无吸引力的方案，然后再根据各项目方案的关系采取不同的比较选择方法。所谓不能达到经济上最低要求的方案，是指内部收益率小于基准收益率，收益的现值小于成本的现值，净现值小于零的方案。

在剔除不能满足经济上最低要求的项目方案后，多方案比选的基本原则有以下几点：

(1) 净现值：$NPV_A > NPV_B$，则方案 A 优于方案 B。
(2) 净年值：$NAV_A > NAV_B$，则方案 A 优于方案 B。
(3) 费用现值：$PC_A < PC_B$，则方案 A 优于方案 B。
(4) 费用年值：$AC_A < AC_B$，则方案 A 优于方案 B。

需要说明的是，上述方案比选原则只是一般性的比选原则，具体比较时不同的比较标准可能会存在差异甚至矛盾，这要根据不同项目方案的组合关系、方案的目标等选择不同的比选原则进行方案比选。

一、万加特纳整数规划解法

在资金约束条件下使企业投资收益最大化的投资项目多方案比选问题，被称为罗瑞-萨维奇问题。1963 年，万加特纳（Weingartner）以投资项目净现值（NPV）最大为目标函数，提出了罗瑞-萨维奇问题的一般性解法。1985 年，L.E.布西教授在他的《工业投资项目的经济分析》一书中，将万加特纳的解法命名为万加特纳优化选择模型。该模型在投资项目多方案比选中得到了广泛的应用。该模型的目标是从多个可行的组合方案中选取经济效果最好的组合，其目标函数为：

$$\max \sum_{j=1}^{m} \sum_{t=0}^{n_j} Y_{tj}(1+i)^{-t} x_j \tag{6-3}$$

式(6-3)中：Y_{tj} 为项目 j 在第 t 年年末的净现金流量；m 为备选项目的个数；n_j 为第 j 个项目的寿命；i 为基准收益率；x_j 为决策变量(取 0 或 1)。

约束条件根据需要可多可少，一般由下列几类组成。

(1) 资源约束条件：

$$\sum_{j=1}^{m} B_{tj} x_j \leqslant B_t \tag{6-4}$$

式(6-4)中：B_{tj} 为项目 j 在 t 年耗用资源 B 的量；B_t 为在 t 年可供应的某种资源。这些资源包括投资、人工、材料、燃料、水资源等。

(2) 互斥方案的条件：

$$\sum_{j \in R} x_j \leqslant 1 \tag{6-5}$$

表示同属于项目 R 的不同方案 k，最多只能上其中一个。

(3) 项目之间的从属关系约束条件：

$$x_a \leqslant x_b \text{ 或 } x_a - x_b \leqslant 0 \tag{6-6}$$

表示项目 a 只有当项目 b 上马时才有意义，当然项目 a 也可以不上马，但是一旦要上，必须以 b 上为先决条件。

(4) 互补项目约束条件：

$$x_c - x_d = 0 \tag{6-7}$$

表示项目一定要同时上马，通常用 x_{cd} 代替 x_c 和 x_d。

(5) 非严格互补项目约束条件：

$$x_e + x_{ef} \leqslant 1; \quad x_f + x_{ef} \leqslant 1 \tag{6-8}$$

表示项目 e, f 同时上经济性较好，但并非绝对地要求一定同时上。也可以写成 $x_e + x_f + x_{ef} \leqslant 1$。

(6) 项目不可分性约束：

$$x_j = \begin{cases} 1 \\ 0 \end{cases}$$

该方程的意义在于：任一方案 j，或者被选取（$x_j = 1$），或者被拒绝（$x_j = 0$），不允许只取完整的一个局部而舍去其余部分，即不允许 $0 < x_j < 1$。

将目标函数及上述所有约束方程连列，利用数学中的线性规划方法，借助于 Excel、Matlab、LINGO 等软件即可求相应的 x_j 及 NPV 的值。其中，若 $x_j = 0$，表示该方案被拒绝；$x_j = 1$，则表示该方案被接受。最终项目将由所有被接受的方案（$x_j = 1$）组成，且投资项目最终的净现值即为所求的 NPV 值。

[例 6-1] 某地区高速公路公司正在考虑进行项目投资。现有资金约束为 1 000 万元，五个备选项目方案，各备选方案之间的相互关系为：方案 1 与方案 2、方案 5 不能同时进行，方案 1 必须在方案 4 的基础上才能实施，方案 2 与方案 3 必须同时进行，方案 3 与方案 4 可独立实现或组合实现。方案 1 到方案 5 的初始投资额分别为 300 万元、540 万元、180 万元、410 万元、70 万元，各方案净年值(NAV)分别为 27 万元、58 万元、15 万元、

36万元、7万元。若方案3与方案4同时进行,则所需投资为590万元,净年值(NAV)为51万元。求最优的投资组合方案。

解:根据案例情况可知,各备选方案之间的相互关系为:方案1与方案2、5为互斥关系,方案1与方案4为从属关系,方案2与方案3为互补关系,方案3与方案4为非严格互补,此处新构建方案6,表示方案3与方案4组合实现。由此,可列出万加特纳优化选择模型的目标函数及约束条件如下:

$$\max NAV = 27x_1 + 58x_2 + 15x_3 + 36x_4 + 7x_5 + 51x_6$$

$$st.\begin{cases} x_1 + x_2 \leqslant 1 \\ x_1 + x_5 \leqslant 1 \\ x_1 \leqslant x_4 \\ x_2 = x_3 \\ x_3 + x_6 \leqslant 1 \\ x_4 + x_6 \leqslant 1 \\ x_i = 0, 1 \end{cases}$$

使用Matlab求解上述模型,可得最优解如下:

$$x_1^* = 0, \ x_2^* = 1, \ x_3^* = 1, \ x_4^* = 1, \ x_5^* = 0, \ x_6^* = 0。$$

此时项目最优解为 $NAV^* = 57$ 万元。

由此可见,该案例应选择的投资组合为:方案2、方案3以及方案4,拒绝方案1、方案5以及方案6,可获得的最优净年值为57万元。

二、互斥组合法

互斥组合法就是在资金限量条件下对备选方案首先进行互斥组合,然后再从多个互斥组合中选择一组投资总和小于(或等于)资金限额,而经济效益最大的互斥组合方案作为最优方案,并以此为分配资金的对象。所谓互斥组合,是指组与组之间为互斥关系,而组内各方案之间为独立关系的方案组合。一般情况下,当项目各技术方案之间存在非互斥关系时,都可以把它们转换为一系列的互斥组合项目,解决独立型和层混型项目决策的主要方法就是互斥化法,即首先利用某种方法把独立型或层混型项目方案转化为若干个相互排斥的组合方案,然后求解互斥方案优选问题。

1. 独立型项目的互斥组合方案构建

独立型项目的互斥化是针对资金约束条件下的一组独立型项目进行比选和排序。因为每个项目都有两种可能——选择或者拒绝,故 n 个独立项目可以构成 2^n 个互斥型方案。如果以1代表项目被接受,0代表项目被拒绝,则 A,B,C 三个相互独立项目,它们可以转换成表6-1中的8种可能的互斥组合。当项目个数较少时这种方法比较简便,但当独立项目数增加时,其组合方案数将成倍增加。例如5个独立项目可以组成32个($2^5=32$)互斥方案,而 10 个独立项目则将组合成 $2^{10}=1\,024$ 个互斥方案。由此可见,当数目较大时用这种方法是相当麻烦的,但是这种方法可以保证得到已知条件下最优的项目组合。

表 6-1　独立型项目的互斥组合

方案	项目			组合内的项目
	A	B	C	
1	0	0	0	无
2	0	0	1	C
3	0	1	0	B
4	1	0	0	A
5	0	1	1	B,C
6	1	0	1	A,C
7	1	1	0	A,B
8	1	1	1	A,B,C

2. 层混型项目的互斥组合方案构建

层混型项目也可以借助互斥组合表仿照表 6-1 转化为互斥方案组合。例如某企业有 A、B 两家工厂,各自提出互斥方案 A_1 与 A_2,B_1 与 B_2,该投资项目可以组合成表 6-2 所示的 9 个互斥方案。

表 6-2　层混型项目的互斥组合

方案	项目				组合内的项目
	A_1	A_2	B_1	B_2	
1	0	0	0	0	无
2	0	0	0	1	B_2
3	0	0	1	0	B_1
4	0	1	0	0	A_2
5	1	0	0	0	A_1
6	0	1	1	0	A_2,B_1
7	0	1	0	1	A_2,B_2
8	1	0	0	1	A_1,B_2
9	1	0	1	0	A_1,B_1

如果 M 代表相互独立的项目数,N_j 代表第 j 个独立项目中相互排斥的方案个数,则可以组成相互排斥的方案数为

$$N = \prod_{j=1}^{M}(N_j+1) = (N_1+1)(N_2+1)\cdots(N_M+1) \quad (6-9)$$

例如有 10 个独立项目,每个项目有 2 个互斥方案,则可能组成的互斥方案共有

$(2+1)^{10}=59\,049$ 个,显然这是一个非常复杂的计算问题。这种方法同样也能保证得到已知条件下的最优项目组合。

第三节 互斥型方案的比选

在建设项目的工程技术经济分析中,见得较多的是互斥型方案的比选。对于一组互斥方案,只要方案的投资额在规定的投资额之内,均有资格参加评选。在方案互斥的条件下,经济效果评价包含两部分内容:一是考察各个方案自身的经济效果,即进行备选方案绝对效果的检验;二是考察哪个方案较优,即备选方案相对效果检验。两种检验的目的和作用不同,而且是缺一不可的。此外,互斥型方案的备选方案应满足下列条件:第一,备选方案的整体功能应达到目标要求;第二,备选方案的盈利性应达到可以接受的水平;第三,备选方案包含的范围和时间应一致,效益和费用的计算口径应一致。

进行方案经济比选,不论对计算期相等的方案,还是对计算期不等的方案,无论使用何种评价指标,都必须满足上述要求。

本章接下来分项目计算期相等与项目计算期不等两种情况讨论互斥型方案的比选。本章互斥型方案比选中使用的评价指标可以是价值性指标(包括净现值、净年值等),也可以是比率性指标(包括内部收益率等)。但需注意的是,使用比率性指标时必须分析不同方案间的差额现金流量,否则会导致错误判断。

一、寿命期相等的方案比选

对于寿命期相等的互斥方案,通常将方案的寿命期设定为共同的分析期。这样,在利用资金等值原理进行经济效果分析时,各方案在时间上才具有可比性。在进行寿命相等的互斥方案比选时,一般采用差额分析法、直接比较法和最小费用法、经济性工程学解法等方法来选择最佳方案。本书重点介绍差额分析法、直接比较法和最小费用法。

(一)差额分析法

对于两个或两个以上方案的比选,可采用差额指标。两个方案在投资、年收益、残值以及经营费用等方面的差异量,构成新的现金流量即差额现金流量,因此对不同方案的差额现金流量进行分析的方法称为差额分析法。评价互斥方案时,应根据不同方案的现金流量之差量,采用差量的净现值(ΔNPV)、差量的内部收益率(ΔIRR)和差量的投资回收期(静态差量投资回收期 ΔP_t 和动态差量投资回收期 $\Delta P_t'$)等指标进行方案比选。

当对多个互斥型方案进行比选时,运用差额分析法时要注意环比方法的使用。为选出最优方案,各方案除与"0方案"["0方案"意味着 $NPV(i_c)=0$ 或者说 $IRR=i_c$ 的方案]比较外,各方案之间还应进行横向的两两比较。在方案间进行比较时,应采用基准收益率进行贴现。N 个互斥型方案两两比较的可能性一共有 $N(N-1)/2$ 种,10 个互斥型方案需比较 45 次。在实际比较中,我们可以采用环比法减少比较次数。环比法比选互斥型方案的程序如图 6-2 所示。

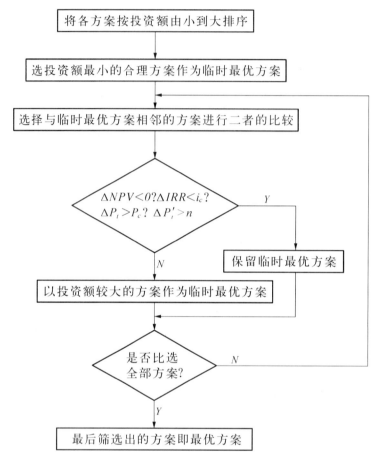

图 6-2 环比法比选互斥型方案

应用差额分析法选择方案时应遵循以下的原则:

(1) 唯有较低投资额的方案被证明是合理时,较高投资额的方案才能与其比较。

(2) 若追加投资是合理的,则应选择投资额较大的方案;反之,则应选择投资额较小的方案。

1. 差额净现值法

差额净现值法(ΔNPV)是根据两个方案的差额净现金流量计算差额净现值指标进行方案比选。比选的标准是:当基础方案可行时,$\Delta NPV \geqslant 0$ 保留投资额大的方案;如果 $\Delta NPV < 0$ 则选投资额小的方案。

[例 6-2] 表 6-3 所示为 A,B,C 三个互斥型方案的现金流量,寿命均为 10 年,$i_c = 15\%$,试找出经济上最有利的方案。

表 6-3　3 个互斥型方案资料　　　　　　　　　　　　　　　　（单位：元）

年末 t	A_0	A	B	C
0	$NPV(15\%)=0$	-5 000	-8 000	-10 000
1—10		1 400	1 900	2 500

解：A_0 称为基准方案，有时所有互斥型方案均不符合条件，应把资金投在其他可以获得基准收益的方案上，这样的方案称为基准方案或零方案。零方案或基准方案的特点在于不管其投资额为多大，其 $IRR=i_c$，也即 $NPV(i_c)=0$。

(1) 将投资方案按投资额由小到大排序为 A_0,A,B,C。其中 A_0 为基准方案，若投资 5 000 元，每年获得 15% 的基准收益率，则有年度等值收益为 $5\,000(A/P,15\%,10)=996.5$ 元，该收益小于方案 A 的年度等收益 1 400 元，故方案 A 是一个经济上更合理的方案，可选 A 为临时最优方案。

(2) 用方案 B 与方案 A 进行比较，计算这两个方案的现金流量之差，按基准收益率 $i_c=15\%$，计算现金流量差额的净现值 ΔNPV_{B-A}，见图 6-3。

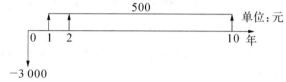

图 6-3　差额净现金流量图

$$\Delta NPV_{B-A}=-(8\,000-5\,000)+(1\,900-1\,400)(P/A,15\%,10)$$
$$=-490.5(元)<0$$

$\Delta NPV<0$，说明方案 B 较劣，舍去 B 方案，保留 A 方案为临时最优方案。

(3) 重复上述步骤，以 C 作为 A 的竞争方案，计算两者现金流量之差的净现值。

$$\Delta NPV_{C-A}=-(10\,000-5\,000)+(2\,500-1\,400)(P/A,15\%,10)$$
$$=520.9(元)>0$$

$\Delta NPV>0$，说明方案 C 较优于 A。它是最后一个方案，比较结束，故 C 为最优方案。

2. 差额内部收益率法

无论采用净现值法还是采用内部收益率法进行方案相对比选，比选的实质都是将投资大的方案和投资小的方案相比，它的追加投资能否被其增量收益抵消或抵消有余，即对增量现金流量的经济性做出判断。因此，用内部收益率法进行互斥方案比较时应计算增量现金流的内部收益率，称为"追加投资内部收益率"或"差额内部收益率"（ΔIRR）。在方案寿命期相等的情况下，计算差额内部收益率的方程式为

$$\sum_{t=0}^{n}(\Delta CI-\Delta CO)_t(1+\Delta IRR)^{-t}=0 \tag{6-10}$$

式(6-10)中：n——方案寿命期；

ΔCI——互斥方案(A,B)的差额(增量)现金流入(CI_A-CI_B)；

ΔCO——互斥方案(A,B)的差额(增量)现金流出(CO_A-CO_B)。

差额内部收益率与差额净现值评选方案的做法基本相同，只是取舍方案的标准不一

样。按差额内部收益率评选方案的准则是：在投资由小到大进行方案比较时，应保留投资额大且内部收益率大于基准贴现率的方案。

[例 6-3] 以例 6-2 为例，用差额内部收益率法进行方案比选。

解：(1) 与 ΔNPV 判据方法的(1)一样，也即以方案 A 为临时最优方案。

(2) 计算方案 B 对方案 A 的投资差额内部收益率 ΔIRR_{B-A}。令投资差额$(B-A)$的现金流量的净现值等于零，以求出其 ΔIRR_{B-A}，近似可用 Δr_{B-A} 表示。即

$$-(8\,000-5\,000)+(1\,900-1\,400)(P/A,\Delta r_{B-A},10)=0$$

由此可得：$\Delta r_{B-A}=10.56\% < i_c=15\%$

因为这个投资增额内部收益率小于基准收益率 15%，所以方案 B 劣于方案 A，故应舍去方案 B，A 方案仍为临时最优方案。

(3) 再取方案 C 与方案 A 比较，令

$$-(10\,000-5\,000)+(2\,500-1\,400)(P/A,\Delta r_{C-A},10)=0$$

则有 $\Delta r_{C-A}=17.68\% > i_c=15\%$

现在方案 C 优于方案 A，故可舍去方案 A。因为所有方案都已比较完毕，故方案 C 为最优方案。

(二) 直接比较法

在方案互斥的条件下，经济效果评价包含两部分：一是考察各个方案自身的经济效果，即进行绝对效果检验；二是比较两个方案的经济效果，即相对效果检验。两种检验的目的和作用不同，但缺一不可。差额分析法是对两个方案进行相对效果的检验；直接比较法是用净现值、净年值、内部收益率等评价指标对各个方案的绝对效果进行检验。

1. 净现值法

[例 6-4] 设 A，B，C 三个互斥方案，寿命期相同，其寿命期内各年的净现金流量如表 6-4 所示，基准收益率 $i_c=10\%$，试用净现值法比选方案。

表 6-4 互斥方案 A、B、C 的净现金流量表　　　　　　　　（单位：万元）

方　案	年　　末	
	0	1—10 年
A	$-1\,000$	300
B	$-1\,800$	450
C	$-2\,500$	650

解：(1) 计算各方案的净现值(NPV)：

$$NPV_A(10\%)=-1\,000+300(P/A,10\%,10)=843.5(万元)$$
$$NPV_B(10\%)=-1\,800+450(P/A,10\%,10)=965.25(万元)$$
$$NPV_C(10\%)=-2\,500+650(P/A,10\%,10)=1\,494.25(万元)$$

NPV_C 为最大，故最优方案为 C。

(2) 计算方案间的差额净现值：

$$\Delta NPV_{B-A} = -800 + 150(P/A, 10\%, 10) = 121.75(万元)$$

$$\Delta NPV_{C-B} = -700 + 200(P/A, 10\%, 10) = 429(万元)$$

$\Delta NPV_{B-A} > 0$，$\Delta NPV_{C-B} > 0$，所以 C 方案为最优方案。

由此可见，当互斥型方案寿命相等，直接比较各方案的 NPV 并取 NPV 最大的方案与上述差量分析法的选择结果是一致的。这是因为

$$\Delta NPV_{B-A} = \sum_{t=0}^{n}[(CI_B - CI_A) - (CO_B - CO_A)]_t(1+i_c)^{-t}$$
$$= \sum_{t=0}^{n}(CI_B - CO_B)_t(1+i_c)^{-t} - \sum_{t=0}^{n}(CI_A - CO_A)_t(1+i_c)^{-t}$$
$$= NPV_B(i_c) - NPV_A(i_c)$$

故当 $\Delta NPV_{B-A}(i_c) \geqslant 0$ 时，必有 $NPV_B(i_c) \geqslant NPV_A(i_c)$ 成立，即 NPV 指标具有可加性和可减性。在互斥方案寿命相等时，以直接用净现值指标比选最为简便。实际计算中，只要计算出各方案自身现金流量的净现值，取净现值指标最大者为最优方案。

2. 内部收益率法

[例 6-5] 以例 6-4 的数据为例，基准收益率 $i_c = 10\%$，用内部收益率法比选方案。

解：(1) 计算各方案的内部收益率指标：

$$-1\,000 + 300(P/A, IRR_A, 10) = 0 \quad IRR_A = 27.3\%$$
$$-1\,800 + 450(P/A, IRR_B, 10) = 0 \quad IRR_B = 21.4\%$$
$$-2\,500 + 650(P/A, IRR_C, 10) = 0 \quad IRR_C = 22.6\%$$

三个方案的内部收益率都大于 $i_c = 10\%$，三个方案都是可行方案。若按 IRR 比选，则方案 A 为最优方案，这一方案与净现值法比选的结论是不一致的。

(2) 计算方案间的差额内部收益率：

$$-800 + 150(P/A, \Delta IRR_{B-A}, 10) = 0 \quad \Delta IRR_{B-A} = 13.4\%$$
$$-700 + 200(P/A, \Delta IRR_{C-B}, 10) = 0 \quad \Delta IRR_{C-B} = 25.6\%$$

用差额内部收益率法可以得出 C 方案为最优方案，与净现值法的结论一致。必须指出，虽然在多数情况下，采用内部收益率法评价互斥型方案能够得到与差额内部收益率法相同的结果。但是，在相当多的情况下，直接按互斥型方案的内部收益率的高低选择方案并不一定能选出在基准收益率下净现值最大的方案。这是因为 $NPV_B(i_c) \geqslant NPV_A(i_c)$，并不意味着 $\Delta IRR_{B-A} \geqslant i_c$ 成立。而且，IRR 指标不具有可加性，即 $\Delta IRR_{B-A} \neq IRR_B - IRR_A$，因此不能用 IRR 指标直接进行方案比选。

这种不一致可用图 6-4 说明。虽然方案 A 的

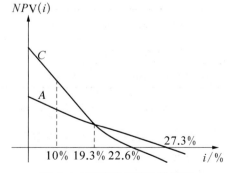

图 6-4 互斥型方案比选示意

内部收益率大于 C 的,但在 $i_c=10\%$ 时,C 的净现值却大于 A,投资差额内部收益 $\Delta IRR_{C-A}=19.3\%$,表示贴现率为 19.3% 时,两个方案的净现值相同。因此,和净现值判据不同,用内部收益率来比较方案时,一定要用投资差额内部收益率,而不能直接用内部收益率的大小进行比较。

(三) 最小费用法

在投资项目的多方案比选中,经常会遇到这样的问题:项目计算期内的效益很难直接用货币计量,或者两个或两个以上的比选方案产出的效益相同而难以抉择。例如:城市市民广场建设项目为公益性项目,其效益无法用货币计量。再如,假设同一栋办公大楼采用框架结构或砖混结构的效益是一样的,那么应该如何抉择呢?在这种情况下,我们只能通过假定各方案的年收益是相等的,对各方案的费用进行比较,根据费用较小的方案是较好的方案的原则来选择最佳方案,这就是最小费用法。此时评价指标可采用费用指标,即令项目的流出为正,流入为负,因而可得费用现值 PC 和年费用 AC。

$$PC = -NPV, AC = -NAV$$

最小费用法可以用于此类问题的多方案比选中,其通过对各方案消耗的费用进行比较选择最优项目。最优方案应满足两个要求,即效益最大化目标的要求和费用较少的项目比费用较大的项目更可取的要求。最小费用法包括两种方法:费用现值比选法和费用年值比选法。

1. 费用现值比选法

费用现值比选法实际上是净现值法的一个特例,费用现值的一个含义是指利用此方法所计算出的净现值只包括费用部分。由于无法估算各个方案的收益情况,只计算各备选方案的费用现值(PC)并进行对比,以费用现值最小的方案为最佳方案。其表达式为

$$PC = \sum_{t=0}^{n} CO_t(1+i_c)^{-t} = \sum_{t=0}^{n} CO_t(P/F, i_c, t) \tag{6-11}$$

[例 6-6] 4 种具有同样功能的设备,使用寿命均为 10 年,残值均为 0。初始投资和年经营成本见表 6-5($i_c=10\%$)。试选择最有利设备。

表 6-5 4 种设备的投资与年经营成本 (单位:万元)

设 备	A	B	C	D
初始投资	30	38	45	50
年经营成本	18	17.7	14.7	13.2

解:由于 4 种设备的功能相同,故可以比较费用大小,选择最优方案;又因为各方案寿命相等,保证了时间可比,故可利用净现值指标的对称形式——费用现值指标(PC)选优。判据是选择各方案中费用现值最小者,为最佳方案。

计算 4 种设备的费用现值:

$$PC_A(10\%) = 30 + 18(P/A, 10\%, 10) = 140.6(万元)$$
$$PC_B(10\%) = 38 + 17.7(P/A, 10\%, 10) = 146.8(万元)$$
$$PC_C(10\%) = 45 + 14.7(P/A, 10\%, 10) = 135.3(万元)$$
$$PC_D(10\%) = 50 + 13.2(P/A, 10\%, 10) = 131.1(万元)$$

由于 D 设备的费用现值 PC_D 为最小,故选择 D 设备为最佳方案。

2. 费用年值比选法

费用年值比选法是通过计算各备选方案的年等额费用(AC),以年费用较低的方案为较好的方案的一种方法,其表达式为

$$AC = \sum_{t=0}^{n} CO_t(P/F, i_c, t)(A/P, i_c, n) \tag{6-12}$$

[**例 6-7**] 以例 6-6 的数据为例,用费用年值比选法比选方案。

解:计算 4 种设备的费用年值:

$$AC_A(10\%) = 30(A/P, 10\%, 10) + 18 = 22.88(万元)$$
$$AC_B(10\%) = 38(A/P, 10\%, 10) + 17.7 = 23.88(万元)$$
$$AC_C(10\%) = 45(A/P, 10\%, 10) + 14.7 = 22.02(万元)$$
$$AC_D(10\%) = 50(A/P, 10\%, 10) + 13.2 = 21.34(万元)$$

由于 D 设备的费用年值 AC_D 为最小,故选择 D 设备为最佳方案。

采用费用年值比选法和费用现值比选法进行方案比选的结论是完全一致的。因为费用现值(PC)和等额年费用(AC)之间可以很容易进行转换。即

$$AC = PC(A/P, i_c, n)$$
$$PC = AC(P/A, i_c, n)$$

在实际应用中,对于效益相同或基本相同但又难以具体估算的互斥方案进行比选时,若方案的寿命期相同,则任意选择费用年值比选法和费用现值比选法其中一种都可以进行方案比选。若方案的寿命期不同,则一般适用费用年值比选法。

二、寿命期不相等的方案比选

在互斥方案比选中,多数情况下,被比较的几个投资方案的寿命期往往不同,如设备更新问题,各种机器设备的使用年限不同,更新年限也不相同。就比选的基本原则而言,寿命期不相等的互斥方案的比选同寿命期相等的方案比选一样,但不能直接采用净现值法等评价方法对方案进行比选,因为此时寿命期长的净现值与寿命期短的净现值不具有可比性。为了满足时间上的可比性,需要对各备选方案的计算期和计算公式进行适当的处理,使各方案在相同的条件下进行比较,才能得出合理的结论。

因此,寿命期不相等的互斥方案经济效果比选,关键在于使各个备选方案比较的基

础相一致,常用的方法有:最小公倍数法、净年值法以及研究期法。

(一)最小公倍数法

此法取各备选方案计算期的最小公倍数作为共同的计算分析期,备选方案在共同的计算分析期内可能按原方案重复实施若干次。例如,有 A,B 两个方案,A 方案寿命 4 年,B 方案寿命 6 年,则其最小公倍数寿命为 12 年。这就要求 A 方案完全相同地重复 2 次、B 方案重复 1 次,以保证两者具备时间可比性。在计算期可比的基础上,运用净现值法进行方案比选。

[例 6-8] 有 A,B 两种设备均可满足使用要求,数据见表 6-6。设有吸引力的最低投资收益率 $MARR=10\%$,试选择一台经济上有利的设备。

表 6-6 寿命期不相等的互斥型方案比选 (单位:万元)

设 备	投 资 I	每年末净收益 R_j	寿命 n/年
A	1 000	400	4
B	2 000	530	6

解:由于两种设备的寿命期不同,它们的最小公倍数为 12 年,在此期间 A 设备重复更新 2 次,B 设备更新 1 次,现金流量图如图 6-5 所示。

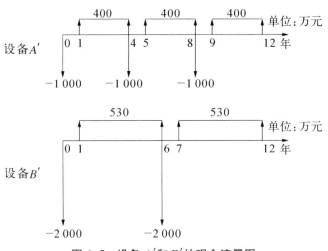

图 6-5 设备 A' 和 B' 的现金流量图

由图 6-5 可知,

$$NPV_{A'}(10\%)=[400(P/A,10\%,4)-1\,000]\sum_{j=0}^{2}\frac{1}{(1+10\%)^{4j}}$$
$$=575.96(万元)$$

$$NPV_{B'}(10\%)=[530(P/A,10\%,6)-2\,000]\sum_{j=0}^{1}\frac{1}{(1+10\%)^{6j}}$$
$$=482.31(万元)$$

因为 $NPV_{A'} > NPV_{B'}$，又因为 A' 项目与 A 项目等效；B' 项目与 B 项目等效，所以，设备 A 为最佳方案。

对于一些复杂问题，方案较多，寿命期相差也很大，用最小公倍数法确定计算往往过于复杂。例如，4 个备选方案的寿命期分别为 15 年、25 年、30 年、50 年，它们的最小公倍数为 150 年，那么每个方案需要重复若干次才能达到时间可比性的要求。实际上，较长时间后的现金流经多次折现，其折现值已经很小，对决策的影响程度已不大，此时就可以用最大寿命期作为计算期。在这 4 个备选方案比选中，可以取最大寿命期 50 年作为共同的计算分析期，寿命期小于 50 年的方案在此计算期内考虑重复实施，计算期末，可将折余价值视为残值处理。

（二）净年值法

在对寿命期不等的 n 个互斥方案进行比选时，当参加比选的方案数目众多时，采用净年值法较为简便。设 m 个互斥方案的寿命期分别为 $n_1, n_2, \cdots, n_m$，方案 $j(j=1,2,3,\cdots,m)$，在其寿命期内的净年值

$$NAV_j = \Big[\sum_{t=0}^{n_j}(CI_j - CO_j)_t(P/F, i_c, t)\Big](A/P, i_c, n_j)$$

当 $NAV_j \geqslant 0$ 时，NAV_j 最大的方案为可行方案。

用净年值法进行寿命期不等的互斥方案比选，实际上隐含着这样一种假定：各备选方案在其寿命结束后均可按原方案重复实施或以与原方案经济效果水平相同的方案持续，即虽然比选过程不要方案多次重复，但却以方案重复为前提假设。

[例 6-9] 若例 6-8 不求 NPV 指标，而直接求 NAV 指标，则有：

$$NAV_A = -1\,000(A/P, 10\%, 10) + 400 = 84.53(万元)$$
$$NAV_B = -2\,000(A/P, 10\%, 10) + 530 = 70.79(万元)$$

因为 $NAV_A > NAV_B$，所以 A 项目优于 B 项目。

而且，$NAV_A = NAV_{A'}$，$NAV_B > NAV_{B'}$

从例 6-8 和例 6-9 可以看出，最小公倍数法和净年值法得到的结论是一致的。最小公倍数法和净年值法实质上都是延长寿命期以达到可比要求，这通常被认为是合理的。但在某些情况下并不符合实际，因为技术进步往往使方案多次重复是不经济的，甚至在实践中是完全不可能的。例如，对于某些不可再生资源开发型项目，在进行寿命期不等的互斥方案比选时，方案可重复实施的假定不再成立，这种情况下就不能用最小公倍数法确定计算期。此外，如果用最小公倍数法求得的计算期过长，也不适合用最小公倍数法。净年值法通过计算净年值指标进行方案比选，简化了比选过程且便于应用，但是忽略了对寿命期不等的处理，因此有待进一步的研究讨论。

（三）研究期法

一种比较可行的办法是利用研究期法，即选择一段时间作为可比较的计算期。所谓

研究期法,就是针对寿命期不相等的互斥方案,直接选取一个适当的分析期作为各个方案共同的计算期,通过比较各方案在该计算期内的净现值来对方案进行比选,以净现值最大的方案为最佳方案。其中,计算期的确定要综合考虑各种因素,通常有三种做法:

(1) 取最长寿命作为共同的分析计算期;
(2) 取最短寿命作为共同的分析计算期;
(3) 取计划规定年限作为共同的分析计算期。

研究期的选择没有特殊的规定,但显然以诸方案中寿命最短者为研究期时计算最为简便,而且可以完全避免可重复性假设。不过,值得指出的是,对于计算期比共同的研究期长的方案,要对其共同研究期以后的现金流量情况进行合理的估算,以免影响结论的正确性。目前,对存在着寿命未结束方案的未使用价值的处理方式有三种:第 1 种是不承认方案的未使用价值;第 2 种是预测方案未使用价值在研究期末的价值并作为现金流入量;第 3 种是承认方案的未使用价值。

[例 6-10] 某厂为增加产品品种,考虑了两种投资方案(产量相同,收入可忽略不计),假定 $i_c=15\%$,现金流见表 6-7,试比较哪种投资方案更佳。

表 6-7 两种方案的数据资料

项 目	A	B	项 目	A	B
初期投资/万元	1 250	1 600	残值/万元	100	160
年经营成本/万元	340	300	寿命/年	6	9

解:画出这两种方案的现金流量图(图 6-6)。

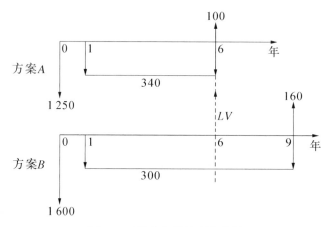

图 6-6 两种方案的现金流量

取 A 方案的寿命期 6 年作为研究期,比较三种处理方式下 B 方案的年经营费用。

$$PC_A = 1\,250 + 340(P/A,15\%,6) - 100(P/F,15\%,6)$$
$$= 2\,493.3(万元)$$

(1) 不承认未使用价值法。不承认未使用价值法是舍去研究期外方案的使用价值,如污水处理项目,在达到一定年限后本身就不能估算该项目的残值,因此可以忽略。

若不承认方案 B 投资可用 9 年的价值,则有

$$PC_{B_1} = 1\,600 + 300(P/A, 15\%, 6) - 160(P/F, 15\%, 6)$$
$$= 2\,666.2(万元)$$

因为 $PC_A < PC_{B_1}$,故方案 A 优于方案 B。

但是,多数项目在达到寿命期后有残值,如固定资产报废后残值的回收处理,设备更新后价值的重新估算,等等。承认方案的未使用价值的处理如下。

(2) 预测未来价值法。即预测方案 B 的未使用价值在研究期末(6 年)的价值并作为现金流入量。

$$方案 B 的残值 = 160 + \frac{1\,600 - 160}{9} \times 3 = 640(万元)$$

$$PC_{B_2} = 1\,600 + 300(P/A, 15\%, 6) - 640(P/F, 15\%, 6)$$
$$= 2\,458.7(万元)$$

因为 $PC_A > PC_{B_2}$,故方案 B 优于方案 A。

这种方法取决于对处理回收预测的准确性,如重估值有困难,一般采用回收固定资产余值。

(3) 承认未使用价值法。取方案 A 的寿命 6 年为研究期,并承认方案 B 投资使用 9 年的价值,也即将投资按时间价值变换到整个寿命期 9 年之中,然后取 6 年研究期的费用现值(PC_A)与方案 A 的费用现值(PC_B)加以比较。

$$PC_{B_3} = [1\,600(A/P, 15\%, 9) + 300 - 160(A/F, 15\%, 9)](P/A, 15\%, 6)$$
$$= 2\,368.2(万元)$$

因为 $PC_A > PC_{B_3}$,故方案 B 优于方案 A。

在选定研究期后,这三种不同的处理残值的方法导致了方案比选的结果不一致。方法一忽略了研究期外寿命期内的价值;方法二虽然估算了研究期外的价值,但是选择哪种方法来估算余值,不同的方案要求也不一样;方法三原理与方法二相同,其关键也在于余值如何处理。这也反映了研究期法有一个严重的缺陷,即很难对资产的残值进行精确的估算。例如,采用最短寿命期时,较长寿命的方案要提前终止使用,那么未被使用的几年存在一个资产残值估价问题。而采用最长寿命期时,较短寿命的方案要重置,重置后的后几年也不使用,这也存在重估残值的问题。这项残值不能使用按各种折旧方法计算的该期的账面价值,而应采用该期的市场价值。

三、寿命期无限长的方案比选

一般情况下,方案的计算期都是有限的,但有些工程项目的服务年限或工作状态是无限的,如果能维修好的,则可以认为能无限期地延长,也即其使用寿命无限长,如公路、

铁路、桥梁、隧道、运河、水坝等。应用最小公倍数法对寿命期不相等的方案比选时,如果几个方案的最小公倍数寿命数值很大或是使用一次性投资,且使用年限 $n\to\infty$ 时,可以用寿命期无限大计算 NPV 或将投资转换成年金,计算年费用大小进行比较,选择 NPV 最大的或年费用最小的为最优方案。

(一)净现值法

方案重复无限次致使寿命无穷之后的总净现值为

$$NPV_\infty = \frac{NAV_1(i_c)}{i_c} \tag{6-13}$$

[例 6-11] 互斥方案 A,B,现金流量见表 6-8 所示。假设基准收益率为 10%,试求方案重复无数次使寿命无穷大后的最优方案。

表 6-8 方案 A,B 的现金流量

方　案	投资额/万元	年净收益/万元	寿命 n/年
A	5 000	2 500	4
B	8 000	2 650	6

解:计算方案 A,B 寿命无穷大的净现值

$NPA_{\infty_A} = [2\,500 - 5\,000(A/P,10\%,4)](P/A,10\%,\infty) = 9\,225(万元)$

$NPA_{\infty_B} = [2\,650 - 8\,000(A/P,10\%,6)](P/A,10\%,\infty) = 8\,132(万元)$

因为 $NPA_{\infty_A} > NPA_{\infty_B}$,方案 A 为最优方案。

(二)费用年值法

对于仅需要计算年费用现金流量的互斥方案,可计算方案的费用年值进行比选。判别标准为:费用年值最小的方案为最优方案。

由于无穷大寿命法的 $NPV_\infty = \dfrac{NAV_1(i_c)}{i_c}$,所以若有 $NPA_{\infty_A} > NPA_{\infty_B}$,必有 $NAV_{A_1}(i_c) > NAV_{B_1}(i_c)$ 成立,也即直接比较寿命期不相等的互斥型方案第 1 个周期的 NAV 即可得到与无穷大寿命法一致的结论。

[例 6-12] 改造某地荷塘,有 A,B 两个方案可以选择,$i_c = 10\%$,问如何选择?

(1) A 方案:投资 60 万元,用于挖河道铺水泥面,可永久使用,年维护费用 1 万元,水泥面需要每 5 年支付 3 万元的维修费。

(2) B 方案:投资 50 万元,购置挖掘设备,每 10 年挖掘一次,残值为 1 万元,年人工费 2 万元,清除杂草支出 1.2 万元。

解:求出各方案的年费用值

$AC_A = 60(A/P,10\%,\infty) + 1 + 3(A/F,10\%,5) = 7.5(万元)$

$AC_B = 50(A/P,10\%,10) + 2 + 1.2 - (A/F,10\%,10) = 11.2(万元)$

由于 $AC_A < AC_B$，故选择 A 方案为最优方案。

在互斥方案比选中，每种方法的应用都有一定的假设条件，要正确掌握这些方法，不仅要了解它们如何计算，而且要搞清各自使用的范围。表 6-9 给出互斥方案的特点与方法选择，同时列出了不允许使用的方法。

表 6-9 互斥方案的特点与方法选择

现金流	寿 命 期 相 等	寿 命 期 不 等
投资收益型	(1) NPV 取最大或 NAV 取最大 (2) 差额分析法 (3) 不允许直接用 IRR，NPVR 取最大，Pt，Pt′取最小	(1) NAV 取最大 (2) 最小公倍数法、无穷大寿命法、研究期法，NPV 取最大 (3) 不允许直接用 NPV 取最大，或直接用 IRR，NPVR，Pt，Pt′等
投资费用型	费用现值 PC 取最小、年费用 AC 取最小	年费用 AC 取最小

第四节　独立型方案的比选

当各投资项目相互独立时，若资金对所有项目不构成约束，只要分别计算各项目的 NPV 或 IRR，选择所有 $NPV(i_c) \geqslant 0$ 或 $IRR \geqslant i_c$ 的项目即可。若资金不足以分配到全部 $NPV(i_c) \geqslant 0$ 的项目时，即形成所谓的资金约束条件下的优化组合问题。约束条件下的优化组合问题有如下几种解法：独立项目互斥化解法，这是工程经济学的传统解法；比率指标排序法；工程经济学的排序法。

一、独立项目互斥化解法

在大多数情况下资金总是有限的，因而不能实施所有可行方案。因此问题的实质是排列方案的优先次序，使净收益大的方案优先采纳，以求取得最大的经济效益。独立项目互斥化解法是在资金限制的情况下，将相互独立的方案组合成总投资额不超过投资限额的组合方案，这样各个组合方案之间的关系就变成了互斥的关系，然后利用互斥方案的比选方法，如净现值法等，对方案进行比选，选择出最佳方案。

由于第二节已经介绍了互斥组合法以及独立项目的互斥组合方案，因此，本节我们将利用互斥组合方案把各独立项目组合成相互排斥的方案，其中，每一个组合方案都有若干个独立项目组成，且相互之间为互斥关系。那么此时我们就可以使用互斥方案的比选方法，来选择独立项目的最优组合。

因为每个项目都有两种可能——选择或者拒绝，故 N 个独立项目可以构成 2^N 个互斥型方案。如果以 1 代表项目被接受，则三个独立项目可以借助于所谓的互斥组合表构造成 8 个互斥方案组合。

[**例 6-13**] 某企业现有 3 个独立的投资方案 A, B, C, 寿命期均为 10 年, 现金流见表 6-12, $i_c = 10\%$。现企业的最大投资额 $I_{max} = 7\,000$ 万元, 如何选择方案?

表 6-10　3 个独立项目的现金流　　　　　　　　　　　（单位：万元）

方　案	投　资　额	年　净　收　益	净现值(NPV)
A	−2 000	450	765
B	−3 000	600	687
C	−5 000	900	531

解：首先计算出 3 个方案的净现值（NPV），见表 6-10 右栏。然后建立所有互斥的方案组合（见表 6-11）。

表 6-11　3 个独立项目化为 8 个互斥组合（$i_c = 10\%$）　　　（单位：万元）

组合号	方案组合	累计投资($\sum I$)	累计净收益($\sum R$)	累计 $NPV[\sum NPV(10\%)]$
1	0	0	0	0
2	A	2 000	450	765
3	B	3 000	600	687
4	C	5 000	900	531
5	A, B	5 000	1 050	1 452*
6	A, C	7 000	1 350	1 296
7	B, C	8 000	1 500	1 218
8	A, B, C	10 000	1 950	1 983

根据表 6-11, 方案组合 7、方案组合 8 的投资总额超出资金限制, 因此不予考虑。对满足资金限额条件的前 6 个方案组合, 由于第 5 个方案组合（A, B）的累计净现值最大, 故（A, B）为最优方案组合。

当项目个数较少时这种方法简便实用, 但当独立项目数增加时, 其组合方案数将成几何级数增加。例如, 5 个独立项目将组成 32 个（$2^5 = 32$）个互斥方案, 而 10 个独立项目将组合成 1 024 个（$2^{10} = 1\,024$）个互斥方案。由此可见, 当项目数较大时使用这种方法是相当麻烦的。但是, 这种方法可以保证得到已知条件下最优的项目组合。

二、独立项目的比选

独立项目的比选指的是在资金约束条件下, 如何选择一组项目组合, 以便获得最大的总体效益, 即 $\sum NPV(i_c)$ 最大。

当各投资项目相互独立时, 若资金对所有项目不构成约束, 只要分别计算各项目的

NPV 或 IRR，选择所有 $\sum NPV(i_c) \geqslant 0$ 或 $IRR \geqslant i_c$ 的项目即可；若资金不足以分配到全部 $\sum NPV(i_c) \geqslant 0$ 的项目时，即形成所谓的资金约束条件下的优化组合问题。约束条件下的优化组合问题常见的基本解法是互斥组合法，效益费用比法（效益／费用分析法）也比较常用。

（一）独立项目的互斥组合法

由于本教材上一节已经解决了互斥型方案的比选问题，因此，如果能够利用某种方法把各独立项目都组合成相互排斥的方案，其中每一个组合方案代表一个相互排斥的组合，这就可以用前述互斥方案的比选方法，选择相对最优的组合方案。

因为每一个项目均有两种可能——选择或拒绝，故 N 个独立项可以构成 2^N 个互斥型方案，而后可以根据寿命期相等的互斥型方案的比选方法选优。这种方法被称为互斥组合法，它可以保证得到已知条件下的相对最优组合方案。考虑到寿命期相等的互斥型方案比选最常用的方法是净现值法和内部收益率法，相应的，互斥组合法又可分为：基于 NPV 的互斥组合法和基于 IRR 的互斥组合法。

[例 6-14] 表 6-12 所示 6 个独立项目，寿命均为 6 年。求：

(1) 若 $i_c = 10\%$，最大可投资额 $I_{\max} = 250$（万元），应选择哪些项目？

(2) 若 $i_c = 10\%$，最大可投资额 $I_{\max} = 300$（万元），应选择哪些项目？

(3) 投资在 100 万元以内，$i_c = 10\%$，投资每增加 100 万元，i_c 提高 4 个百分点，这时应选择哪些项目？

表 6-12　6 个独立项目的现金流　　　　　　　　　　　（单位：万元）

项　　目	A	B	C	D	E	F
投资 $I(0)$	−60	−55	−45	−80	−75	−70
年净收益 $R(1—6)$	18	11.9	15.2	21.7	28.3	17

解法一：使用基于 NPV 的互斥组合法

解：(1) 求出 6 个方案分别在 $i_c = 10\%$，14%，18% 时的 NPV 值（表 6-13）。

表 6-13　6 个独立项目的 NPV 值　　　　　　　　　　（单位：万元）

项　　目	投　资 I	$NPV(10\%)$	$NPV(14\%)$	$NPV(18\%)$
A	−60	18.39	10	2.96
B	−55	−3.17	−8.72	−13.38
C	−45	21.2	14.11	8.16
D	−80	14.51	4.38	−4.1
E	−75	48.25*	35.05*	23.98*
F	−70	4.04	−3.9	−10.54

(2) 在 $i_c=10\%$, $I_{max}=250$(万元)时,找出 NPV 最大的项目组合(表 6-14)。考虑到表 6-13 中 B 项目的 $NPV(10\%,14\%,18\%)<0$,所以 B 项目不参与项目互斥组合。

表 6-14 项目的互斥组合　　　　　　　　　　　(单位:万元)

项 目 组 合	累计投资($\sum I$)	累计 $NPV[\sum NPV(10\%)]$
E	75	48.25
E,C	120	69.45
E,C,A	180	87.84
E,C,A,F	250	91.88*
E,C,A,D	260	102.35*
E,C,A,D,F	330	106.39

由此,我们可以看出在 $i_c=10\%$, $I_{max}=250$(万元)时,项目组合(E,C,A,F)是最优组合。

(3) 在 $i_c=10\%$, $I_{max}=300$(万元)时,项目组合(E,C,A,D)是最优组合。

(4) 当投资每增加 100 万元,i_c 提高 4 个百分点时,NPV 最大的项目组合。

① 投资在 100 万元以内,$i_c=10\%$ 时,最优组合为 E。

项 目 组 合	累计投资($\sum I$)	累计 $NPV[\sum NPV(10\%)]$
E	75	48.25*

② 投资在 100 万元—200 万元,$i_c=14\%$ 时,最优组合为 E,C,A。

项 目 组 合	累计投资($\sum I$)	累计 $NPV[\sum NPV(14\%)]$
E	75	35.05
E,C	120	49.16
E,C,A	180	59.16*

③ 投资在 200 万元—300 万元,$i_c=18\%$ 时,最优组合为 E,C,A。因为项目 B,D,F 均不可行[$NPV_{(i_c=18\%)}<0$],不予选择。

项 目 组 合	累计投资($\sum I$)	累计 $NPV[\sum NPV(18\%)]$
E	75	23.98
E,C	120	32.14
E,C,A	180	35.1*

由此,我们可以看出随着 i_c 的增加,投资组合的效益在减少,当累计投资 180 万元,(E,C,A)方案组合可以获得最大的收益。

解法二：使用基于 IRR 的互斥组合法

解：(1) 首先求各项目的内部收益率(IRR)，IRR 可由下式求出：
$$-I+R(P/A, IRR, 6)=0$$

因此有：$IRR_A=20\%$；$IRR_B=8\%$；$IRR_C=25\%$。
$IRR_D=16\%$；$IRR_E=30\%$；$IRR_F=12\%$。

(2) 将各项目的内部收益率排序并绘成图 6-7，标注限制线 i_c 和 I_{max}。

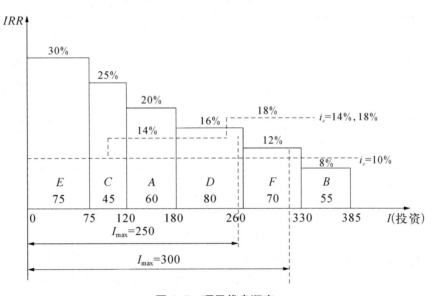

图 6-7 项目优劣顺序

(3) 选优。

① 根据条件(1)，$I_{max}=250$ 万元时，可依次选项目(E,C,A)，投资额为 180 万元，剩余 70 万元资金不够项目 D 投资之用。由于项目的不可分割性，D 项目不能被选中，但下一项目 F 可被选中，且投资为 70 万元，至此，资金全部用完。因此，最终的最优项目组合投资方案为投资(A,C,E,F)。

② 根据条件(2)，$I_{max}=300$ 万元时，可选择(E,C,A,D)，但不能选项目 F，剩余资金 40 万元。至于下一个项目 B，因其 $IRR_B<10\%$，无论有多少剩余资金也不应该选取。故最终的最优项目组合方案为(E,C,A,D)，所剩资金应投资于任何能够达到基准收益率的项目。

③ 根据条件(3)，可画出如图 6-6 所示的一条变动的资金成本线 i_c'。i_c' 与 IRR 曲线相交于项目 D，由于项目的不可分割性，只能投资于项目(E,C,A)。

(二) 效益费用比法

效益费用比法(效益/费用分析法)一般用于多个独立公共项目方案的比选，对于公共项目来说，其效益不一定是项目带来的经济效益，也可以是社会效益。

在效益费用比法中,备选项目的效益与费用是分别计算的,当备选项目方案所提供的效益超过费用时,即:效益/费用大于1,则该项目方案在经济上是可以接受的;否则拒绝该项目。其标准是各独立项目的效益现值(或当量年效益)必须大于或等于费用现值(或当量年费用)。

[例6-15] 某地区拟建设水坝以减少洪水灾害损失,共有4个互相独立的修建水坝方案。它们的寿命期预计为75年,预期水灾年损失、投资及年维护费资料如表6-15所示,设基准收益率为4%,利用效益费用比法选择最优方案。

表6-15 各水坝方案投资、费用、预期灾害损失表 （单位：万元）

方案	投资	年维护费	预期水灾年损失
不建	0	0	240
A	1 120	29	150
B	880	21	170
C	720	18	200
D	480	12	215

解：A 方案效益 / 费用 = (240 − 150)/[1 120 × (A/P, 4%, 75) + 29]
= 90/(1 120 × 0.042 2 + 29) = 90/76.264 = 1.18

B 方案效益 / 费用 = (240 − 170)/[880 × (A/P, 4%, 75) + 21] = 70/58.136 = 1.2

C 方案效益 / 费用 = (240 − 200)/[720 × (A/P, 4%, 75) + 18] = 40/48.384 = 0.83

D 方案效益 / 费用 = (240 − 215)/[480 × (A/P, 4%, 75) + 12] = 25/32.256 = 0.77

可以看出,A 方案和 B 方案效益/费用大于1是可取的,C 方案和 D 方案效益/费用小于1在经济上是不可取的。

若投资额有效,则 A、B 两个方案转变为互斥方案比选,不能仅仅通过简单地比较两个方案效益/费用的比值大小而选择最优方案,而应比较两方案之增量效益与增量费用,若比值大于1,则费用的增量是值得的。在 A、B 方案比选时,需做如下计算：

差额效益 / 差额费用 = (90 − 70)/(76.264 − 58.136) = 20/18.128 = 1.1

虽然 B 方案的效益费用之比为1.2,大于 A 方案的1.18,但 A 与 B 方案的增量效益与增量费用之比为1.1,大于1,因此 A 方案优于 B 方案。

第五节 层混型方案的比选

层混型方案的选择与独立型方案的选择一样,可以分为资金无限制和资金有限制两类。如果资金无限制,只要从各独立项目中选择互斥型方案中净现值(或净年值)最大且不小于零的方案加以组合即可。当资金有限制时,选择方法比较复杂：第一种方法是西方工程经济学的方法,即层混型项目方案群的互斥化法;第二种方法是净现值排序法;第三种方法是差量效率指标排序法。

层混型项目方案群的互斥组合方案构建在第二节已经介绍,即把层混型项目方案转化为若干个相互排斥的组合方案,然后求解互斥方案优选问题。下面我们举例说明后两种方法。

一、净现值排序法

所谓净现值排序法是在计算各方案的净现值指标基础上,对各分厂间的独立方案,找出在资金限额条件下的较优互斥组合,从中选择最优者。所谓较优互斥组合,是指至少保证某一互斥关系中的最优方案得以入选的互斥组合。在此我们提出了基础方案的定义,即不投资方案。

[例 6-16] 某集团有下属的 A,B,C 三个分厂提出了表 6-16 所示的技术改造方案。各分厂之间是相互独立的,而各分厂内部的技术改造方案是互斥的。若各方案的寿命均为 10 年(不考虑建设期),基准收益率为 10%。试问:当企业的投资额在 6 000 万元以内时,从整个企业角度出发,最有利的选择是什么?若资金限额增加 1 500 万元或减少 1 500 万元时,又该怎样选择?

表 6-16　A,B,C 各分厂技术改造方案　　　　　　　　　　（单位:万元）

分厂	投资方案	期初投资(I_j)	年净收益(R_j)	净现值(NPV_j)
A	A_1	1 000	200	67.0
	A_2	2 000	600	1 201.0*
B	B_1	2 000	450	400.8
	B_2	3 000	700	734.5
	B_3	4 000	900	801.5*
C	C_1	1 500	250	−166.3
	C_2	2 500	550	434.3
	C_3	3 000	800	1 268.0*
	C_4	4 000	950	1 068.3

解:(1) 计算各分厂互斥方案的净现值进行排序,并剔除不合格的方案(即 $NPV<0$ 的方案)。

$$NPV_j = -I_j + R_j(P/A,10\%,10)\ (j\ 表示各技术改造方案)$$

计算结果见表 6-16 右栏所示,其中 C_1 方案的净现值小于 0,应予以剔除。

(2) 选择最优方案。组内 A_0,B_0,C_0 为"基础方案",即不投资方案。

① 若资金限额为 4 500 万元,则较优互斥组合方案有四个:(A_2,B_1,C_0)、(A_2,B_0,C_2)、(A_0,B_1,C_2)、(A_1,B_0,C_3)。经计算各组合方案的净现值和累计投资分别为

项 目 组 合	累计投资($\sum I$)	累计 $NPV[\sum NPV(10\%)]$
A_2, B_1, C_0	4 000	1 601.8
A_2, B_0, C_2	4 500	1 635.3*
A_0, B_1, C_2	4 500	835.0
A_1, B_0, C_3	4 000	1 335.0

结果表明，组合(A_2, B_0, C_2)为最优组合。

② 若资金限额为 6 000 万元，则较优互斥组合方案有三个：(A_2, B_3, C_0)、(A_2, B_0, C_3)、(A_0, B_2, C_3)，计算出的净现值为

项 目 组 合	累计投资($\sum I$)	累计 $NPV[\sum NPV(14\%)]$
A_2, B_3, C_0	6 000	2 002.5
A_2, B_0, C_3	5 000	2 469.0*
A_0, B_2, C_3	6 000	2 002.5

结果表明，组合(A_2, B_0, C_3)为最优组合。

③ 若资金限额为 7 500 万元，则较优互斥组合方案有一个：(A_2, B_1, C_3)，计算出的净现值为

项 目 组 合	累计投资($\sum I$)	累计 $NPV[\sum NPV(18\%)]$
A_2, B_1, C_3	7 000	2 869.8*

因此，组合(A_2, B_1, C_3)为最优组合。

二、差量效率指标排序法

所谓差量效率指标排序法是将差量效率指标按大小顺序，根据指标的大小来选择满足资源约束条件的最佳方案组合的方法。其过程如图 6-8 所示。

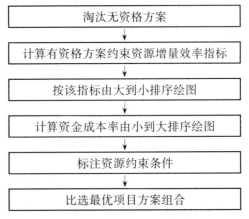

图 6-8 层混型方案比选过程

需要注意的是，本文对上图中"无资格方案"的概念解释如下：

无资格方案的概念由日本学者千住镇雄、伏见多美雄以及中村善太郎于20世纪50年代提出。所谓无资格方案，是指将 n 个项目方案按照投资额从小到大排列，项目排序为：1, 2, …, $j-1$, j, $j+1$, …, N，若第 j 个项目对第 $j-1$ 个项目的增量投资收益率，低于第 $j+1$ 个项目对第 j 个项目的增量投资收益率，则第 j 个方案为无资格方案。用公式表示为：

$$\frac{\Delta R_j}{\Delta I_j} < \frac{\Delta R_{j+1}}{\Delta I_{j+1}}$$

其中 R 表示各项目的收益，而 I 表示各项目的投资额。

[例 6-17] 某石油化工联合企业下属3个工厂A，B，C，分别提出各自的技术改造项目。A，B，C是相互独立的，但各厂投资项目均由若干互斥方案实现，见表6-17。假定各方案的寿命均为8年，设折现率 $i_c = 15\%$，试在下列资金限制下，从整个企业角度做出最优决策。资金限制分别为：(1) 400万元；(2) 600万元；(3) 800万元。

表 6-17 层混型项目方案的现金流　　　　　　　　　　（单位：万元）

分　厂	投　资　方　案	期初投资（I_j）	年净收益（R_j）
A	A_1	100	38
A	A_2	200	69
A	A_3	300	88
B	B_1	100	19
B	B_2	200	55
B	B_3	300	75
B	B_4	400	92
C	C_1	200	86
C	C_2	300	109
C	C_3	400	154

解：(1) 用工程经济学方法，首先淘汰无资格方案。为此计算各互斥方案的 $\Delta R / \Delta I$，若 $\Delta R/\Delta I_j < \Delta R/\Delta I_{j+1}$，则方案 j 即无资格方案，见表6-18。

表 6-18 计算增量效率

分厂	投资方案	期初投资（I_j）	年净收益（R_j）	$\Delta R/\Delta I$	无资格方案	重算 $\Delta R/\Delta I$
A	A_1	100	38	0.38		0.38
A	A_2	200	69	0.31		0.31
A	A_3	300	88	0.19		0.19

续 表

分厂	投资方案	期初投资(I_j)	年净收益(R_j)	$\Delta R/\Delta I$	无资格方案	重算$\Delta R/\Delta I$
B	B_1	100	19	0.19	B_1	—
	B_2	200	55	0.36		0.28
	B_3	300	75	0.20		0.20
	B_4	400	92	0.17		0.17
C	C_1	200	86	0.43	C_2	0.43
	C_2	300	109	0.23		—
	C_3	400	154	0.45		0.34

由表 6-18 的计算可以看出,无资格方案为 B_1 和 C_2,应予以淘汰。

(2) 令 $\Delta R(P/A,\Delta IRR,8)-\Delta I=0$,也即:$(A/P,\Delta IRR,8)=\Delta R/\Delta I$。可以求出各差量内部收益率如下。

A 分厂:
$$\Delta IRR_{0A_1}=35\% \ ②,\Delta IRR_{A_1A_2}=26\% \ ④,\Delta IRR_{A_2A_3}=10\% \ ⑦。$$

B 分厂:
$$\Delta IRR_{0B_2}=22\% \ ⑤,\Delta IRR_{B_2B_3}=12\% \ ⑥,\Delta IRR_{B_3B_4}=7\% \ ⑧。$$

C 分厂:
$$\Delta IRR_{0C_1}=40\% \ ①,\Delta IRR_{C_1C_3}=30\% \ ③。$$

注:圈中的数字为方案 ΔIRR 由大到小排序的序号。

(3) 按上述优先顺序画出图 6-9,同时标注资金限制线和利率限制线。

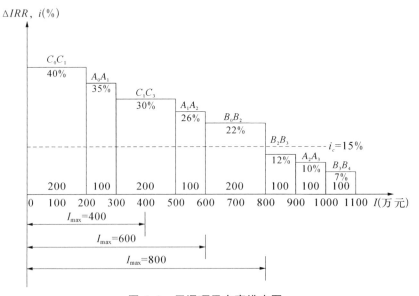

图 6-9 层混项目方案排序图

(4) 选优,由图 6-9 可知:

当 $I_{max}=400$(万元)时,应选(A_2,B_0,C_1)方案组合。这是因为 400 万元资金约束(C_1,C_3)追加投资方案不能被选中,剩余资金可投放于(A_1,A_2)的追加投资。

当 $I_{max}=600$(万元)时,应选(A_2,B_0,C_3)方案组合。

当 $I_{max}=800$(万元)时,应选(A_2,B_2,C_3)方案组合。

三、存在必须上的层混型项目方案群选优

在实际经济工作中,所研究的问题有时不是单纯的经济问题,需要考虑其他非经济因素,如环境保护、援助性投资等,即使这些项目本身的经济效益很低也要排在优先位置。这部分投资通常称为"必须上的费用"。我们以例 6-18 来介绍这类问题的处理方法。

[例 6-18] 某企业计划 3 项投资,A 为节能改造项目,B 为扩建项目,C 为废液处理项目。节能改造项目(A)有 3 种方案,其投资额与成本节约额表 6-19。扩建项目(B)也有 3 种方案,其投资额和年收益额分别见表 6-19。废液处理项目(C)也有 3 种方案,其投资额和年经营费用见表 6-19。

表 6-19 3 个项目的现金流

节能改造项目	投资方案	期初投资/万元	比改造前节约/(万元/年)
A	A_1	100	40
	A_2	200	70
	A_3	300	78
扩建项目	投资方案	期初投资/万元	年净收益/(万元/年)
B	B_1	100	5
	B_2	200	40
	B_3	300	54
废液处理项目	投资方案	期初投资/万元	年经营费用/(万元/年)
C	C_1	100	50
	C_2	200	25
	C_3	300	10

假设:(1) 各方案寿命均为无限长,废液处理项目必须上,企业只有 400 万元资金,基准收益率 $i_c=10\%$。问投资方案应该如何选择?

(2) 若 B 项目也不能维持现状,其他条件同上,又应如何决策?

解：(1) 这是一个层次混合型投资决策问题。3个项目 A，B，C 之间是相互独立的，项目内部的各方案则是相互排斥的。首先要求出各项目内的各方案之间的差额内部收益率，然后排序并标注资源约束条件求解。

由题可知，废液处理项目是必须投资的，至少要投资 C_1 方案，即将100万元投资于 C_1，这是不可避免费用，故其他方案选择只能在 $400-100=300$(万元) 的投资限额内进行。

而且，因为各方案寿命均为无限长，所以求解差额内部收益率的计算大为简化，只要直接取 $\Delta R/\Delta I$ 即可。

因为 $(A/P, \Delta IRR, \infty) = \dfrac{\Delta IRR(1+\Delta IRR)^\infty}{(1+\Delta IRR)^\infty - 1} = \dfrac{\Delta R}{\Delta I}$

当 $n \to \infty$ 时，$\dfrac{(1+\Delta IRR)^\infty}{(1+\Delta IRR)^\infty - 1} = 1$

因此，$\Delta IRR = \dfrac{\Delta R}{\Delta I}$

首先淘汰无资格方案，见表6-20。因为废液处理项目 C 必须投资，故 C 方案都是有资格的方案。

表6-20 淘汰无资格方案

项目	投资方案	期初投资 (I_j)	年节约额/净收益(R_j)	$\Delta R/\Delta I$	无资格方案	重算 $\Delta R/\Delta I$
A	A_1	100	40	0.40		
	A_2	200	70	0.30		
	A_3	300	78	0.08		
B	B_1	100	5	0.05		—
	B_2	200	40	0.35	B_1	0.20
	B_3	300	54			0.14

分别求出差量内部收益率并排序如下。

① A 项目：

$\Delta IRR_{0A_1} = 40\%$ ①，$\Delta IRR_{A_1A_2} = 30\%$ ②，$\Delta IRR_{A_2A_3} = 8\%$ ⑦。

② B 项目：

$\Delta IRR_{0B_2} = 20\%$ ④，$\Delta IRR_{B_2B_3} = 14\%$ ⑥。

③ C 项目：

$\Delta IRR_{C_1C_2} = 25\%$ ③，$\Delta IRR_{C_2C_3} = 15\%$ ⑤。

根据上述结果和资源约束条件可画出图6-10。

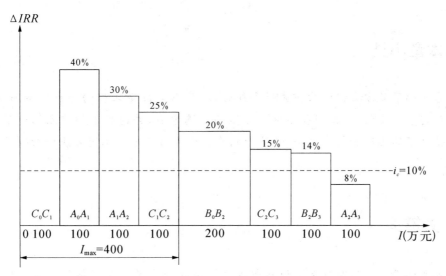

图 6-10 存在必须上的项目方案排序

根据图 6-10 和资源约束条件得出：在 400 万元资金约束之下，只能投资 A_2，C_2 方案组合，即投资 200 万元节能改造，投资 200 万元进行废液处理。

(2) 因为 B 项目也必须投资，在上述约束条件下，B_1 方案不再是无资格方案，因其 $\Delta IRR_{0B_1}=5\%$，故 $\Delta IRR_{B_1B_2}=35\%$。这样一来，扣除方案 C_1 和 B_1 的投资之后，仅剩 200 万元资金可用于其他方案的差量投资，重新排序见图 6-11。

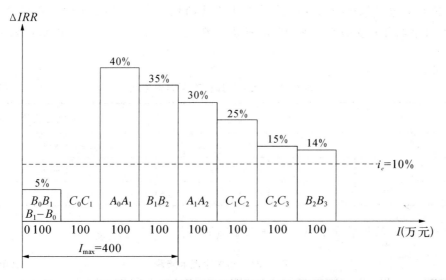

图 6-11 存在不可避免费用的方案重新排序

由图 6-11 可知，应选择项目方案组合 (A_1，B_2，C_1)，即投资 100 万元进行节能改造，投资 200 万元用于扩大生产能力，投资 100 万元进行废液处理。

本章小结

本章介绍了多方案组合的相关性和组合类型,从多方案比选的一般性解法入手,分别详细叙述了互斥型、独立型和层混型方案的比选方法,并通过举例重点阐述了三种方案不同情况下的比选和排序方法,使读者能够熟练运用多方案比选方法进行项目排序和选优。

关键词

多方案比选　互斥型方案　独立型方案　层混型方案　净现值法　差额内容收益率法　研究期法　差量效率指标排序法

复习思考题

1. 多方案组合的类型有几种?互斥型方案的特点是什么?
2. 什么是差额分析法?
3. 某企业为降低产品成本,拟订出三个互斥的技术方案,各方案的服务寿命均为10年,它们的净现金流量如表6-21所示,试在基准收益率为15%的条件下选择经济上最有利的方案。

表6-21　三个互斥型方案的现金流　　　　　　　　　　　　　（单位:元）

方　案	初　始　投　资	年净现金流量
A	5 000	1 400
B	8 000	1 900
C	10 000	2 500

4. 两个互斥的投资方案 A,B,净现金流量见表6-22。

表6-22　年末净现金流量　　　　　　　　　　　　　　　（单位:元）

方　案	0	1	2	3	4
A	−1 000	100	350	600	850
B	−1 000	1 000	200	200	200

基准贴现率在什么范围内应挑选方案 A？在什么范围内应挑选方案 B？

5. 某公司选择施工机械，有两种方案可供选择，基准收益率为 10%，设备方案的数据见表 6-23，应选用哪种方案？

表 6-23 两方案的数据 （单位：元）

项 目	方 案 A	方 案 B
投 资 额	10 000	15 000
年经营收入	6 000	6 000
年经营支出	3 000	2 500
残 值	1 000	1 500
寿 命	6	9

6. 某项目有三个方案 A，B，C，均能满足同样的需要，但各方案的投资及年运营费用不同，见表 6-24。在 $i_c = 15\%$ 的情况下，对方案进行比选。

表 6-24 三个方案的投资费用数据 （单位：万元）

方案	期初投资	1—5 年运营费用	6—10 年运营费用
A	70	13	13
B	100	10	10
C	110	5	8

7. 具有同样功能的设备 A 和 B，有关资料见表 6-25；不计设备残值，若两台设备的使用年限均为 8 年，贴现率为 13%。

表 6-25 设备 A 和 B 的投资费用数据

设 备	初 始 投 资	产 品 加 工 费
A	20 万元	8 元/件
B	30 万元	6 元/件

(1) 年产量是多少时，设备 A 有利？
(2) 若产量为 13 000 件/年，贴现率 i 在什么范围时，A 设备有利？
(3) 若产量为 15 000 件/年，贴现率为 13%，使用年限为多长时，A 设备有利？

8. 已知下列数据见表 6-26，设 $i_c = 10\%$，试用 NPV，NAV，IRR 指标进行方案比选。

表 6-26 两方案的现金流

项 目	方 案 A	方 案 B
投资/万元	3 500	5 000
年收益值/万元	1 900	2 500
年支出值/万元	645	1 383
估计寿命/年	4	8

9. 某企业购买辅助设备空压机,可供选择的两种方案 A 和 B,均能满足相同的工作要求,其有关资料见表 6-27,设 $i_c=15\%$,试比较两方案。

表 6-27 两方案的基础数据

项　　目	方案 A	方案 B
投资/元	30 000	40 000
年操作费/元	20 000	18 000
残值/元	5 000	0
寿命/年	6	9

10. 企业拟从 A,B,C,D 设备中选择一种用于生产某种产品,寿命期无穷大,其数据见表 6-28。

表 6-28 设备比选方案的现金流　　　　　　　　　　（单位:万元）

方　案	投　资 I	净现金流量 R
A	200	10
B	300	36
C	400	45
D	500	60

(1) 若 $i_c=10\%$,企业选购哪种设备最经济?

(2) i_c 在什么区间,企业选择 B 设备最优?

(3) 如果 $i_c>18\%$,政策上规定企业必须投资以改善环境状况,企业从 A,B,C,D 设备中购买哪种最合理?

11. 独立方案 A,B,C 的投资分别为 100 万元、70 万元和 120 万元,计算各方案的净年值分别为 30 万元、27 万元和 32 万元,如果资金有限,不超过 250 万元投资,问如何选择方案?

12. 某公司有 3 个独立方案 A,B,C 可供选择,A,B,C 的投资额均为 500 万元,寿命均为 20 年,各方案的年净收益不同,方案 A 的年净收益为 80 万元,方案 B 为 70 万元,方案 C 为 60 万元。但是 3 个方案由于所处的投资环境及投资内容不同,各方案融资的成本不一样,其中方案 A 为新设工厂,融资无优惠;方案 B 为环保项目,可以得到 250 万元的无息贷款;方案 C 为新兴扶植产业,当地政府可以给予 400 万元的低息贷款(年利率 4%)。问在这种情况下,如何选择独立方案(基准收益率为 13%)?

第七章 工程项目融资

学习目标

学习了本章后,应该能够:
1. 理解工程项目融资的组织形式和融资模式;
2. 了解项目资本金和债务资金的出资方式;
3. 熟练计算每种出资方式的资金成本;
4. 进行资金结构分析和融资风险分析。

现代市场经济高度发展的同时,资本市场也得到了高度发展,项目的融资方式和融资技术也在不断发展。项目的资金筹措是项目实施的一项重要工作,项目的融资研究应该从项目前期阶段开始。特别是大型投资项目的融资通常需要良好的组织,需要系统的融资方案。融资技术和技巧对于项目的成败越来越起到决定性的影响。项目的资金来源构成分为两大部分:股东权益资金及负债。以权益方式投资于公司的资金取得公司的产权;以负债方式筹集的资金,提供资金方只取得对于公司的债权,债权人的权利优先于股权受偿,但对于公司没有控制权。

第一节 工程项目融资概述

工程项目融资是以项目预期现金流量为其债务资金(如银行贷款)的偿还提供保证的,换言之,工程项目融资用来保证项目债务资金偿还的资金来源主要依赖于项目本身的经济强度,即项目未来的可用于偿还债务的净现金流量和项目本身的资产价值。是否采用工程项目融资方式融资取决于项目公司的能力,通常为一个项目单独成立的项目公司采用项目融资方式筹资。工程项目融资与传统的企业融资相比,有如下具体表现:

(1)工程项目融资以融资建设一个具体的项目或收购一个已有的项目为出发点,以项目为导向;企业融资则以一个企业的投资和资金运动需要为出发点。

（2）在工程项目融资中，项目债务资金提供者主要关心项目本身的经济强度、效益前景、战略地位等，其偿还保证依赖于项目本身的预期净现金流量和盈利性；而在企业融资中，项目债务资金提供者主要关心企业资信、偿债能力、获利能力和企业管理当局经营管理能力。

（3）工程项目融资比一般的企业融资需要更大的、更集中的资金量，更长的占用周期。

因此，工程项目的融资分析就可以分为资本金来源分析和债务资金来源分析两类，并且研究每一种融资方案的融资成本和融资风险，对拟订的融资方案进行比选，以优化融资方案。

一、项目的融资组织形式

按照融资主体的不同划分，项目的融资分为两种基本的融资方式：既有法人融资与新设法人融资。

1. 既有法人融资

既有法人融资方式是以既有法人为融资主体的融资方式。采用既有法人融资方式的建设项目，既可以是改扩建项目，也可以是非独立法人的新建项目。

既有法人融资方式的基本特点是：由既有法人发起项目、组织融资活动并承担融资责任和风险；建设项目所需的资金，来源于既有法人内部融资、新增资本金和新增债务资金；新增债务资金依靠既有法人整体（包括拟建项目）的盈利能力来偿还，并以既有法人整体的资产和信用承担债务担保。

以既有法人融资方式筹集的债务资金虽然用于项目投资，但债务人是既有法人。债权人可对既有法人的全部资产（包括拟建项目的资产）进行债务追索，因而债权人的债务风险较低。在这种融资方式下，不论项目未来的盈利能力如何，只要既有法人能够保证按期还本付息，银行就愿意提供信贷资金。因此，采用这种融资方式，必须充分考虑既有法人整体的盈利能力和信用状况，分析可用于偿还债务的既有法人的整体（包括拟建项目）的未来的净现金流量。

2. 新设法人融资

新设法人融资方式是以新组建的具有独立法人资格的项目公司为融资主体的融资方式。采用新设法人融资方式的建设项目，项目法人大多是企业法人。社会公益性项目和某些基础设施项目也可能组建新的事业法人实施。采用新设法人融资方式的建设项目，一般是新建项目，但也可以是将既有法人的一部分资产剥离出去后重新组建新的项目法人的改扩建项目。

新设法人融资方式的基本特点是：由项目发起人（企业或政府）发起组建新的具有独立法人资格的项目公司，由新组建的项目公司承担融资责任和风险；建设项目所需资金的来源，可包括项目公司股东投入的资本金和项目公司承担的债务资金；依靠项目自身的盈利能力来偿还债务；一般以项目投资形成的资产、未来收益或权益作为融资担保的基础。

采用新设法人融资方式,项目发起人与新组建的项目分属不同的实体,项目的债务风险由新组建的项目公司承担。项目能否还贷,取决于项目自身的盈利能力,因此必须认真分析项目自身的现金流量和盈利能力。

项目公司股东对项目公司借款提供多大程度的担保,也是融资方案研究的内容之一。实力雄厚的股东,为项目公司借款提供完全的担保,可以使项目公司取得低成本资金,降低项目的融资风险;但担保额度过高会使其资信下降,同时股东担保也可能需要支付担保费,从而增加项目公司的费用支出。在项目本身的财务效益好、投资风险可以有效控制的条件下,可以减少项目公司股东的担保额度。

二、融资主体的确定

分析、研究项目的融资渠道和方式,提出项目的融资方案,应首先确定项目的融资主体。项目的融资主体是指进行融资活动、并承担融资责任和风险的项目法人单位。正确确定项目的融资主体,有助于顺利筹措资金和降低债务偿还风险。确定项目的融资主体应考虑项目投资的规模和行业特点,项目与既有法人资产、经营活动的联系,既有法人财务状况,项目自身的盈利能力等因素。

(1) 在下列情况下,一般应以既有法人为融资主体:

第一,既有法人具有为项目进行融资和承担全部融资责任的经济实力;

第二,项目与既有法人的资产以及经营活动联系密切;

第三,项目的盈利能力较差,但项目对整个企业的持续发展具有重要作用,需要利用既有法人的整体资信获得债务资金。

(2) 在下列情况下,一般应以新设法人为融资主体:

第一,拟建项目的投资规模较大,既有法人不具有为项目进行融资和承担全部融资责任的经济实力;

第二,既有法人财务状况较差,难以获得债务资金,而且项目与既有法人的经营活动联系不密切;

第三,项目自身具有较强的盈利能力,依靠项目自身未来的现金流量可以按期偿还债务。

三、既有法人内部融资

建设项目采用既有法人融资方式,既有法人的资产也是项目建设资金的来源之一。既有法人资产在企业资产负债表中表现为企业的现金资产和非现金资产,它可能由企业的所有者权益形成,也可能由企业的负债形成。企业现有资产的形成,主要来源于三个方面:企业股东过去投入的资本金、企业对外负债的债务资金、企业经营所形成的净现金流量。

对于企业的某一项具体资产来说，我们无法确定它是资本金形成的，还是债务资金形成的。当企业采用既有法人融资方式，以企业的资产或资产变现获得的资金，投资于本企业的改扩建项目时，我们同样不能确定其属性是资本金，还是债务资金。但当 A 企业以现有资产投资于另一个具有独立法人资格的 B 项目（企业）时，对 B 项目（企业）来说，A 企业投入的资产，应视为资本金。

既有法人内部融资的渠道和方式有以下几种。

1. 可用于项目建设的货币资金

可用于项目建设的货币资金包括既有法人现有的货币资金和未来经营活动中可能获得的盈余现金。现有的货币资金是指现有的库存现金和银行存款，扣除必要的日常经营所需的货币资金额，多余的货币资金可用于项目建设。未来经营活动中可能获得的盈余现金，是指在拟建项目的建设期内，企业在经营活动中获得的净现金结余，可以抽出一部分用于项目建设。企业现有的库存现金及银行存款可以通过企业的资产负债表了解。企业未来经营活动可能获得的盈余现金，需要通过对企业未来现金流量的预测来估算。

2. 资产变现的资金

资产变现的资金是指既有法人将流动资产、长期投资和固定资产变现为现金的资金。企业可以通过加强财务管理，提高流动资产周转率，减少存货、应收账款等流动资产占用而取得现金，也可以出让有价证券取得现金。企业的长期投资包括长期股权投资和长期债权投资，一般都可以通过转让而变现。企业的固定资产中，有些由于产品方案改变而被闲置，有些由于技术更新而被替换，都可以出售变现。

3. 资产经营权变现的资金

资产经营权变现的资金是指既有法人可以将其所属资产经营权的一部分或全部转让，取得现金用于项目建设。如某公司将其已建成的一座大桥的 45% 的经营权转让给另一家公司，转让价格为未来 15 年这座大桥收益的 45%，然后将这笔资金用于建设另一座大桥。

4. 直接使用非现金资产

既有法人的非现金资产（包括实物、工业产权、非专利技术、土地使用权等）适用于拟建项目的，经资产评估可直接用于项目建设。当既有法人在改扩建项目中直接使用本单位的非现金资产时，其资产价值应计入"有项目"的项目总投资中，但不能计作新增投资。

四、基础设施项目融资的特殊方式

基础设施由于其公共服务性，通常需要由政府投资运营、管理。传统上我国采取由政府直接投资并管理或由政府控制的国有企业投资运营两种投资方式。近年来国家投资体制改革，在基础设施投资方面，开始引入新的投资机制，以特许经营的方式引入非国有的其他投资人投资。基础设施特许经营，是由国家或地方政府将基础设施的投资和经营权，通过法定的程序，有偿或者无偿地交给选定的投资人投资经营。典型的基础设施特许经营方式有 BOT、ABS、TOT、PFI、PPP 等方式。

1. BOT 方式

BOT(build operate transfer)是指获得特许经营的投资人,在特许经营期内,投资建造、运营所特许的基础设施,从中获得收益,在经营期末,无偿地将设施移交给政府。BOT 项目融资是利用资产(主要是基础设施)进行融资的形式,债权人对项目发起人的其他资产没有追索权或仅有有限的追索权。建成项目投入使用后所产生的现金流量成为偿还贷款和提供投资回报的唯一来源。这是 BOT 融资与一般项目融资最大的不同之处。在此基础上,还有以下一些具体的特点。

(1) BOT 项目融资不是主要依赖项目发起人的资信或涉及的有形资产,放贷人只考虑项目本身是否可行以及项目的现金流量和收益是否可以偿还贷款,其放贷收益取决于项目本身的效益。

(2) BOT 项目的融资负债比一般较高,结构也较复杂,多为中长期融资,资金需求量大,风险也大,融资成本相应也较高,所融资金专款专用。

(3) 项目作为独立的法人实体成立项目公司,则项目公司是项目贷款的直接债务人。

(4) 项目发起人对项目贷款(即项目公司)提供某种担保,但一般不涉及项目的所有风险。

(5) BOT 项目融资的合同文件多,以合理分担风险;项目保险也较多,以规避不可抗力和政治风险。

BOT 项目融资与传统融资的主要不同如表 7-1 所示。

表 7-1　BOT 项目融资与传统融资的比较

	BOT 项 目 融 资	传 统 融 资
融资基础	项目的资产和现金流量(放贷者最关注项目收益)	投资者/发起人的资信
追索程度	有限追索权(特定阶段或范围内)或无追索权	完全追索权(用抵押资产以外的其他资产偿还债务)
风险分担	所有参与者	集中参与投资/放贷/担保者
股权比例(本贷比)	投资者出资比例较低(通常<30%),杠杆比率高	投资者出资比例较高,通常>30%
会计处理	资产负债表外融资(通过投/融资结构,使债务不出现在发起人/仅出现在项目公司的资产负债表上)	项目债务是投资者的债务的一部分,出现在其资产负债表上

由于国内 BOT 模式还在探索之中,所以投资者(公司)与银行在融资的方式上与国外的运作模式有许多不同,往往对担保的要求很高,这些情况还需要针对具体情况进行分析、研究。

[例 7-1]　BOT 融资案例——广西来宾电厂 B 厂 BOT 项目

广西来宾电厂装机 2×36 万千瓦燃煤机组。项目特许经营 18 年,其中建设期 2 年 9 个月,运营期 15 年 3 个月。特许期满,项目将无偿移交给广西壮族自治区政府。项目经过公开招标,共有 6 个投标人递交了投标书。经过评标,最终确定法国电力联合体中标,取得了项目的特许经营权。

项目总投资 6.16 亿美元,融资的股本/债务比率为 25/75。项目总投资的 25% 部分,即 1.54 亿美元由参与投资的股东出资,其余的 75% 以有限追索项目融资方式筹措,由法国东方汇理银行、英国汇丰银行、英国巴克莱银行组成的银团联合承销。

项目的特许协议除了主协议,还包括购电协议、燃料供应与运输协议等附加协议。由一系列协议分担项目风险,成功得到银团贷款。通过竞争投标,15 年经营期内,项目上网电价 0.46 元/千瓦小时。

2. ABS 方式

ABS 是一种以资产为支持发行债券的融资方式,目前资本市场的项目证券化融资迅速增长,ABS 方式虽然只有几年的发展历史,但已被证明是一种十分有效的项目融资方式,并且越来越显示出极大的开发价值和广阔的应用前景。

ABS(asset-backed securitization)是以资产支持的证券化之意。具体讲,它是以目标项目所拥有的资产为基础,以该项目资产的未来收益为保证,通过在国际资本市场上发行债券筹集资金的一种项目融资方式。ABS 方式的目的在于,通过其特有的提高信用等级方式,使原本信用等级较低的项目照样可以进入高等级证券市场,利用该市场信用等级高、债券安全性和流动性高、债券利率低的特点大幅度降低发行债券筹集资金的成本。

3. TOT 方式

TOT(transfer-operate-transfer)是从特许权经营方式 BOT 演变而来。它是指政府或者需要融入现金的企业,把已经投产运行的项目(公路、桥梁、电站等)移交(T)给出资方经营(O),凭借项目在未来若干年内的现金流量,一次性地从出资方那里融得一笔资金,用于建设新的项目;原项目经营期满,出资方再把它移交(T)出来。TOT 方式可以积极盘活资产,只涉及经营权或收益转让,不存在产权、股权问题,可以为已经建成项目引进新的管理,为拟建的其他项目筹集资金。

4. PFI 方式

PFI(private finance initiative)即"私人主动融资",是指由私营企业进行项目的建设与运营,从政府方或接受服务方收取费用以回收成本。在这种方式下,政府以不同于传统的由政府负责提供公共项目产出的方式,而采取促进私人部门有机会参与基础设施和公共物品的生产和提供公共服务的一种全新的公共项目产出方式。该方式是政府与私人部门合作,由私人部门承担部分政府公共物品的生产或提供公共服务,政府购买私营部门提供的产品或服务,或给予私人部门收费特许权,或政府与私人部门以合伙方式共同营运等方式,来实现政府公共物品产出中的资源配置最优化、效率和产出的最大化。

PFI 模式是传递某种公共项目的服务,而不是提供某个具体的构筑物。典型的 PFI 项目,实质上是一种政府或公众对公共物品生产者提供的公共服务的购买。这些项目也许是医院、学校,甚至是监狱。私人部门在政府的指导下,提供诸如健康医疗、教育和其他的社会服务,同时负责项目的管理。

5. PPP 方式

政府和社会资本合作方式(public-private-partnership，PPP)，广义上泛指公共部门与私人部门为提供基础设施项目或公共服务而建立的长期合作关系。狭义上则强调政府通过商业而非行政的方法，如在项目公司中占股份来加强对项目的控制，以及与企业合作过程中的优势互补、风险共担和利益共享。现阶段广义上的PPP得到了理论界和工程界的广泛认可，将PPP定义为政府与企业长期合作的一系列方式的统称。包含BOT、TOT、PFI等多种方式。PPP方式强调的是政府与企业合作中双方的责任平等、风险共担、利益共享、效率提高和保护公众利益。

根据《关于印发〈政府和社会资本合作模式操作指南(试行)的通知》(财金〔2014〕113号)的规定：投资规模大、需求长期稳定、价格调整机制灵活、市场化程度较高的基础设施及公共服务类项目，适宜采用PPP方式融资。一般由政府发起PPP融资，政府或其指定的有关职能部门或事业单位可作为项目实施机构，负责项目准备、采购、监管和移交等工作，而且项目实施机构应组织编制项目实施方案。

采取BOT、ABS、TOT、PFI、PPP方式时，获得特许经营权的投资人，仍可以项目融资或公司融资的方式为项目的投资经营筹集资金。

第二节　工程项目资本金来源分析

一、项目资本金制度

项目资本金是指由项目的发起人、股权投资人(以下称投资者)以获得项目财产权和控制权的方式投入的资金。项目资本金(外商投资项目为注册资本)，是指在建设项目总投资(外商投资项目为投资总额)中，由投资者认缴的出资额，对建设项目来说是非债务性资金，项目法人不承担这部分资金的任何利息和债务；投资者可按其出资的比例依法享有所有者权益，也可转让其出资，但一般不得以任何方式抽回。

资本金是确定项目产权关系的依据，也是项目获得债务资金的信用基础。资本金没有固定的按期还本付息压力，但可以获得股利，股利是否支付和支付多少，视项目投产运营后的实际经营效果而定，因此，项目法人的财务负担较小。

为了建立投资风险约束机制、有效地控制投资规模、提高投资效益，国家对于固定资产投资实行资本金制度。根据国务院发布的规定，从1996年开始国有单位和集体投资项目必须首先落实资本金才能进行建设。个体和私营企业的经营性投资项目参照执行。公益性投资项目不实行资本金制度。

《国务院关于决定调整固定资产投资项目资本金比例的通知》(国发〔2009〕27号)调整了固定资产投资项目的最低资本金比例。2015年，为扩大有效投资需求，促进投资结构调整、保持经济平稳健康发展，《国务院关于调整和完善固定资产投资项目资本金制度的通知》(国发〔2015〕51号)中再次调整了固定资产投资项目的最低资本金比例,对于城市地下综合管廊、城市停车场项目,以及国务院批准的核电站等重大建设项目,可以在规定最低资本金比例基础上适当降低。为不断深化投融资体制改革、优化投资供给结构,2019年,《国务院关于加强固定资产投资项目资本金管理的通知》(国发〔2019〕26号)进一步完善投资项目资本金制度,进一步调整了港口、沿海及内河航运项目的最低资本金比例。针对不同类型的投资项目,项目资本金占项目总投资最低比例具体规定见表7-2:

表7-2 项目资本金占项目总投资最低比例

序号	投资项目		项目资本金占项目总投资最低比例
1	城市和交通基础设施项目	城市轨道交通项目	维持20%不变
		港口、沿海及内河航运项目	由25%调整为20%
		机场项目	维持25%不变
		铁路、公路项目	维持20%不变,但可在20%的基础上在5%的幅度内适当调降
2	房地产开发项目	保障性住房和普通商品住房项目	维持20%不变
		其他项目	维持25%不变
3	产能过剩行业项目	钢铁、电解铝项目	维持40%不变
		水泥项目	维持35%不变
		煤炭、电石、铁合金、烧碱、焦炭、黄磷、多晶硅项目	维持30%不变
4	其他工业项目	玉米深加工项目	维持20%不变
		化肥(钾肥除外)项目	维持25%不变
		电力等其他项目	维持20%不变

项目资本金的具体比例,由项目审批单位根据投资项目的经济效益以及银行贷款意愿和评估意见等情况,在审批可行性研究报告时核定。经国务院批准,对个别情况特殊的国家重点建设项目,可以适当降低资本金比例。作为计算资本金基数的总投资,是指投资项目的建设投资与铺底流动资金之和。

作为计算资本金基数的总投资,是指投资项目的固定资产投资(即建设投资和建设期利息之和)与铺底流动资金之和。

外商投资项目(包括外商投资、中外合资、中外合作经营项目)目前不执行上述资本金制度,而是按照外商投资企业的有关法规执行。按照目前有关法规,要求外商投资企业的注册资金与生产经营规模相适应,明确规定了注册资金占投资总额的最低比例,见表7-3。

表 7-3 外商投资企业注册资金占投资总额的最低比例

序号	投资总额	注册资金占总投资的最低比例	附加条件
1	300 万美元以下（含 300 万美元）	70%	
2	300 万—1 000 万美元（含 1 000 万美元）	50%	其中投资总额 420 万美元以下的，注册资金不低于 210 万美元
3	1 000 万—3 000 万美元（含 3 000 万美元）	40%	其中投资总额 1 250 万美元以下的，注册资金不低于 500 万美元
4	3 000 万美元以上	1/3	其中投资总额 3 600 万美元以下的，注册资金不低于 1 200 万美元

一些特殊行业的外商投资企业，资本金有特别要求，见表 7-4。

表 7-4 特殊行业的外商投资企业注册资金最低要求

序号	行业	注册资金最低要求
1	从事零售业务的商业中外合营企业	不低于 5 000 万人民币（中西部地区不低于 3 000 万）
2	从事批发业务的中外合作企业	不低于 8 000 万人民币（中西部地区不低于 6 000 万）
3	外商投资（包括独资及中外合作）举办投资公司	不低于 3 000 万美元
4	外商投资电信企业	经营全国的或者跨省、自治区、直辖市范围的基础电信业务的，其注册资本最低限额为 20 亿元人民币，经营增值电信业务的，其注册资本最低限额为 1 000 万元人民币；经营省、自治区、直辖市范围内的基础电信业务的，其注册资本最低限额为 2 亿元人民币，经营增值电信业务的，其注册资本最低限额为 100 万元人民币

按照我国现行规定，有些项目不允许国外资本控股，有些项目要求国有资本控股。《外商投资产业指导目录（2017 年修订）》中明确规定，电网、核电站、铁路干线路网等项目，必须由中方控股。民用机场项目必须由中方相对控股。

二、项目资本金的出资方式

投资者可以用货币出资，也可以用实物、工业产权、非专利技术、土地使用权和资源开采权等作价出资。作价出资的实物、工业产权、非专利技术、土地使用权和资源开采权，必须经过有资格的资产评估机构评估作价，而且，货币资金不低于注册资本的 30%。

为了使建设项目保持合理的资产结构，应根据投资各方及建设项目的具体情况选择项目资本金的出资方式，以保证项目顺利建设并在建成后能正常运营。

1. 股东直接投资

股东直接投资包括政府授权投资机构入股资金、国内外企业入股资金、社会团体和个人入股的资金以及基金投资公司入股的资金,分别构成国家资本金、法人资本金、个人资本金和外商资本金。

既有法人融资项目,股东直接投资表现为扩充既有企业的资本金,包括原有股东增资扩股和吸收新股东投资。

新设法人融资项目,股东直接投资表现为项目投资者为项目提供资本金。合资经营公司的资本金由企业的股东按股权比例认缴,合作经营公司的资本金由合作投资方按预先约定的金额投入。

2. 股票融资

股票融资可以采取公募与私募两种形式。公募又称公开发行,是在证券市场上向不特定的社会公众公开发行股票。为了保障广大投资者的利益,国家对公开发行股票有严格的要求,发行股票的企业要有较高的信用,符合证券监管部门规定的各项发行条件,并获得证券监管部门批准后方可发行。私募又称不公开发行或内部发行,是指将股票直接出售给少数特定的投资者。

股票融资具有下列特点。

(1) 股票融资所筹资金是项目的股本资金,可作为其他方式筹资的基础,可增强融资主体的举债能力。

(2) 股票融资所筹资金没有到期偿还的问题,投资者一旦购买股票便不得退股。

(3) 普通股股票的股利支付,可视融资主体的经营好坏和经营需要而定,因而融资风险较小。

(4) 股票融资的资金成本较高,因为股利需从税后利润中支付,不具有抵税作用,而且发行费用也较高。

(5) 上市公开发行股票,必须公开披露信息,接受证券监管部门、投资者和社会公众的监督。

3. 政府投资

政府投资资金,包括各级政府的财政预算内资金、国家批准的各种专项建设基金、统借国外贷款、土地批租收入、地方政府按规定收取的各种费用及其他预算外资金等。政府投资主要用于关系国家安全和市场不能有效配置资源的经济和社会领域,包括加强公益性和公共基础设施建设,保护和改善生态环境,促进欠发达地区的经济和社会发展,推进科技进步和高新技术产业化。中央政府投资除本级政权等建设外,主要安排地区、跨流域以及对经济和社会发展全局有重大影响的项目(例如三峡工程、青藏铁路)。

对政府投资资金,国家根据资金来源、项目性质和调控需要,分别采取直接投资、资本金注入、投资补助、转贷和贷款贴息等方式,并按项目安排使用。

在项目评价中,对投入的政府资金,应根据资金投入的不同情况进行不同的处理:

(1) 全部使用政府直接投资的项目,一般为非经营性项目,不需要进行融资方案分析。

(2) 以资本金注入方式投入的政府投资资金,在项目评价中应视为权益资金。

(3)以投资补贴、贷款贴息等方式投入的政府投资资金,对具体项目来说,既不属于权益资金,也不属于债务资金,在项目评价中应视为一般现金流入(补贴收入)。

(4)以贷款方式投入的政府投资资金(统借国外贷款),在项目评价中应视为债务资金。

三、项目股本资金及准股本资金

股本资金是投资者投入的风险资金,它是项目融资的基础,在资金偿还债务序列中股本资金排在最后一位。项目融资中,股本资金与债务资金虽然在形式上有所不同,但并没有本质上的区别,它们承担项目运行中产生的同样的风险。作为项目投资者,股本资金在承担风险的同时,也会因为项目具有良好的发展前景而能够拥有相应的投资收益。在项目融资案例中,具体分为股本资金和准股本资金,在多数情况下,项目投资者甚至只有准股本资金的投入。

（一）股本资金的筹集

典型的股本资金的筹集方式,就是认购公司的普通股和优先股。股本资金的来源基本上是投资者的自有资金投入。在过去很长一段时间内,股本资金的投入相对简单,基本上就是投资者自有资金的直接投入。近年来,在项目融资中出现了一种新的情况,在安排项目融资的同时,直接安排项目公司上市,通过发行项目公司股票和债券的方式来筹集项目融资所需要的股本资金和准股本资金。在中国,经国务院证券管理机构的批准,项目公司也可以通过募集设立的办法设立为股份有限公司,实现向社会公开募集股本金,但公司股票不能公开交易,即不能在证券交易所进行公开自由交易。

1. 定向募集自有资本

投资项目的股本资金是指全体股东所认购的股份总额。在投资项目时,可能会设立法人实体——项目公司。公司设立时,必须达到公司所要求的最低资本额。设立公司的方式根据公司的性质不同而有所不同。有限责任公司依其全部法人财产,依法自主经营,自负盈亏,其注册资本为在公司登记机关登记的全体股东实缴的出资额。股份有限公司的设立有发起设立和募集设立两种,其注册资本为在公司登记机关登记的全体股东认缴的出资额。

2. 上市募集自有资本

《公司法》规定,股份有限公司在满足规定条件的情况下,可申请其股票上市募集股本资金,包括境内上市和境外上市两种。目前境内上市的方式有通过证券市场发行 A 股和 B 股两种形式,A 种股票以人民币进行支付,B 种股票以美元(沪市)或港元(深市)认购和进行交易。境内公司也可以到香港证券市场发行 H 股上市筹措股本资金。项目公司选择哪个市场进入取决于若干因素:一是证券的种类;二是该发行针对的投资者群体;三是在那些市场中存在的类似发行行业或机构;四是公司委托安排该发行的投资银行集团的配售能力。

（二）准股本资金的筹集

在项目融资中，股本资金投入的多样化，其实是指可以用多种多样的准股本资金形式来代替现实股本资金的投入。准股本资金是指投资者或者与项目利益有关的第三方所提供的一种从属性债务。相对于股本资金而言，准股本资金在债务本金的偿还上更具灵活性，不用规定在某一特定期间强制性地要求项目公司偿还；另外，准股本资金是指在偿还顺序上先于股本资金但落后于高级债务和担保债务的次级债务，在高级贷款人计算项目的债务股本比率时被当作股本资金。所以，从融资贷款银行的角度来讲，准股本资金只能看作是股本资金的必要补充。项目融资中最常见的准股本资金的投入形式有以下几类。

1. 无担保贷款

无担保贷款是指没有任何项目资产作为抵押和担保的贷款，在形式上与商业银行贷款相似，其贷款协议包括贷款金额、期限、利率、利息支付方式、本金偿还等主要条款，但贷款没有抵押和担保，其本息的支付也通常带有一定的附加限制条件，如加速还款条款、限制新债务条款等。多数情况下的股东贷款属于无担保贷款，以增强项目的抗风险能力，为取得银行贷款提供多一层的安全保障。无担保贷款的取得靠的是借款人的全部信用，即信用贷款，大量无担保贷款只用于历史久、财务状况一贯良好且与贷款人关系较好的最有信用的公司。

2. 可转换债券

可转换债券的特点是：在债券有效期内，只支付利息，在债券到期日或者某一段时间内，债券持有人有权选择将债券按照规定的价格转换成公司的普通股，转换的价格一般比股票的发行价高20%—30%。如果债券持有人不执行此期权，则公司需要在债券到期日兑现本金。

可转换债券的发行没有任何公司资产或项目资产作为担保，债券利息一般也比同类贷款利息要略低一点。这种形式对于债券持有人的吸引力在于如果公司或项目经营良好，公司股票价格或项目资产价值高于事先确定的转换价格，则债券持有人通过转换可以使其获得资本增值；反过来，如果公司或项目经营结果比预期差，债券持有人可选择在债券到期日收回债券本金。国外一些项目融资结构中的投资者，为了法律上或税务上的考虑希望推迟在法律上拥有项目的时间时，常常采用可转换债券形式安排项目的股本资金。

3. 附有认股权的债券

附有认股权的债券是作为可转换债券的竞争品而出现的，认股权即赋予这种债券的持有者以特定的价格（一般比股票市场价格高15%以上）购买股票的权利。一般可以用债权支付股票的购买费用，这种债券可以是也可以不是次级债务，附有认股权的债券较之可转换债券对投资者更有利。

4. 零息债券

零息债券是只计算利息但不支付利息的一种债券。在债券发行时，根据债券的面值、贴现率和到期日贴现计算出债券发行价格，债券持有人按发行价格认购，债券发行价格与其面值的差额就是债券持有人的收益。债券市场上的深贴现债券其实是零息债券的一种变通形式。深贴现债券需要定期支付很低的利息,同时在发行时采用贴现的方法计算价格,因而这种债券的收益主要也是来自贴现而不是来自利息收入。

零息债券作为一种准股本资金形式在项目融资结构中的应用也较普遍,主要是因为这种资金安排既带有一定的债务资金特点,同时又不需要实际支付利息,减轻了对项目现金流量的压力。作为投资者在项目中的准股本资金,零息债券的期限,原则上等于或略长于项目融资期限。

5. 以贷款担保形式提供的准股本资金

以贷款担保形式提供的准股本资金,是项目融资中具有特色的一种资金投入方式。在这种情况下,投资者不直接投入股本资金,而是以贷款银行接受的方式提供固定金额的贷款担保作为替代。由于在项目中没有实际的股本资金占用,项目资金成本最低,因而成为项目投资者利用资金的最好形式。

第三节 工程项目债务资金来源分析

一、项目债务资金的特点

债务资金是项目投资中以负债方式从金融机构、证券市场等资本市场取得的资金。债务资金具有以下特点:

(1) 资金在使用上具有时间性限制,到期必须偿还;

(2) 无论项目的融资主体今后经营效果好坏,均须按期还本付息,从而形成企业的财务负担;

(3) 资金成本一般比权益资金低,且不会分散投资者对企业的控制权。

随着金融市场的繁荣发展,债务资金市场也在不断丰富,并出现了多种多样的形式和种类,如商业银行贷款、辛迪加银团贷款、欧洲债券、美国商业票据,等等。这既给了项目投资者充分的选择余地,相应地也给项目投资者选择适合自己项目融资需要的债务资金增加了难度。因此,债务资金融资时需要注意以下两个方面。

(1) 投资者需要根据项目融资的要求确定好债务资金的基本结构框架。债务资金形式多种多样,并且每种形式各具不同的特征。投资者只有在众多的债务资金形式中抽象出具有共性的主要特征,才能根据项目的结构特点和项目融资的特殊要求,在一个共同的基础上对各种形式的债务资金加以分析和判断,以确定和选择出所筹债务资金的种类、数量、期限等基本内容。

(2) 投资者应根据市场条件确定债务资金的基本形式。在确定了债务资金的基本内容之后,还需要根据融资项目的市场条件如借款人条件、项目条件,以及当地金融市场的条件等,进一步确定几种可供选择的资金形式,并针对这些资金形式的特点,如融资成本、市场进入时间、税务结构等,从中选择一种或几种可以保证项目融资获得最大利益的债务资金形式,并做出相应的筹措决定。

二、债务资金融资的影响因素

对于一个项目投资者来说,他所面对的债务资金市场可以分为本国资金市场和外国资金市场,而且每个市场又有许多可选的方式,那么,如何选择项目的债务资金形式呢?一般需要考虑以下几个因素。

(一)债务期限

在一个大型项目融资中,所需资金不但规模较大而且周期长,因而大都偏向中长期。但这并不是说项目融资中的借款期限必须都是中长期的。因为,如果全部借用长期资金,债务资金风险较大,成本负担也较重。而如果全部借用短期资金,财务危机的可能性比较大,不利于项目的稳定经营。所以,较好的选择方法是根据工程项目的进度适当地借用长期资金和短期资金,并且,利用金融市场一些融资便利搭配使用,使融资成本最低,也符合项目现金流量的特点。这是因为:

(1)短期资金安排的融资成本较低,安排借款比较灵活,借款人可以根据需要灵活掌握。

(2)短期债务资金通过展期,其作用与长期债务资金效果相同,但一些短期债务通过合理展期使用的成本却比长期债务低得多。例如,通过滚动发行短期商业票据就可以达到长期使用资金的目的,其成本却要低于长期借款成本。

(二)债务偿还条件

长期债务一般是根据事先确定的还款计划表还本付息。由于融资项目的建设周期较长,多数国家对于从建设期开始的融资项目的债务安排一般还有一定的放宽期,在此期间贷款的利息还可以资本化。而且项目融资有限追索的性质,多数情况下,还款通常由专门设立的借款公司或由贷款银团经理人控制的偿债基金来完成。具体运作时由项目公司每年按照规定比例支付一定数量的资金到偿债基金中,然后由经理人定期按比例分配给各个贷款银团成员。长期债务资金形式如果是在金融市场上公开发行的债券,偿债基金的作用就会变得更为重要。

在融资谈判中,项目公司应取得保留提前还款的权利,即在最后还款期限之前偿还全部债务的权利。这种安排可以为项目公司提供较大的融资灵活性,如根据金融市场的变化或项目风险的变化对债务进行重组,以节约融资成本。但是某些类型的债务资金对提前还款有限制,如一些债券就要求至少在一定年限内项目公司不能提前还款,又如采用固定利率的银团贷款,如果提前还款,项目公司可能会被要求承担一定的罚款或分担银行的成本等,这些情况要求项目公司必须对此充分了解,以便在债务偿还过程中灵活处理。

(三) 债权担保

公司债务可以分为有担保债务和无担保债务两类。有担保的债务多以公司的资产作为抵押、质押或通过保证的方式来提供担保；无担保的债务主要依赖于公司的资信、经营能力。项目融资的担保除了以项目的资产作为抵押外，还包括对项目现金流量的使用和分配权的控制、对项目公司银行外来账户的限制、对有关项目的一切重要商业合同权益的控制、对项目发起人给予项目的担保或来自第三方给予项目的担保及其权益转让的控制等。这是在项目融资中的筹集债务资金时容易引起谈判双方重视的问题，投资者或项目公司应尽可能利用各种形式设置担保。项目融资中的债权担保是项目信用保证结构的重要组成部分。

(四) 利率结构

在项目融资中，如何选择浮动利率、固定利率还是浮动/固定利率三种利率结构，需要考虑三方面因素。

1. 项目现金流量的特征

如果项目的现金流量比较稳定，可预测性较强，采用固定利率比较有利，如果项目的现金流量难于预测，则采用浮动利率比较有利。因为项目产品价格下滑一般是与经济的滑坡有关，而且此时的金融市场利率也较低，相应就降低了融资的风险。

2. 金融市场利率的走向

在利率达到或接近谷底时，如果能将部分或全部浮动利率债务转化为固定利率债务，无疑对借款人十分有利；反之，在利率达到或接近高峰时，取得固定利率债务对投资者有利。

3. 借款人对控制融资风险的要求

如果借款人将控制融资风险放在首位，在适当的时机将利率固定下来是有利的，但可能会承担较高的融资成本；如果借款人更希望降低融资成本，利率结构的选择则取决于借款人对金融市场利率趋势的分析和判断。

(五) 违约风险

某一项债务在项目总体债务中的序列较高并具有良好的债权保证，也不能确保该项债务是无风险的，项目融资中的其他因素也有可能导致违约情况的出现。在公司融资中，股本资金风险和债务资金风险是比较容易划分和把握的，但在项目融资中，它们之间的划分就比较困难，因为项目一旦不成功，贷款银行与股本投资者地位没有太大的区别，这是项目融资的特点所决定的，也是银行参与项目融资的主要风险之一。

融资过程中的违约主要体现为三种类型：一是项目的现金流量不足以支付债务的偿还；二是项目投资者或独立第三方不执行所承担的具有债权保证性质的项目义务；三是在项目公司违约时，项目资产的价值不足以偿还剩余的未偿还债务。不论哪种情况出现，都意味着借款人的违约，都意味着债务无法按计划获得偿还。

三、项目债务资金的筹措方式

项目债务融资大致可分为九大类：商业银行贷款、政策性银行贷款、出口信贷、外国政府贷款、国际金融机构贷款、银团贷款、发行债券、发行可转换债、融资租赁。下面分别加以介绍。

（一）商业银行贷款

银行贷款是企业和新建项目筹集债务资金的一个重要渠道，我国的银行贷款分为商业银行贷款和政策性银行贷款。按照所有制形式，我国的商业银行分为国有商业银行和股份制银行。按照经营区域，我国的商业银行分为全国性银行和地区性银行。2020年4月1日开始，中国金融市场正式全面开放，我国将放宽外国银行进入我国开办商业银行业务，外国商业银行将在我国获得批准设立分行，或者设立合资或独资的子银行，我国境内的外资商业银行将逐步开展外汇和人民币贷款业务。

1. 国内商业银行贷款

1995年以来，我国相继颁布《中华人民共和国中国人民银行法》《中华人民共和国商业银行法》和《贷款通则》，使政策性银行和商业性银行的分工迈出重要步伐。今后，企业与商业银行的关系，将逐步变成按市场规则运作的商业信贷关系。我国全国性商业银行有中国工商银行、中国农业银行、中国建设银行、中国银行、交通银行、中信实业银行、光大银行、华夏银行及招商银行；区域性商业银行主要包括城市商业银行和农村商业银行。另外还包括各种非银行金融机构，如信托投资公司、投资基金公司、风险投资公司、保险公司等。

2. 国际商业银行贷款

国际商业银行贷款的提供方式有两种：一种是小额贷款，由一家商业银行独自贷款；另一种是金额较大由几家甚至几十家商业银行组成银团贷放，又称"辛迪加贷款"。为了分散贷款风险，对数额较大的贷款，大多采用后一种做法。自20世纪60年代开始直到80年代初，这种贷款曾发展成为国际上中、长期贷款融资的主要形式。

既有企业公司法人或者新建项目公司法人使用商业银行贷款，需要满足银行的要求，向银行提供必要的资料。项目融资贷款中，银行要求的材料除了一般贷款要求的借款人基本材料之外，还要有项目投资的有关材料，包括：项目的可行性研究报告、项目建议书等前期工作资料、政府对于项目投资及环境影响批准文件、与项目有关的重要合同、与项目有利害关系的主要方面的基本材料等。商业银行为了规避贷款风险，保证信贷资金的安全，需要审查借款人的偿债能力，借款人偿债能力不足时，需要提供必要的保证担保。项目使用银行贷款，需要建立资信，分散风险，才有希望获得银行的贷款支持。

（二）政策性银行贷款

为了支持特殊的生产、贸易、基础设施建设项目，国家政策性银行可以提供政策性银行贷款,政策性银行贷款利率通常比商业银行贷款的低。国家政策性银行贷款一般期限较长,利率较低,并配合国家产业政策的实施,采取各种优惠政策。国内政策性银行贷款包括国家开发银行贷款、中国进出口银行贷款和中国农业发展银行贷款。2015年3月,国务院明确国家开发银行定位为开发性金融机构,从政策性银行序列中剥离。但目前,银监会在统计口径中仍将国家开发银行与政策性银行并列统计。所以我们提到三大政策性银行时,其中仍包括国家开发银行。

1. 国家开发银行贷款

国家开发银行主要负责对政策性项目配置资金并发放政策性贷款。国家开发银行固定资产贷款分为软贷款和硬贷款。软贷款分为股本金贷款和特别贷款;硬贷款分为基本建设贷款和技术改造贷款。基本建设贷款又分为差别贷款、专项贷款和一般贷款。国家开发银行配置资金的对象是国家批准立项的基础设施、基础产业和支柱产业大中型基本建设和技术改造等政策性项目及其配置工程。基础设施包括农业、水利、铁道、高速公路、民航;基础产业包括能源(煤炭、石油、电力);基础原材料(钢铁、有色金属冶炼和加工、化工、建材、森工、非金属矿);支柱产业主要包括石化、汽车、机械、电子;政策性项目主要是现阶段财务效益低、建设周期长、国家又急需发展的项目。

2. 中国进出口银行贷款

中国进出口银行专营国家政策性出口信贷业务,包括出口卖方信贷和出口买方信贷。该行主要承办支持我国机电产品和成套设备的出口信贷业务,包括支持国内外贸企业的船舶、飞机、卫星发射、电站、煤炭、水泥等多种成套设备及其他机电产品的出口项目。

3. 中国农业发展银行贷款

中国农业发展银行是直属国务院领导的政策性金融机构,主要任务是按照国家的法律法规和方针、政策,以国家信用为基础,筹集农业政策性信贷资金,承担国家规定的农业政策性金融业务,代理财政性支农资金的拨付,为农业和农村经济的发展服务。目前,中国农业发展银行承担的农业政策性贷款分为商业性贷款和开发性贷款。商业性贷款包括粮棉油收购、调销、储备、批发、进出口以及猪肉、食糖、烟叶、羊毛等储备的贷款。开发性贷款包括大型农业基本建设和技术改造贷款、林业贷款和治沙贷款。

(三)出口信贷

出口信贷是以出口国政府为后盾,通过银行对出口贸易提供的信贷。世界各国为支持和扩大本国出口,通过对本国出口信贷给予利息补贴并提供担保的方法,鼓励本国商业银行对本国出口商或外国进口商(或银行)提供较低利率的贷款,以解决买方支付的需求,对于出口贸易中金额较大、付款期限较长的情况,如成套设备的出口经常使用出口信贷。

出口信贷按照接受对象的不同分为买方信贷和卖方信贷。买方信贷是出口方银行直接向进口商或进口方银行提供的商业信贷。买方信贷一般限于合同金额的85%,并以合同金额的15%作为定金,在签订合同后一个月内支付。卖方交货完毕或工厂建成投产,进口商或进口方银行再向出口方银行分次还款,每半年还款一次。卖方信贷是出口方银行向本国出口商提供的信贷(即卖方提供的商业信贷,也是出口商向国外进口商提供延期付款的一种信贷方式)。出口商为销售产品,与进口方银行签订信贷合同,得到出口信贷作为进口商购买自己产品的垫付资金,从而允许买方赊购,分期付款。使用卖方信贷,进口商在订货时一般先付合同金额15%的定金,其余贷款在全部交货或工厂开工投产后陆续偿还。进口商还款后,出口商把贷款归还出口方银行。

(四)外国政府贷款

政府贷款是一国政府向另一个国家的企业或政府提供的贷款,这种贷款通常在利率及期限上有很大的优惠。项目使用外国政府贷款需要得到我国政府的安排和支持,外国政府贷款经营与出口信贷混合使用,有时还伴有一部分赠款,而且在实际操作中通常由我国的商业银行转贷款。我国各级财政可以为外国政府贷款提供担保,财政部规定外国政府贷款转贷,按照财政担保方式分为三类:国家财政部担保、省级财政厅(局)担保、无财政担保。

曾经有美国、法国、加拿大等十几个国家向我国提供政府贷款。外国政府贷款的利率通常很低,一般为1%—3%,甚至无息。期限通常很长,有时甚至长达30年。使用外国政府贷款也要支付少量的管理费,国内商业银行转贷需要收取少量的转贷手续费,有时国内商业银行可能要求缩短转贷款的期限。外国政府贷款通常有限制性条件,限制贷款必须用于采购贷款国的设备,由于贷款使用受到限制,设备进口可能难以通过较大范围的招标竞价取得较低的价格。

(五)国际金融机构贷款

目前全球性的国际金融组织主要有国际货币基金组织(IMF)、国际复兴开发银行(IBRD,简称世界银行"WB")、国际清算银行(BIS)、金砖国家新开发银行等,影响较大的区域性国际金融组织包括亚洲基础设施投资银行(AIIB)、亚洲开发银行(ADB)、泛美开发银行(IDB)、非洲开发银行(AFDB)、欧洲复兴开发银行(EBRD)、丝路基金等。这些国际金融机构由许多国家政府参加,并向特定的对象国政府提供优惠性的多边信贷,其贷款有软硬之分,是另一种官方资本来源。目前,向我国提供多边贷款的国际金融机构主要有世界银行、亚洲开发银行、国际农业发展基金组织(IFAD)和国际货币基金组织。

国际开发协会的贷款称为"世界银行软贷款",主要向低收入的发展中国家提供长期的无息贷款。国际复兴开发银行的贷款称为"世界银行硬贷款",主要是向发展中国家提供低于市场利率的中长期贷款。国际金融公司的贷款目标是促进私人资本的建立和发展。贷款对象是成员国的私人企业,而且不需要政府担保。除贷款外,国际金融公司还对发展中国家的私人企业直接投资或入股。亚洲开发银行贷款分为三类:一是普通资金贷款,即硬贷款;二是亚洲开发基金贷款,即软贷款;三是技术援助基金,即技术援助赠款。国际农业发展基金组织的贷款分为三类:一是优惠贷款;二是中等贷款;三是普通贷款。

国际金融机构的贷款通常带有一定的优惠性，贷款利率低于商业银行贷款利率，贷款期限可以安排得很长。同时，对于贷款资金的使用不附有设备采购对象限制性条件，但也有可能需要支付某些附加费用，例如承诺费。国际金融机构的贷款通常需要按照这些机构拟定的贷款政策提供，这些机构认为应当支持的发展项目才能得到贷款，使用国际金融机构的贷款需要按照这些机构的要求提供资料，并且需要按照规定的程序和方法进行。

（六）银团贷款

大型建设项目融资中，由于融资金额巨大，一家银行难以承担巨额贷款的风险，可以由多家甚至几十家银行组成银团贷款。组成银团贷款通常需要有一家或数家牵头安排银行，负责联络其他的参加银行，研究考察项目，代表银团成员谈判和拟定贷款条件、起草法律文件。贷款银团中还需要有一家或数家代理银行，负责监管借款人的账户，监控借款人的资金，划收及划转贷款本息。使用银团贷款，除了贷款利率之外，借款还要支付一些附加费用，包括管理费、安排费、代理费、承诺费、杂费等。银团贷款也可以通过招标方式，在多个投标银行组合中选择银团。

（七）发行债券

企业可以通过发行企业债券，筹集资金用于项目投资，企业债券融资是一种直接融资。发行债券融资可以从资金市场直接获得资金，资金成本（利率）一般应低于向银行借款，国内发行的债券通常都是固定利率的。由于有较为严格的证券监管，只有实力很强并且有很好自信的企业才有能力发行企业债券。债券投资人不会愿意承担项目投资风险，以新项目组建的新公司发行债券，必须有很强的第三方担保。

1. 国内公司（企业）债券

债券融资是指项目法人以自身的财务状况和信用条件为基础，通过发行企业债券筹集资金。除国家发行的国库券外，企业或项目实体为项目建设和经营发展而向公众发行的债券称为企业债券。除一般债券外，还有可转换债券，其特点是在规定期限内的任何时候，债券持有人可以按照发行合同指定的条件把所持债券转换成发行企业的股票的一种债券。在转换成股票之前，持有人可得到合同中规定的利息，也可以将可转换债券在市场上出售。可转换债券具有一般债券的特点，如果股价上涨，持有者可将之换成股票，从股价上涨中获益；在股价下跌时，债券持有者可保留债券获取利息，避免股市不景气造成的损失。因此，同股票和普通债券相比，可转换债券为投资者提供了更大的选择余地。

2. 海外债券融资

海外债券是由一国政府、金融机构、企业或国际组织，为筹措资金而在国外证券市场上发行的，以某种外国货币为面值的债券。海外债券也称国际债券，包括外国债券和欧洲债券。

（八）可转换债

可转换债是企业发行的一种特殊形式的债券，在预先约定的期限内，可转换债的债券持有人有权选择按照预先规定的条件将债权转换为发行人公司的股权。在公司经营业绩变好时,股票价值上升,可转换债的持有人倾向于将债权转为股权;而当公司业绩下降或者没有达到预期效益时,则倾向于支付本息。可转换债更为接近负债融资,对于公司的其他债权人不能将其列为准股本。尤其当可转换债是在证券市场公开发行时,购买人是广大公众,受偿顺序通常还要优先于其他债权人。可转换债的发行条件与一般企业债券类似,但由于附加有可转换为股权的权利,通常可转换债的利率低于一般债券。

(九)融资租赁

融资租赁是资产拥有者在一定期限内将资产租给承租人使用,由承租人分期付给一定的租赁费的融资方式。它是一种金融、贸易与租赁相结合,以租赁物品的所有权与使用权相分离为特征的一种新型的信贷方式。融资租赁一般由出租人按承租人选定的设备,购置后出租给承租人长期使用。在租赁期内,出租人以收取租金的形式收回投资,并取得收益,承租人支付租金租用设备进行生产经营活动。租赁期满后,出租人一般将设备作价转让给承租人。这种融资方式既不是直接放贷,也不同于传统的财产租赁,而是集融资和融物于一体,兼有金融与贸易双重职能的融资方式。

融资租赁在急于寻求产品销售市场的设备制造商与急需产品设备但缺少资金的设备使用厂家之间发挥着桥梁作用,迎合了新科技和新工艺层出不穷、产品市场日新月异、企业设备更新加快的经济发展趋势,改变了人们长期以来重所有权、轻使用权的观念。融资租赁这种所谓"借鸡下蛋、卖蛋还本"的新型信贷融资方式,被许多国家和政府所重视,如美国的融资租赁交易已占全美设备投资总额的30%以上。融资租赁的出租人通常只是融资载体,并无实际经营,融资租赁结束时,租赁设备转让给承租人,出租人即可注销。

一种特殊的融资称为回租租赁。采取这种租赁方式,承租人将原来自己所有的设备或其他固定资产卖给出租人,再向出租人以融资租赁方式租用这些资产。回租租赁有两种方式:一种是,承租人首先借入资金买来设备,然后将该设备转卖给租赁公司以归还贷款,最后再从租赁公司租入该设备以供使用;另一种是,承租人将原有的设备甚至生产线、厂房卖给租赁公司,同时即向租赁公司租用同一资产,这样在不影响使用原资产的情况下,又拿出一笔现金可以进行新的项目投资。

第四节 资金成本分析

一、资金成本分析概述

(一)资金成本的概念

每个项目的融资都是有成本的,与传统企业融资相比其成本较高。各种融资方式筹集的资金不可能无偿使用,需要付出代价,也就是要向资金提供者如股东、银行、债券持有人等支付股息、利息等作为报酬,即要产生资金成本。资金成本就是企业取得和使用资金所需支付的费用,包括资金占用费用和资金筹集费用。资金占用费用包括股票的股息、银行借款、债券利息等。资金筹集费用是指资金筹集过程中所发生的费用,包括印刷费、手续费、律师费、资信评估费、公证费、担保费、广告费、资产评估费等。

由于在不同条件下筹集资金的数额不相同,成本亦不相同,因此资金成本通常以相对数表示。企业使用资金所负担的费用同筹集资金净额的比率,称为资金成本率(一般亦通称为资金成本)。其定义式为

$$资金成本率 = \frac{资金占用费用}{筹集资金总额 - 资金筹集费用} \times 100\% \quad (7-1)$$

由于资金筹集费用一般与筹集资金总额成正比,所以一般用筹资费用率表示资金筹集费用,因此资金成本率公式也可以表示为

$$资金成本率 = \frac{资金占用费用}{筹集资金总额 \times (1 - 筹资费用率)} \times 100\% \quad (7-2)$$

(二)资金成本的性质和作用

1. 资金成本的性质

资金成本是一个重要的经济范畴,在市场经济条件下,由于资金所有权和使用权相分离而形成的一种财务概念,它具有以下性质:

(1)资金成本是资金使用者向资金所有者和中介人支付的占用费和筹资费,因此,资金成本的产生是市场经济条件下资金所有权和使用权分离的必然结果。

(2)资金成本具有一般产品成本的基本属性,又有不同于一般产品成本的某些特征。资金成本是企业的耗费,企业要为此付出代价,并支出费用,但这种代价最终要作为收益的扣除额来得到补偿。

(3)资金成本同资金时间价值既有区别,又有联系。资金成本的基础是资金时间价值,但两者在数量上不一致,资金成本既包括资金的时间价值,又包括投资风险等因素。

2. 资金成本的作用

首先,资金成本是评价投资项目可行性的主要经济标准。它是衡量一个项目是否可以接受的最低收益率,只有项目的预期收益足以弥补资金成本时,项目才可以考虑接受。其次,资金成本是选择资金来源、撰写融资方案的依据。资金筹措的方式很多,如发行股票、债券、向银行借款、使用企业留存收益等等,不同的筹资方式,其资金成本也不同。因此比较各种资金来源的成本,合理调整资本结构,就能达到以最低的综合资金成本筹集资金的目的。

二、资金成本的计算

资金成本的计算按照资金来源方式的不同可以分为债务资金成本的计算和权益资

金成本的计算;按照融资方案数量的不同可以分为个别资金成本的计算和综合资金成本的计算。

(一)债务资金成本的计算

债务资金的成本即使用债务资金的有效利率。由于发行债券往往要委托金融机构或有关部门代办理,需要支付注册费、代办费等,向银行借款需支付手续费、承诺费等。所以,债务的票面价值不等于企业实际获得的资金,此时的有效利率也就不等于票面利率。因此,债务资金的成本即有效利率需要通过计算才能确定。

筹集债务资金的形式很多,如各种国内外贷款(国家基本建设基金贷款、国内银行贷款、外国政府贷款、国际金融机构贷款、商业银行贷款、出口信贷等),融资性贸易(租赁贸易、补偿贸易),以及各种债券。任何一种筹资方式的成功都会使企业立即得到一笔资金,同时企业也要在未来一定期间内向债权人支付本息,资金成本就是使未来现金流出的现值与现时的现金流入相等的折现率。根据这一思路,可以给出计算资金成本的通式如下

$$P = \frac{C_1}{(1+K)} + \frac{C_2}{(1+K)^2} + \cdots + \frac{C_n}{(1+K)^n} = \sum_{t=1}^{n} C_t(1+K)^{-t} \qquad (7\text{-}3)$$

式(7-3)中:P——某种筹资方式使企业现时获得的资金净收入;

C_t——t 时的现金流出(利息、租金或本金),$t=1,2,\cdots,n$(年);

K——该种筹资方式的税前贴现率,即该种资金的税前资金成本率。

税后资金成本率 $K_1 = K \times (1 - 所得税税率)$

(二)权益资金成本的计算

企业资金无论采取何种方式筹集,最终必然分为两类,即债务资金和权益资金。对于股份制企业来说,权益资金就是股票持有者享有的权益;对于其他企业来说,权益资金就是因企业利润留成而拥有的自有资金。它们的资金成本是根据投资者希望从企业获得的盈利数确定的。投资者决定是否投资的判断依据是他们自己的最低可接受收益率,当预期的收益率高于他们的最低可接受收益率(MARR)时,投资者才愿意投资。

权益资金成本的估算比较困难,因为很难对项目未来的收益以及股东对未来风险所要求的风险溢价做出准确的测定。因此可采用的计算方法主要有:资本资产定价模型法、税前债务成本加风险溢价法和股利增长模型法。

1. 采用资本资产定价模型法

权益资金成本的计算公式为

$$K_s = R_f + \beta(R_m - R_f) \qquad (7\text{-}4)$$

式(7-4)中:K_s——权益资金成本;

R_f——社会无风险投资收益率;

R_m——市场投资组合预期收益率;

β——项目的投资风险系数。

2. 采用税前债务成本加风险溢价法

权益资金成本的计算公式为

$$K_s = K_b + RP_c \tag{7-5}$$

式(7-5)中：K_s——权益资金成本；

K_b——所得税前的债务资金成本；

RP_c——投资者比债权人承担更大风险所要求的风险溢价。

3. 采用股利增长模型法

权益资金成本的计算公式为

$$K_s = \frac{D_1}{P_0} + G \tag{7-6}$$

式(7-6)中：K_s——权益资金成本；

D_1——预期第1年的股利额；

P_0——普通股市价；

G——普通股股利年增长率。

(三) 个别资金成本的计算

个别资金成本是指使用各种长期资金的成本，分为普通股和优先股、项目借款和债券融资、融资租赁。

1. 普通股

普通股股东收益一般不固定，它随着投资项目的经营状况而改变。普通股股东所获得的收益等于从投资项目预期得到的收益按股东的必要收益率进行贴现而得到的总现值，即股东愿意投资的最低净现金流量可以获得的收益率，低于这个收益率，投资者宁愿把资金投向别处，因此这个收益率就是普通股的资金成本。股东的预期收益由两部分组成：一部分是股利，其收益率称为股利收益率；二是资本利得，即由预期以后股票涨价给股东带来的收益，其收益率称为资本利得收益率。鉴于普通股成本计算考虑的因素，股本成本可按照股票估价公式计算。

$$P_e = \sum_{t=1}^{\infty} \frac{D_t}{(1+K)^t} \tag{7-7}$$

式(7-7)中：K——普通股股东要求的收益率；

P_e——股票价格；

D_t——第t年普通股的股息。

[例7-2] 某公司按平价发行普通股500万元，筹资费率4%，第1年的股息率为10%，以后每年增长5%。试计算该普通股的资金成本。

解：根据股利增长模型

$$K_s = \frac{D_1}{P_0} + G = \frac{500 \times 10\%}{500 \times (1-4\%)} + 5\% = 15.42\%$$

2. 优先股

优先股最大的一个特点是每年的股利不是固定不变的,当项目运营过程中出现资金紧张时可暂不支付。但因其股息是在税后支付,无法抵消所得税,因此筹资成本大于债券,这对项目企业来说是必须支付的固定成本。由于优先股的股息是固定的,按照股息固定的股票估值公式,优先股的价格为

$$P_e = \frac{D_p}{K} \tag{7-8}$$

式(7-8)中:K——优先股股东要求的收益率;

P_e——优先股票价格;

D_p——优先股的股息。

[例 7-3] 某公司发行优先股股票,票面价格为 100 元,实际发行价格为 97 元,股息率为 9%,筹资费率为 2%,试计算该优先股的资金成本。

解:由上式,可得

$$K_p = \frac{100 \times 9\%}{97 \times (1-2\%)} = 9.47\%$$

3. 项目长期借款

项目长期借款成本包括借款利息和筹资费用两部分。借款利息计入税前成本费用,可以起到抵税的作用。因此,一次还本、分期付息借款的成本可表示为

$$K = \frac{I_t(1-T)}{L(1-F_1)} \tag{7-9}$$

式(7-9)中:K——项目借款的融资成本;

I_t——项目借款第 t 年的利息;

T——所得税率;

L——项目借款筹资额(借款本金);

F_1——项目借款的筹资费用率。

式(7-9)也可以改为以下形式

$$K = \frac{R_1(1-T)}{1-F_1} \tag{7-10}$$

式(7-10)中:R_1——项目借款的利率。

当项目借款的筹资费(主要是借款的手续费)很小时,也可以忽略不计。考虑货币的时间价值,可先采用计算现金流量的方法来确定长期借款的税前成本,然后再计算其税后成本。公式为

$$L(1-F_1) = \sum_{t=1}^{n} \frac{I_t}{(1+K)^t} + \frac{P}{(1+K)^n} \tag{7-11}$$

$$K_1 = K(1-T)$$

式(7-11)中：K_1——所得税后的项目借款融资成本；

K——所得税前的项目借款融资成本；

P——第 n 年年末应偿还的本金。

[例 7-4] 某项目从银行贷款 200 万元，年利率为 8%，在借款期内每年支付利息 4 次，企业所得税税率为 25%，筹资费率为 1%。试计算该贷款的资金成本。

解：由上式，可得

$$实际年利率 = i = \left(1+\frac{8\%}{4}\right)^4 - 1 = 8.24\%$$

$$K = \frac{R_1(1-T)}{1-F_1} = 8.24\% \times \frac{1-25\%}{1-1\%} = 6.24\%$$

4. 长期债券融资

发行长期债券的成本主要指债券利息和筹资费用。债券利息的处理与项目借款利息的处理相同，应以税后的债务成本为计算依据。债券的筹资费用主要包括发行债券的手续费、注册费用、印刷费以及上市推销费用等，费用较高，不可在计算资本成本时省略。按照一次还本、分期付息的方式，债券融资成本的计算公式为

$$K_b = \frac{I_b(1-T)}{B(1-F_b)} \tag{7-12}$$

式(7-12)中：K_b——债券融资成本；

I_b——债券年利息；

T——所得税率；

B——债券筹资额；

F_b——债券筹资费用率。

或

$$K_b = \frac{R_b(1-T)}{1-F_b} \tag{7-13}$$

式(7-13)中：R_b 为债券利率。

若考虑时间价值，其公式变为

$$B(1-F_b) = \sum_{t=1}^{n} \frac{I_b}{(1+K)^t} + \frac{P}{(1+K)^n}$$

$$K_b = K(1-T) \tag{7-14}$$

式(7-14)中：K——所得税前的债券成本；

K_b——所得税后的债券成本。

[例 7-5] 某公司发行总面额为 500 万元的 10 年期债券，票面利率为 12%，发行费用率为 5%，公司所得税税率为 25%。该债券的成本为

$$K_b = \frac{500 \times 12\% \times (1-25\%)}{500 \times (1-5\%)} = 9.47\%$$

5. 融资租赁

融资租赁是项目企业在资金短缺情况下取得生产所需设备的手段之一，它具有融资和融物相结合的特点，其实质是一种信贷行为。融资租赁和其他筹资方式一样，对于承租方而言具有资金成本。融资租赁的成本包括设备购置成本和租息两部分。设备购置成本是租金的主要组成部分，由设备的买价、运杂费和途中保险费构成。租息又分为租赁公司的融资成本、租赁手续费等，融资成本是指租赁公司为购置租赁设备而筹措资金的费用，即设备的营业费用和一定的盈利，融资租赁的资金成本的计算公式

$$A = \sum_{t=1}^{n} \frac{F_t - D_t T}{(1+K)^n} \tag{7-15}$$

式(7-15)中：K——融资租赁承租方的资金成本；

A——租赁设备的公允价值，一般可以采用设备的现行市价，它和设备的入账价值是两个概念；

n——租赁期；

F_t——第 t 个租赁期间支付的租金，一般情况下各期租金额是相同的；

D_t——第 t 个租赁期间设备计提的折旧额；

T——所得税税率。

当各期租金相同，且租赁设备以租赁期为折旧期，并以直线法计提折旧时，$F=D$（因为 $n \cdot f$ 为设备入账价值），上式可简化为

$$K = \frac{F}{A}(1-T) \tag{7-16}$$

（四）综合资金成本的计算

企业从不同来源筹集资金，其成本各不相同。由于种种的制约，企业不可能只从某种资金成本较低的来源筹集资金，因此从多种来源取得资金并形成各种筹资方式的组合可能更为有利。这样，为了进行筹资决策和投资决策，就需要计算全部资金来源的综合资金成本率，即加权平均的资金成本率。其计算公式为

$$K_w = \sum_{j=1}^{n} W_j K_j \tag{7-17}$$

式(7-17)中：K_w——综合资金成本率，一般指税后资金成本率；

W_j——第 j 种资金来源占全部资金的比重；

K_j——第 j 种资金来源的资金成本率，一般指税后资金成本率；

n——筹资方式的种类。

式(7-17)中的个别资本占全部资本的比重，是按账面价值确定的，其数据比较容易取得。但当资本的账面价值与市场价值差别较大时，比如股票、债券的市场价格发生较大变动，计算结果会与实际有较大差距，从而贻误投资决策。为了克服这一缺陷，个别资本占全部资本比重的确定还可以按市场价值或目标价值确定，分别称之为市场价值权数

和目标价值权数。市场价值权数指债券、股票以市场价格确定的权数,这样计算的加权平均资本成本能反映企业目前的实际状况。同时,为弥补证券市场价格变动频繁的缺陷,也可选用平均价格。目标价值权数是指债券、股票以未来预计的目标市场价值确定权数,这种权数能体现期望的资本结构,而不像账面价值权数那样只反映过去和现在的资本结构,所以按目标价值权数计算的加权平均资本成本更适用于企业筹集新资金。

[例 7-6] 某建设项目的资金来源方式、数量、比例和各自的资金成本见表 7-5。试计算其综合资金成本。

表 7-5 加权资金成本计算

序号	资金来源	金额/万元	比例/%	资金成本/%	加权成本/%
1	普通股票	800	16	9.28	1.49
2	优先股票	3 200	64	15.4	9.86
3	项目长期借款	400	8	5.44	0.44
4	长期债券	600	12	7.84	0.94
	合　　计	5 000	100	37.96	12.73

第五节　融资方案优化

一、融资方案优化概述

在确定融资方式和计算资金成本之后,如何优化融资方案组合是工程项目融资中最关键的问题。融资方案的优化,就是寻找综合资金成本率最低的融资方案,其步骤是:

(1) 计算各种融资方式的个别资金成本率;

(2) 分别计算每个融资方案组合中各种融资方式筹集的资金占全部资金的比重;

(3) 通过加权求和,计算各个资金融资方案组合的综合资金成本率(加权平均资金成本率);

(4) 比较各方案组合的综合资金成本率,取最小者为最佳融资方案。

在选择融资方案时,不仅要考虑资金成本,而且要综合考虑各种因素,如资金来源、筹资数量及投放时间、资金结构、融资风险等方面的分析论证。

(一) 资金来源方案的分析论证

(1) 分析鉴定工程项目融资中提出的各种融资渠道是否可行、落实和可靠。考察其落实程度和资金提供的条件,即项目建设所需总投资和分年所需投资能否得到足够的、持续的资金供应。

(2) 分析资金来源方案是否满足项目要求。项目需要引进先进技术，则可选用现汇引进或合资经营方式；项目主要需要扩大出口、增加外汇，则可采用合资、合作、补偿贸易方式；项目投资大、见效慢、利润率低，则可申请外国政府低息贷款或国际金融机构贷款等等。

(3) 分析资金来源是否正当、合理，是否符合国家政策规定。固定资产投资需验证资金落实证件，贷款要有贷款银行意见，自筹或滚动投资要有测算依据，并分析其资金来源的合理性和筹资能力的可靠性。同时，要根据项目特点，按照国家规定的政策法规，选择政策允许的资金来源方式。

(4) 对于利用外资项目，需要复核外汇来源和外汇额度是否落实和可靠，外汇数额能否满足项目的要求。

(二) 筹资数量及投放时间的分析论证

不论通过什么渠道，采取什么方式筹集资金，都应该确定资金的需要量。筹集资金固然要广开渠道，但必须要有一个合理的界限。资金不足，会影响生产经营；资金过剩，也会影响资金使用效果。在核定资金需要量时，不仅要注意项目产品的生产规模，而且要注意产品的销售趋势，防止盲目生产，造成资金积压。同时，要掌握全年资金的投入量，并测定不同月份的资金投入量，以便合理安排资金的投放和回收，减少资金占用和加快资金周转。因此，要查核筹集资金的数量是否符合和满足拟建项目的需要，资金筹措数量应包括固定资产投资总额、建设期利息和流动资金。同时，还要分析筹资时间和分年数量是否能够符合和满足项目建设进度的要求。

二、资金结构分析

现代项目的融资是多渠道的，将多渠道来源的资金按照一定的资金结构结合起来，是制订项目融资方案的主要任务。项目融资方案的设计及优化中，资金结构的分析是一项重要内容，资金结构的合理性和优化由公平性、风险性、资金成本等多方因素决定。项目的资金结构是指项目筹集资金中股本资金和债务资金的形式、各种资金的占比，以及资金的来源情况，包括项目资本金与负债融资比例、资本金结构、债务资金结构。

融资方案的资金结构分析应包括如下内容。

(1) 总资金结构：无偿资金、有偿股本、准股本、负债融资分别占总资金需求的比例。

(2) 资本金结构：政府股本、商业投资股本所占的比例；国内股本、国外股本所占的比例。

(3) 负债结构：短期信用、中期贷款、长期贷款所占的比例；内外资借款所占的比例。

(一) 资本金与债务融资比例

对各种可能获得的资金来源，初步分析其各自的利弊，并组成若干个由各种不同资金来源比例搭配组合的融资方案，分析各种组合方案的可行性，选择最佳的组合方案。

在分析融资方案的组合结构中,最重要的是考虑项目的资本金(即权益投资)与负债融资的比例,称为项目的资本结构。从投资者的角度考虑,项目融资的资金结构追求以较低的资本金投资争取较多的负债融资,同时要争取尽可能低的对股东的追索。而对于提供债务融资的债权人,希望债权得到有效的风险控制,而且一般来讲,项目有较高的资本金比例就可以承担较高的市场风险。同时,资本金比例越高,贷款的风险越低,贷款的利率可以越低,反之贷款利率越高,当资本金比例降低到银行不能接受的水平时,银行将会拒绝贷款。因此合理的资金结构需要由各个参与方的利益平衡来决定。

从经济效益的角度出发,较低的筹资成本可以得到较高的经济效益。如果商业性的股本投资有较高的筹资成本,银行贷款利率通常要低于股本投资方所要求的投资收益率,而直接向公众发债通常可以比银行贷款有更低的利率。政府的无偿投资虽然可以不要求回报,但政府的资金来源于税收,用于无偿投资会改变社会资源的分配,对资源的有效利用产生影响,过度使用可能会损害市场对资源的有效配置机制,政府的无偿投资应当设定在合理的范围,至少应当避免发生资源的浪费。通常情况下,利润率大于利息率。企业通过适度举债可以提高资本的利润率,同时也应该看到,债务融资太多也必然承担更大的利息负担,一旦企业经营不利,其利息负担将难以承受。因此债务融资和资本金应选择合适的比例。欧、美、日的企业资金中,贷款往往大于股本,一般是60%:40%,也有的高达70%:30%或80%:20%。我国银行对企业贷款时,也规定必须有三分之一的自有资金,才能贷出三分之二的贷款。因此工程项目融资方案不但要使投资利润率高于资金成本,而且负债多少要和企业资金结构和偿债能力相适应,举债要适度。

(二)资本金结构

资本金结构分析包含两方面内容:投资产权结构和资本金比例结构。

1. 投资产权结构

投资人以资本金形式向项目或企业投入资金称为"权益投资",权益投资取得对项目或企业产权的所有权、控制权、收益权,它可以有许多种方式,不同的投资方式构成了不同的投资产权结构。项目的资金结构研究中,需要对权益投资的方式即项目的投资产权结构进行研究。项目投资结构是指项目投资形成的资产所有权结构,是指项目的股权投资人对项目资产的拥有和处置形式、收益分配关系。现代主要的权益投资方式有三种:股权式合资结构、契约式合资结构、合伙制结构。

投资产权结构的选择要服从项目实施目标的要求,要能够最大限度实现项目目标。商业性的投资人需要取得投资收益,投资结构应当能够使股权投资人获得尽可能高的投资收益。基础设施投资项目需要以尽可能低的成本取得良好的服务效果,投资结构应当能够使得基础设施能够以最高效率运行。投资人的选择是投资产权结构设计中的一个重要方面。不同的投资人,由于其背景和特长不同,可以对项目的成功做出不同的贡献,有的可以提供技术或管理,有的可以提供资金并提供有效的担保。各个投资人之间的优势互补可以使项目的成功得到更好的保障。

2. 资本金比例结构

参与投资的各方投资人占有多大的出资比例对于项目的成败有着重要影响。公司的控股形式可以是绝对控股或相对控股,现代企业制度需要避免一股独大的绝对控股公司形式。各方投资比例需要考虑各方的利益需要、资金及技术能力、市场开发能力、已经拥有的权益等。不同的权益比例决定着各投资人在项目及公司中的作用、承担的责任义务、收益分配比例关系。如果出资比例处理不当,某些方面的利益没有得到合理分配,可能会造成项目实施中的困难。

需要注意,项目所在地国家的法律法规对于一些特殊行业的权益资本结构有一定的限制,有些行业需要国有股权控股,有些行业不允许国外资本控股。有些基础设施项目,引入商业资本参与项目的建设可以减轻政府的财政负担,并且可以提供商业资本的管理经验,提高公司的运营效率。发售社会公众流通股对于加强公司的监管、提高公司的透明度、加强对公司管理层的约束会有好处,并且可以提高公司的社会信用,提高社会公众对项目的关心和支持,有益于解决可能由项目引起的社会问题。

既有公司融资下,项目的资金结构受制于公司的财务状况和融资能力。资本金结构分析中,需要分析项目资本金中的企业自有资金与新增加股东的股权投资及股东借款等准资本金的结构,企业将自有资金投资于项目长期占用,将会使企业的财务流动性降低,同时,项目新增投资导致借款负债增加,使企业资产负债率上升。当企业的自有资金不足时,需要股东增加投资,补充公司的资本金,用于项目投资。

(三)债务资金结构

债务资金结构分析中需要分析各种债务资金的占比,包括负债的方式及债务期限的配比。合理的债务资金结构需要考虑融资成本、融资风险、融资方式、币种、期限、偿还顺序及保证方式等。

1. 债务期限配比

项目负债结构中,长短期负债结构需要搭配。短期借款利率低于长期借款,适当安排一些短期融资可以降低总的融资成本,但如果过多采用短期融资,会使项目公司的财务流动性不足,项目的财务稳定性下降,导致过高的财务风险。大型基础设施工程负债融资应当以长期融资为主,长期负债融资的期限应当与项目的经营期限相协调。

2. 境内外借贷占比

境内外借贷的占比主要决定于项目使用外汇的额度,同时可能主要由借款取得的可能性及方便程度决定。对于借款公司来说,使用境外借款或国内银行外汇贷款,如果贷款条件一样,就没有什么区别。对于国家来说,项目使用境外贷款,相对于使用国内银行的外汇贷款而言,国家的总体外汇收入增加,对于当期的国家外汇平衡有利,但是对于境外贷款偿还期内的国家外汇平衡会产生不利影响。

从项目的资金平衡利益考虑,如果项目的产品销售不取得外汇,应当尽量不要使用外汇贷款,投资中如果需要外汇,可以采取投资方注入外汇(如国外或港、澳、台商投资人出资,或者由政府或国内投资人以外汇投资),或者以人民币购汇。如果项目使用的外汇额度很大,以至于项目大量购汇将会对当期国家的外汇平衡产生难以承受的影响,则需要考虑使用外汇贷款。如果国家需要利用项目从境外借贷融入外汇,改善国家当期外汇平衡,也可以考虑由项目公司在国际上借贷融资,包括向世界银行等国际金融机构借款。项目投资中如果有国外采购,可以附带需求国外的政府贷款、出口信贷等优惠融资。

3. 外汇币种选择

不同币种的外汇汇率总是不断地变化,如果条件许可,项目使用外汇贷款需要仔细选择外汇币种。外汇贷款的借款币种与还款币种有时是可以不同的,通常主要应当考虑的是还款币种。为了降低还款成本,选择币值较为软弱的币种作为还款币种,这样,当这种外汇币值下降时,还款金额相对降低了。当然,币值软弱的外汇贷款利率通常较高,这就需要在汇率变化与利率差异之间做出预测、权衡和抉择。

4. 偿债顺序安排

负债融资安排中,除了负债种类、期限、币种等计划外,偿债顺序也需要妥善计划安排。偿债顺序安排包括偿债的时间顺序及偿债的受偿优先顺序。

通常,在多种债务中,对于借款人来说,在时间上,应当先偿还利率较高的债务,后偿还利率低的。由于有汇率风险,通常应当先偿还硬货币的债务,后偿还软货币的债务。多种债务的受偿优先顺序安排对于取得债务融资有着重要影响,提供信贷融资的金融机构如果感觉到资金的债权受偿顺序不利,可能会拒绝提供贷款。项目的融资安排应当尽可能地使所有的债权人对于受偿优先顺序均感到满意,通常对于所有的债权人都有着相同的受偿顺序,是一种可行的办法。受偿优先顺序通常由借款人项目财产的抵押及公司账户的监管安排所限定,融资方案中也需要对此妥善安排。

三、融资风险分析

工程项目融资方案分析中,为了使项目融资达到更好效果还必须进行融资风险分析。从广义上来讲融资风险包含了项目的全部风险、系统性风险和非系统性风险。系统性风险是指那些影响所有企业项目即整个市场的因素引起的风险,如战争、通货膨胀、经济周期变动等,这类风险涉及所有的投资对象,不能通过多样化投资、加强内部管理等方式加以规避。非系统性风险是指某一项目所特有的风险,如项目开发阶段的失败、管理层发生严重问题等,这类风险只涉及特定的项目投资对象,可以通过多样化投资来分散。从狭义上来讲融资风险包含了出资能力风险、再融资风险、利率风险、汇率风险等。这里我们着重介绍一下狭义上的融资风险。

(一)出资能力风险

预定的项目股本投资人及贷款融资人应当具有充分的出资能力,在项目融资方案的设计中应当对预定出资人出资能力进行调查分析。出资人的出资能力风险大多来自出资人自身的经营风险和财务能力,也可能来自出资人公司的经营和投资策略的变化,甚至可能来自其领导人的变更,有时可能来自出资人所在国家的法律、政治、经济环境的变化,世界经济状况、金融市场行情的变化也可能导致出资人出资能力和出资意愿的变化。

对于股本投资方来说,项目是否具有足够的吸引力,取决于项目的投资收益和风险,合理设定项目的投资收益并控制投资风险是项目融资中需要解决的重要课题。项目所在国家的经济环境、法律、政治的变化可能会导致项目筹资吸引力的变化,从而带来投资人出资风险。对项目提供贷款的融资人应当有充分出资能力,资金实力弱的贷款人可能由于经营中出现问题,无法履行当初的贷款承诺,从而导致项目贷款融资落空的风险。考虑到出资人的出资风险,在选择项目的股本投资人及贷款人时,应当选择资金实力强、既往信用好、风险承受能力强、所在国政治及经济稳定的出资人。

(二)项目的再融资风险

项目的再融资风险是指项目实施过程中会出现许多风险,包括设计的变更、技术的变更甚至失败、市场的变化、某些预定的出资人变更等等,将会导致项目的融资方案变更,因此项目需要具备足够的再融资能力。在项目的融资方案设计中应当考虑备用融资方案,主要包括:项目公司股东的追加投资承诺,贷款银团的追加贷款承诺,银行贷款承诺高于项目实施过程中追加取得新的融资。

(三)利率风险

利率风险是指因市场利率变动而给项目融资带来一定损失的风险,主要表现在市场利率的非预期性波动而给项目资金成本所带来的影响。如果项目采取浮动利率贷款,当市场利率上升时,项目的资金成本将提高,会给借款较多的项目造成较大困难,表现在项目融资风险中主要是利率变动后引起项目债务利息负担增加而造成的损失。如果项目采取固定利率贷款,当市场利率下降时,贷款利率不随市场利率变动,项目的资金成本不能相应下降,相对资金机会成本将变高。

在项目融资中,降低利率风险最主要的是采取利率互换的方式,互换就是用项目的全部或部分现金流量交换与项目无关的另一组现金流量。利率互换在项目融资中很有价值,因为多数银团贷款在安排长期项目贷款时,只是愿意考虑浮动利率的贷款公式,使得项目承担较大的利率波动风险。作为项目投资者,如果根据项目现金流量的性质,将部分或全部的浮动利率贷款转换成固定利率贷款,在一定程度上可能减少利率风险对项目的影响。

在项目融资中,利率互换的作用可以归纳为以下两个方面。

(1)根据项目现金流量的特点安排利息偿还,减少因利率变化造成项目风险的增加,由于项目融资在贷款安排方面仍然存在一定的不灵活性,因而可能出现贷款利率结构不一定符合项目现金流量结构的情况。如果通过浮动利率与固定利率之间的转换,不同基础的浮动利率之间的转换,或者不同项目阶段的利率转换在一定程度上可以起到项目风险管理的作用。

(2)根据借款人在市场上的位置和金融市场的变化,抓住机会降低项目的利息成本。这方面的做法包括:将固定利率转换为浮动利率;通过先安排浮动利率贷款,然后再将其转为固定利率的方法,降低直接安排固定利率贷款的成本;同样,通过先安排固定利率贷款,然后再将其转为浮动利率的方法,降低直接安排浮动利率贷款的成本。

(四) 汇率风险

汇率风险,是指项目因汇率变动而遭受损失或预期收益难以实现的可能性。对于任何一个项目来说,只要在融资活动中运用到外币资金,都有可能因汇率变动而使融资成本提高或生产收益下降,形成外汇风险。

降低汇率风险可以采用以下几种方式。

(1) 汇率封顶,即在正式签署贷款合同或提取贷款前,项目公司与债权人协商约定一个固定的汇率最高值,还款时,债务人以不超过已协商约定的汇率最高值进行换汇还款。例如:某项目公司向日本银行借款1亿美元,签署正式借款合同时,双方约定美元对人民币的汇率最高值为100/835,且计价还款货币为美元,5年后还款,还款时的美元对人民币的汇率为100/900。由于锁定了汇率最高值为100/835。因此,还款时,可以只用8.35亿人民币来偿还1亿美元借款,而不需用9亿人民币。

(2) 货币利率的转换,是指为降低借款成本或避免将来还款的汇价和利率风险,从而将一种货币的债务转换为另一种货币的债务。

总之,对融资方案的分析和论证,主要是对融资方案的安全性、经济性和可行性进行评判和比较。安全性是指融资风险对融资目标和项目建设的影响程度;经济性是筹资成本最低;而可行性是指融资渠道有无保障,是否符合国家政策规定。最后分析融资方案在可能与可行的条件下的最优化,即对资金筹措种类、安排顺序、数量和条件等方面进行综合分析,使筹资成本最低,提出优化筹资方案的建议。

本章小结

工程项目融资方案有多种渠道和方式,不同的融资方案组合对项目未来的现金流量影响也不同。本章首先概述了工程项目融资的组织形式和融资模式,介绍了基础设施项目融资的特殊方式,然后列举了项目资本金和债务资金的多种出资方式,并且详细阐述了股本资金、准股本资金的筹集方式和债务筹资的影响因素,给出了每种融资方式资金成本的计算方法,同时论述了如何进行资金结构分析和融资风险分析,从而系统地介绍了融资方案的比选和优化过程。

关键词

项目资本金 项目债务资金 资金成本 股本资金 准股本资金 银行贷款 资金结构 融资风险

复习思考题

1. 工程项目融资和传统的企业融资有哪些区别?
2. 既有法人融资与新设法人融资的特点分别是什么?
3. 外商投资项目(包括外商独资、中外合资、中外合作经营项目)的注册资本与投资总额的比例有哪些规定?
4. 政府投资资金主要应用于哪些领域?项目融资中的政府投资应如何处理?
5. 什么是准股本资金?其投入形式有哪几种?
6. 债务资金的融资方式有哪些?什么是融资租赁和回租租赁?
7. 工程项目融资方案的资金结构分析包括哪些方面?如何进行债务资金结构分析?
8. 如何规避汇率风险?
9. 某公司发行普通股正常市价为 56 元,估计年增长率为 12%,第 1 年预计发放股利 2 元,筹资费用率为股票市价的 10%,试计算新发行普通股的资金成本。
10. 某公司发行优先股股票,票面额按正常市价计算为 200 万元,筹资费率为 4%,股息年利率为 14%,其资金成本是多少?
11. 某公司从银行借款 10 万元,年利率为 8%,所得税率为 25%,筹资费假设为 0。如果按下列方式支付利息:① 1 年计息 2 次;② 1 年计息 4 次;③ 1 年计息 12 次。试计算借款的资金成本。

第八章 工程项目财务效益评价

学习目标

学习了本章后,应该能够:
1. 了解工程项目财务效益评价的概念、作用和基本原则;
2. 掌握财务评价基础数据与参数的选择方法;
3. 编制财务评价报表和计算财务评价指标;
4. 掌握营利性项目和非营利性项目的财务评价方法。

工程项目的财务效益与项目目标有直接的关系,项目目标不同,财务效益包含的内容也不同。市场化运作的经营性项目,项目目标是通过销售产品或提供服务实现盈利,其财务效益主要是指所获取的营业收入。对于某些国家鼓励发展的经营性项目,可以获得增值税的优惠。按照有关会计及税收制度,先征后返的增值税应记作补贴收入,作为财务效益进行核算。

对于以提供公共产品服务于社会或以保护环境等为目的的非经营性项目,往往没有直接的营业收入,也就没有直接的财务效益。这类项目需要政府提供补贴才能维持正常运转,应将补贴作为项目的财务效益,通过预算平衡计算所需要补贴的数额。对于为社会提供准公共产品或服务,且运营维护采用经营方式的项目,如市政公用设施项目、交通、电力项目等,其产出价格往往受到政府管制,营业收入可能基本满足或不能满足补偿成本的要求,有些需要在政府提供补贴的情况下才具有财务生存能力。因此这类项目的财务效益包括营业收入和补贴收入。

工程项目财务效益评价,在项目可行性研究中也称为财务评价或财务分析,是根据国家现行财税制度和价格体系,分析、计算项目直接发生的财务效益和费用,编制财务报表,计算评价指标,并考虑项目的盈利能力、清偿能力以及外汇平衡等财务状况,据以判别项目的财务可行性。它是项目可行性研究的核心内容,其评价结论是决定项目取舍的重要决策依据。财务评价是建设项目经济评价两个层次中的第一个层次,另一个层次为国民经济评价或国民经济分析。各个投资主体、各种投资来源、各样筹资方式兴办的大中型和限额以上的建设项目,均需进行财务评价。财务评价应在初步确定的建设方案、投资估算和融资方案的基础上进行,财务评价结果又可以反馈到方案设计中,用于方案的比选和优化。

第一节　工程项目财务效益评价概述

一、财务评价的概念和作用

(一) 财务评价的基本内容和步骤

进行财务评价,首先要在明确项目评价范围的基础上,根据项目性质和融资方式选取适宜的方法,然后通过研究和预测选取必要的基础数据进行成本费用估算、营业收入和相关税费估算,同时编制相关辅助报表。在此基础上编制主要财务报表和计算财务评价指标进行财务分析。由此,为判别项目的财务可行性为目的而进行的财务评价应该包括以下基本内容。

(1) 选取财务评价基础数据与参数,包括主要投入物和产出物财务价格、税率、利率、汇率、计算期、固定资产折旧率、无形资产和其他资产的摊销年限,生产负荷及基准收益率等基础数据和参数。

(2) 估算计算期内的营业收入和成本费用。

(3) 编制财务评价报表,主要有:现金流量表、利润与利润分配表、财务计划现金流量表、借款还本付息计划表、资产负债表。

(4) 计算财务评价指标,进行盈利能力分析和偿债能力分析。

(5) 进行不确定性分析,包括敏感性分析和盈亏平衡分析。

(6) 编写财务评价报告。

由于财务基础数据的估算,如投资估算、营业收入和成本费用的估算、相关税费的计算等内容已在第三章"工程经济分析要素"中介绍,在此不再重复。

(二) 财务评价的作用

建设项目的财务评价无论是对项目投资主体,还是对为项目建设和生产经营提供资金的其他机构或个人,均具有十分重要的作用,主要表现如下。

1. 可考察项目的财务盈利能力

项目的财务盈利水平如何,能否达到国家规定的基准收益率,项目投资主体能否取得预期的投资效益,项目的清偿能力如何,是否低于国家规定的投资回收期,项目债权人的权益是否有保障等等,是项目投资主体、债权人,以及国家、地方各级决策部门、财政部门共同关心的问题。因此,一个项目是否值得兴建,首先要考察项目的财务盈利能力等各项经济指标,就要进行财务评价。

2. 可用于制定适宜的资金规划

确定项目实施所需资金数额,根据资金的可能来源及资金的使用效益,安排恰当的用款计划及选择适宜的筹资方案,都是财务评价要解决的问题。项目资金的提供者们据此安排各自的出资计划,以保证项目所需资金能及时到位。

3. 为协调国家利益和企业利益提供依据

对某些国民经济评价结论好,财务评价不可行,但又为国计民生所急需的项目,必要时可向国家提出采取经济优惠措施的建议,使项目具有财务上的生存能力。此时,财务评价可以为优惠方式及幅度的确定提供依据。

4. 为中外合资项目提供双方合作的基础

对中外合资项目的外方合营者而言,财务评价是做出项目决策的唯一依据。项目的财务可行性是中外双方合作的基础,中方合营者视审批机关的要求,必要时还要进行国民经济评价。

(三)财务评价的基本原则

财务评价应遵循以下基本原则。

1. 费用与效益计算范围的一致性原则

为了正确评价项目的获利能力,必须遵循费用与效益计算范围的一致性原则。如果在投资估算中包括了某项工程,那么因建设了该工程而增加的效益就应该考虑,否则就会低估了项目的效益;反之,如果考虑了该工程对项目效益的贡献,但投资却未计算进去,那么项目的效益就会被高估。只有将投入和产出的估算限定在同一范围内,计算的净效益才是投入的真实回报。

2. 费用与效益识别的有无对比原则

有无对比是国际上项目评价中通用的费用与效益识别的基本原则,项目评价的许多方面都需要遵循这条原则,财务评价也不例外。所谓"有"是指实施项目后的将来状况,"无"是指不实施项目时的将来状况。在识别项目的效益和费用时,须注意只有"有无对比"的差额部分才是由于项目的建设增加的效益和费用,即增量效益和费用。有些项目即使不实施,现状效益也会由于各种原因发生变化。例如农业灌溉项目,若没有该项目,将来的农产品产量也会由于气候、施肥、种子、耕作技术的变化而变化;再如计算交通运输项目效益的基础——车流量,在无该项目时,也会由于地域经济的变化而改变。采用有无对比的方法,就是为了识别那些真正应该算作项目效益的部分,即增量效益,排除那些由于其他原因产生的效益;同时也要找出与增量效益相对应的增量费用,只有这样才能真正体现项目投资的净效益。

有无对比直接适用于依托老厂进行的改扩建与技术改造项目、停缓建后又恢复建设项目的增量效益分析。对于从无到有进行建设的新项目,也同样适用该原则,只是通常认为无项目与现状相同,其效益与费用均为零。

3. 动态分析与静态分析相结合,以动态分析为主的原则

国际通行的财务评价都是以动态分析方法为主,即根据资金时间价值原理,考虑整

个计算期内各年的效益和费用，采用现金流量分析的方法，计算内部收益率和净现值等评价指标。我国于 1987 年和 1993 年由国家计委和建设部发布施行的《建设项目经济评价方法与参数》(以下简称《方法与参数》)第一版和第二版，2006 年由国家发改委和建设部发布的《方法与参数》第三版，都采用了动态分析与静态分析相结合，以动态分析为主的原则制定出一整套项目评价方法与指标体系，并一直沿用至今。

4. 基础数据确定中的稳妥原则

财务评价结果的准确性取决于基础数据的可靠性。财务评价中需要的大量基础数据都来自预测和估计，难免有不确定性。为了使财务评价结果能提供较为可靠的信息，避免人为的乐观估计所带来的风险，更好地满足投资决策需要，在基础数据的确定和选取中遵循稳妥原则是十分必要的。

(四) 财务评价与会计制度和税收法规的关系

既然财务评价要在国家现行会计制度、税收法规的基础上估算营业收入和成本费用，考察项目的获利能力，那么财务评价与税收法规和会计制度必然有着紧密的联系。但由于财务评价的特殊性，又不可能完全符合税收法规和会计制度，它们的关系可以表示为以下三个方面。

1. 财务评价要与国家现行会计制度和税收法规相适应

考察项目的获利能力是以利润为基础的。为了尽可能使利润的预测不脱离实际情况，在营业收入、成本费用和相关税费的估算时必须与国家现行会计制度、税收法规相适应，只有这样财务评价的结论才有可信度，据此做出的决策才有合理性。

我国早已加入 WTO，各项法规、制度正在清理和修订，包括会计制度和税收法规，以便与国际接轨。但所谓接轨，并不意味着各个国家的法规都完全相同，实际上每个国家的法规都会有其适应国情的特点。因此，在承担海外项目的咨询工作中，应特别注意这个问题。

2. 财务评价可做一些有别于现行会计制度和税收法规的处理

虽然财务评价不能脱离当时的会计制度和税收法规，但它又和实际的会计行为及纳税行为有很大的不同。会计行为及纳税行为是对已经发生的营业收入、成本费用和税金等如实记账或上缴，而财务评价是对今后几年、十几年乃至更长期限的营业收入、成本费用和相关税费等财务数据进行分析预测。因此要求财务评价如同会计行为和纳税行为那样细致和详尽，既不现实又无必要，应该允许财务评价中对财务报表科目进行适当归并和简化，但是一切的归并和简化都有一个前提条件，即不影响利润的计算。

3. 会计制度与税收法规矛盾时的处理

在一些具体规定上，有时会遇到会计制度与税收法规相矛盾的地方，例如按照会计制度应该计入成本费用的某些支出，按税法规定却不能在所得税前扣除。在实际的财务行为中应先按会计制度的规定记账，然后再做纳税调整。在财务评价中不可能，也无必要执行这样的程序，而是可以按照从税的原则进行处理，即直接按税收法规的规定编制报表和进行计算。

二、财务评价基础数据与参数的选择

(一) 基础数据的范围和作用

财务评价涉及的基础数据很多,按其作用可以分为两类。一类是计算用数据和参数;另一类是判别用参数,或称基准参数。

计算用数据和参数,可分为初级数据和派生数据两类。财务评价需要大量的初级数据,它们大多是通过调查研究、分析、预测确定或相关专业人员提供的,如产出物数量和商品量、销售价格、原材料及燃料动力消耗量及价格、人员数量和工资标准、折旧和摊销年限、成本计算中的各种费率、各种税率、汇率、利率、计算期和运营负荷等等计算用数据和参数。成本费用、营业收入、税金及附加、增值税等可以看作为财务分析所用的计算用数据,它们是通过初级数据计算出来的,可以称为派生数据。初级数据应是最受关注的数据,它们的确定是否合理,将直接影响成本费用、营业收入等的估算,进而影响财务评价结果的可信度。在进行财务分析之前,必须做好这些基础工作。

另一类判别用参数,系用于判别项目效益是否满足要求的基础参数,如基准收益率或最低可接受收益率、基准投资回收期、基准投资收益率以及偿债备付率等比率指标,其判别基准往往需要通过专门分析和测算才能得到,或者直接采用有关部门或行业的发布值,或者由投资者自行确定。这类基准参数决定着对项目效益的判断,是取舍项目的依据。

(二) 财务价格的选择

在项目财务评价中,要对项目整个计算期内的价格进行预测,涉及如何处理价格变动的问题,包括通货膨胀因素问题。财务评价涉及的价格体系有三种,即固定价格体系、实价体系和时价体系。同时,涉及三种价格,即基价、实价和时价。在整个计算期的若干年内,是采用同一个固定价格呢,还是各年都变动以及如何变动? 也就是投资项目的财务评价采用什么价格体系的问题,因此应该遵循以下原则。

1. 财务评价应采用预测价格

财务评价基于对拟建项目未来数年或更长年份的效益与费用的估算,而无论投入还是产出的未来价格都会发生各种各样的变化,为了合理反映项目的效益和财务状况,财务评价应采用预测价格。该预测价格应是在选定的基年价格基础上,一般选择评价当年为基年。至于采用何种价格体系,要视具体情况决定。

2. 现金流量分析原则上应采用的价格体系

现金流量分析原则上应采用实价体系。采用实价为基础计算净现值和内部收益率进行现金流量分析是国际上比较通行的做法。这样做,便于投资者考察投资的实际盈利能力。因为实际价值排除了通货膨胀因素的影响,消除了因通货膨胀(物价总水平上涨)带来的"浮肿利润",能够相对真实地反映投资的盈利能力,为投资决策提供较为可靠的依据。如果采用含通货膨胀因素的时价进行盈利能力分析,特别是当对投入和产出采用同一时价上涨率时就有可能使未来收益大大增加,因而形成"浮肿利润"扩大项目的盈利能力。

3. 偿债能力分析原则上应采用的价格体系

偿债能力分析原则上应采用时价体系。用时价进行财务预测,编制利润与利润分配表、财务计划现金流量表及资产负债表,有利于描述项目计算期内各年当时的财务状况,相对合理地进行偿债能力分析,这也是国际上比较通行的做法。

为了满足实际投资的需要,在投资估算中必须包含通货膨胀因素引起投资增长的部分,一般通过计算涨价预备费来体现。同样,在融资计划中也应包括这部分费用,在投入运营后的还款计划中自然包括该部分费用的偿还。因此,只有采用既包括了相对价格变化,又包含通货膨胀因素影响在内的时价价值表示的投资费用、融资数额进行计算,才能真实反映项目的偿债能力。

4. 对财务评价采用价格体系的简化

在实践中,并不要求对所有项目或所有情况下,都必须全部采用上述价格体系进行财务评价,多数情况下都允许根据具体情况进行适当的简化。《方法与参数》提出了简化处理的办法,可以归纳为以下几点。

(1) 一般在建设期间既要考虑通货膨胀因素,又要考虑相对价格变化,包括对投资费用的估算和对经营期投入产出价格的预测。

(2) 项目经营期内,一般情况下盈利能力分析和偿债能力分析可以采用同一套价格,即预测的经营期的价格。

(3) 项目经营期内,可根据项目和产出的具体情况,选用固定价格(项目经营期内各年价格不变)或考虑相对价格变化的变动价格(项目经营期内各年价格不同,或某些年份价格不同)。

(4) 当有要求,或通货膨胀严重时,项目偿债能力分析要采用时价价格体系。

5. 《方法与参数》对财务评价采用价格是否应该包含增值税的处理

我国目前实行消费型增值税制,对生产和销售产品或者提供劳务征税,同时可以对进项税额进行抵扣。增值税的征收实行价税分离,在发生销售产品和提供劳务时,单独开具增值税专用发票。按照会计制度的规定,企业财务报表中的成本费用和营业收入都是以不含增值税的价格表示的。对于在财务评价的表格中采用含税价格还是不含税价格,历年多有争论。《方法与参数》指出,财务评价所采用的价格可以是含增值税的价格,也可以是不含增值税的价格,但需要在报告中予以说明。本章所给出的表格是按不含税价格设计的。

(三) 项目计算期的确定

项目计算期的合理确定是全面、正确评价项目经济效益的前提。项目计算期是指项目进行经济评价应延续的年限,包括拟建项目的建设期和生产期(或经营期、使用期)。

1. 建设期的确定

建设期是指项目资金正式投入开始到项目建成投产为止所需要的时间,一般应包括设计期、施工期和试运转期。项目建设期的估算在项目实施规划中提出,其确定应综合考虑项目的建设规模、建设性质(新建、扩建和技术改造)、项目复杂程度、当地建设条件、管理水平与人员素质等因素,并与项目进度计划中的建设工期相协调。项目进度计划中的建设工期是指项目从现场破土动工起到项目建成投产为止所需要的时间,项目建设期和进度计划中的建设工期两者的终点相同,但起点可能有差异。对于既有项目法人融资的项目,评价用建设期与建设工期一般没有差异。但新设项目法人项目需先注册企业,届时就需要投资者投资资金,其后项目再开工建设,因而两者的起点会有差异。因此根据项目的实际情况,评价用建设期可能大于项目实施进度中的建设工期,当行业有规定时,从其规定。对于一期、二期连续建设的项目、滚动发展的总体项目等应结合项目的具体情况确定评价用建设期。

2. 生产期的确定

项目计算期中生产期一般并不是指项目建成投产后将实际存在的时间,也不是指项目的技术寿命,而是从项目技术经济评价的要求出发所假定的一个期限。生产期一般又分投产期和达产期两阶段。从项目正式投产到产量达到设计生产能力的时期称为投产期,产量达到设计生产能力后的时期称为达产期。决定生产期长短的因素有:产品寿命期(如矿产资源项目的设计开采年限)、主要设施和设备的使用寿命期、主要技术的寿命期等等。项目生产期一般比设备和建设物的物理寿命要短。

但是项目生产期不能规定得太短,在项目的效益尚未充分发挥时就假定它终止,其评价结果也不能正确反映项目实际。建设项目的生产期可以根据本部门、本行业项目的特点确定。除了某些采掘工业受资源储量限制需要确定合理开采年限以外,一般工业项目可按综合折旧寿命计算生产期,一般项目在 15 年左右,最多不超过 20 年。有些项目的运营寿命很长,如水利枢纽,其主体工程是永久性工程,其计算期应根据评价要求确定,经营期可定为 25 年,甚至 30 年以上。对设定计算期短于运营寿命期较多的项目,计算内部收益率、净现值等指标时,为避免计算误差,可采用年金折现、未来值折现等方法,将计算期结束以后年份的现金流入和现金流出折现到计算期末。

(四) 营销计划与运营负荷的研究确定

运营负荷是指项目运营过程中负荷达到设计能力的百分数,它的高低与项目复杂程度、技术成熟程度、市场开发程度、原材料供应及配套条件、管理因素等都有关系。在市场经济条件下,如果其他方面没有大的问题,运营负荷的高低应主要取决于市场。在对市场和营销计划所作研究的基础上,结合其他因素研究确定分年运营负荷,作为计算各年营业收入和成本费用的基础。

运营负荷的确定一般有以下两种方式。

(1) 经验设定法,即根据以往项目的经验,结合该项目的实际情况,粗估各年的运营负荷,以设计能力的百分数表示,据此估算分年的营业收入和成本费用。

(2) 营销计划法,通过制定详细的分年营销计划,确定各种产出物各年的生产量和销售量,再据此估算分年的营业收入和成本费用。

国内项目评价中大都采用第一种方式,但有些项目产出市场尚待开发,需逐步推广应用;或者某种产品只生产一段时间就改换更新品种,此时最好按实际的分年营销计划,确定各种产出物各年的生产量和销售量。多数外国公司对第二种方式比较重视。

（五）相关税费估算

财务评价中涉及多种税费的计算,不同项目涉及的税费种类和税率可能各不相同,税费计算得当是正确计算项目效益的重要因素。因此要根据项目的具体情况选用适合的税种和税率,在对内外资企业尚未统一税法之前,还应注意根据企业的性质和相应的税法计税。这些税费及相关优惠政策会因时而异,部分会因地而异,项目评价时应密切注意当时项目所在地的税收政策适时调整计算,使财务评价比较符合实际情况。

财务评价涉及的税费主要包括关税、增值税、资源税、消费税、所得税、城市维护建设税、教育费附加和地方教育费附加等,有些行业还涉及土地增值税。财务评价时应说明税种、征税方式、计税依据、税率等,如有减免税优惠,应说明依据及减免方式。在会计处理上资源税、消费税、土地增值税、城市维护建设税、教育费附加和地方教育费附加包含在"税金及附加"中。

各种税费的含义和计价方式在第三章中已经介绍,在此不再重复。将财务评价(含建设投资)涉及的主要税种和计税时涉及的费用效益科目归纳于表8-1。

表8-1 财务评价涉及的税种

税 种 名 称	建设投资	总成本费用	税金及附加	增值税	利润分配
进口关税	√	√			
增值税	√	√		√	
消费税	√		√		
资源税		自用√	销售√		
土地增值税			√		
耕地占用税	√				
企业所得税					√
城市维护建设税			√		
教育费附加			√		
地方教育费附加			√		
车船税		√	√		
房产税			√		
土地使用税			√		
印花税	√		√		
环境保护税	√		√		

(六)利率和汇率

借款利率是项目财务评价的重要基础数据,用以计算借款利息。采用固定利率的借款项目,财务评价直接采用约定的利率计算利息。采用浮动利率的借款项目,财务评价时应对借款期内的平均利率进行预测,采用预测的平均利率计算利息。

财务评价汇率的取值,一般采用国家外汇管理部门公布的当期外汇牌价的卖出价和买入价的中间价。

(七)基准参数的选取

财务评价中最重要的基准参数是判别内部收益率是否满足要求的基准参数,也可称为财务基准收益率或最低可接受收益率,同时它也是计算净现值的折现率。采用财务基准收益率或最低可接受收益率作为折现率,用于计算财务净现值,如果能够得到财务净现值大于或等于零,或者财务内部收益率大于财务基准收益率或最低可接受收益率的结果,两者对项目可行性的判断一致。

从不同角度进行的现金流量分析所选取的判别基准可能是不同的,在选取中应注意以下几点。

1. 判别基准的确定要与指标的内涵相对应

所谓判别基准,是指要设定一个投资的截止率(国外又称"cut off rate"),收益低于这个水平不予投资,这也就是最低可接受收益率的概念。不同的人,或者从不同角度去考虑,对投资收益会有不同的最低期望值。因此,在谈到最低可接受收益率时,应有针对性,项目财务评价中不应该总是用同一最低可接受收益率作为各种内部收益率的判别基准。

《方法与参数》规定了三个层次的内部收益率指标,即项目财务内部收益率、项目资本金内部收益率、投资各方内部收益率,这些指标从不同角度考察项目的盈利能力,用以判别项目盈利能力的最低可接受收益率也可能有所不同。

2. 判别基准的确定要与所采用的价格体系相协调

判别基准的确定要与所采用的价格体系相协调,是指所采用的价格是否包含通货膨胀因素。如果计算期内考虑通货膨胀,并采用时价计算内部收益率,则确定判别基准时也应考虑通货膨胀因素,反之亦然。含通货膨胀因素的内部收益率以及判别基准两者间关系的近似为

$$i_c' \approx i_c + f \tag{8-1}$$

$$IRR' \approx IRR + f \tag{8-2}$$

式(8-1)、式(8-2)中:i_c——不含通货膨胀因素的内部收益率判别基准;

i_c'——含通货膨胀因素的内部收益率判别基准;

IRR——不含通货膨胀因素的内部收益率;

IRR'——含通货膨胀因素的内部收益率;

f——通货膨胀率。

3. 项目财务内部收益率的判别基准

对于项目财务内部收益率来说,其判别基准可采用行业或专业(总)公司统一发布执行的财务基准收益率,或由评价者自行设定。设定时常考虑行业边际收益率、银行贷款利率、资本金的机会成本等因素。近年来,采用项目加权平均资金成本(国外简称WACC)为基础来确定财务基准收益率的做法已被越来越多的人们所接受(关于项目的加权平均资金成本的构成与计算详见本书第七章)。

4. 资本金内部收益率的判别基准

对于资本金内部收益率来说,其判别基准应为最低可接受收益率。它的确定主要取决于当时的资本收益水平以及资本金所有者对权益资金收益的要求,涉及资金机会成本的概念,还与投资者对风险的态度有关。最低可接受收益率最好按项目所有资本金投资者对权益资金收益的综合要求选取,资本金投资者没有明确要求的,可以采用社会平均(理论上应为边际)或行业平均的权益资金收益水平。

5. 投资各方内部收益率的判别基准

投资各方内部收益率的判别基准为投资各方对投资收益水平的最低期望值,也可称为最低可接受收益率,它只能由各投资者自行确定。因为不同投资者的决策理念、资本实力和风险承受能力有很大差异,且出于某些原因,可能会对不同项目有不同的收益水平要求。

第二节 财务评价报表编制

在明确财务评价概念和原则的基础上,进而选择财务评价的基础数据和参数,这都为财务评价报表的编制奠定了良好的基础。财务评价报表的编制包括财务评价辅助报表和财务评价主要报表两类。

一、财务评价辅助报表

财务评价辅助报表主要包括:营业收入、税金及附加和增值税估算表,总成本费用估算表,总成本费用估算表的五个附表(外购原材料费估算表、外购燃料和动力费估算表、固定资产折旧费估算表、无形资产和其他资产摊销估算表、工资或薪酬估算表)以及其他相关报表。

(一)营业收入、税金及附加和增值税估算表

营业收入是企业对外销售产品或提供劳务所取得的收入。计算营业收入要在正确估计各年的生产能力利用率、生产负荷、开工率的基础上,合理确定产品或服务的价格,并明确产品或服务适用的流转税率。对于生产多种产品和提供多项服务的项目,应分别

估算各种产品及劳务的营业收入。对那些不便于按详细的品种分类计算营业收入的项目,也可采取折算为标准产品的方法计算营业收入。最后编制营业收入估算表,并包括税金及附加和增值税的计算,见表 8-2。

表 8-2 营业收入、税金及附加和增值税估算表　　　　　　（单位：万元）

序号	项目	合计	计算期					
			1	2	3	4	…	n
1	营业收入							
1.1	产品 A 营业收入							
	单价							
	数量							
	销项税额							
1.2	产品 B 营业收入							
	单价							
	数量							
	销项税额							
	……							
2	税金及附加							
2.1	消费税							
2.2	城市维护建设税							
2.3	资源税							
2.4	教育费附加							
2.5	地方教育费附加							
3	增值税							
3.1	销项税额							
3.2	进项税额							
3.3	抵扣固定资产进项税额							

（二）总成本费用估算表

在估算总成本费用时,通常采用生产要素估算法,其计算公式为

总成本费用＝外购原材料费＋外购燃料及动力费＋工资薪酬
　　　　　＋修理费＋折旧费＋摊销费＋财务费用＋其他费用

详细内容在第三章已经介绍过,在此不再重复。

为了编制总成本费用估算表，还需配套编制下列表格：外购原材料费估算表、外购燃料和动力费估算表、固定资产折旧费估算表、无形资产和其他资产摊销估算表、工资或薪酬估算表。格式见表 8-3 至表 8-8。

表 8-3　总成本费用估算表　　　　　　　　　　　　　　　（单位：万元）

序号	项　目	合计	计算期					
			1	2	3	4	…	n
1	外购原材料费							
2	外购燃料和动力费							
3	工资或薪酬							
4	修理费							
5	其他费用							
6	经营成本(1+2+3+4+5)							
7	折旧费							
8	摊销费							
9	利息支出							
10	总成本费用合计(6+7+8+9)							
	其中：可变成本							
	固定成本							

表 8-4　外购原材料费估算表　　　　　　　　　　　　　　（单位：万元）

序号	项　目	合计	计算期					
			1	2	3	4	…	n
1	外购原材料费							
1.1	原材料 A							
	单价							
	数量							
	进项税额							
1.2	原材料 B							
	单价							
	数量							
	进项税额							
	……							

续 表

序号	项 目	合计	计算期					
			1	2	3	4	...	n
2	辅助材料费用							
	进项税额							
3	其他							
	进项税额							
4	外购原材料费合计							
5	外购原材料进项税额合计							

表 8-5　外购燃料和动力费估算表　　　　　　　　　　（单位：万元）

序号	项 目	合计	计算期					
			1	2	3	4	...	n
1	燃料费							
1.1	燃料 A							
	单价							
	数量							
	进项税额							
	……							
2	动力费用							
2.1	动力 A							
	单价							
	数量							
	进项税额							
	……							
3	外购燃料和动力费用合计							
4	外购燃料和动力进项税额合计							

表 8-6　固定资产折旧费用估算表　　　　　　　　　　（单位：万元）

序号	项 目	合计	计算期					
			1	2	3	4	...	n
1	房屋、建筑物							
	原值							

续　表

序号	项　目	合计	计　算　期					
			1	2	3	4	…	n
	当期折旧费							
	净值							
2	机器设备							
	原值							
	当期折旧费							
	净值							
	……							
3	合计							
	原值							
	当期折旧费							
	净值							

表 8-7　无形资产和其他资产摊销估算表　　　　　　　　　　（单位：万元）

序号	项　目	合计	计　算　期					
			1	2	3	4	…	n
1	无形资产							
	原值							
	当期摊销费							
	净值							
2	其他资产							
	原值							
	当期摊销费							
	净值							
	……							
3	合计							
	原值							
	当期摊销费							
	净值							

表 8-8 工资或薪酬估算表　　　　　　　　　　（单位：万元）

序号	项目	合计	计算期					
			1	2	3	4	...	n
1	工人							
	人数							
	人均年工资							
	工资额							
2	技术人员							
	人数							
	人均年工资							
	工资额							
3	管理人员							
	人数							
	人均年工资							
	工资额							
4	工资总额(1+2+3)							
5	福利费							
	合计(4+5)							

（三）财务评价的其他辅助报表

除了以上两类辅助报表以外，财务评价中还需要针对投资估算制定相关的报表，包括以下四种报表。

（1）建设投资估算表。该表反映项目的全部固定资产的投资构成及金额，包括建筑工程费、设备购置费、安装工程费和其他费用。

（2）建设期利息估算表。该表反映建设期各种借款资金来源和利息支出情况。

（3）流动资金估算表。该表反映项目的流动资金数额及其构成，包括流动资产和流动负债金额。

（4）项目总投资使用计划与资金筹措表。该表反映项目资本金、债务资金等投资的分年度计划使用情况，以及投资的来源和构成，包括自有资金和借款金额、人民币和外币筹资情况。

这四种辅助报表主要应用于项目可行性研究中，在此不做详细介绍。

二、财务评价主要报表

在选定财务评价基础数据和参数，以及编制好辅助报表以后，进入工程项目财务效益分析阶段，即编制财务评价主要报表和计算财务评价指标阶段，主要包括五大类报表：现金流量表、利润与利润分配表、财务计划现金流量表、借款还本付息计划表、资产负债表等。

(一)现金流量表

现金流量表旨在考察确定项目融资方案前、后且在所得税前、后整个项目的盈利能力。根据投资主体的不同,可以分为项目投资现金流量表、项目资本金现金流量表和投资各方现金流量表。

1. 项目投资现金流量表

项目投资现金流量表是在假定项目全部投资均为自有资金条件下,考察项目的现金流入与流出情况,其报表格式见表8-9。

表8-9 项目投资现金流量表 （单位：万元）

序号	项 目	合计	计算期					
			1	2	3	4	...	n
1	现金流入							
1.1	营业收入							
1.2	销项税额							
1.3	补贴收入							
1.4	回收固定资产余值							
1.5	回收流动资金							
2	现金流出							
2.1	建设投资							
2.2	流动资金							
2.3	经营成本							
2.4	进项税额							
2.5	应纳增值税							
2.6	税金及附加							
2.7	维持运营投资							
3	所得税前净现金流量(1—2)							
4	累计所得税前净现金流量							
5	调整所得税							
6	所得税后净现金流量(3—5)							
7	累计所得税后净现金流量							

计算指标：
项目投资财务内部收益率/%(所得税前)
项目投资财务内部收益率/%(所得税后)
项目投资财务净现值(所得税前)($i_c=$%)
项目投资财务净现值(所得税后)($i_c=$%)
项目投资回收期(年)(所得税前)
项目投资回收期(年)(所得税后)

表中计算期的年序为 $1,2,\cdots,n$，建设开始年作为计算期的第 1 年，年序为 1。当项目建设期以前所发生费用占总费用的比例不大时，为简化计算，这部分费用可列入年序 1。若需单独列出，可在年序 1 之前另加一栏"建设起点"，年序为 0，将建设期以前发生的现金流出填入该栏。

(1) 现金流入为营业收入、销项税额、补贴收入、回收固定资产余值和回收流动资金四项之和。其中，固定资产余值和流动资金一般均在项目计算期最后一年回收，固定资产余值回收额为固定资产期末净值合计，流动资金回收额为项目全部流动资金。

(2) 现金流出由建设投资、经营成本及税金等分项组成。

(3) 项目计算期各年净现金流量为各年现金流入量减去对应年份的现金流出量，各年累计净现金流量为本年及以前各年净现金流量之和。同时，要计算对应年份的调整所得税额，以便分清所得税前或者所得税后的净现金流量。

2. 项目资本金现金流量表

项目资本金现金流量表是站在项目投资主体角度考察项目的现金流入流出情况，其报表格式见表 8-10。从项目投资主体的角度看，建设项目投资借款是现金流入，但又同时将借款用于项目投资，则构成同一时点、相同数额的现金流出，两者相抵对项目净现金流量的计算无影响，故表中投资只计算项目本金。另一方面，现金流入又是因为项目全部投资所获得，故应将借款本金偿还及利息支付计入现金流出。

表 8-10 项目资本金现金流量表 （单位：万元）

序号	项 目	合计	计算期					
			1	2	3	4	…	n
1	现金流入							
1.1	营业收入							
1.2	销项税额							
1.3	补贴收入							
1.4	回收固定资产余值							
1.5	回收流动资金							
2	现金流出							
2.1	项目本金							
2.2	长期借款本金偿还							
2.3	流动资金借款本金偿还							
2.4	借款利息支付							
2.5	经营成本							
2.6	进项税额							

续　表

序号	项　　目	合计	计　算　期					
			1	2	3	4	⋯	n
2.7	增值税							
2.8	税金及附加							
2.9	所得税							
2.10	维持运营投资							
3	净现金流量(1—2)							
计算指标： 资本金财务内部收益率/%									

3. 投资各方现金流量表

从各投资方的角度考察项目的现金流入流出情况，衡量项目的盈利能力，计算投资各方财务内部收益率。现金流入包括：实分利润、资产处置收益分配、租赁费收入、技术转让或使用收入、其他现金流入。现金流出包括：实缴资本、租赁资产支出、其他现金流出。其报表格式见表 8-11。

表 8-11　投资各方现金流量表　　　　　　　　　　（单位：万元）

序号	项　　目	合计	计　算　期					
			1	2	3	4	⋯	n
1	现金流入							
1.1	实分利润							
1.2	资产处置收益分配							
1.3	租赁费收入							
1.4	技术转让或使用收入							
1.5	其他现金流入							
2	现金流出							
2.1	实缴资本							
2.2	租赁资产支出							
2.3	其他现金流出							
3	净现金流量(1—2)							
计算指标： 投资各方财务内部收益率/%									

(二) 利润与利润分配表

利润与利润分配表中损益栏目反映项目计算期内各年的营业收入、总成本费用支出、利润总额情况;利润分配栏目反映所得税及税后利润的分配情况,其报表格式见表 8-12。

表 8-12 利润与利润分配表　　　　　　　　　　　　　　(单位:万元)

序号	项目	合计	计算期					
			1	2	3	4	…	n
1	营业收入							
2	税金及附加							
3	总成本费用支出							
4	补贴收入							
5	利润总额(1−2−3+4)							
6	弥补以前年度亏损							
7	应纳税所得额(5−6)							
8	所得税							
9	净利润(5−8)							
10	期初未分配利润							
11	可供分配的利润(9+10)							
12	提取法定盈余公积金							
13	可供投资者分配的利润(11−12)							
14	应付优先股股利							
15	提取任意盈余公积金							
16	应付普通股股利(13−14−15)							
17	各投资方利润分配							
	其中:××方							
	××方							
18	未分配利润(16−17)							
19	息税前利润(5+利息支出)							
20	息税折旧摊销前利润(19+折旧+摊销)							

营业收入、税金及附加、所得税、总成本费用的各年度数据分别取自相应的报表。

利润总额=营业收入−税金及附加−总成本费用支出+补贴收入　　　(8-3)

所得税=应纳税所得额×所得税税率　　　(8-4)

净利润＝利润总额－所得税 (8-5)

可供投资者分配的利润＝净利润＋期初未分配利润－法定盈余公积金 (8-6)

可供投资者分配的利润根据投资方或股东的意见在任意盈余公积金、应付利润和未分配利润之间进行分配。应付利润为向投资者分配的利润或向股东支付的股利,未分配利润主要指用于偿还固定资产投资借款及弥补以前年度亏损的可供分配利润。

（三）财务计划现金流量表

财务计划现金流量表反映项目计算期内各年的投资、融资及经营活动的资金流入、流出情况,考察资金平衡和余缺情况。用于选择资金筹措方案,制订适宜的借款及偿还计划,并为编制资产负债表提供依据。其报表格式见表 8-13。

表 8-13 财务计划现金流量表 （单位：万元）

序号	项目	合计	计算期					
			1	2	3	4	…	n
1	经营活动净现金流量(1.1－1.2)							
1.1	现金流入							
1.1.1	营业收入							
1.1.2	增值税销项税额							
1.1.3	补贴收入							
1.1.4	其他流入							
1.2	现金流出							
1.2.1	经营成本							
1.2.2	增值税进项税额							
1.2.3	税金及附加							
1.2.4	增值税							
1.2.5	所得税							
1.2.6	其他流出							
2	投资活动净现金流量(2.1－2.2)							
2.1	现金流入							
2.2	现金流出							
2.2.1	建设投资							
2.2.2	维持运营投资							
2.2.3	流动资金							

续　表

序号	项　　目	合计	计　算　期					
			1	2	3	4	…	n
2.2.4	其他流出							
3	筹资活动净现金流量(3.1－3.2)							
3.1	现金流入							
3.1.1	项目资本金流入							
3.1.2	建设投资借款							
3.1.3	流动资金借款							
3.1.4	债券							
3.1.5	短期借款							
3.1.6	其他流入							
3.2	现金流出							
3.2.1	各种利息支出							
3.2.2	偿还债务本金							
3.2.3	应付利润(股利分配)							
3.2.4	其他流出							
4	净现金流量(1＋2＋3)							
5	累计资金盈余							

财务计划现金流量表能全面反映项目的资金流动情况。编制该表时,首先要计算期内各年的资金运用,然后通过资金来源与资金运用的差额反映项目历年的资金盈余或短缺情况。项目的资金筹措方案和借款偿还计划应能使表中各年度的累计盈余资金始终大于或等于零,否则项目将因资金短缺而不能按计划顺利运行。

(四)借款还本付息计划表

借款还本付息计划表用于反映项目计算期内借款和债券各年的借款金额和还本付息情况,并计算利息备付率、偿债备付率等指标。其报表格式见表8-14。

表8-14　借款还本付息计划表　　　　　　　　　　　　(单位:万元)

序号	项　　目	合计	计　算　期					
			1	2	3	4	…	n
1	借款A							
1.1	期初借款余额							

续 表

序号	项 目	合计	计算期 1	2	3	4	⋯	n
1.2	当期还本付息							
	其中：还本							
	付息							
1.3	期末借款余额							
2	借款 B							
2.1	期初借款余额							
2.2	当期还本付息							
	其中：还本							
	付息							
2.3	期末借款余额							
3	债券							
3.1	期初债务余额							
3.2	当期还本付息							
	其中：还本							
	付息							
3.3	期末债务余额							
4	借款和债券合计							
4.1	期初余额							
4.2	当期还本付息							
	其中：还本							
	付息							
4.3	期末余额							
计算指标	利息备付率/%							
	偿债备付率/%							

（五）资产负债表

资产负债表综合反映项目计算期内各年末资产、负债和所有者权益的增减变化及对应关系，以考察项目资产、负债、所有者权益的结构是否合理，进行清偿能力分析。其报表格式见表 8-15。

表 8-15 资产负债表 （单位：万元）

序号	项 目	合计	计算期 1	2	3	4	...	n
1	资产							
1.1	流动资产总额							
1.1.1	货币资金							
1.1.2	应收账款							
1.1.3	预付账款							
1.1.4	存货							
1.1.5	其他							
1.2	在建工程							
1.3	固定资产净值							
1.4	无形及其他资产净值							
2	负债及所有者权益							
2.1	流动负债总额							
2.1.1	短期借款							
2.1.2	应付账款							
2.1.3	预收账款							
2.1.4	其他							
2.2	建设投资借款							
2.3	流动资金借款							
2.4	负债小计(2.1+2.2+2.3)							
2.3	所有者权益							
2.3.1	资本金							
2.3.2	资本公积							
2.3.3	累计盈余公积金							
2.3.4	累计未分配利润							
	计算指标 资产负债率/%							

资产由流动资产、在建工程、固定资产净值、无形及其他资产净值四项组成。

（1）流动资产为货币资金、应收账款、预付账款、存货、其他之和。应收账款、预付账款和存货三项数据来自流动资金估算表；货币资金数据则取自财务计划现金流量表的累计资金盈余与流动资金估算表中现金之和。

(2) 在建工程是指固定资产投资和建设期利息的年累计额。

(3) 固定资产净值和无形及其他资产净值分别从固定资产折旧费估算表和无形和其他资产摊销估算表取得。

负债包括流动负债、建设投资借款和流动资金借款。流动负债中的应付账款、预收账款数据可由流动资金估算表直接取得。后两项需要根据财务计划现金流量表中的对应项及相应的本金偿还项进行计算。

所有者权益包括资本金、资本公积金、累计盈余公积金及累计未分配利润。其中，累计未分配利润可直接来自利润及利润分配表；累计盈余公积金也可由利润及利润分配表中盈余公积金项计算各年份的累计值，但应根据是否用盈余公积金弥补亏损或转增资本金的情况进行相应调整；资本金为项目投资中累计自有资金（扣除资本溢价），当存在由资本公积金或盈余公积金转增资本金的情况时应进行相应调整。资本公积金为累计资本溢价及赠款，转增资本金时进行相应调整。

$$\text{资产负债表满足等式：资产}=\text{负债}+\text{所有者权益} \tag{8-7}$$

第三节 财务效益分析

财务评价属于经济效果评价的一个组成部分，财务评价的指标也来自经济效果评价的指标体系，但在具体计算方法和构成上有所调整，在此我们介绍财务评价指标体系中的盈利能力分析和偿债能力分析。

一、盈利能力分析

盈利能力分析是项目财务评价的主要内容之一，是在编制项目投资现金流量表的基础上，计算财务内部收益率、财务净现值及投资回收期等评价指标。其中财务内部收益率为项目的主要盈利性指标，其他指标可根据项目的特点及财务评价的目的、要求等选用。

1. 财务内部收益率（FIRR）

财务内部收益率是指使项目在整个计算期内各年净现金流量现值累计等于零时的折现率。它反映项目所占用资金的盈利率，是考察项目盈利能力的主要动态评价指标。其表达式为

$$\sum_{t=1}^{n}(CI-CO)_t(1+FIRR)^{-t}=0 \tag{8-8}$$

式(8-8)中：CI——现金流入量；

CO——现金流出量；

$(CI-CO)_t$——第 t 年的净现金流量；

n——计算期。

项目财务内部收益率($FIRR$)的判断依据，应采用行业发布或项目评价人员设定的财务基准收益率或折现率(i_c)为基准。当 $FIRR \geq i_c$ 时，即认为项目的盈利能力能够满足要求；当 $FIRR < i_c$ 时，该项目的盈利能力不能够满足要求，项目财务上不可行。

2. 财务净现值($FNPV$)

财务净现值是指按基准收益率或设定的折现率(一般采用基准收益率 i_c)，将项目计算期内各年净现金流量折现到建设期初的现值之和。其表达式和计算式为

$$FNPV = \sum_{t=1}^{n}(CI-CO)_t(1+i_c)^{-t} \tag{8-9}$$

财务净现值是评价项目盈利能力的绝对指标，它反映项目在设定的折现率要求下除了盈利之外，获得的超额盈利的现值。一般情况下，财务盈利能力分析只计算项目投资财务净现值，可根据需要选择计算所得税前净现值或所得税后净现值。评价标准：当财务净现值大于或等于零时，表明项目的盈利能力达到或超过按折现率计算的盈利水平，项目财务上可行；反之项目在财务上不可行。

3. 投资回收期(P_t)

投资回收期是指以项目的净收益抵偿全部投资所需要的时间，它是考察项目在财务上的投资回收能力的主要静态评价指标。投资回收期以年表示，一般从建设开始年算起。若从项目投产年算起，应予以特别注明，其表达式如下

$$\sum_{t=1}^{P_t}(CI-CO)_t = 0 \tag{8-10}$$

投资回收期可借助项目投资现金流量表计算，即表中的累计净现金流量由负值变为零的时点，为项目的投资回收期。其计算公式如下

$$P_t = T - 1 + \frac{\left|\sum_{i=1}^{T-1}(CI-CO)_i\right|}{(CI-CO)_T} \tag{8-11}$$

式(8-11)中：T——各年累计净现金流量首次为正值或零的年数。

投资回收期越短，表明项目的盈利能力和抗风险能力越强。投资回收期的判别标准是基准投资回收期，其取值可根据行业水平或者投资者的要求设定。当投资回收期小于基准的投资回收期时，项目财务上可行。

4. 总投资收益率(ROI)

总投资收益率表示总投资的盈利水平，系指项目达到设计能力后正常年份的年息税前利润或运营期内平均息税前利润($EBIT$)与项目总投资(TI)的比率。总投资收益率应按下式计算

$$ROI = \frac{EBIT}{TI} \times 100\% \tag{8-12}$$

总投资收益率高于同行业的收益率参考值,表明用总投资收益率表示的项目盈利能力满足要求。

5. 项目资本金净利润率(ROE)

项目资本金净利润率表示项目资本金的盈利水平,系指项目达到设计能力后正常年份的年净利润或运营期内年平均净利润(NP)与项目资本金(EC)的比率。项目资本金净利润率应按下式计算

$$ROE = \frac{NP}{EC} \times 100\% \qquad (8-13)$$

项目资本金净利润率高于同行业的净利润率参考值,表明用项目资本金净利润率表示的盈利能力满足要求。

二、偿债能力分析

根据相关的财务报表,计算借款偿还期、利息备付率、偿债备付率、资产负债率等指标,评价项目的借款偿债能力。如果采用借款偿还期指标,可不再计算备付率,如果计算备付率,可不再计算借款偿还期指标。

1. 借款偿还期(P_d)

计算公式如下

$$P_d = T - t + \frac{R_T'}{R_T} \qquad (8-14)$$

式(8-14)中:P_d——借款偿还期;

T——借款偿还后开始出现盈余年份数;

t——开始借款年份数(P_d从投产年算起时,t 为投产年年份数);

R_T'——第 T 年偿还借款额;

R_T——第 T 年可用于还款的资金额。

当借款偿还期满足借款机构要求时,即认为项目是有清偿能力的。借款偿还期指标指在计算最大偿还能力,适用于尽快还款的项目,不适用于约定借款偿还期限的项目。对于已约定借款偿还期限的项目,应采用利息备付率和偿债备付率指标分析项目的偿债能力。

2. 利息备付率(ICR)

利息备付率是指项目在借款偿还期内的息税前利润(EBIT)与应付利息(PI)的比值,它从付息资金来源的充裕性角度反映项目偿付债务利息的保障程度。利息备付率的含义和计算公式均与财政部对企业绩效评价的"已获利息倍数"指标相同,用于支付利息的息税前利润等于利润总额和当期应付利息之和,当期应付利息是指计入总成本费用的全部利息。利息备付率应按下式计算

$$ICR = \frac{EBIT}{PI} \qquad (8-15)$$

利息备付率应分年计算。对于正常经营的企业,利息备付率应当大于2,并结合债权人的要求确定。利息备付率高,表明利息偿付的保障程度高,偿债风险小;利息备付率低于1,表示没有足够资金支付利息,偿债风险很大。

3. 偿债备付率(DSCR)

偿债备付率是指项目在借款偿还期内,各年可用于还本付息的资金($EBITDA-T_{AX}$)与当期应还本付息金额(PD)的比值,它表示可用于还本付息的资金偿还借款本息的保障程度,应按下式计算

$$DSCR=\frac{EBITDA-T_{AX}}{PD} \quad (8-16)$$

式(8-16)中:$EBITDA$——息税前利润加折旧和摊销;

T_{AX}——企业所得税;

PD——应还本付息的金额。

可用于还本付息的资金,包括可用于还款的折旧和摊销,在成本中列支的利息费用,可用于还款的利润等。当期应还本付息金额包括还本金额和计入总成本费用的全部利息;融资租赁费用可视同借款偿还,运营期内的短期借款本息也应纳入计算。

偿债备付率可以按年计算,也可以按整个借款期计算。偿债备付率表示可用于还本付息的资金偿还借款本息的保证倍率,正常情况应当大于1,且越高越好。当指标小于1时,表示当年资金来源不足以偿付当期债务,需要通过短期借款偿付已到期的债务。

4. 资产负债率

资产负债率是反映项目各年所面临的财务风险程度及偿债能力的指标,计算公式为

$$资产负债率=\frac{负债合计}{资产合计}\times 100\% \quad (8-17)$$

资产负债率表示企业总资产中有多少是通过负债得来的,是评价企业负债水平的综合指标。适度的资产负债率既能表明企业投资人、债权人的风险较小,又能表明企业经营安全、稳健、有效,具有较强的融资能力。国际上公认的较好的资产负债率指标是60%。但是难以简单地用资产负债率的高或低来进行判断,因为过高的资产负债率表明企业财务风险太大;过低的资产负债率则表明企业对财务杠杆利用不够。实践表明,行业间资产负债率差异也较大。实际分析时应结合国家总体经济运行状况、行业发展趋势、企业所处竞争环境等具体条件进行判定。

5. 流动比率

流动比率是反映项目各年偿付流动负债能力的指标,计算公式为

$$流动比率=\frac{流动资产总额}{流动负债总额}\times 100\% \quad (8-18)$$

流动比率衡量企业资金流动性的大小,考虑流动资产规模与负债规模之间的关系,判断企业短期债务到期前,可以转化为现金用于偿还流动负债的能力。该指标越高,说明偿还流动负债的能力越强。但该指标过高,说明企业资金利用效率低,对企业的运营

也不利。国际公认的标准是 200%。但行业间流动比率会有很大差异,一般说,若行业生产周期较长,流动比率就应该相应提高;反之,就可以相对降低。

6. 速动比率

速动比率是反映项目各年快速偿付流动负债能力的指标,计算公式为

$$速动比率=[(流动资产总额-存货)/流动负债总额]\times 100\% \qquad (8-19)$$

速动比率指标是对流动比率指标的补充,是将流动比率指标计算公式的分子剔除了流动资产中的变现力最差的存货后,计算企业实际的短期债务偿还能力,较流动比率更为准确。该指标越高,说明偿还流动负债的能力越强。与流动比率一样,该指标过高,说明企业资金利用效率低,对企业的运营也不利。国际公认的标准比率为 100%。同样,行业间该指标也有较大差异,实践中应结合行业特点分析判断。

在项目评价过程中,可行性研究人员应该综合考察以上的盈利能力和偿债能力分析指标,分析项目的财务运营能力能否满足预期的要求和规定的标准要求,从而评价项目的财务可行性。

第四节 非营利性项目的财务效益分析

一、非营利性项目财务效益分析的目的和要求

非营利性项目是指不以营利为目的,主要为社会公众提供服务或产品的投资项目,包括公益事业项目、行政事业项目和某些基础设施项目。这些项目经济上的显著特点是为社会提供的服务和使用功能不收取费用或只收取少量费用。由于建设这类项目的目的是发挥其使用功能,服务于社会,对其进行财务效益分析的目的不是为了作为投资决策的依据,而是为了考察项目的财务状况,了解其盈利还是亏损,以便采取措施使其能维持运营,发挥功能。另外对很多非营利性项目的财务效益分析实质上是在进行方案比选,以使所选择的方案能在满足项目目标的前提下,花费费用最少。

非营利性项目财务效益分析的要求相对简单,只需对投资、成本费用和收入进行估算,必要时应编制借款还本付息计划表和利润表。

二、非营利性项目财务效益分析的方法和指标

非营利性项目财务效益分析方法与营利性项目有所不同,一般不计算项目的财务内部收益率、财务净现值、投资回收期指标,而是代之以一些特殊的指标,如有必要或可能时才需要计算反映借款偿还能力的指标。

非营利性项目财务效益评价的内容与指标如下。

1. 单位功能（或者单位使用效益）投资

单位功能（或者单位使用效益）投资是指建设一个单位的使用功能和项目提供一个单位的服务所需的投资，如医院每张病床的投资、学校的每个就学学生的投资、办公用房项目每个工作人员占用面积的投资等。

$$单位功能（或者单位使用效益）投资＝建设投资/设计服务能力或设施规模 \quad (8-20)$$

进行方案比选时，在功能相同的前提下，一般以单位投资较小的方案为优。

2. 单位功能运营成本

单位功能运营成本是指项目的年运营费用与年服务总量之比，如污水处理厂项目处理每吨污水的运营费用，用以考核项目的运营效率。

$$单位运营成本＝年运营费用/年服务总量 \quad (8-21)$$

$$年运营费用＝运营直接费用＋管理费用＋财务费用＋折旧费用 \quad (8-22)$$

年服务总量是指拟建项目建设规模所设定的年服务量。

3. 运营和服务收费价格

运营和服务收费价格是指半营利性项目向服务对象提供单位服务收取的服务费用，用以评价收费的合理性。分析方法一般是将预测的服务价格与消费者承受能力和支付意愿以及政府发布的指导价格进行对比。

4. 借款偿还期

对于那些负债建设的非营利性项目，应编制利润表和借款还本付息计划表，计算反映借款偿还能力的指标，考核项目的偿债能力，必要时提出需要政府支持的政策建议。

由于非营利性项目类别繁多，情况各异，上述方法和指标仅做参考。实践中，应根据项目类别和具体情况加以调整。行业有规定的，从其规定。

本章小结

本章从工程项目财务效益评价的概念、作用和基本原则出发，介绍了各类财务基础数据与参数的选择方法，重点阐述了财务评价主要报表和辅助报表的编制方法和基本格式，以及盈利能力分析和偿债能力分析指标的计算方法和评判原则，系统地阐明了营利性项目的财务效益评价过程。最后简单介绍了非营利性项目的财务效益分析方法。

关键词

财务效益评价　财务评价报表　总成本费用估算表　现金流量表　借款还本付息计划表　资产负债表　盈利能力分析　偿债能力分析　非营利性项目

复习思考题

1. 财务评价的基本内容和步骤有哪些？
2. 财务评价与会计制度和税收法规的关系如何体现？
3. 基准参数的选取应注意哪些问题？
4. 财务内部收益率、财务净现值、投资回收期的含义分别是什么？
5. 非营利性项目财务效益分析的方法和指标是什么？
6. 某项目第1、第2、第3年固定资产投资分别为1 000万元、500万元、500万元,均为自有资金。项目流动资金投资为300万元。该项目寿命期为13年,第4至第13年的年销售收入均为2 000万元。年固定成本340万元,年变动成本为300万元。期末固定资产净残值率为5%,税金综合税率为营业收入的6%,基准折现率 $i_c=10\%$,所得税率为25%,不计其他因素。

(1) 试编制项目投资现金流量表。
(2) 计算 FNP 并判断该项目的财务可行性。

第九章 工程项目的不确定性分析

学 习 目 标

学习了本章后,应该能够:
1. 理解不确定性的含义及其与风险的区别;
2. 了解敏感性分析的步骤和分析方法;
3. 掌握盈亏平衡分析的方法和步骤;
4. 应用本章知识对工程项目进行不确定性分析。

在工程经济的分析中,所考察的项目大多处在可行性研究阶段,所采用的数据大部分来自人们的估算和预测,与未来项目建设、经营中的实际值很有可能不一致,即具有一定程度的不确定性(uncertainty)。进行不确定性分析,主要是为了分析不确定因素对经济评价指标的影响,也就是说,通过分析其对投资方案经济效果的影响程度,了解项目可能存在的风险和财务的可靠性。

不确定性分析主要包括敏感性分析和盈亏平衡分析。

第一节 不确定性问题概述

一、不确定性的概念

从理论上讲,不确定性是指对项目有关的因素或未来的情况缺乏足够的信息因而无法做出正确的估计;没有全面考虑所有评价项目的因素而造成的实际价值与预期价值之间的差异。

与不确定性相区别的,是风险的概念。风险是指由于随机原因所引起的项目总体的实际价值与预期价值之间的差异。风险是与出现不利结果的概率相关联的,出现不利结果的概率(可能性)越大,风险也就越大。

不确定性分析是指在预测或估计一些主要因素发生变化的情况下,分析对其经济评价指标的影响。

二、不确定性问题的产生

在未来情况不可能完全确定的情况下,工程项目的大部分数据是由人们估算、预测而来的,与项目上马后的实际数据可能会有一些偏差。这就给工程项目的投资带来潜在的风险,如对产销和需求的估计、对原材料或产品销售价格的估计等都存在着不确定性。项目评价必须对工程项目的准确性和可靠性加以严格审查,进行风险分析,以判断其承担风险的能力。

导致估算和预测偏差的原因主要有以下几个方面:
(1) 基本数据的误差,这一般是由原始统计数据的差错造成的;
(2) 样本数据量不够,不足以反映客观的变动趋势或数据之间的关系;
(3) 统计方法的局限性或数学模型过于简化,不能很好地反映实际情况;
(4) 假设前提不准确;
(5) 无法预见的经济或社会政治情况的变动;
(6) 经济关系或经济结构的变化;
(7) 存在不能以数量表示的因素;
(8) 新产品或替代品的出现;
(9) 技术或工艺的变化和重大突破。

除此之外,以下的一些不稳定因素也可能存在,如国民收入和人均收入的增长率的变化;有力的竞争者的出现或消失;家庭消费结构的变化;需求弹性的变化;运费、税收因素的变化等。

第二节 敏感性分析

一、敏感性分析的基本概念

在企业投资项目和日常经营管理决策中,敏感性分析是一种重要并且常用的不确定分析方法。所谓敏感性分析,是指分析并测定项目主要不确定因素的变化对项目评价指标的影响程度,并判定各个因素的变化对目标的重要性。其中,对评价指标影响最大的因素叫作敏感因素,我们要分析评价指标对该因素的敏感程度,并分析该因素达到临界值时项目的承受能力。一般地,不确定因素主要有产品价格、产品产量、主要原材料价格、建设投资、汇率等,分析的评价指标主要有净现值、内部收益率等等。

1. 敏感性分析的分类

敏感性分析有单因素敏感性分析和多因素敏感性分析两种。单因素敏感性分析是逐一对不确定因素变化的影响进行分析。这种方法一次只改变一个参数值,假定其他参数不变,确定该参数变化对经济效益影响的敏感程度。多因素敏感性分析是对两个或两个以上互相独立的不确定因素同时变化的影响进行分析。在实际中,通常是两个或两个以上互相独立的不确定因素同时发生变化。

敏感性分析结果可以用敏感性分析图来表示。图 9-1 所示即敏感性分析图。图中,每一条斜率反映内部收益率对该不确定因素的敏感程度,斜率越大敏感度越高。一张图可以反映多个因素的敏感性分析结果。每条斜线与基准收益率的相交点即是所对应的不确定因素变化率,图中 C_1, C_2, C_3, C_4 等即该因素的临界点,将不确定因素在临界点上的变化率转化为绝对值,即不确定因素的临界值。

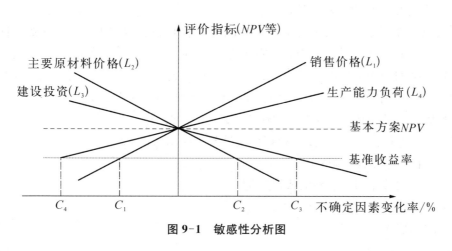

图 9-1 敏感性分析图

2. 计算敏感度系数和临界点

单因素敏感性分析还可用敏感度系数表示项目指标对不确定因素的敏感程度。计算公式为

$$\beta = \frac{\Delta Y/Y}{\Delta X/X} \tag{9-1}$$

式(9-1)中:$\Delta X/X$——不确定因素 X 的变化率(%);

$\Delta Y/Y$——不确定因素 X 发生 ΔX 变化率时,评价指标 Y 的相应变化率(%);

β——评价指标 Y 对于不确定因素 X 的敏感度系数。

临界点是指项目允许不确定因素向不利方向变化的极限值。超过极限,项目的效益指标将不可行。例如当产品价格下降到某值时,财务内部收益率将刚好等于基准收益率,此点称为产品价格下降的临界点。临界点可用临界点百分比或者临界值分别表示,当某一变量的变化达到一定的百分比或一定数值时,项目的效益指标将从可行转变为不可行。

二、敏感性分析的步骤

1. 确定分析指标

指标的确定与所涉及的具体项目有关。在工程经济的分析中,大多是对投资项目进行评价,所选定的指标一般与反映投资项目经济效果的经济评价指标相一致,如净现值、净年值、净现值率、内部收益率、投资收益率、投资回收期等。但每个指标所评价的角度都不同,反映的问题也不同,因此,应该根据经济评价的具体情况来选择敏感性分析指标。在项目的机会研究阶段,各种经济数据不完全,可信程度不高,常使用投资收益率和投资回收期这样的指标;在项目的初步可行性和详细可行性研究阶段,敏感性分析指标主要采用净现值和内部收益率,辅之以投资回收期。

2. 找出需要分析的不确定性因素

影响项目经济指标的因素有很多,但没有必要对所有这些因素都进行敏感性分析,应该按照以下原则仔细对备选因素进行筛选。原则一,预计在其可能变动的范围内,其变动将较为强烈的影响经济效益指标;原则二,对在确定性经济评价中采用的数据的准确性把握不大。确定不确定因素时应该把这两条原则结合起来。

项目敏感性分析中的影响因素通常从以下几个方面选定:

(1) 项目投资,包括固定投资和新增流动资金两部分;
(2) 项目服务寿命年限;
(3) 项目在寿命期末的残值或计算期末的折余价值;
(4) 经营成本,特别是变动成本;
(5) 产品价格;
(6) 产销量;
(7) 项目建设年限、投产期限和产出水平达到设计能力期限;
(8) 基准折现率。

3. 计算不确定因素的变动对经济指标的影响程度

首先,对某特定因素设定变动数量或幅度,其他因素固定不变,然后计算经济指标的变动结果,对每一因素的每一变动,均重复以上计算过程。最后,把因素变动及相应指标变动结果汇总,以便测定敏感因素。

4. 计算指标并确定敏感因素

寻求敏感因素是敏感性分析的最终目的。敏感因素数值的变化,甚至是微小的变化都会严重影响项目的经济指标。相反地,若某一特定因素变化,甚至变化很大,也不能显著影响项目的经济指标,则此特定因素是该项目的非敏感因素。

测定某特定因素敏感与否,一般通过两种方式进行。第一种方式,假定要分析的因素均从其基本数值开始变动,且各因素每次变动幅度(增或减的百分数)相同,计算每次变动对经济指标的影响程度。由计算结果可以看出,在各因素变化率相同的情况下,对经济指标影响的大小存在差异。据此可对各因素的敏感性程度进行排序,这是一种相对测定法。

另外一种方式,就是使某特定因素朝经济效果不利的方向变动,并设该因素取其很有可能发生的"最坏"值,然后计算下降了的经济指标,看其是否已达到使项目无法接受的程度。如果项目已经不可以接受,那就表明该因素是项目的敏感因素。项目可否接受的依据就是各经济指标的临界点。比如说,内部收益率的基准折现率、净现值法的净现值是否大于或等于零,投资回收期的标准投资回收期等等。此方式的另一变通方式是事先设定有关经济指标为临界值,比如说净现值为零,然后求某特定因素的最大允许变动幅度,并将此变动幅度与可能会发生的变动幅度估计值进行比较。若前者大于后者,则项目风险大,项目效益对该因素敏感。这种方式叫作敏感因素的绝对测定法。

三、单因素敏感性分析法

单因素敏感性分析时,在固定其他因素的条件下,变动其中某一个不确定性因素,计算分析指标相应的变动结果,这样逐一得到每个因素对指标的影响程度。

[例 9-1] 某项目初始投资 200 万元,寿命期为 10 年,期末残值为 20 万元,各年的销售收入为 70 万元,经营成本为 30 万元。经预测,将来投资、销售收入、经营成本可能在 ±10% 范围内变动,试对净现值 NPV 进行敏感性分析($i_c=10\%$)。

解:在本题中,指标为 NPV,不确定性因素为投资、销售收入、经营成本。

(1) 计算原方案指标:

$$NPV = -200 + (70-30)(P/A, 10\%, 10) + 20(P/F, 10\%, 10)$$
$$= -200 + 40 \times 6.1446 + 20 \times 0.3855$$
$$= 53.5(万元)$$

(2) 计算各因素变化后的指标值:

① 设投资增加 10%,其他因素不变:

$$NPV(+10\%) = -200(1+10\%) + 40 \times 6.1446 + 20 \times 0.3855$$
$$= 33.5(万元)$$

比原方案减少 20 万元。

求投资变化的临界值,即设投资变化百分比为 x 时,NPV 等于 0,此时,

$$NPV(x) = -200(1+x) + 40 \times 6.1446 + 20 \times 0.3855 = 0$$

由上面方程解得,$x = 0.2675 = 26.75\%$

② 设销售收入减少 10%,其他因素不变:

$$NPV(-10\%) = -200 + [70(1-10\%) - 30] \times 6.1446 + 20 \times 0.3855$$
$$= 10.48(万元)$$

比原方案减少 43.02 万元。

设销售收入变化百分比为 y 时，NPV 等于 0，此时，

$$NPV(y) = -200 + [70(1+y) - 30] \times 6.1446 + 20 \times 0.3855 = 0$$

由上面方程解得，$y = -13\%$

③ 设经营成本增加 10%，其他因素不变：

$$\begin{aligned}NPV(+10\%) &= -200 + [70 - 30(1+10\%)] \times 6.1446 + 20 \times 0.3855 \\ &= 35.06(万元)\end{aligned}$$

比原方案减少 18.44 万元。

设经营成本变化百分比为 z 时，NPV 等于 0，此时，

$$NPV(z) = -200 + [70 - 30(1+z)] \times 6.1446 + 20 \times 0.3855 = 0$$

由上面方程解得，$z = 29\%$

(3) 结论：由上面计算可知，在不确定性因素都变化同样数值(10%)时，引起指标的变化大小不同，销售收入导致的最多，所以为最敏感因素；投资次之，为次敏感因素；经营成本引起的变化最少，为不敏感因素。

四、多因素敏感性分析法

单因素敏感性分析适用于分析最敏感的因素，但它忽略了各参数之间相互作用的可能性，故需分析经济效益受多个参数同时变化的影响。常用的方法是把一次改变一个参数的敏感性分析方法应用到多参数的敏感性分析中去。这里，以一个双因素敏感性分析为例，两个因素以上方法相似。

[例 9-2] 某企业对一项目投资方案的数据预计如表 9-1 所示。

表 9-1 投资方案数据

项 目	投 资	寿 命	残 值	年收入	年支出	i_c
预测值	10 000 元	5 年	2 000 元	5 000 元	2 200 元	8%

解：假定参数中投资和年收入为不确定性因素，变化范围不超过 ±10%，对指标 NAV 关于投资、年收入做双因素敏感性分析。

设 x 表示投资变化的百分比，y 表示年收入变化的百分比，则：

$$\begin{aligned}NAV &= -10\,000(1+x)(A/P, 8\%, 5) + 5\,000(1+y) - 2\,200 \\ &\quad + 2\,000(A/F, 8\%, 5) \\ &= -10\,000(1+x) \times 0.2505 + 5\,000(1+y) - 2\,200 \\ &\quad + 2\,000 \times 0.1705 \\ &= 636 - 2\,505x + 5\,000y\end{aligned}$$

如果 $NAV \geqslant 0$，则该投资方案可行。将 $636-2\,505x+5\,000y \geqslant 0$ 绘成图形，就得到如图 9-2 所示的两个区域。

如图，直线 $636-2\,505x+5\,000y=0$ 将平面分为两个区域，左上部分为 $NAV>0$，即项目可行；右下阴影部分为 $NAV<0$，即项目不可行。如果预计造成 $\pm20\%$ 的估计误差，则 NAV 对投资增加比较敏感。例如投资增加 5%，年收入减少 12%，则 $NAV<0$，此时便达不到 8% 的基准收益率。

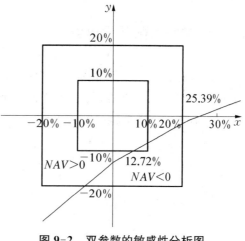

图 9-2 双参数的敏感性分析图

第三节 盈亏平衡分析

一、盈亏平衡分析概述

盈亏平衡分析实际上是敏感性分析的特例，将敏感性分析由全寿命期缩为 1 年时即为盈亏平衡分析。

盈亏平衡分析，又称量本利分析，反映的是成本、产量和利润之间的关系，它是将成本划分为固定成本和变动成本，假定产销量一致，根据产量、成本、售价和利润四者之间的函数关系，进行预测、决策和不确定性分析的一种分析方法。其中，固定成本是指不随产量变化而变化的成本。它一般包括厂房和资本设备的折旧费、地租、利息、广告费、保险费等项目支出。这些费用即使在停产的情况下，也必须支付。可变成本是随产量变化而变化的成本，例如原材料、燃料和动力支出。当产量为零时，可变成本也为零，产量越多，可变成本就越多。进行盈亏平衡分析时，将产量或者销售量作为不确定因素，求取盈亏平衡点所对应的产量或者销售量。

盈亏平衡点是指对某一因素来说，其值等于某数值时，恰使方案决策的结果达于临界标准的那个值。这里所说的某一因素就是影响投资项目风险的不确定因素，它可以是产量，也可以是经济寿命、利率等。从这个意义上讲，内部收益率就是项目关于利率这一不确定性因素的动态盈亏平衡点。盈亏平衡点越低，表示项目适应市场变化的能力越强，抗风险能力也越强。盈亏平衡点常用生产能力利用率或者产量表示。

盈亏平衡分析有线性盈亏平衡分析和非线性盈亏平衡分析两种。一般情况下只做线性盈亏平衡分析。

二、线性盈亏平衡分析模型

若所分析的不确定因素为产量,假设产量等于销售量,并且假定项目的销售收入与可变成本均是产量的线性函数,则这种平衡点分析可称为产量的线性盈亏平衡分析。

(1) 不考虑企业缴纳的税金及附加,且企业年盈利为 0 时,存在平衡关系:

$$TR = TC \tag{9-2}$$

即

$$PQ = C_F + C_V Q \tag{9-3}$$

则

$$Q^* = \frac{C_F}{P - C_V} \tag{9-4}$$

$$P^* = \frac{C_F}{Q} + C_V \tag{9-5}$$

$$C_F^* = (P - C_V)Q \tag{9-6}$$

$$C_V^* = P - \frac{C_F}{Q} \tag{9-7}$$

式(9-2)至式(9-7)中:TR——总销售收入;

TC——总成本;

Q——年产量(或销售量);

Q^*——平衡点产量(或销售量);

P——产品售价;

P^*——平衡点销售价格;

C_F——总固定成本;

C_F^*——平衡点固定成本;

C_V——单位产品可变成本;

C_V^*——平衡点单位可变成本。

定义平衡点生产能力利用率(也叫平衡点生产能力负荷率)为

$$\alpha = \frac{Q^*}{Q} \times 100\% \tag{9-8}$$

根据经验,α 若低于 70%,则项目相当安全,或者说可以承受较大的风险。

(2) 若考虑企业缴纳的税金及附加,则平衡关系可表示为:

$$TR = TC + T \tag{9-9}$$

即

$$PQ = C_F + C_V Q + Q(Pt') \tag{9-10}$$

$$PQ = C_F + C_V Q + Qt \tag{9-11}$$

则

$$Q^* = \frac{C_F}{P - C_V - t} \tag{9-12}$$

式(9-9)至(9-12)中：T——年税金及附加；

t——单位产品税金及附加；

t'——税金及附加综合税率。

(3) 若企业要求年盈利为 R，则平衡关系可表示为：

$$R = TR - TC - T \tag{9-13}$$

即

$$R = PQ - C_F - C_V Q - Q(Pt') \tag{9-14}$$

$$R = PQ - C_F - C_V Q - Qt \tag{9-15}$$

则

$$Q^* = \frac{R + C_F}{P - C_V - t} \tag{9-16}$$

式(9-13)至(9-16)中：R 为年盈利。

盈亏平衡分析结果可以用盈亏平衡分析图 9-3 来表示。图中，横轴表示生产量，纵轴表示销售收入或总成本费用。

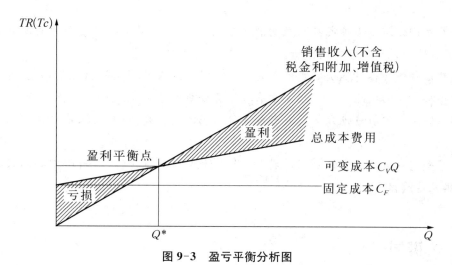

图 9-3 盈亏平衡分析图

[例 9-3] 企业生产某种产品，设计年产量 6 000 件，每件出厂价 50 元，企业固定开支为 66 000 元/年，产品变动成本为 28 元/件，求：

(1) 试计算企业的最大可能赢利。
(2) 试计算企业盈亏平衡时的产量。
(3) 企业要求年盈余 5 万元时，产量为多少？
(4) 若产品出厂价由 50 元下降到 48 元，若还要维持 5 万元盈余，问应销售的量是多少？

解：(1) 企业的最大可能赢利：

$$R = 6\ 000 \times (50 - 28) - 66\ 000 = 66\ 000 (元)$$

(2) 企业盈亏平衡时的产量：

$$Q^* = \frac{C_F}{P - C_V} = \frac{66\ 000}{50 - 28} = 3\ 000 (件)$$

(3) 企业要求年盈余 5 万元时的产量：

$$Q^* = \frac{R+C_F}{P-C_V} = \frac{50\,000+66\,000}{50-28} = 5\,273(件)$$

(4) 产品出厂价由 50 元下降到 48 元，还要维持 5 万元盈余应销售的量：

$$Q^* = \frac{R+C_F}{P-C_V} = \frac{50\,000+66\,000}{48-28} = 5\,800(件)$$

敏感性分析和盈亏平衡分析可以帮助找到关键的不确定因素，但它们不能回答这些不确定因素变化发生的概率。如果需要对不确定因素再进行深入分析，应采用概率分析等方法，下一章将有详细介绍。

本章小结

本章我们介绍了不确定性问题的相关概念以及用于解决不确定问题的两种分析方法，即敏感性分析和盈亏平衡分析。

敏感性分析就各种不确定性因素的变动对经济效果的影响做出定量描述，有助于决策人员了解方案的风险大小。在方案基础经济分析的基础上进行敏感性分析，是一种非常实用的做法。但敏感性分析没有考虑各种不确定因素发生的概率，有可能影响结论的准确性。

盈亏平衡分析是敏感性分析的特例，是一种最简便的分析方法，所需要的数据量最少，当然也是最粗略的。

关键词

不确定性　敏感性分析　盈亏平衡分析

复习思考题

1. 如何区别不确定性和风险？产生不确定问题的原因有哪些？
2. 什么叫敏感性分析？敏感性分析的步骤有哪些？
3. 盈亏平衡分析的含义是什么？
4. 已知某项目设计生产能力为生产某种产品 6 000 件，单位产品售价 100 元，总固定成本费用为 200 000 元，单位变动成本费用为 50 元，求其盈亏平衡点；若企业定下目标利润为 100 000 元，求目标产量。

5. 某生产线有四个方案,经济效益相当,其成本数据如表 9-2 所示。问采用哪个方案经济合理?

表 9-2 四方案的成本数据　　（单位：元）

方案	C_F	C_V	方案	C_F	C_V
A	5 000	6	C	13 000	2.5
B	10 000	4	D	18 000	1.25

6. 有一个生产城市用小型电动汽车的投资方案,用于确定性经济分析的现金流量表见表 9-3,所采用的数据是根据对未来最可能出现的情况的预测估算的。由于对未来影响经济环境的某些因素把握不大,投资额、经营成本和产品价格均有可能在 ±20% 的范围内变动。设基准折现率为 10%,不考虑所得税,试分别就上述三个不确定因素作敏感性分析。

表 9-3 小型电动汽车项目现金流量表　　（单位：万元）

年份	0	1	2—10	11
投资	15 000			
销售收入			19 800	19 800
经营成本			15 200	15 200
期末资本残值				2 000
净现金流量	−15 000	0	4 600	4 600+2 000

7. 设某项目的现金流量表如表 9-4 所示,基准贴现率为 12%。当初始投资额、年销售收入、经营成本同时变化时,对项目净现值的影响进行敏感性分析。

表 9-4 某项目的现金流量表　　（单位：元）

年份	0	1—9	10
投资	32		
销售收入		88	88
经营成本		26	26
期末残值			25

8. 某项目将生产一种新产品,若产量为 Q（单位：吨）,其销售收入预计为 $B=-0.5Q^2+3\,000Q$（单位：元）,年总成本费用为 $C=-0.1Q^2+500Q+2\,850\,000$（单位：元）,试确定该项目盈亏平衡点的产量,并确定利润最大时的产量。

9. 某矿山公司发现一种矿石,储量约 3 亿吨。该公司欲投资开采这种矿石,估计需要 7.2 亿元,年产销量估计为 1 000 万吨,矿石价格估计为 60 元/吨,年经营成本为 3.2 亿元。为简便起见,这里假设其他现金流量为 0。若公司要求基准收益率为 15%,矿石储量、投资额和矿石价格均为不确定性因素,试就这三个不确定因素进行单因素敏感性分析：① 分析各因素的变化对项目的经济效果的影响；② 确定敏感因素。

第十章　工程项目风险分析

学 习 目 标

学习了本章后,应该能够:
1. 了解风险的不同分类形式;
2. 掌握几种典型的风险评估法的步骤;
3. 掌握概率分析法的相关计算;
4. 了解风险防范对策。

第一节　工程项目风险分析概述

一、风险和风险分析

风险通常是指由于一些不确定因素的存在,导致项目实施后偏离预期结果而带来不利影响的可能性。在决策前,要充分考虑各种不确定因素,确定风险程度,以调整投资决策模型,使之能够反映风险。项目风险分析是在已进行的市场风险、技术风险、资金风险和社会风险等风险识别基础上,进一步综合分析识别拟建项目建设和生产运营过程中潜在的风险因素。

二、不确定性分析与风险分析

风险与不确定性既有紧密的联系,又有区别。人们对未来事物认识的局限性、可获信息的不完备性以及未来事物本身的不确定性使得未来经济活动的实际结果偏离预期目标,这就形成了经济活动结果的不确定性,从而使经济活动的主体可能得到高于或低于预期的效益,甚至遭受一定的损失,导致经济活动"有风险"。

正是由于不确定性是风险的起因,不确定性与风险总是相伴而生。如果不是从定义上去刻意区分,往往会将它们混为一谈。即使从理论上刻意区分,实践中这两个名词也常常混用。

两者的区别在于不确定性的结果可以优于预期,也可能低于预期,而普遍的认识是将结果可能低于预期,甚至遭受损失称为"有风险"。还可以用是否得知发生的可能性来区分不确定性与风险,即不知发生的可能性时,称之为不确定性;而已知发生的可能性,就称之为有风险。

与"不确定性"和"风险"的关系一样,不确定性分析与风险分析也是既有联系又有区别。不确定性分析(指敏感性分析)与风险分析的主要区别在于两者的分析内容、方法和作用不同。不确定性分析只是对投资项目受各种不确定因素的影响进行分析,并不可能知道这些不确定因素可能出现的各种状况及其影响发生的可能性;而风险分析则要通过预知不确定因素(以下称风险因素)可能出现的各种状况发生的可能性,求得其对投资项目影响发生的可能性,进而对风险程度进行判断。不确定性分析与风险分析之间也有一定的联系。由敏感性分析可以得知影响项目效益的敏感因素和敏感程度,但不知这种影响发生的可能性,如需得知可能性,就必须借助于概率分析。但是通过敏感性分析所找出的敏感因素又可以作为概率分析风险因素的确定依据。

三、风险分析在项目评价决策中的作用

(1)通过风险分析,识别项目中的风险因素,确定各风险因素间的内在联系,避免因忽视风险的存在而蒙受损失。投资项目的决策分析与评价旨在为投资决策服务,如果忽视风险的存在,仅仅依据基本方案的预期结果,如某项经济评价指标达到可接受水平来简单决策,就有可能蒙受损失,多年来项目建设的历史经验证明了这一点。

(2)通过风险分析,确定风险因素对项目建设与运营的影响程度。项目拟建单位在充分了解了风险因素的影响程度后可以有的放矢地制定相关的风险防范措施,使风险发生的可能性降到最低。

(3)通过风险分析,改善决策分析工作并将风险转化为机会。例如,承包商对工程项目施工总承包,和分项施工承包相比,存在较多的不确定性,如对某些子项目没有施工经验。但如果承包商把握机会,将部分不熟悉的子项目分包给某个专业施工队,对总包来说,这可能会获得更多的收益。

第二节 风 险 识 别

风险识别就是认识项目所有可能引起损失的风险因素,并对其性质进行鉴别和分类。

一、风险识别的方法

（1）资料分析法。根据类似项目的历史资料寻找对项目有决定性影响的关键变量。

（2）专家调查表。这是识别风险的主要方法。它是以专家为索取信息的对象，各领域的专家运用他们专业的理论知识和丰富的实践经验，找出各种潜在的风险并对其后果做出分析和估算。

（3）敏感性分析。根据敏感性分析的结果，将那些最为敏感的因素作为概率分析的关键变量。

（4）幕景分析法是一种能够分析引起关键因素及其影响程度的方法。它可以采用图表或曲线等形式来描述当影响项目的某种因素出现各种变化时，整个项目情况的变化及其后果。

（5）故障树分析法（FTA法）是利用图解的形式，将大的故障分解成各种小故障，或对各种引起故障的原因进行分析。故障树经常用于直接经验较少的风险辨识。

二、投资项目常见风险归纳

根据造成风险的范围大小划分，投资风险可分为宏观风险和微观风险。宏观风险是指由于宏观环境因素，如国家的政治、经济、法律、金融等方面发生变化，对投资收益有可能带来的损害，通常是影响所有投资项目的那些风险因素。而微观风险则主要指针对某一个具体项目的风险因素，如技术的选择、投资规模的选择、目标市场的选择等。我们将详细介绍融资风险，使读者通过融资风险分析的介绍对投资项目风险有一个更为深刻、直观的了解，从而加深对风险评价的理解。

（一）宏观风险

1. 国际风险

由于国际环境变化对投资项目主体带来损失的风险。如世界经济的衰退、战争、石油价格波动等。

2. 政治政策风险

由于政府的行为、政策而可能对项目投资主体造成损失的风险。如社会动乱、政府更换、政策连续性差、行政干预过多、政府对某些工程项目采取限制态度等。投资者与所投项目不在同一个国家或贷款银行与贷款项目不在同一国家都有可能面临着由于项目所在国家的政治条件发生变化而导致项目失败、项目信用结构改变、项目债务偿还能力改变等风险，这类风险统称为项目的政治风险。可分成两类：（1）国家风险，即项目所在国政府由于某种政治原因或外交政策上的原因，对项目实行征用、没收，或者对项目产品实行禁运、联合抵制，中止债务偿还的潜在可能性。（2）国家政治经济法律稳定性风险，即项目所在国在外汇管理、法律制度、税收、劳资制度、劳资关系、环境保护、资源主权等与项目有关的敏感性问题方面的立法是否健全,管理是否完善,是否经常变动。减低政治风险的办法之一是政治风险保险,包括纯商业性质的保险和政府机构的保险。

3. 经济金融风险

由于国家经济、金融环境不完善或变动可能给项目投资主体造成损失的风险。如体制的改变、经济不景气、金融市场不完善、通货膨胀严重、利率和汇率的剧烈波动等。主要表现为利率风险和汇率风险两个方面。

4. 法律风险

由于司法不健全及法律变更对项目投资主体带来损失的风险。如法制不健全、司法程序复杂效率低、对投资者保护不力等。

5. 灾害风险

由于发生自然灾害、人为事故等不可抗力因素对项目投资主体带来损失的风险,如地震、洪水、台风、火灾等。

(二) 微观风险

1. 技术风险

由于技术原因对项目投资主体带来损失的风险。如技术失败、新技术新产品推出造成工艺设备淘汰、技术人员缺乏等。

2. 市场风险

由于市场的不确定性对项目投资主体带来损失的风险。如项目、产品或服务在市场上没有竞争力,市场价格低,消费者心理变化使产品滞销等。

市场风险包含价格和市场销售量两个要素。大多数产品都具备这两种风险。降低风险从两方面入手:① 要求项目有长期产品销售协议,② 长期销售协议的期限要求与融资期限一致。一般采取浮动定价(公式定价)和固定定价方式。

3. 管理组织风险

由于管理者组织不当而造成投资主体损失的可能性。如管理者素质低、组织结构混乱、决策过程不科学等。

4. 投资风险

由于工程量预计不足或设备材料涨价导致投资估算不足,外汇汇率的变化导致投资增加等。

5. 配套条件的风险因素

投资项目的外部配套设施如供水供电、公路铁路、港口码头以及上下游配套设施等因素如没有落实,致使投资项目不能发挥应有的效益。

6. 融资风险

项目融资风险指的是在融资这个事件或过程中,对于融资目标可能产生的不利因素发生的概率及其后果。融资风险按照风险的表现形式划分为:信用风险、完工风险、生产风险、市场风险、金融风险、政治风险、环境保护风险。

(1)信用风险。有限追索的项目融资是依靠有效的信用保证结构支撑的,各个保证结构的参与者能否按照法律条文在需要时履行其职责,提供其应承担的信用保证,就是项目的信用风险。这一风险贯穿于整个项目各个过程之中。

(2)完工风险。这是项目融资的主要核心风险之一,具体包括:项目建设延期、项目建设成本超支、项目迟迟达不到"设计"规定的技术经济指标,极端情况下,项目被迫停工、放弃。无论在发展中国家还是发达的工业国家,项目建设期出现完工风险的概率都是比较高的。项目的"商业标准"是贷款银行检验项目是否达到完工条件的方法。具体包括:完工和运行标准,技术完工标准,现金流量完工标准,其他形式的完工标准。常用的几种完工保证形式,如:无条件完工保证,债务承购保证,单纯的技术完工保证,完工保证基金,最佳努力承诺。

(3)生产风险。项目的生产风险是在项目试生产阶段和生产运行阶段存在的技术、资源储量、能源和原材料供应、生产经营、劳动力状况等风险因素的总称,是项目融资的另一个主要的核心风险。主要表现形式包括:技术风险、资源风险、能源和原材料供应风险、经营管理风险。技术风险:贷款银行为避免更大风险,项目选择应为经市场检验成熟的生产技术项目。资源风险:对于依赖某种自然资源的生产项目,一个先决条件是要求项目的可供开采的已证实资源总储量与项目融资期间内所计划采取或消耗的资源量之比要保持在风险警戒线之下。能源和原材料供应风险:由于能源和原材料成本在整个生产成本中所占的比重很大,因此其价格波动和供应可靠性成为影响项目经济强度的一个主要因素。长期的能源和原材料供应将是减少项目能源和原材料供应风险的一种有效办法。

由于能源和原材料供应价格指数化对各方面都有一定好处,因此特别受到项目融资者的欢迎。经营管理风险主要是用来评价项目投资者对于所开发项目的经营管理能力,而这种能力是决定项目的质量控制、成本控制和生产效率的一个重要因素。其中包括三方面:项目经理是否具有在同一领域的工作经验和资信;项目经理是否为项目投资者之一;除项目经理的直接投资外,项目经理是否具有利润成本或成本控制奖励等鼓励机制。

(4)环境保护风险。鉴于在项目融资中,投资者对项目的技术条件和生产条件比贷款银行更了解,所以一般环境保护风险由投资者承担。包括:对所造成的环境污染的罚款、改正错误所需的资本投入、环境评价费用、保护费用以及其他的一些成本。

融资风险识别可分以下三步进行。

第一步,收集资料。资料和数据能否到手、是否完整,都会影响工程项目融资风险损失的大小。

第二步,估计项目风险形势。风险形势估计是要明确项目融资的目标、战略、战术,以及实现项目融资目标的手段和资源,以明确项目融资及其环境的变数。

第三步,根据直接或间接的症状将潜在的风险识别出来。

原则上,风险识别可以从原因查结果,也可以反过来从结果找原因。从原因查结果就是先找出本项目会有哪些事件发生,发生后会引起什么样的结果。比如,在项目进行过程中,关税会不会变化,关税税率提高或降低两种情况各会引起怎样的后果。从结果找原因。例如,建筑材料涨价将引起项目超支,哪些因素会引起建筑材料涨价?项目进度拖延会造成诸多不利后果,造成进度拖延的常见因素有哪些? 等等。

项目融资风险分析框架如图 10-1 所示,由于篇幅所限我们就不在这里介绍了。

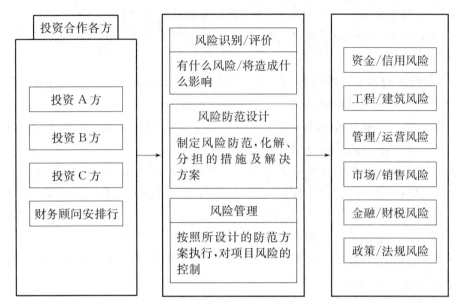

图 10-1　融资风险分析框架图

第三节　风　险　评　估

一、风险等级的划分

风险等级的划分,既要考虑风险因素出现的可能性,又要考虑风险出现后对项目的影响后果。风险等级有多种表述方法,一般应选择矩阵列表法划分风险等级。矩阵列表法在划分、评定风险等级中简单直观,其将风险因素出现的可能性及其对项目的影响程度通过矩阵表示出来,矩阵表中每一单元对应一种风险的可能性及其影响程度。为适应现实生活中人们以单一指标描述事物的习惯,矩阵列表法将风险的可能性与影响程度综合起来,用风险等级表示,具体情况如表 10-1 所示。

表 10-1　综合风险等级分类

综合风险等级		风险影响的程度				
		严　重	较　大	中　等	较　小	可忽略
风险的可能性	很高	S	S	H	H	M
	较高	S	H	H	M	L
	中等	H	H	M	L	L
	较低	H	M	L	L	N
	很低	M	L	L	N	N

综合风险等级分为 K，M，T，R，I 五个等级：

（1）K(kill)表示项目风险很强，出现这类风险就要放弃项目；

（2）M(modify plan)表示项目风险强，需要修正拟议中的方案，通过改变设计或采取补偿措施等；

（3）T(trigger)表示风险较强，设定某些指标的临界值；指标一旦达到临界值，就要变更设计或对负面影响采取补偿措施；

（4）R(review and reconsider)表示风险适度（较小），适当采取措施后不影响项目；

（5）I(ignore)表示风险弱，可忽略。

落在该表左上角的风险会产生严重后果；落在该表左下角的风险，发生的可能性相对低，必须注意临界指标的变化，提前防范与管理；落在该表右上角的风险影响虽然相对适度，但是发生的可能性相对高，也会对项目产生影响，应注意防范；落在该表右下角的风险，造成的损失不大，发生的概率小，可以忽略不计。

以上推荐的风险等级的划分标准并不是唯一的，其他可供选择的划分标准有很多，如常用的风险等级划分为 1—9 级等。

二、风险评估方法

风险评估可以采用定量方法、定性方法或定性与定量相结合的方法。常用的项目风险评估方法主要有专家评估法、风险因素取值评定法、灰色关联分析法、CIM 法、决策树法以及蒙特卡洛模拟法。

（一）专家评估法

专家评估法又称为调查打分法或主观评分法，指将识别出的项目可能遇到的所有风险，列成项目风险矩阵列表，并将项目风险矩阵列表交给有关专家，利用专家的经验，对可能的风险因素等级和重要性程度进行评估，确定项目的主要风险因素。专家评估法是一种最常见、最简单且易于应用的风险评估方法。

1. 专家评估法的基本步骤

（1）识别项目风险因素，针对风险识别结果，确定每个风险因素的权重，以表示其对项目的影响程度，一般用严重、较大、适度、低等表示。

（2）确定每个风险因素的等级值，以表示其发生的可能性，可按经常、很可能、偶然、极小可能以及不可能，划分为五个等级。当然，等级数量的划分和赋值可根据项目实际情况进行调整。

（3）将每个风险因素的权重与相应的等级值相乘，求出该项风险因素的得分。计算公式如下：

$$r_i = \sum_{j=1}^{m} \omega_{ij} S_{ij} \qquad (10-1)$$

式(10-1)中：r_i——风险因素 i 的得分；

ω_{ij}——第 j 个专家对风险因素 i 赋的权重值；

S_{ij}——第 j 个专家对风险因素 i 赋的等级值；

m——参与打分的专家数。

（4）将各个风险因素的得分逐项相加得出项目风险因素的总分，总分越高，风险越大。总分计算公式如下：

$$R = \sum_{i=1}^{n} r_i \tag{10-2}$$

式(10-2)中：R——项目风险得分；

r_i——风险因素 i 的得分；

n——风险因素的个数。

2. 专家评估法的打分表

表 10-2 给出了工程项目风险因素的专家评估打分表的一种格式。在表 10-2 中，风险因素的等级值，即发生的可能性，用经常、偶然、极不可能三个档次来划分，考虑到风险因素可能对工程项目成本、工期、质量的影响，风险因素的权重值使用严重、一般、较轻三个档次度量。

表 10-2 专家评估法的打分表

序号	风险因素	可能性			成本			工期			质量		
		经常	偶然	极不可能	严重	一般	较轻	严重	一般	较轻	严重	一般	较轻
1	地质条件失真												
2	设计失误												
3	设计变更												
4	施工工艺落后												
5	材料质量低劣												
6	施工水平低下												
7	工期紧迫												
8	材料价格上涨												
9	合同条款有误												
10	成本预算有误												
11	管理人员短缺												
12	汇率波动较大												
...	...												

（二）风险因素取值评定法

这是一种专家定量评定方法，其估计风险因素的最乐观、最悲观和最可能值，计算期望值，将期望值的平均值与可行性研究中所采用的数值（简称可研采用值）相比较，求出两者的偏差值和偏差程度，以此来评判风险程度。显然，偏差值和偏差程度越大，风险程度越高。具体方法归纳如表 10-3。

表 10-3 风险因素取值与可研采用值比较

专家号 i	最乐观值 A	最悲观值 B	最可能值 C	期望值 D $D=[A+4C+B]/6$
1				
2				
3				
……				
n				
期望平均值	\multicolumn{4}{c}{$\left[\sum_{i=1}^{n}(D_i)\right]/n$}
偏差值	\multicolumn{4}{c}{期望平均值－可研采用值}
偏差程度	\multicolumn{4}{c}{偏差值/可研采用值}

专家评估法、风险因素取值评定法只能就单个风险因素进行风险程度判别。如果希望了解风险因素导致项目的影响程度时，就要采用概率分析法。

（三）灰色关联分析

灰色关联分析是根据因素之间关联程度或者相异程度的方法。灰色评价方法的优点：对样本量要求不高，不要求样本服从任何分布，可以有效地克服复杂系统的层次复杂性、结构关系的模糊性、动态变化的随机性、指标数据的不完全性和不确定性，可靠性强。缺点：样本数据具有时间序列特性，综合评价结果具有"相对评价"的缺点，需要确定分辨率，其选择尚无一个合理的标准。

一般来说，项目风险是由成本、工期、质量等风险因素影响的，因此可以从项目的成本风险、工期风险以及质量风险等分量角度衡量项目整体风险。项目成本风险、工期风险以及质量风险之间是相互关联、相互影响的，任何一个风险分量的变化都会引起其他风险分量的变化，进而影响项目整体风险。在项目风险管理中，如果仅控制某一项风险因素，则有可能增加其他风险因素以及项目整体风险，所以项目风险管理的目的不是单纯地控制某一种风险，而是实现对所有风险因素管理的最优化。相应的，项目风险评估应该对各类风险分量发生的概率比例进行灰色关联分析，各类风险分量发生的概率比例越小，表示项目总体风险越小；反之，风险越大。

使用灰色关联分析评估项目风险的过程如下：

1. 选择参考向量

对于不同类别的项目，其成本风险、工期风险以及质量风险的影响权重是不同的，例如：军工项目和民建项目其成本风险的权重是不同的。在进行定性的比较分析时，一般将比较等级分为五个，而后借助于模糊评价法对这五个权重等级赋值，具体情况见表10-4：

表10-4　五个权重等级及其赋值

a_i比a_j	完全相同	稍 强	较 强	很 强	绝对强
a_{ij}的赋值	1.00	3.00	5.00	7.00	9.00

而后，由专家根据待评估项目的具体情况，给出项目成本、工期以及质量等风险因素比较等级的模糊判断矩阵如下：

$$\begin{vmatrix} a_{11} & a_{12} & a_{13} \\ a_{21} & a_{22} & a_{23} \\ a_{31} & a_{32} & a_{33} \end{vmatrix}$$

为了方便理解，本教材假设项目风险只有成本、工期、质量三类风险，其中a_1、a_2、a_3分别表示项目成本风险、项目工期风险以及项目质量风险。矩阵中的a_{ij}表示不同风险因素的两两比较结果。将矩阵归一化后便可得到三类风险分量对项目的影响权重向量：

$$W = (w_1, w_2, w_3)$$

各类风险因素发生的概率分别用p_1、p_2、p_3表示。理想的状态是三种项目风险是完全相同的，即：

$$w_1 \times p_1 = w_2 \times p_2 = w_3 \times p_3$$

根据向量$W = (w_1, w_2, w_3)$的值，即可计算出使三种项目风险因素保持平衡的p_1^*、p_2^*、p_3^*值，将其归一化后，就可以得到做灰色关联分析所需的理想参考向量P^*。

2. 组成比较向量

对于任何一个项目的个方案而言，为了控制项目风险，风险管理人员必须在工期、成本以及质量之间进行权衡，在选择方案时，根据所选方案的工期、成本以及质量的差异，决策人员往往难以预测每种方案中成本风险向量、工期成本向量以及质量风险向量的发生概率，并将各个风险因素的向量归一化从而得到该方案的比较向量。

某方案比较向量的求解过程如下：

首先，确定项目总体风险分解的层次结构，如图10-2所示。

其次，由专家对F层风险源进行两两比较，根据各个风险源对工期、成本以及质量风险发生概率的贡献来制定判断矩阵。分别求解F层风险源因素对E层因素的影响权重向量，使用$W_f = (w_{f1}, w_{f2}, w_{f3})$表示。具体来说，F层风险源的发生概率向量根据每一风险源所包含的所有风险因素的发生概率确定，计算过程为：将对应于每一风险源下的

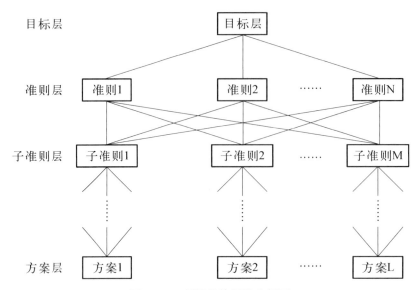

图 10-2 项目总体风险分解图

所有风险因素的发生概率相加,产生一个向量 $(p_{f1}, p_{f2}, \cdots, p_{fN})$,其中 $p_{f1} = p_{g_1f_1} + p_{g_2f_1} + \cdots + p_{g_mf_1}, \cdots, p_{fN} = p_{g_1f_N} + p_{g_2f_N} + \cdots + p_{g_mf_N}$($m$ 为 F 层每种风险源的风险因素数量),而后将向量 $(p_{f1}, p_{f2}, \cdots, p_{fN})$ 归一化从而得到 F 层每种风险源发生概率向量 P_f。

将向量 P_f 分别与向量 w_{f1}, w_{f2}, w_{f3} 进行点乘,其计算结果可以用来表示风险分量的发生概率,点乘结果归一化后则可得到该方案的比较向量:$P' = (p'_1, p'_2, p'_3)$。

将方案 1 的比较向量表示为 $X_1 = [x_1(1), x_1(2), x_1(3)]$;

将方案 2 的比较向量表示为 $X_2 = [x_2(1), x_2(2), x_2(3)]$;

……

将方案 m 的比较向量表示为 $X_m = [x_m(1), x_m(2), x_m(3)]$。

3. 对各向量进行初值化处理

灰色关联分析的几何意义是根据曲线之间的相似程度来确定风险因素之间的关联性,形状相同的曲线关联度应该取最大值 1,对各向量进行初值化处理是为了使各向量有相同的起点,避免由于空间位置的不同而引起的误差。初值化处理后的向量为:

$$X_0^{(0)} = (x_0^{(0)}(1), x_0^{(0)}(2), x_0^{(0)}(3)) = \left(\frac{x_0(1)}{x_0(1)}, \frac{x_0(2)}{x_0(1)}, \frac{x_0(3)}{x_0(1)}\right)$$

$$X_i^{(0)} = (x_i^{(0)}(1), x_i^{(0)}(2), x_i^{(0)}(3)) = \left(\frac{x_i(1)}{x_i(1)}, \frac{x_i(2)}{x_i(1)}, \frac{x_i(3)}{x_i(1)}\right)$$

4. 做线性变换

经过初值化处理的向量具有共同的关联分析起点,为了比较其关联度,要将比较向量向参考向量靠近。方法是进行线性变换,变换后的比较向量称为生成向量,记为 $X_i^{(1)}$:

$$X_i^{(1)}(k) = \alpha + \frac{x_i^{(0)}(k) - x_i^{(0)}(1)}{x_i^{(0)}(n) - x_i^{(0)}(1)}(\beta - \alpha) = \alpha + \frac{x_i^{(0)}(k) - 1}{x_i^{(0)}(n) - 1}(\beta - \alpha)$$

$$n = 3, k = 1, \cdots, n$$

$[\alpha, \beta]$为生成向量的取值范围,一般经过初值化的参考向量取值范围是$[1, X_0^{(0)}(n)]$。

5.计算关联系数和关联度

对同一个风险变量 k,$x_0^{(0)}(k)$ 与 $x_0^{(1)}(k)$ 的差值为 $\Delta_{0i}(k)$:

$$\Delta_{0i}(k) = x_0^{(0)}(k) - x_0^{(1)}(k)$$

$n = 3, k = 1, \cdots, n, i = 1, \cdots m$

则各风险分量最小的绝对值为 $\Delta_{\min}$:

$$\Delta_{\min} = \min_i \min_k |x_0^{(0)}(k) - x_i^{(1)}(k)|$$

很显然,$\Delta_{\min} = 0$。

各风险分量最大的绝对值为 $\Delta_{\max}$:

$$\Delta_{\max} = \max_i \max_k |x_0^{(0)}(k) - x_i^{(1)}(k)|$$

则关联系数 $\varepsilon_{0i}(k)(\varepsilon_{0i}(k) \in [0, 1])$:

$$\varepsilon_{0i}(k) = 1 - \frac{|\Delta_{0i}(k)|}{\Delta_{\max}}$$

则比较向量与参考向量的关联度 r_{0i} 为:

$$r_{0i} = \frac{1}{n} \sum_{k=1}^{n} \varepsilon_{0i}(k)$$

经过归一化处理后的关联度为:

$$\omega_{0i} = \frac{r_{0i}}{\sum_{i=1}^{m} r_{0i}}$$

最后,根据关联度的大小进行风险评估,关联度越大,则比较向量与参考向量的关系越密切,项目风险就越小。

(四) CIM 法

风险分析须进行概率分布叠加。CIM 模型(CIM 是 controlled interval and memory models 的缩写,称为控制区间和记忆模型)是进行概率分布叠加的有效方法之一,于 1983 年由 Chapman 和 Cooper 两人提出的。其特点是:用直方图表示变量的概率分布,用和代替概率函数的积分,并按串联或并联相应模型进行概率叠加。直方图具有相同宽度的区间,而 CIM 模型正是利用相等区间直方图进行叠加计算,使概率分布的叠加得以简化或普遍化。

所谓"控制区间",是指为了减小叠加误差,在计算中对叠加变量的直方图加以处理,即缩小其概率区间(如图10-3所示),将原叠加变量 X 的相应概率区间分解得再小些,可以得出更加精确的结果。

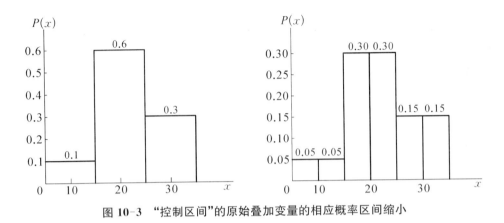

图 10-3 "控制区间"的原始叠加变量的相应概率区间缩小

所谓"记忆",是指当有两个以上的随机变量需要进行概率分布叠加时,可用"记忆"的方式考虑前后变量的影响。即把前面概率分布叠加的结果记忆下来,应用"控制区间"的方法将其与后面变量的概率分布叠加,直至计算最后一个变量为止。

CIM 模型分为"串联响应模型"和"并联响应模型",按变量的物理关系分别进行变量概率分布的"串"或"并"联组合与叠加。它既能处理变量相互独立的情况,又能处理变量相关的问题,是现代风险分析方法中进行风险因素组合、量化评价的一种新的技术。

随机变量概率分布的组合或叠加,最简单的计算方法是假设各变量相互独立。下面介绍的并联响应模型和串联响应模型,都建立在这一假设的基础上。

1. 并联响应模型

影响活动的风险因素在实际中并不是一个接一个地出现,而是它们的出现带有随机性,各因素可能出现,也可能不出现,可能同时出现,也可能只出现一个。如图10-4所示,一项活动 S 有 n 个风险因素存在,只要其中任一风险出现,活动 S 都会受到风险影响,犹如电路中的并联电路,只要其中任一只接通,则该电路通,不管其他支路状况如何。

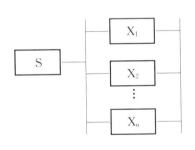

图 10-4 并联响应模型

由此类比,风险因素 X_1,X_2,…,X_n 的概率分布组合模型称"并联响应模型",这种并联概率曲线的叠加称"概率乘法"。实际计算中,概率乘法是由一系列的两概率分布连乘组成的,即先将两个风险因素的概率曲线相乘,然后再与第三者相乘。如此下去,确定活动全过程的概率曲线。

2. 串联响应模型

在某一项活动中,若所有活动都以串联关系存在,而这些活动都必然出现,这就组成了串联响应模型。与并联相应模型对应,对各项活动应采取串联的方式进行变量概率分布叠加,即"串联响应模型",概率曲线的串联叠加称"概率加法"。

（五）概率分析法

1. 概率分析概述

概率分析是运用概率理论和数理统计原理，来预测不确定因素和风险因素对项目经济评价指标影响的一种定量分析技术。一般应用于大中型工程投资项目。

概率分析的一般做法是：首先预测风险因素发生各种变化的可能性即概率，将风险因素作为自变量，预测其取值范围和概率分布，再将选定的经济评价指标作为因变量，测算评价指标随风险因素变动的相应取值范围和概率分布，计算评价指标的数学期望值和项目成功或失败的概率。概率分析的步骤如图10-5所示。

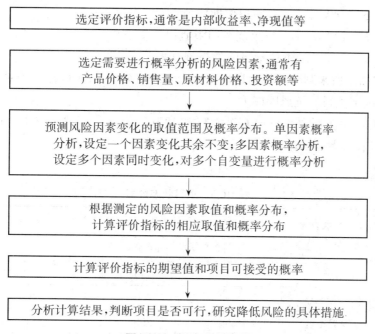

图 10-5 概率分析步骤

项目评价中的概率是指各种基本变量（如投资、成本、价格等）出现的频率。概率分析中主要是应用主观先验概率，即在事件发生前，按过去发生的经验数据人为预测和估计为基础的概率。通常是请专家参考以往同类企业或项目的历史数据、进行比较分析得到的经验概率，具有一定程度的主观随意性。

2. 期望值分析法的步骤与公式

在项目评价中，期望值分析是概率分析中最为基本的评价方法，该方法一般是计算项目净现值的期望值及净现值大于或等于零的累计概率，为项目决策提供依据。

期望值分析的一般步骤如下：

（1）确定1个或2个不确定因素（如收益、成本等）；

（2）估算每个不确定因素可能出现的概率。这种估算需借助历史统计资料和评价人员的丰富经验与知识，以先验概率为依据进行估测和推算；

(3) 按下列公式计算变量的期望值

$$E(x) = \sum_{i=1}^{n} x_i p_i \tag{10-3}$$

式(10-3)中：$p_i = p(x_i)$——变量 x_i 所对应的概率值；

x_i——随机变量的各取值；

$E(x)$——以概率为权重计算的加权平均值。

(4) 根据各变量因素的期望值，求项目经济评价指标的期望值，如

$$E[NPV(i)] = \sum_{t=0}^{n} E_t(x)(1+i)^{-t} \tag{10-4}$$

式(10-4)中：$E[NPV(i)]$——净现值期望值；

$E_t(x)$——第 t 年净现值期望值；

i——项目的不包括风险的折现利率。

(5) 根据期望值来判断项目的抗风险能力，如根据 $E[NPV(i)] \geqslant 0$ 或 $NPV \geqslant 0$ 的累计概率，来确定项目的抗风险能力。

[例 10-1] 某工程项目建设期为 2 年，有两种可能状态，数据见表 10-5。试求此项目的期望投资回收期 $E(P_t)$。

解：

表 10-5 项目状态数据

项目指标及概率	状 态 1	状 态 2
投资额 I/万元	1 050	950
概率/%	40	60
3—10 年净现金流/万元	270	200
11—30 年净现金流/万元	250	190
概率/%	30	70

(1) $E(I) = 1\,050 \times 40\% + 950 \times 60\% = 990$（万元）

$E_1(R) = 270 \times 30\% + 200 \times 70\% = 221$（万元）（3—10 年）

$E_2(R) = 250 \times 30\% + 190 \times 70\% = 208$（万元）（11—30 年）

(2) $E(P_t) = 2 + \dfrac{990}{221} = 6.48$（年）

包括建设期在内，投资可望在 6.5 年之内收回。

由于项目投资的历时性，应考虑资金时间价值，也就是说应该采用动态评价方法。通常选用简单的概率分析，即计算项目净现值的期望值或净现值大于等于零的累计概率。

3. 期望值分析法的应用

[例 10-2] 某投资项目的主要风险变量有投资额、销售收入和经营成本，它们的估

计值分别为 8 800 万元、3 800 万元和 1 800 万元。且每个风险变量有 3 个状态,其概率分布如表 10-6 所示。共有 27 个组合,如图 10-7 所示为 27 个分支,圆圈里的数字表示变量在各种状态下发生的概率。图上第一个分支表示建设投资、销售收入、经营成本同时增加 20% 的情况,可称之为第一事件,依此类推。

表 10-6 变量概率分布

不确定因素的变化概率	+20%	估计值	−20%
建设投资	50%	40%	10%
销售收入	60%	30%	10%
经营成本	40%	50%	10%

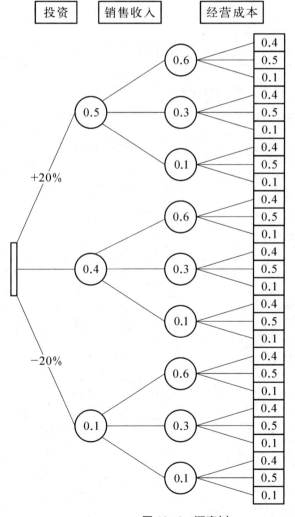

图 10-6 概率树

解：第一步，计算各可能事件的概率，计算过程与方法见图10-6。

第二步，将各事件的概率乘以其净现值，得到加权净现值。本例中的期望值计算见表10-7。

第三步，计算净现值大于或等于零的概率。从该概率值的大小可以估计项目承受风险的程度，概率值越接近1，说明项目风险越小，反之，项目风险越大。计算步骤为：将计算出的各可能发生事件的净现值按数值从小到大排列，并将可能发生事件的概率按同样的顺序累加，求得累计概率，见表10-8。

表10-7 期望值计算

事件	建设投资	销售收入	经营成本	概　率	净　现　值	加权净现值
1	+20%	+20%	+20%	0.12	3 350	402
2	+20%	+20%	估计值	0.15	4 400	660
3	+20%	+20%	−20%	0.03	5 012	150.36
4	+20%	估计值	+20%	0.06	−386	−23.16
5	+20%	估计值	估计值	0.075	465	34.875
6	+20%	估计值	−20%	0.015	1 356	20.34
7	+20%	−20%	+20%	0.02	−4 053	−81.06
8	+20%	−20%	估计值	0.025	−3 189	−79.725
9	+20%	−20%	−20%	0.005	−2 324	−11.62
10	估计值	+20%	+20%	0.096	5 000	480
11	估计值	+20%	估计值	0.12	5 756	690.72
12	估计值	+20%	−20%	0.024	6 620	158.88
13	估计值	估计值	+20%	0.048	1 340	64.32
14	估计值	估计值	估计值	0.06	2 105	126.3
15	估计值	估计值	−20%	0.012	3 096	37.152
16	估计值	−20%	+20%	0.016	−2 301	−38.816
17	估计值	−20%	估计值	0.02	−1 464	−29.28
18	估计值	−20%	−20%	0.004	−578	−2.312
19	−20%	+20%	+20%	0.024	6 653	159.672
20	−20%	+20%	估计值	0.03	7 609	228.27
21	−20%	+20%	−20%	0.006	8 296	49.776
22	−20%	估计值	+20%	0.012	3 100	37.2
23	−20%	估计值	估计值	0.015	3 887	58.305
24	−20%	估计值	−20%	0.003	4 798	14.394

续表

事件	建设投资	销售收入	经营成本	概率	净现值	加权净现值
25	−20%	−20%	+20%	0.004	−557	−2.228
26	−20%	−20%	估计值	0.005	289	1.445
27	−20%	−20%	−20%	0.001	1 034	1.034
合计				1.000		3 106.842

表 10-8 净现值大于或等于零的概率计算

事件	净现值	概率	累计概率	加权净现值	方差
7	−4 053	0.02	0.02	−81.06	1 025 267
8	−3 189	0.025	0.045	−79.725	990 941
9	−2 324	0.005	0.05	−11.62	147 470
16	−2 301	0.016	0.066	−38.816	467 916
17	−1 464	0.02	0.086	−29.28	417 852
18	−578	0.004	0.09	−2.312	54 312
25	−557	0.004	0.094	−2.228	53 695
4	−386	0.06	0.154	−23.16	731 997
26	289	0.005	0.159	1.445	39 701
5	465	0.075	0.234	34.875	523 450
27	1 034	0.001	0.235	1.034	4 297
13	1 340	0.048	0.283	64.32	149 843
6	1 356	0.015	0.298	20.34	45 982
14	2 105	0.06	0.358	126.3	60 221
15	3 096	0.012	0.370	37.152	1.41
22	3 100	0.012	0.382	37.2	0.562
1	3 350	0.12	0.502	402	7 095
23	3 887	0.015	0.517	58.305	9 130
2	4 400	0.15	0.667	660	250 839
24	4 798	0.003	0.670	14.394	8 580
10	5 000	0.096	0.766	480	344 069
3	5 012	0.03	0.796	150.36	108 889
11	5 756	0.12	0.916	690.72	842 165
12	6 620	0.024	0.94	158.88	296 215

续 表

事 件	净现值	概率	累计概率	加权净现值	方 差
19	6 653	0.024	0.964	159.672	301 806
20	7 609	0.03	0.994	228.27	608 083
21	8 296	0.006	1.000	49.776	161 564
期望值					3 106.842

由表可知,净现值小于零的概率为 0.154,即项目不可行的概率为 0.154,净现值大于或等于零的概率为 1－0.154＝0.846,项目风险不大。

(六) 蒙特卡洛模拟法

蒙特卡洛法(Monte-Carol)又称统计实验法或随机模拟法。该法是一种通过对随机变量的统计实验、随机模拟求解数学、物理、工程技术问题近似解的数学方法,其特点是用数学方法在计算机上模拟实际概率过程,然后加以统计处理。此法最初由冯·诺依曼(John Von Neumann)和乌拉姆(Stainslaw Marcin Ulam)用来模拟核反应堆中子的行为活动而首创的。

通常作决策分析时,最关心的问题是系统的动态性。但目前各种定量计算所运用的数学模型很少能反映随时间变化的复杂过程,尤其当变量本身牵涉到不确定性的问题时,使所考虑的问题更复杂,构造数学模型也更加困难。蒙特卡洛法可以随机模拟各种变量间的动态关系,解决模型具有不确定性的复杂问题,被公认为是一种经济而有效的方法。

1. 蒙特卡洛法的基本原理

假定函数

$$Y = f(X_1, X_2, \cdots, X_n)$$

其中变量 $X_1, X_2, \cdots, X_n$ 的概率分布已知。但在实际问题中,$f(X_1, X_2, \cdots, X_n)$ 往往是未知的,或者是一非常复杂的函数关系式,一般难以用解析法求解有关 Y 的概率分布及其数字特征。蒙特卡洛法利用一个随机数发生器通过直接或间接抽样取出每一组随机变量 $(X_1, X_2, \cdots, X_n)$ 的值 $(x_{1i}, x_{2i}, \cdots, x_{ni})$,然后按 Y 对于 $X_1, X_2, \cdots, X_n$ 的关系式确定 Y 的值 y_i, $y_i = f(x_{1i}, x_{2i}, \cdots, x_{ni})$。

反复独立抽样(模拟)多次($i=1, 2, \cdots$),便可得到函数 Y 的一批抽样 $y_1, y_2, \cdots, y_n$。当模拟次数足够多时,便可给出与实际情况相近的函数 Y 的概率分布及其数字特征。

2. 蒙特卡洛法的模拟步骤

蒙特卡洛法的模拟步骤如下:

(1) 确定输入变量及其概率分布(对于未来事件,通常用主观概率估计)。

(2) 通过模拟试验,独立地随机抽取各输入变量的值,并使所抽取的随机数值符合既定的概率分布。

(3) 建立数学模型,按照研究目的编织程序计算各输出变量。

(4) 确定试验(模拟)次数以满足预定的精度要求,以逐渐积累的较大样本来模拟输出函数的概率分布。

通过上述计算过程,虽然产生的是数值样本,却可以与其他的统计样本一样,进行统计处理。一般情况下,Y 的分布形式受最起控制作用的基本变量的概率分布形式控制。

蒙特卡洛法借助人对未来事件的主观概率估计及计算机速记模拟,解决难以用数学分析方法求解的动态系统复杂问题,具有极大的优势,已成为当今风险分析的主要工具之一。

第四节 风险防范

项目风险分析的目的是研究如何降低风险发生的概率或者降低风险因素给项目可能带来的损失。在前面介绍的风险识别、评估的基础上,我们根据不同的风险提出相应的风险防范对策,一般在可行性研究阶段应考虑的对策主要有以下几种。

(一)风险回避

风险回避指的是彻底规避风险,即断绝风险的来源。这样就意味着提出彻底改变原方案甚至否决项目的建议。对于风险回避对策的采用应是慎重的,只有在对风险的存在与发生,对风险损失的严重性有充分的把握后才有积极的意义。因此,此方法一般适用于以下两种情况:第一种是风险可能带来的损失很大,项目无法承受,且发生的几率较高;第二种是采用其他风险对策代价太高,得不偿失。

(二)风险控制

对于可控制的风险,我们可以提出降低风险发生可能性和减少风险损失程度的措施,并从技术和经济相结合的角度论证其可行性与合理性。风险控制措施必须针对项目具体情况提出,既可以是项目内部采取的技术措施、工程措施和管理措施等,也可以采取向外分散的方式来减少项目承担的风险。比如几家银行共同向某一项目发放贷款,从而分散了原来由一家银行承担的风险。同样项目发起人在融资时采用多方出资的方式也是风险分散的一种方法。

(三)风险转移

风险转移是通过契约方式在风险事故发生时将损失的一部分转移到项目以外的第三方身上。转移风险主要有四种方式:出售、发包、开脱责任合同、保险与担保。

1. 出售

通过买卖契约将风险转移给其他单位。例如,项目可以通过发行股票或债券筹集资金。股票或债券的认购者在取得项目一部分权利的同时,也承担了部分风险。

2. 发包

发包就是通过从项目执行组织外部获得货物、工程或服务而把风险转移出去。

3. 开脱责任合同

在合同中列入开脱责任条款,要求对方在风险事故发生时,不要求项目班子自己承担责任。

4. 保险与担保

保险是风险转移最常用的方法,只要向保险公司缴纳一定的保费,当事故发生时就能获得保险公司的补偿,从而将风险转移给了保险公司。

(四)风险自留

与前三种方式不同,风险自留是指面临风险的项目班子自己承担由风险导致的损失,并做好相应的资金安排。风险自留的实质是当损失发生后受损单位通过资金融通来弥补经济损失,即在损失发生后自行提供财务保障。当采取其他风险规避的费用超过风险事件造成的损失数额时,可采取风险自留的方法。

本章小结

在工程项目中,风险分析是一个重要的步骤。目的是让参与项目的各方都清楚地认识到有哪些风险及风险的大小。

本章主要介绍了工程项目风险的分类、如何衡量风险及在风险条件下如何决策的几种方法。其中,专家调查法是大系统风险识别的主要方法,它是以专家为索取信息的重要对象;层次分析法是一种可用于处理复杂的社会、政治、经济、技术等方面决策问题的分析方法,适用于先进制造系统项目的综合评价与比选;概率分析法是通过研究各种不确定因素发生不同幅度变动的概率分布及其对方案经济效果的影响,对方案的净现金流量及经济效果指标做出某种概率描述,从而对方案的风险情况做出比较准确的判断;CIM 分析模型是为了获得作用于工程上所有风险的综合作用而进行的概率或概率分布处理模型;蒙特卡洛模拟法是通过随机变量的统计试验随机模拟求解数学、物理、工程技术问题近似解的数学方法。

关键词

风险　专家评估法　灰色关联分析　概率分析法　CIM 法　蒙特卡洛模拟法

复习思考题

1. 项目的风险一般分为哪几类?
2. 简述专家评估法。
3. 灰色关联分析法的步骤有哪些?
4. CIM法中的"并联响应模型"与"串联响应模型"的区别是什么?
5. 简述蒙特卡洛模拟法的模拟步骤。
6. 某技术方案在标准折现率=10%的条件下,其净现值 NPV=4.855 亿元。根据市场预测和经验判断,在生产期内销售价格和可变成本可能会发生变动。产量无变动,故选取销售价格和可变成本为不确定因素(两者相互独立)。它们各自对净现值的影响和不确定因素可能发生的变化及发生的概率如表 10-9 和表 10-10 所示。请按本章内容练习。

表 10-9 不确定因素对净现值的影响

变动因素 \ 变动量	+20%	0	−20%
销售价格	0.3	0.5	0.2
可变成本	0.3	0.5	0.2

表 10-10 不确定因素的变化及发生概率

变动因素 \ 变动量	+20%	+10%	0	−10%	−20%
销售价格变化	11.928	8.392	4.855	1.319	−2.218
可变成本变化	2.337	3.600	4.855	6.125	7.388

7. 某公司拟投资生产某种产品,该产品未来的市场价格估计为 400 元/吨。经研究决定,产品的生产规模为 100 万吨/年,相应的年经营成本为 3.1 亿元。而投资额存在着不确定性,估计如表 10-11 所示,并假设建设期为 1 年,项目的寿命期设计为 20 年。若项目其他现金流量为 0,基准收益率为 12%,试用投资额的概率分布分析该项目的风险性。

表 10-11 投资额的概率分布表

投资额/亿元	5.5	6.0	6.5	7.0	7.5
概 率	0.10	0.20	0.35	0.25	0.10

8. 某项目 0 时刻的投资、经营期各年的净现金流量及概率如表 10-12 所示,寿命期为 10 年,设基准收益率为 10%,试进行概率分析。

表 10-12 不确定性因素的概率分布表

项目 \ 因素	0时刻投资			年净现金流量			
现金流量/万元	120	150	175	20	28	33	36
概率	0.30	0.50	0.20	0.25	0.40	0.20	0.15

第十一章 设备更新的经济分析及决策

学习目标

学习了本章后,应该能够:

1. 了解设备磨损的形式;
2. 了解设备经济寿命的确定;
3. 理解设备大修理的时间选择;
4. 掌握设备更新方案的比较选择。

在工业企业的生产中,设备更新对于提高生产效率、改进产品质量、促进技术进步、加速国民经济发展等都起着重要作用,但是,这并不意味着在任何条件下更新设备都是有利的,我们应该根据设备磨损客观规律和设备在使用过程中其费用变化的经济规律,对设备更新进行经济分析,由此准确确定设备的经济寿命和最佳更新方案、更新方式及更新时机。

从广义上讲,设备更新包括:设备修理、设备更换、设备更新和设备现代化改装。从狭义上讲,设备更新是指以结构更加先进、技术更加完善、生产效率更高的新设备去代替不能继续使用及经济上不宜继续使用的旧设备。

本章将从以上几个方面详细讨论设备更新的经济分析方法及其决策。

第一节 设备磨损及其经济寿命

一、设备磨损及其分类

设备磨损是指设备在使用和闲置过程中不可避免的实物形态的变化及技术技能的低劣。

设备磨损可分为两大类。第一类是设备的机器实体发生磨损，故称有形磨损或物质磨损。根据引起有形磨损的原因，它又可以分为：设备在外力的作用下产生的有形磨损和在自然力的作用下产生的有形磨损。

有形磨损的技术后果是降低机器设备的使用价值，磨损严重到一定程度会导致机器设备使用价值的完全丧失。有形磨损的经济后果是机器设备原始价值的部分贬值，甚至完全丧失价值，消除有形磨损使其恢复使用价值的方式是修理或更换。为此，需支出相应的费用——大修理费或更换费，这就产生了大修理的经济性分析问题。

第二类是设备的无形磨损，它是指机器设备在价值形态上的损失，故又称经济磨损。根据导致无形磨损的原因，无形磨损也有两种形式：一是由于制造工艺的不断改进，劳动生产率的不断提高，生产同样机器设备所需社会必要劳动消耗减少，导致原有机器设备的价值相应贬值。这种形式的无形磨损不影响原设备的使用价值，通常不存在提前更新问题。二是由于技术进步，生产出更先进、效率更高、耗费原材料、能源更少的机器设备，从而使原机器设备的生产率可能低于社会平均水平，继续使用将使个别产品成本远高于社会平均成本。这种形式的无形磨损可能导致设备提前更新（更换或技术的现代化改装）。

综上所述，设备磨损的形式不同，补偿的方式也不同：若有形磨损程度较轻，可通过修理进行补偿；如果有形磨损严重，修理费用较高，则应进行更换。对修理、更新和现代化改装三种补偿方式的经济分析加以比较，以确定恰当的补偿方式。对无形磨损也应视具体情况确定补偿方式。如果无形磨损使得设备的使用价值降低，应该采用局部更新或全部更新（现代化改装）。设备磨损和补偿方式的关系如图 11-1 所示。

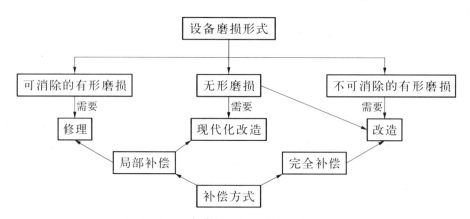

图 11-1　设备磨损和补偿方式的关系示意

二、设备磨损的计算

根据设备磨损可分为有形磨损和无形磨损两类，设备磨损的程度也可以从两个方面计算。

1. 有形磨损程度的计算

有形磨损程度按下式计算：

$$\alpha_p = R/k_1 \tag{11-1}$$

式(11-1)中：α_p——设备有形磨损程度，用占其再生产价值的比重表示，其极值为100%；

R——修复全部磨损零件所需要的修理费用；

k_1——计算α_p时的设备重置价值。

2. 无形磨损程度的计算

无形磨损程度按下式计算：

$$\alpha_1 = (k_0 - k_1)/k_0 = 1 - k_1/k_0 \tag{11-2}$$

式(11-2)中：α_1——设备的无形磨损程度；

k_0——旧设备的原始价值；

k_1——计算α_p时的设备重置价值。

3. 设备综合磨损程度的计算

设备综合磨损程度即有形磨损程度和无形磨损程度之和，采用以下公式计算

$$\begin{aligned}\alpha &= 1-(1-\alpha_p)(1-\alpha_1)=1-(1-R/k_1)(1-1+k_1/k_0)\\ &=1-(k_1/k_0-R/k_0)=1-(k_1-R)/k_0\end{aligned} \tag{11-3}$$

三、设备的寿命

与设备磨损相伴随的一个概念就是设备的寿命问题。设备的寿命，即设备的使用年限。在对设备更新进行经济分析时，要区别设备寿命的几层含义。

1. 设备的物理寿命

这是指一台设备从全新状态开始使用直到不能保持正常状态以致不堪再用而予以报废为止的全部时间期限。它与使用、维护、保养的好坏有关，又可以通过恢复性大修来延长。

2. 设备的使用寿命

这是指一台设备在其所有者手中产生有用的服务所经历的时期，也即以市场上的买卖或转让为起止点。

3. 设备的技术寿命

这是指一种设备在市场上维持其价值的时期（设备产品寿命周期），也即一种使现有设备报废的新设备出现之前的一段时期。

4. 设备的折旧寿命

这是指一台设备按财政税务部门规定的把设备价值折旧至等于其残值所经历的时间，它既不等于物理寿命也不等于技术寿命或使用寿命。

5. 设备的经济寿命

经济寿命是指给定的设备具有最低等值年成本的时期，或最高的等值年净收益的时期。换言之，经济寿命即一台设备开始使用直至在经济前景的分析中不如另一台设备更有效益而被替代时所经历的时期。如果项目所投资的设备可供使用的年限愈长，每年所

分摊的设备成本当然就愈低,但设备的维护保养费、操作费、材料及能源耗费将增加,年运行时间、生产效率、质量将下降。因此,第一种成本愈低,会被第二种成本的愈益增加或收益的下降所抵消。在整个变化过程中,平均总成本或年均净收益是时间的函数,在适宜的使用年限内会出现年均总成本最低或年均净收益最大这两个时点。其时点所对应的时间间隔就是设备的经济寿命。所以,设备的经济寿命就是从成本观点或收益观点确定的设备更新的最佳时刻。

四、设备经济寿命的确定

确定设备经济寿命的模型主要有两种:一种是静态重置模式;另一种是动态重置模式。

1. 静态重置

有些设备在其使用期间并不过时,但又遭到严重有形磨损不堪再用(大修理已不合算)时,就需要利用完全相同的设备(原型设备)进行更换,这种重置模式可以利用经济寿命概念确定。

(1) 不考虑残值时,计算公式如下

$$AC_t = \frac{I_0}{t} + \frac{1}{t}\sum_{t=1}^{n} C_t \tag{11-4}$$

式(11-4)中:AC_t——静态年总平均费用;

I_0——设备初始投资;

C_t——第 t 年设备的使用费用;

t——设备使用时间,$t=1, 2, \cdots, n$。

(2) 考虑设备使用 t 年后残值 L_t 时,计算公式如下

$$AC_t = \frac{I_0 - L_t}{t} + \frac{1}{t}\sum_{t=1}^{n} C_t \tag{11-5}$$

若 L_t 接近 0 或维持不变,则可用求极值的方法,找出原有设备更换的时间 t 即设备的经济寿命。

2. 动态重置

考虑资金时间价值因素的设备重置可称之为动态重置模式。这时的年平均总费用 AC_t 计算如下:先把各年的费用贴现到初始值与设备初始投资求总和,然后将这个总费用乘以资金回收系数$(A/P, i, t)$,当 AC_t 值最小时所对应的 t 即为设备的经济寿命。

(1) 不考虑残值时,计算公式如下

$$AC_t = I_0(A/P, i, t) + \sum_{t=1}^{n} C_t(P/F, i, t)(A/P, i, t) \tag{11-6}$$

(2) 考虑设备使用 t 年后残值 L_t 时,计算公式如下

$$AC_t = \left[I_0 - L_t(P/F, i, t) + \sum_{t=1}^{n} C_t(P/F, i, t) \right](A/P, i, t) \tag{11-7}$$

[例 11-1] A 设备投资 10 000 元,使用年限为 5 年,相关数据如表 11-1 所示,计算该设备的经济寿命。求解过程见表 11-2。

表 11-1 设备费用与残值数据 （单位:元）

t(年限)	1	2	3	4	5
C_t(使用费用)	1 200	1 400	1 600	2 000	2 400
L_t(残值)	6 000	5 000	4 500	3 800	2 900

表 11-2 求解过程 （单位:元）

t	I_0-I_t	$\sum_{t=1}^{n}C_t$	$(I_0-I_t)+\sum_{t=1}^{n}C_t$	AC_t
1	4 000	1 200	5 200	5 200
2	5 000	2 600	7 600	3 800
3	5 500	4 200	9 700	3 233
4	6 200	6 200	12 400	3 100
5	7 100	8 600	15 700	3 140

根据以上计算结果,设备使用到第 4 年年末时,年总费用最低,经济寿命为 4 年。从此例可以看出,经济寿命的确定实际上是从设备使用 1 年,2 年,…,的方案中选择一个最有利的方案。

第二节 设备大修理的经济分析

一、设备大修理的弊端

设备在使用过程中,因受到有形磨损的影响,产生不同程度的损坏,需进行修理使其技术性能得到恢复与补偿。

修理可以恢复设备在使用过程中丧失的局部工作能力。大修理是通过调整、修复或更换磨损的零件的办法恢复设备的精度、生产率,恢复整机全部的或接近全部的功能。与购置新设备相比,大修理更加具有经济合理性,因此人们通常选择大修理方式以延长设备的使用期限。

但是,设备在使用过程中,不仅受到有形磨损的影响,同时还因技术进步而导致设备陈旧,所以不能仅研究设备修理的理论与方法,还必须研究依靠技术进步提高设备的经济效益的问题。

借助修理的方法,我们可以补偿设备在使用过程中由于各部分之间的摩擦及材料的疲劳和老化而导致的性能逐渐劣化，但是修理是有限度的，随着技术进步的加速，修理的经济性质将发生变化，修理不可能总是经济的，对现有设备长期无止境地修理，将会产生种种弊病。如图 11-2 所示，OA 表示设备的标准性能线，事实上设备在使用时其性能是沿 AB_1 线下降的，如不修理仍继续使用，寿命一定很短。如在 B_1 进行修理，设备的性能又恢复至 B 点。自 B 点起使用，其性能又继续劣化，当降至 C_1 点时，又进行第二次大修理，其性能可恢复至 C 点。这样经过修理后的性能又能恢复到某种程度，但经过使用又会下降，终至 G 点，设备就不能再修理了，其物理寿命即宣告终结。把图中 A，B，C，D，E，F，G 各点相连，就形成一条曲线，这条曲线就是设备使用过程中的性能劣化曲线。

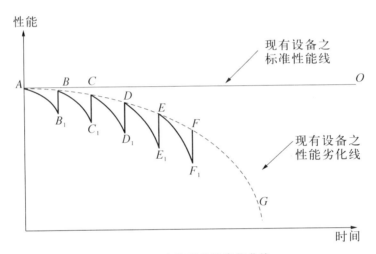

图 11-2　大修理性能劣化曲线

通过性能劣化曲线我们可以看出，设备是不能过度修理的。设备的性能将随着修理次数的增多而逐渐降低，阻碍生产的发展；修理费用则会逐渐增加，经济效益显著下降。这种经济的不合理性，严重阻碍了技术进步。长此以往，将会形成一个庞大而落后的修理行业。

因此，应对设备修理进行经济分析，为大修理确定一个合理的经济界线。

二、设备大修理的经济依据

设备大修理通过对设备全部解体，修理耐久的部分，更换全部损坏的零部件，修复所有不符合要求的零部件，全面消除缺陷，使设备在生产率、精度、可靠性等方面达到或基本达到原设备的出厂标准。

与购置新设备相比，大修理能够利用原设备保留下来的零件并在一定程度上恢复原设备的效能水平，这具有很大的优越性。但是，由于设备性能劣化曲线的存在，大修理的次数会越来越频繁，大修理的费用会越来越高，大修理的经济性也会越来越差，最终将采取设备整体更新的措施。因此，设备大修理经济与否，通常要与设备更新的经济效果进行比较。常用的大修理决策方法一般依据以下两个基本经济条件：

依据条件(1)：任一次大修理费用不能超过购置同种新设备所需费用，否则该次大修理不具有经济合理性，而应考虑设备更新。这是大修理经济合理性的起码条件，或称最低经济界限，即

$$R \leqslant K_1 - L_t \tag{11-8}$$

式(11-8)中：R——该次大修理费用；

K_1——同种设备的重置价值；

L_t——设备使用 t 年后的残值，即原有设备被整体更换时的净变现值。

即大修理费用 R 小于新置设备的价值扣除其残值 L_t 的费用，则大修理合理。

当然，条件(1)成立的前提是设备在大修理之后的生产技术性能与同种新设备没有区别。事实上，设备在大修理后，综合质量等都有所下降，有可能致使生产单位产品的成本比用同种新设备的还高。此时即使满足依据条件(1)也不能做出大修理的决策，故还需要另外一条依据条件。

依据条件(2)：设备经过任一次大修理后的单位产品生产成本不能高于同种新设备的单位产品生产成本，否则大修理不具有经济合理性，而应考虑设备更新。即

$$C_{zoj} \leqslant C_{zn}$$

其中

$$C_{zoj} = (I_{rj} + \Delta V_{oj})(A/P, i_c, T_j)/Q_{Aj} + C_{oj} \tag{11-9}$$

$$C_{zn} = \Delta V_n (A/P, i_c, T_n)/Q_{An} + C_{gn} \tag{11-10}$$

式(11-9)、式(11-10)中：C_{zoj}——第 j 次大修理后设备生产单位产品的生产成本；

C_{zn}——具有相同用途的新设备单位产品的生产成本；

I_{rj}——原设备第 j 次大修理的费用；

ΔV_{oj}——原设备第 $j+1$ 个大修理周期内的价值损耗现值；

Q_{Aj}——原设备第 $j+1$ 个大修理周期的年均产量；

C_{oj}——原设备第 j 次大修理后生产单位产品的经营成本；

T_j——原设备第 j 次大修理到第 $j+1$ 次大修理的间隔年数；

ΔV_n——新设备第 1 个修理周期内的价值损耗现值；

Q_{An}——新设备第 1 个大修理周期的年均产量；

C_{gn}——新设备生产单位产品的经营成本；

T_n——新设备投入使用到第 1 次大修理的间隔年数。

即大修理后的单位产品成本小于使用新设备的单位产品成本，则大修理合理。

三、设备大修理的时间选择

对于设备大修理来说，还有另外一种经济分析方法，即立即修理好还是延期更新好

的方案选择。我们用一道例题加以说明。

[例 11-2] A 设备可继续使用 3 年,其目前价值为 7 000 元,继续使用的年经营费用、年收入和残值如表 11-3 所示。

表 11-3 继续使用旧设备的数据 （单位：元）

继续使用年数	残　　值	年　支　出	年　收　入
1	5 000	3 000	8 000
2	3 000	4 000	8 000
3	2 000	6 000	8 000

如果立即将该设备大修理,可使用 7 年,大修理费用为 12 000 元,各年支出、收入、残值如表 11-4 所示。

表 11-4 大修理后使用的数据 （单位：元）

使用年数	残　　值	年　支　出	年　收　入
1	16 000	750	8 000
2	13 000	1 000	8 000
3	10 000	1 500	8 000
4	7 000	2 500	8 000
5	5 000	3 000	8 000
6	3 000	4 000	8 000
7	2 000	6 000	8 000

若延期 1 年大修理将多支出大修理费用 3 000 元;若延期 2 年,大修理费用将多支出 5 000 元。如果基准收益率 $i_c=15\%$,试根据下述条件决定大修理策略:

(1) 根据市场需求预测和产品寿命周期分析,该机器设备只需要使用 2 年。

(2) 需要使用 3 年。

解：本题可以采用研究期法,即取 NPV 较大者。

(1) 方案一：继续使用旧设备 2 年。

$$NPV_1 = (8\,000 - 3\,000)/1.15 + (8\,000 + 3\,000 - 4\,000)/1.15^2 - 7\,000$$
$$= 2\,641(元)$$

方案二：将旧机器大修理后再使用 2 年。

$$NPV_2 = (8\,000 - 750)/1.15 + (8\,000 + 13\,000 - 1\,000)/1.15^2 - 19\,000$$
$$= 2\,427(元)$$

因为 $NPV_1 > NPV_2$,故应继续使用 2 年旧设备而无需大修理。

(2) 方案一：继续使用该设备 3 年。

$$NPV_1 = (8\,000 - 3\,000)/1.15 + (8\,000 - 4\,000)/1.15^2$$
$$+ (8\,000 + 2\,000 - 6\,000)/1.15^3 - 7\,000$$
$$= 3\,002(元)$$

方案二：将旧机器大修理后再使用 3 年
$$NPV_2 = (8\,000 - 750)/1.15 + (8\,000 - 1\,000)/1.15^2$$
$$+ (8\,000 + 10\,000 - 1\,500)/1.15^3 - 19\,000$$
$$= 3\,446(元)$$

因为 $NPV_1 < NPV_2$，故应该大修理旧机器后再使用 3 年，而不应该直接继续使用旧机器。

第三节　设备更新的经济分析

一、设备更新的意义、策略及程序

设备更新对工业发展有着重大的影响。机器设备是工业企业的主要生产手段，是工业固定资产中的主要部分，是现代化工业发展的物质和技术基础。任何生产效率的提高，任何工业部门发展的加快，都与劳动手段的现代化水平有关。随着社会需求水平的提高，科学技术的不断进步和社会生产的不断发展，都对劳动手段提出了更高的要求，迫使劳动手段必须不断现代化。而对现有设备不断进行更新和技术改造，正是使现有劳动手段不断实现现代化的有效途径。

设备更新和技术改造，是使我国经济顺利发展的关键。从发达国家经济发展的经验中可以看出，落后的生产设备是经济发展的严重阻碍。第一次世界大战以前，英国是世界经济强国之一，但由于在技术已经进步的条件下，未能及时更换已陈旧落后的技术装备，致使英国经济失去了世界上的领先地位；而同一时期，美国和德国积极采用新技术，先后超过了英国。最近几十年，日本由于将国民收入的大部分用于改善和更新设备的投资，经济有了突飞猛进的发展。在我国，一些大型骨干企业，基本上是 20 世纪中叶建成的，由于不重视技术改造和设备更新，普遍存在设备役龄过长、低负荷运行、构成素质差等方面的问题，导致企业长期陷入高耗费、低质量和产品性能多年如一日的落后状态，严重阻碍了我国经济的发展。因此，对现有企业的设备更新与改造势在必行。

总的来说，设备更新需要解决如下几个问题。

（1）大修理是否经济合理。

（2）设备使用多少年最经济合理。

（3）什么时间更新设备最经济合理。

（4）用什么方式更新设备最经济合理。

此外，还涉及租赁好还是购买新设备好的比较。为此，将进一步涉及设备折旧方法的选择。

但无论解决哪个问题,设备更新的经济性分析其实都是一个对多个互斥方案进行比较选择优化方案的过程,一般应遵循一定的程序并采取相应策略。

设备更新策略应在系统全面了解企业现有设备的性能、磨损程度、服务年限、技术进步等情况下,分轻、重、缓、急,有重点地区别对待。

对于陈旧落后的设备,即消耗高、性能差、使用操作条件不好、对环境污染严重的设备,应当用较先进的设备尽早替代;对整机性能尚可、有局部缺陷、个别技术经济指标落后的设备,应选择技术改造的途径;对较好的设备,要适应技术的发展需要,吸收国内外的新技术,不断加以改造和现代化改装。

确定设备更新必须进行经济分析。修复比较合理的,不应过早更新,可以修中有改;通过改进工艺就能使设备满足生产技术要求的,不要急于更新;更新个别关键零件就可达到要求的,不必更换整台设备;更换单机能满足要求的,不必更换整个机群或整条生产线。

设备更新经济性分析,是多方案比较的过程,一般应遵循下列程序。

(1) 确定目标。目标可以是一台设备、某个生产装置或一条生产线等。

(2) 收集资料。收集设备的折旧、费用、性能、技术进步、磨损程度资料。

(3) 计算经济寿命,确定最佳更新时机。

(4) 拟定更新方式。如果设备的更新方式有多个,要根据不同的目标及具备的条件制定更新方式,再分别制定出内部方案。对各自的内部方案进行经济评价后,选出各自的最佳方案。

(5) 选择更新方式。

(6) 实施。

这一过程可用图 11-3 来表示。

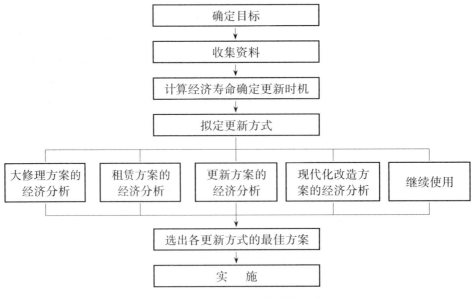

图 11-3 设备更新经济分析程序

二、设备更新的时机选择

设备更新的时机选择问题是分析设备在什么时候更新最为合适。确定设备的更新时机,通常有以下两种方法。

1. 根据经济寿命确定更新时机

这种方法比较简单,即计算设备的经济寿命,以经济寿命作为其更新时机。适用于长期生产同一类型产品的企业或进行周期性重复更换的设备。

2. 根据项目任务期内总费用最低原则确定更新时期

假设某项目需要某种设备服务的年限已确定。在确定的任务期内,一台设备不能服务到确定的年限,需要用另一台设备更新,且任务期又小于两台设备可服务年限之和。在这种情况下,用后一台设备替换前一台设备的时机就会有多个,这时就要采用在确定的任务期内总费用最低的原则进行更新时机的选择。

设某项目任务期为 N 年,正在使用的设备的使用年限为 t 年,则在任务期内替换的新设备的可使用年限为$(N-t)$年。显然,前一台设备的使用时间越长,后一台设备的使用时间越短,其总费用计算公式如下。

(1) 静态计算公式:

$$TC_N = TC_{0t} + TC_{1(N-t)} = \left[(I_0 - L_{0t}) + \sum_{t=1}^{n} C_{0t}\right] + \left[(I_1 - L_{1(N-t)}) + \sum_{t=1}^{N-t} C_{1t}\right]$$

(11-11)

式(11-11)中:TC_{0t},$TC_{1(N-t)}$——使用中的设备和替换设备在项目任务期内的总费用;

I_0,I_1——使用中的设备和替换设备的投资;

C_{0t},C_{1t}——使用中的设备和替换设备第 t 年的使用费用;

L_{0t},$L_{1(N-t)}$——使用中的设备第 t 年年末的残值和替换设备第$(N-t)$年年末的残值。

(2) 动态计算公式:将上式考虑资金的时间价值,代入相应的复利公式,即

$$\begin{aligned} PVC_N &= PVC_{0t} + PVC_{1(N-t)} \\ &= \left[I_0 - L_{0t}(P/F, i, t) + \sum_{t=1}^{n} C_{0t}(P/F, i, t)\right] \\ &+ \left[I_1 - L_{1(N-t)}(P/F, i, N-t) + \sum_{t=1}^{N-t} C_{1t}(P/F, i, t)\right](P/F, i, t) \end{aligned}$$

(11-12)

式(11-12)中:PVC_N——任务期内两台设备的现值成本;

PVC_{0t},$PVC_{1(N-t)}$——使用中的设备和替换设备的现值成本。

可以看出,只要 t 变化,$(N-t)$也会相应变化,根据预测的数据用以上公式进行计算比较,就可以找出 N 年内总费用最低的 t,即为正在使用设备的最佳更新时机。如果替

换设备的效率与使用中设备的效率不同,只要计算出效率比,再代入上述公式即可。

三、设备更新方案比较的特点和原则

设备更新方案比较的基本原理和评价方法与互斥方案的比选相同,但在实际比选中,有以下两个特点。

(1) 在考虑设备更新方案的比较时,通常假定设备产生的收益是相同的,因此只对各方案的费用进行比较。

(2) 由于不同设备方案的寿命可能不尽相同,因此通常利用年度费用(也即年平均总费用,相应于净年值)进行比较。

设备的年度费用包括投资资金的恢复费用和年度运行成本。投资资金费用是指设备的初始费用 I (购置费、运输费、安装费等)扣除设备弃置不用时的估计净残值 L (出售收入减去拆卸费用和必要的修理费用)后分摊到设备使用各年上的费用与净残值乘以基准收益率之和,即

$$投资资金恢复费用 = (I-L)(A/P, i, n) + L_i$$

设备更新方案的比较还应遵循下面三条具体的原则。

(1) 沉没成本不计原则。即在进行方案比较时,原设备价值按目前实际上值多少钱计算,而不管该设备过去是花多少钱买来的,也不管该设备目前的折余价值(设备原值减历年折旧累计之和的余额)是多少。

(2) 现金流量的买卖双方均衡原则。即不要按方案的直接现金流量(卖方)进行比较,也不应该从买旧设备的一方去比较,而应综合考虑买卖双方进行比较。

(3) 以剩余经济寿命为基准的滚动比较原则。即在确定现有设备最佳更新时机时,应首先计算现有设备的剩余经济寿命,然后利用逐年滚动计算的方法进行比较。

如果不遵循这三条原则,方案比选的结果或最佳更新时机的确定可能发生错误。

四、设备更新方案的比较选择方法

对设备更新方案的选择有很多种不同的方法,我们在这里只介绍几种典型常用的方法。

(一) 更新设备已到经济寿命

1. 更新设备的寿命期相同

更新设备的寿命期相同时,通常采用现值成本法(PVC 法),或者年成本法(AC 法)进行方案的选择。下面以例题进行说明。

[例 11-3] 某设备已到更新时机,可供选择的更新设备有 A 和 B 两种,进行方案选择。设折现率为 8%,数据如表 11-5 所示。

表 11-5　设备费用与残值数据　　　　　　　　　　　　　　　　（单位：元）

方　案	初 始 投 资	年经营费用	寿命/年	残　　值
A	16 000	5 000	5	600
B	12 000	6 500	5	300

解：(1) 现值成本法(PVC 法)。

$$PVC_A = 16\,000 - 600(P/F, 0.08, 5) + 5\,000(P/A, 0.08, 5)$$
$$= 35\,554.9(元)$$

$$PVC_B = 12\,000 - 300(P/F, 0.08, 5) + 6\,500(P/A, 0.08, 5)$$
$$= 37\,748.3(元)$$

$PVC_A < PVC_B$，选 A 方案。

(2) 年成本法(AC 法)。

$$AC_A = 16\,000(A/P, 0.08, 5) - 600(A/F, 0.08, 5) + 5\,000$$
$$= 5\,487.4(元)$$

$$AC_B = 12\,000(A/P, 0.08, 5) - 300(A/F, 0.08, 5) + 6\,500$$
$$= 7\,745.5(元)$$

$AC_A < AC_B$，选 A 方案。

可以看出，虽然我们选择的方案比选方法不同，但最终得到的结论是一样的。

2. 更新设备的寿命期不同

更新设备的寿命期不同时，我们仍然用现值成本法和年成本法进行方案的选择。在用现值成本法时，我们只需将设备的寿命期进行调整，即以各方案寿命期的最小公倍数为计算期，分别计算它们的现值成本，再加以比较选择。而年成本法则不需要任何调整。方法同上，不再举例说明。

(二) 更新设备尚未到经济寿命

更新设备尚未到经济寿命，且项目任务期 N 大于更新设备的经济寿命。这种情况下，可分别计算各方案在 N 年内更新时机组合的现值成本，然后对各方案的最小现值成本进行比较，最小者为最佳方案。步骤如下。

(1) 根据动态计算公式，按各方案计算更新时机组合的现值成本，即

$$(PVC_{aj}), (PVC_{bj}), \cdots, (PVC_{mj}) \tag{11-13}$$

式(11-12)中：$a, b, \cdots, m$——各方案；

j——各方案的更新时机组合($j = 1, 2, \cdots, t$)。

(2) 按各方案选择最佳更新时机，即

$$\min(PVC_{aj}), \min(PVC_{bj}), \cdots, \min(PVC_{mj}) \tag{11-14}$$

（3）各方案最佳更新时机的现值成本比较，最小者为最优选择，即

$$\text{Min}\{\min(PVC_{aj}), \min(PVC_{bj}), \cdots, \min(PVC_{mj})\} \qquad (11-15)$$

第四节　设备租赁的经济分析

一、设备租赁基础概念

租赁是承租人和出租人之间的一项契约性协议。协议中规定承租人拥有使用租赁资产的权利，同时必须定期向资产的所有者——出租人支付租金。设备租赁是设备使用方（承租人）向设备所有方（出租人）租借设备，在规定的租期内付出一定的租金以换取设备使用权的经济活动。在设备租赁中，出租人可以是设备的制造商，也可以是独立的租赁公司。如果出租人是独立的租赁公司，它必须先向制造商购买有关设备，再把设备交付给承租人，这样，租赁才有效。

对于承租人而言，使用一份租赁资产是最重要的，而不是谁拥有它。借助一份租赁合同就可取得一种设备的使用权。

其优点体现于：（1）减少设备投资成本，用较少资金获得生产急需的设备；（2）加速设备更新，避免技术落后；（3）保持资金的流动性，防止呆滞，也不会使企业资产负债状况恶化；（4）减少投资风险，不受通货膨胀和利率波动的影响；（5）手续简便，设备进货速度快。

其不足之处则在于：（1）承租人对租用设备无所有权，只有使用权，因此不能处置设备，也不能用于担保、抵押贷款；（2）租赁设备的总费用比购置设备费用高；（3）长年支付租金，形成长期负债；（4）租赁合同规定严格，毁约要赔偿损失。

二、设备租赁的类型

1. 经营性租赁

与所租用的设备一起，承租人会收到一名设备操作人员，这样的租赁被称为经营性租赁。此类租赁具有以下重要的特点：

（1）经营性租赁通常无法通过租金收入完全得到补偿。这意味着租赁条款下的租金收入不足以弥补出租人资产的全部成本。之所以会出现这种情况，是因为经营性租赁的期限通常要短于资产的经济寿命。因此，出租人必须对资产进行重新租赁或出售以期补偿其剩余成本。

（2）经营性租赁通常要求出租人维护设备和对设备投保。

（3）"撤销"选择权是经营性租赁的重要特征。这项权利给予承租人可以在到期日之

前撤销租赁的权利。如果撤销选择权被执行,承租人必须把设备还给出租人。"撤销"条款的价值取决于未来技术水平或经济条件是否使资产对于承租人的价值低于租赁合同所规定的未来租赁付款额价值。

2. 融资租赁

融资租赁恰好与经营性租赁相反,这可以从以下融资租赁的重要特点看出:

(1) 在融资租赁下,出租人不提供维修、维护等服务。

(2) 融资租赁能够得到完全的补偿。

(3) 承租人通常拥有在到期日续租的权利。

(4) 一般地,融资租赁是不能被撤销的。也就是说,承租人必须支付全部租金或者面临破产风险。

由于以上特点,特别是第二项特点的存在,使得租赁业务实际上是购买资产的一种替代融资方式。因而融资租赁的称谓是名副其实的。

三、设备租赁的经济分析:租赁还是购买

设备租赁的经济分析实际上是对设备租赁和设备购买两个互斥方案的比较选优。在前面关于互斥方案的选择中,我们介绍了 NPV 法、年费用法和费用现值法。要用这些方法,最主要的是要确定租赁或购买的现金流量,然后再通过对现金流量的适当折现来做出决策。

当采用租赁设备时,租赁费直接计入成本,其净现金流量为

$$NCF_1 = 销售收入 - 经营成本 - 租赁费 - 税率 \times (销售收入 - 经营成本 - 租赁费) \tag{11-16}$$

在相同条件下,购买设备的净现金流量为

$$NCF_2 = 销售收入 - 经营成本 - 设备购买费 - 税率 \times (销售收入 - 经营成本 - 折旧) \tag{11-17}$$

由式(11-16)和式(11-17)可以看出,只要比较 NCF_1 与 NCF_2 的差异部分,即比较以下两式即可。

$$NCF_1^* = 税率 \times 租赁费 - 租赁费 \tag{11-18}$$

$$NCF_2^* = 税率 \times 折旧 - 设备购买费 \tag{11-19}$$

[**例 11-4**] 某企业急需一台设备,其购买费用为 20 000 元,可使用 10 年,期末残值为 2 000 元。如果租赁这种设备,每年年初需交纳租赁费 3 200 元。运行费都是 1 500 元每年。政府规定的所得税税率为 25%,年末纳税。采用直线折旧法,设 $i_c=10\%$,那么该企业是该采取设备租赁方案还是设备购买方案。

解:用年费用比较法,只比较差异部分。

(1) 如果企业租赁设备,则年费用的差异部分为

$$AC_1^* = 3\,200 \times (1+0.1) - 3\,200 \times 25\% = 2\,720(元)$$

(2) 如果企业购买设备,其年购买费为

$$AC_2 = (20\,000 - 2\,000)(A/P, 0.1, 10) + 2\,000 \times 0.1 = 3\,129(元)$$

年折旧 $D = (20\,000 - 2\,000)/10 = 1\,800(元)$

则设备购买方案年费用的差异部分共计为

$$AC_2^* = 3\,129 - 1\,800 \times 25\% = 2\,679(元)$$

因为 $AC_1^* > AC_2^*$,所以选择方案 2,即购买设备方案为最优。

第五节 改扩建项目更新分析

一、改扩建项目经济分析的特点

改扩建项目是在原有企业的基础上进行建设的,这就涉及要对更新进行经济性分析。根据国家计委和建设部发布的《建设项目经济评价方法与参数》,改扩建项目与新建项目相比具有以下特点:

(1) 在不同程度上利用了原有资产和资源,以增量调动存量,以较小的新增投入取得较大的新增效益。

(2) 原来已在生产经营,而且其状况还会发生变化,因此项目效益和费用的识别、计算较复杂。

(3) 建设期内建设与生产同步进行。

(4) 项目与企业既有区别又有联系,有些问题的分析范围需要从项目扩展至企业。

二、几种更新分析的比较

设备的更新是改扩建项目的更新主要部分。在一般情况下,为达到同样目标,必须要对几种技术方案进行比较,包括:旧设备继续使用;旧设备大修理;用原型新设备更换;用高效率新设备更换;实施设备现代化改造。通常选用工作年限内总费用比较法作为决策方法。

工作年限内总费用比较法首先分别计算各方案在不同工作年限内的总费用现值并加以比较,然后根据工作所需年数,按照总费用现值最低的判据进行方案选择。各种方案总费用现值的计算公式如下。

(1) 继续使用旧设备的现值费用:

$$PC_1 = \frac{1}{\beta_1} \Big[\sum C_{1j}(1+i_c)^{-j} + L_0 - L_{1j}(1+i_c)^{-j} \Big] \quad (1 \leqslant j \leqslant n_1) \qquad (11\text{-}20)$$

(2) 旧设备大修理后的现值费用：

$$PC_2 = \frac{1}{\beta_2}\left[I_2 + \sum C_{2j}(1+i_c)^{-j} + L_0 - L_{2j}(1+i_c)^{-j}\right] \quad (1 \leqslant j \leqslant n_2) \quad (11\text{-}21)$$

(3) 原型更新设备的现值费用：

$$PC_3 = \frac{1}{\beta_3}\left[I_3 + \sum C_{3j}(1+i_c)^{-j} + L_0 - L_{3j}(1+i_c)^{-j}\right] \quad (1 \leqslant j \leqslant n_3) \quad (11\text{-}22)$$

(4) 新型更新设备的现值费用：

$$PC_4 = \frac{1}{\beta_4}\left[I_4 + \sum C_{4j}(1+i_c)^{-j} + L_0 - L_{4j}(1+i_c)^{-j}\right] \quad (1 \leqslant j \leqslant n_4) \quad (11\text{-}23)$$

(5) 现代化改造后设备的现值费用：

$$PC_5 = \frac{1}{\beta_5}\left[I_5 + \sum C_{5j}(1+i_c)^{-j} + L_0 - L_{5j}(1+i_c)^{-j}\right] \quad (1 \leqslant j \leqslant n_5) \quad (11\text{-}24)$$

式(11-20)至(11-24)中：C_{1j}，C_{2j}，C_{3j}，C_{4j}，C_{5j}——分别为相应方案中设备使用第 j 年的运营成本；

L_{1j}，L_{2j}，L_{3j}，L_{4j}，L_{5j}——分别为相应方案中设备使用到第 j 年的净残值；

I_2，I_3，I_4，I_5——分别为相应方案中设备的大修费、设备购置费或现代化改造费；

β_1，β_2，β_3，β_4，β_5——分别为相应方案中设备的生产率系数；

n_j——分别为各相应方案设备使用年数；

L_0——为原有设备在更新决策时的净残值或市场出售价值。

下面以一例题来说明应如何做出方案的决策。

[**例 11-5**] 各项方案的数据如下表所示，试选出最优方案。$i_c = 8\%$，$L_0 = 0$，$L_{1j} = L_{2j} = L_{5j} = 0$，$L_{3j} = L_{4j} = 150$。

表 11-6 各种设备方案的原始数据　　　　　　　　　　　　　　（单位：万元）

设备方案	投资 I	系数 β	年经营费用 C_j								
			1	2	3	4	5	6	7	8	9
继续使用	0	0.7	250	300	350	400	—	—	—	—	—
大修理	700	0.98	30	100	175	252	320	400	—	—	—
原型更新	1 330	1	25	53	105	160	210	270	340	420	510
新型更新	1 625	1.3	20	50	100	150	200	210	300	350	400
现代化改造	1 200	1.25	30	55	110	170	220	300	370	370	570

解：根据上述公式，各方案使用不同年数的费用现值计算如表 11-7。

表 11-7　各种设备方案的逐年费用现值　　　　　　　（单位：万元）

t	PC_1	PC_2	PC_3	PC_4	PC_5	PC 最小的方案
1	330.7	742.6	1 214.3	1 157.4	982.2	1
2	697.9	830.1	1 270.0	1 198.3	1 019.2	1
3	1 095.0	937.2	1 362.9	1 266.9	1 089.8	2
4	1 515.0	1 160.2	1 489.3	1 358.3	1 189.7	2
5	—	1 381.6	1 640.4	1 469.3	1 309.5	5
6	—	1 667.0	1 818.1	1 601.1	1 460.7	5
7	—	—	2 023.5	1 741.2	1 633.5	5
8	—	—	2 256.9	1 891.6	1 836.7	5
9	—	—	2 518.0	2 050.1	2 064.8	4

从以上计算结果可以看出，如果尚需工作时间为 1—2 年，则应继续使用原设备；如果尚需工作 3—4 年，现代化改造为最优方案；如果工作时间超过 8 年，则应该用新型设备替换旧设备。

本章小结

设备是现代工业生产的重要物质和技术基础。设备更新的目的是维持生产能力、保证产品质量、降低产品成本、减少能耗、合理使用资源、提高装备水平、延长项目的寿命、改善劳动条件、减轻工人劳动强度、保证安全生产和保护环境等。

本章主要对设备在整个运行期间的各种技术经济状况进行了分析和研究，以做出正确决策。主要包括：设备磨损的经济性分析，设备大修理的经济分析，设备更新的经济性分析和设备租赁的经济性分析。并在此基础上，进一步讨论了关于改扩建项目的更新分析。

关键词

设备磨损　设备的经济寿命　设备大修理　设备更新　设备租赁

复习思考题

1. 设备磨损有哪几种形式？

2. 什么是设备的经济寿命？如何确定？
3. 简述设备性能劣化曲线。
4. 设备更新经济性分析的程序是什么？
5. 设备租赁的类型有哪几种？
6. 某设备的原始价值为 10 000 元，物理寿命为 10 年，运行成本初始值为 700 元，各年运行成本初始值与劣化值之和见表 11-8，求该设备的经济寿命。

表 11-8 数 据 表　　　　　　　　　　　　　　　　　　　（单位：元）

使用年限 ①	运行成本初始值与其劣化值之和 ②	年末残值 ③
1	700+0=700	7 200
2	700+100=800	5 300
3	700+150=850	3 500
4	700+250=950	2 200
5	700+400=1 100	1 100
6	700+600=1 300	900
7	700+850=1 550	700
8	700+1 150=1 850	500
9	700+1 500=2 200	300
10	700+2 000=2 700	100

7. 假定各种更新方案各年分项费用的原始资料如表 11-9 所示，请选择最佳更新方案。

表 11-9　各种更新方案的原始数据　　　　　　　　　　（设 $V_0=3\,000$ 元）

方案\项目	投资(元)	生产效率系数		Ⅰ表示各年运行费用，Ⅱ表示各年年末残值/元								
旧设备继续使用	$K_0=0$	$\beta_0=0.7$	Ⅰ Ⅱ	1 400 1 200	1 800 600	2 200 300						
旧设备大修理	$K_r=7\,000$	$\beta_r=0.98$	Ⅰ Ⅱ	700 6 400	950 5 800	1 200 5 200	1 450 4 700	1 700 3 800	1 950 3 000	2 200 2 200	2 450 1 400	2 700 700	2 950 700
用原型新设备替换	$K_n=16\,000$	$\beta_n=1$	Ⅰ Ⅱ	450 9 360	550 8 320	650 7 280	750 6 240	850 5 200	950 4 160	1 050 3 120	1 150 2 080	1 250 1 300	1 350 1 300
用高效率新设备替换	$K_h=20\,000$	$\beta_h=1.3$	Ⅰ Ⅱ	350 11 520	420 10 240	490 8 600	560 7 250	630 5 700	700 4 700	770 4 000	840 3 000	910 2 000	980 2 000
旧设备现代化改装	$K_m=11\,000$	$\beta_m=1.2$	Ⅰ Ⅱ	550 9 000	680 8 000	810 6 700	940 5 700	1 070 4 700	1 200 3 700	1 330 2 700	1 460 1 700	1 590 1 000	1 720 1 000

第十二章 项目可行性研究

学习目标

学习了本章后,应该能够:
1. 了解项目可行性研究的概念和作用;
2. 掌握项目可行性研究的阶段和内容;
3. 了解项目可行性研究的依据和工作程序;
4. 了解项目可行性研究在我国的应用情况。

第一节 可行性研究概述

一、可行性研究的必要性

项目可行性研究,是一项根据国民经济长期发展规划、地区发展规划和行业发展规划的要求,对拟建的建设项目在技术、工程和经济上是否合理可行,进行全面分析、系统论证、多方案比较和综合评价,为编制和审批设计任务书提供可靠依据的工作。

根据原国家计委计资〔1983〕116号文件的规定,可行性研究是建设前期工作的主要内容,是基本建设程序的重要组成部分。利用外资项目、技术引进项目和设备进口项目、大型工业交通项目(包括重大技术改造项目)都应进行可行性研究。除了主体工程外,凡属总体设计内的配套工程,如供电、供水、铁路及公路专线、职工住宅等也都要作为一个整体进行考核和评价。

可行性研究的内容包括:市场需求量预测和分析,原材料、资金、劳动力的规划和落实,合理工艺技术路线的确定,厂址选择,项目实施计划的拟定,建设项目在计划期(经营期)内的经营活动的企业财务分析和国民经济效益研究。市场和资源是提出项目的先决条件,工艺技术则是项目的生产手段,财务效益和国民经济效益则是决定项目的中心和关键。整个可行性研究就是紧紧围绕着财务盈利性和国民经济效益这个中心进行的。

只有当可行性研究的结果表明项目生产的产品是适销对路的,采用的工艺技术是先进适用的,建设条件是落实可靠的,企业财务效益及国民经济效益是较大的时候,才可以决定投资,银行才给予贷款,才能批准进行项目建设。

二、可行性研究的概念和作用

项目的可行性研究,是根据市场需求和国民经济长期发展规划、地区发展规划和行业发展规划的要求,对与拟建项目有关的市场、社会、经济、技术等各方面情况进行深入细致的调查研究,对各种可能拟定的技术方案和建设方案进行认真的技术经济分析和比较论证,对项目建成后的经济效益和社会效益进行科学的预测和评价。在此基础上,对拟建项目的技术先进性和适用性、经济合理性和有效性,以及建设可能性和可行性,进行全面分析、系统论证、多方案比较和综合评价,由此确定该项目是否应该投资和如何投资等结论性意见,为项目投资决策提供可靠的科学依据和为开展下一步工作打下基础。简言之,可行性研究就是在项目的投资前期,对拟建项目进行全面、系统的技术经济分析和论证,从而为项目投资决策提供可靠依据的一种科学方法,同时也是一个必不可少的工作阶段。

一项好的可行性研究,应向投资者推荐技术经济的最优方案,即在各种可行的投资方案中选择最佳方案。其研究结论可使投资者明确,从企业角度看该项目具有多大的财务获利能力,投资风险有多大,是否值得投资建设;从国家和社会角度看项目是否值得投资。其作用体现在以下几个方面:

(1) 作为主管部门决定是否批准投资项目的主要依据。
(2) 作为向银行贷款的依据和银行审查判断是否贷款的依据。
(3) 作为向当地政府及环保当局申请建设执照的依据。
(4) 作为该项目与有关部门互定协议、签订合同的依据。
(5) 作为项目工程建设基础资料的依据。
(6) 作为科研试验、设备制造的依据。
(7) 作为企业组织管理、机构设置、职工培训等工作安排的依据。

第二节 可行性研究的阶段和内容

一、可行性研究的阶段

建设项目由于投资额度大、建设周期长、内外协作配套关系多,其可行性研究涉及的内容繁多、关系复杂,因此需要一个较长时期的、由浅入深的、不断深化的工作过程,才能得出正确的研究结论。一般情况下,一个完整的可行性研究应包括投资机会研究、初步可行性研究、详细可行性研究三个阶段。

(一)投资机会研究

投资机会研究,又称投资机会确定,其任务是提出建设项目投资方向的建议,即在一个确定的地区和部门内,根据自然资源、市场需求、国家产业政策和国际贸易情况,通过调查、预测和分析研究,选择建设项目,寻找投资的有利机会。

投资机会研究一般比较粗略,它主要是从投资的收益和赢利的角度来研究投资的可能性,进行投资机会鉴别,提出备选项目,以引起投资者的投资兴趣和愿望。对于大中型项目,机会研究所用的时间一般为1—2个月,而小型项目或不太复杂的项目一般能在2个星期内完成。机会研究所需费用约占投资的0.1%—1%。

(二)初步可行性研究

初步可行性研究,也称预可行性研究,是正式的详细可行性研究前的预备性研究阶段。经过投资机会研究认为可行的建设项目,表明该项目值得继续研究,但又不能肯定是否值得进行详细可行性研究时,就要先做初步可行性研究,以进一步判断这个项目是否具有较高的经济效益。经过初步可行性研究,认为该项目具有一定的可行性,便可转入详细可行性研究阶段,否则,就终止该项目的前期研究工作。

初步可行性研究作为项目投资机会研究与详细可行性研究的中间或过渡研究阶段,其目的体现在以下两个方面。

1. 确定项目是否值得进行详细可行性研究

分析投资机会研究的结论,并在较详细的基础上做出初步投资评价,进一步弄清项目的市场需求、投资规模、原材料来源、工艺技术、厂址、组织机构和建设进度等情况,进行经济效益评价,判断项目的可行性。如果经过初步可行性研究,表明该项目具有较好的可行性,但某些资料还不充足,某些数据还不够精确,则可以确定该项目需要进行详细可行性研究;否则,经过初步可行性研究发现项目不可行,就不再需要进行详细可行性研究。

2. 确定哪些是关键性问题,并需要进行辅助性专题研究

经过初步可行性研究,分析出哪些资料和数据还不够充分,哪些关键性问题还需要进行辅助性专题研究。例如,市场需求预测和竞争能力研究,原材料、辅助材料和燃料动力等供应和价格预测研究、中间工厂试验、厂址选择、合理经济规模以及主要设备选型等研究。在广泛的方案分析比较论证后,对各类技术方案进行筛选,选择最佳效益方案,排除一些不利方案,缩小下一阶段的工作范围和工作量,避免不必要的时间、精力和费用耗费。

初步可行性研究是介于投资机会研究和详细可行性研究之间的中间阶段,其研究内容和结构与详细可行性研究基本相同,主要区别是所获资料的详尽程度不同、研究的深度不同。对项目投资和生产成本的估算精度一般要求控制在$\pm 20\%$左右,研究所需时间大致为4—6个月,所需费用占投资总额的0.25%—1.25%。

(三) 详细可行性研究

详细可行性研究又称为最终可行性研究,通常简称为可行性研究,它是项目前期研究的关键环节,是项目投资决策的基础。它为项目决策提供技术、经济、商业方面的评价依据,为项目的具体实施(建设和生产)提供科学依据。因此,该阶段是进行详细深入的技术经济分析论证阶段。

这一阶段的主要目标是:(1) 提出项目建设方案;(2) 效益分析和最佳方案的选择;(3) 依据标准,对拟建项目提出结论性意见。可行性研究的结论,可以是推荐一个最佳的建设方案,也可以提出一个以上可供选择的方案,说明各自利弊和可能采取的措施,也可以提出项目"不可行"的结论。

可行性研究的内容比较详尽,所花费的时间和精力都比较多。这一阶段中投资额和成本都要根据该项目的实际情况进行认真调查、预测和详细计算,其计算精度应控制在 $\pm 10\%$ 以内,大型项目可行性研究工作所花费的时间为 8—12 个月,所需费用占总投资额的 0.2%—1%,中小型项目可行性研究工作所花费的时间为 4—6 个月,所需费用占总投资额的 1%—3%。

二、可行性研究的内容

项目可行性研究是在项目建议书被批准后,对项目进行的更为详细、深入、全面的技术和经济论证工作,并在此基础上编制可行性研究报告。通过对各种可能的技术方案的分析、测算、比较,推荐最佳方案,供决策部门做出最终决定。投资项目可行性研究报告一般包括下列 11 项内容。

1. 项目总论

综述项目概况,包括项目的名称、承办单位、项目拟建地区和地点;承担可行性研究工作的单位和法人代表、研究工作依据;项目提出的背景、投资环境、工作范围和要求、研究工作情况、可行性研究的主要结论概要和存在的问题与建议;并汇总可行性研究报告各章节中的主要技术经济指标,列出主要技术经济指标表。

2. 项目背景和发展概况

主要应说明项目的发起过程,提出的理由、前期工作的发展过程、投资者的意向、投资的必要性等可行性研究的工作基础。具体包括国家或行业发展规划、项目发起人以及发起缘由;已进行的调查研究项目及成果、试验试制工作(项目)概况、厂址初勘和初步测量工作情况、项目建议书的编制及审批过程;并从经济效益和社会效益两方面说明投资的必要性。

3. 市场分析与建设规模

在可行性研究报告中,要详细阐述市场需求预测、价格分析,并确定建设规模。主要内容包括:调查国内外市场近期需求状况,并对未来趋势进行预测,对国内现有工厂生产能力进行估计,进行销售预测、价格分析,判断产品的市场竞争能力及进入国际市场的前景,确定拟建项目的产品方案和建设规模,提出市场营销战略与策略,对产品方案和发展方向进行技术经济论证比较。

4. 建设条件与厂址选择

按建议的产品方案和规模来研究资源、原料、燃料、动力等需求与供应的可靠性,并对可供选择的厂址做进一步的技术经济比较,确定新厂址方案。具体包括三个方面的内容:资源和原材料分析、建厂地区的选择以及厂址选择。首先,资源和原材料的分析,指项目所需资源的来源、供应条件以及今后发展和开发趋势分析,原材料及主要辅助材料供应,所需的种类、数量、质量及其来源和供应的可能性;所需动力(水、电、气等)公用设施的数量、供应条件、外部协作条件,以及签订协议和合同的情况。其次,建厂地区的选择应指出建厂地区的地理位置,与原材料产地和产品市场的距离,对建厂的地理位置、气象、水文、地质、地形条件、地震、洪水情况和社会经济现状进行调查研究,收集基础资料,了解交通运输、通信设施及水、电、气、热的现状和发展趋势。最后,厂址选择分析应论证厂址面积、占地范围,厂区总体布置方案,建设条件、地价、拆迁及其他工程费用情况,并对厂址选择进行多方案的技术经济分析和比较,提出选择意见。

5. 工厂技术方案

在选定的建设地点内进行总图和交通运输的设计,进行多方案比较和选择,确定项目的构成范围、主要单项工程(车间)的组成、厂内外主体工程和公用辅助工程的方案比较论证;项目土建工程总量的估算,土建工程布置方案的选择,包括场地平整、主要建筑和构筑物与厂外工程的规划;采用技术和工艺方案的论证、技术来源、工艺路线和生产方法,主要设备选型方案和技术工艺的比较;引进技术、设备的必要性及其来源国别的选择比较;设备的国外采购或与外商合作制造方案设想;以及必要的工艺流程。

6. 环境保护与劳动安全

对项目建设地区的环境状况进行调查,分析拟建项目"三废"(废气、废水、废渣)的种类、成分和数量,并预测其对环境的影响,提出治理方案的选择和回收利用情况;对环境影响进行评价,提出劳动保护、安全生产、城市规划、防震、防洪、防风、文物保护等要求以及应采取的措施方案。

7. 企业组织和劳动定员

根据项目规模、项目组成和工艺流程,研究提出相应的企业组织机构、劳动定员总数、劳动力来源以及相应的人员培训计划。具体包括:企业组织形式、全厂生产管理体制、机构的设置,对选择方案的论证;工程技术和管理人员的素质和数量的要求;劳动定员的配备方案;人员的培训规划和费用估算。

8. 项目实施进度安排

项目实施进度安排,是指从正式确定建设项目到项目建成投产这段时间,包括项目实施准备、资金筹集安排、勘察设计和设备订货、施工准备、施工、生产准备、试运转直到竣工验收和交付使用等各个工作阶段的进度计划安排。具体工作包括:用横道图和网络图,表述整个工程项目实施方案和总进度安排;估算建设单位管理费、生产筹备费、生产职工培训费、办公和生活家居购置费、勘察设计费等项目实施费用。

9. 投资估算与资金筹措

这是项目可行性研究内容的重要组成部分,要计算项目所需要的投资总额,分析投资的筹措方式,并制定用款计划。建设项目总投资包括固定资产投资和流动资金投资,固定资产投资包括工程费用、其他费用和预备费;资金筹措研究落实资金的来源渠道和项目筹资方案,从中选择条件优惠的资金。在这两方面的基础上编制投资使用与借款偿还计划。

10. 财务效益、经济与社会效益评价

在建设项目的技术路线确定之后,必须对不同的方案进行财务、经济效益评价,判断项目在经济上是否可行,并经过比选推荐出优秀的建设方案。内容包括生产成本和销售收入估算,分析测算拟建项目未来的效益费用,计算财务内部收益率、净现值、投资回收期、借款偿还期等评价指标,以判别项目在财务上是否可行;从国家整体的角度考察项目对国民经济的贡献,运用影子价格、影子汇率、影子工资和社会折现率等经济参数评价项目在经济上的合理性,并对项目进行不确定性分析、社会效益和社会影响分析。

11. 可行性研究结论与建议

根据前面的研究分析,运用各项数据综合评价建设方案,从技术、经济、社会、财务等各个方面论述建设项目的可行性,推荐一个或几个可行方案供决策参考,提出项目存在的问题以及结论性意见和改进建议。

综上所述,投资项目可行性研究的基本内容可概括为三大部分。

首先是市场研究,包括产品的市场调查和预测研究,这是项目成立的重要依据。产品方案和建设规模以及企业的效益都是根据市场供求及销售预测来确定的,因此市场调查和预测是项目可行性研究的前提和基础,其主要任务是要解决建设项目的"必要性"问题。

其次是技术研究,即技术方案和建设条件研究,从资源投入、厂址、技术、设备和生产组织等问题入手,对建设项目的技术方案和建设条件进行研究。这是可行性研究的技术基础,它要解决建设项目在技术上的"可行性"问题。

最后是效益研究,即经济效益和社会效益的分析和评价。这是决定项目投资命运的关键,是项目可行性研究的核心部分,它要解决建设项目在经济上的"合理性"问题。

市场研究、技术研究和效益研究共同构成投资项目可行性研究的三大支柱。

在项目的前期工作中,从机会研究到详细可行性研究的整个可行性研究过程,就是从这三大方面对项目进行优化研究,并为项目投资决策提供科学依据。由于基础资料的占有程度和研究深度与可靠程度要求不同,建设前期的各个研究工作阶段的研究性质、工作目标、工作要求及作用、工作时间和所付出的代价各不相同。一般来说,各阶段研究的内容由浅入深,项目投资和成本估算的精度要求逐渐提高,研究工作量由小到大,研究的目的和作用逐渐提高,因而研究工作时间和费用也逐渐增加。这种循序渐进的工作程序,既符合对项目调查研究的客观规律,又能节省人力、时间和费用,从而取得良好效益。

第三节 可行性研究工作的组织与实施

一、可行性研究的依据

对一个拟建项目进行可行性研究,必须在国家有关的规划、政策、法规的指导下完成,同时,还要有相应的各种技术资料。可行性研究报告编写的主要依据包括以下几个方面。

(1) 国家有关经济建设的方针和产业政策、发展政策以及国家或地方的有关法规。

(2) 国民经济和社会发展长远规划、行业规划和地区规划。

(3) 国家批准的资源报告、国土开发整治规划、区域规划、工业基地规划,对于交通运输项目要有有关的江河流域规划与路网规划等。

(4) 经审批机关批准的项目建议书,以及在项目建议书批准后签订的意向性文件、协议书等。

(5) 资源储量委员会正式批准的资源储量及其品位开采价值的报告。

(6) 拟选厂址所在地的自然、经济、社会等基础资料。

(7) 有关行业的工程技术、经济方面的规范、标准、定额资料。

(8) 国家颁布的项目评价的经济参数和指标,如社会折现率、行业基准收益率、外汇汇率、价格换算系数等。如涉及国家没有颁布的经济参数,则使用部门或地区拟定的;如果部门或地区也没有,则由评价人员参考国外资料和历史资料确定。

二、可行性研究的要求

要使项目的可行性研究能够为项目的投资决策提供依据和有一定的质量,可行性研究应达到如下要求。

1. 可行性研究应具有科学性、公正性

可行性研究是一项政策性、技术性和经济性很强的综合研究工作。为保证它的公正性、科学性和客观性,在可行性研究工作中必须坚持实事求是,在调查研究和科学预测的基础上,进行方案分析和比较,按客观实际情况进行分析论证和评价,切忌为"可行"而研究,使可行性研究流于形式。

2. 承担可行性研究的单位应具有相应的条件和资格

为保证可行性研究的质量,必须要求承担研究和编制任务的单位是具有丰富的实践经验、雄厚的技术力量和相当资质的专业单位。

3. 可行性研究的深度应达到一定的标准和要求

虽然可行性研究的内容、深度因项目的具体要求会有所侧重和不同,但其基本内容应做到完整和有说服力,研究深度应达到国家发改委颁发的《一般工业项目可行性研究报告编制大纲》和《建设项目经济评价方法与参数》等文件中所规定的要求。

4. 落实可行性研究的费用来源

在国外,可行性研究的费用一般占到项目投资的1%左右,这是因为可行性研究是一项牵涉面广、要求较高、专业性较强的工作。所以,在我国可行性研究的费用来源应是由项目的投资者按项目投资额的一定百分比(可根据项目的特点等具体情况确定)计提支付。落实好可行性研究的费用,有助于更好、更细致、更深入地开展可行性研究工作。

三、可行性研究的工作程序

根据项目的投资建设程序和国家发改委颁发的《一般工业项目可行性研究报告编制大纲》,我国可行性研究一般要经历如下工作程序。

1. 项目的投资者提出项目建议书和初步可行性研究报告

项目投资者必须根据国民经济发展的长远规划、经济建设的方针和技术经济政策,结合资源情况、建设布局等条件,在详细调查研究、收集资料、勘察建设地点、初步分析投资效果的基础上,提出需要进行可行性研究的项目建议书和初步可行性研究报告。

2. 进行可行性研究任务或委托有关单位进行可行性研究工作

当项目建议书经审定批准后,项目的投资建设者即可自行进行或委托有关具有相应研究资格的设计、咨询单位进行可行性研究工作。

3. 承担单位进行可行性研究工作

承担单位在承接研究任务后,即可按以下6个步骤进行:组建研究小组,制定研究计划;进行调查研究,收集有关资料;备选方案的制定和优选;对初选方案进行详细技术经济分析、评价和论证;编制可行性研究报告;编制资金筹措计划和项目实施方案。

4. 可行性研究报告的预审与复审

编制和上报的可行性研究报告,按项目大小应在预审前1—3个月交预审主持单位。预审主持单位组织有关设计单位、科研机构、企业和有关专家组成评议组,对可行性研究报告进行预审并提出预审意见。当发现可行性研究报告存在原则性错误或报告的基础依据与社会经济环境条件有重大变化时,应按有关规定对可行性研究报告进行修改和复审。

5. 可行性研究报告的审批

可行性研究报告的审批一般按行政隶属关系及国家的有关规定进行。目前,我们正在深化企业投资体制改革,最终建立起市场引导投资、企业自主决策、银行独立审贷、融资方式多样、中介服务规范、宏观调控有效的新型投资体制。彻底改革现行不分投资主体、不分资金来源、不分项目性质一律按投资规模大小分别由各级政府及有关部门审批的企业投资管理办法。对于企业使用政府性资金投资建设的项目,仍实行审批制。对于企业不使用政府性资金投资建设的项目,一律不再实行审批制,区别不同情况实行核准制和备案制。

企业投资建设实行核准制的项目,仅需向政府提交项目申请报告,不再经过批准项目建议书、可行性研究报告和开工报告的程序。对于实行备案制的项目,除国家另有规定外,由企业按照属地原则向地方政府投资主管部门备案。备案制的具体实施办法由省级人民政府自行制定。国务院投资主管部门要对备案工作加强指导和监督,防止以备案的名义变相审批。

可行性研究工作由浅入深逐步展开,工作程序如图12-1所示。

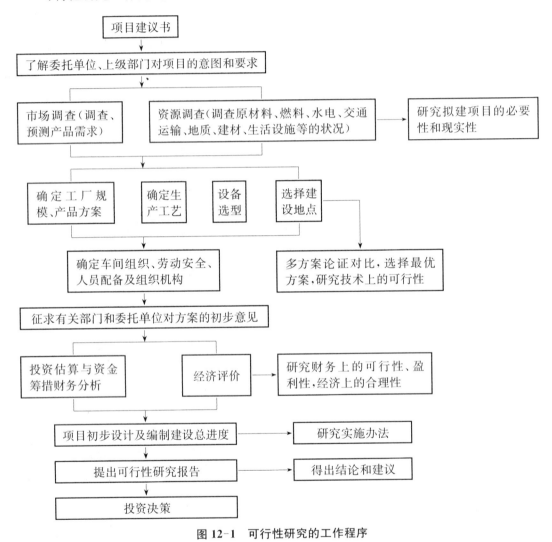

图 12-1　可行性研究的工作程序

第四节　可行性研究在我国的应用

从 20 世纪 50 年代开始,我国主要沿用苏联的技术经济论证方法,对"一五"期间的 156 项重点项目建设采用了较为简单的静态的技术经济分析方法,用以选择项目和编制项目设计任务书,这对当时的项目投资决策和前期工作管理起到了积极有益的作用,保证了项目建设质量,获得了良好的投资效果。

20世纪70年代末,我国开始实行改革开放政策,从国外引进了可行性研究和项目的评价方法,加强了项目前期的投资决策工作。原国家建委和世界银行等部门举办了学习班,组织介绍了国外可行性研究技术,并召集专题讨论会,采取"请进来"和"派出去"的办法,学习和吸收了西方发达国家关于可行性研究和现代费用效益分析等技术经济分析科学方法,并将其用于工程项目建设前期的项目评价与投资决策工作。

1980年我国恢复了在世界银行的席位,并开始向世界银行借贷资金。1981年我国设立了中国投资银行,并将其作为专门办理世界银行中小型项目借贷的中间金融机构。在世界银行的帮助下,中国投资银行于1982年制定了《工业贷款项目评估手册》(以下简称《手册》),作为评估贷款项目的依据,这在我国是首次将费用效益分析方法较系统地应用于项目评估工作中。该《手册》又于1985年和1989年进行了两次全面修订,通过近十年的项目评估实践证明,这套项目评估方法是行之有效的,适用于我国金融机构对贷款项目的评估。

为了制定出一套适合我国国情的统一的项目评价方法体系,1981年国家科委下达了"工业建设项目可行性研究经济评价方法"的研究课题,1982年国务院技术经济中心成立了可行性研究专题组,对经济评价的理论、方法论、指标体系进行了研究,并测算了一批国家参数。1983年5月制定了《工业建设项目企业经济效益的评价方法》(1985年公布出版)。1986年国家计委决定组织"经济评价方法与国家参数"专题研究专家组,在充分吸收国内项目经济评价理论研究和实践成果的基础上,借鉴国外项目评价理论、方法论与实践成就,制定了《关于建设项目评价工作的暂行规定》《建设项目经济评价方法》《建设项目经济评价参数》和《中外合资经营项目经济评价方法》等四个文件,经过全国专家论证会审定后,于1987年10月正式颁布了《建设项目经济评价方法与参数》(简称《方法与参数》)等四个规定性文件,对经济评价的程序、方法、指标等做出了明确规定和具体说明,并第一次发布了各类经济评价的国家参数,在全国大中型基本建设项目和限额以上的技术改造项目中试行。

《方法与参数》公布后,有关工业部门和行业组织、金融机构和工程咨询单位都相继组织编制了本部门和本行业的实施细则,测算了一些补充参数。例如,承担国家计划内大中型基建项目及限额以上技术改造项目评估咨询任务的中国国际工程咨询公司,于1987年9月制定了《建设项目评估暂行办法》(国家计委1987年10月批准颁发),于1988年编制出版了《建设项目评价咨询手册》。中国人民建设银行于1989年12月也印发了《基本建设贷款项目评估实施办法》和《技术改造贷款项目评估实施办法》,1994年和1995年又两次制定印发了《中国人民建设银行固定资产贷款项目评估办法》,作为建设银行对贷款项目进行评估论证和审批决策等项目评估工作的准则。还有钢铁、石油、化工、机械、煤炭、纺织、轻工、电力、运输等部门与行业也分别制定了实施细则,这就大大推动了我国建设项目经济评价的实际应用工作。

总之,《方法与参数》在全国范围内得到了广泛的应用,这不仅成为全国规划设计单位、工程咨询公司进行投资项目经济评价和评估的指导性文件,而且也作为各级计划部门审批项目建议书和可行性研究报告、各级金融机构审批贷款项目的重要依据。《方法与参数》发布后,国家计委和建设部又组织了国内专家组,在国内外进行实地考察和征求意见,并结合我国经济体制改革和投资金融与财税制度改革的新动向,对《方法与参数》进行了补充与修正,特别对其中某些重要问题进行了深入的专题研究与探讨,根据国民经济的发展趋势,对国家参数进行了重新测算,于1993年4月以计办投资〔1993〕530号文颁发了《建设项目经济评价方法与参数》(第二版)。

第二版《方法与参数》体现了我国实行社会主义市场经济体制对建设项目经济评价与评估的新要求,反映了我国经济体制与投资、金融和财税制度改革的新情况,提高了我国项目经济评价方法的科学性、实用性和可操作性,有利于促进我国的项目评价和投资决策工作水平的提高,并使其逐步走向科学化、规范化和制度化。但是到目前为止,由于我国对项目经济评价的经验还不多,项目评价的理论和方法体系还不够健全和完善,还需进一步研究和探讨,并在实践中不断修正、充实和补充。为及时指导投资项目的可行性研究工作,国家计委委托中国国际工程咨询公司组织编写了《投资项目可行性研究指南》,并于2002年1月以计办投资〔2002〕15号文下发。

近年来,随着我国建筑市场不断完善,建设工程造价管理逐步与国际惯例接轨,建设项目投资体制改革也不断深化。为了加强固定资产投资宏观调控,引导和促进各类资源合理配置,优化投资结构,减少和规避投资风险,充分发挥投资效益,国家发改委和建设部对《关于建设项目经济评价工作的若干规定》《建设项目经济评价方法》和《建设项目经济评价参数》做了修改,并于2006年7月3日以发改投资〔2006〕1325号文印发第三版《建设项目经济评价方法与参数》,要求在投资项目的经济评价工作中使用。

第三版《方法与参数》的内容与1993年原国家计委与建设部联合发布的第二版比较,方法部分和结构比第二版有较大的调整,内容也比第二版更丰富,更贴近我国社会主义市场经济条件下建设项目经济评价的需要;调整了经济效益分析与财务分析的侧重点;增设了财务效益与费用估算、资金来源与融资方案、费用效果分析、区域经济与宏观经济影响分析等章内容;对财务分析、经济费用效益分析、不确定性分析与风险分析、方案经济比选等内容也进行了调整和扩充;增加了公共项目财务分析和经济费用效益分析的内容;增加了经济风险分析内容;方案经济比选增加了不确定性因素和风险因素下的方案比选方法;简化了改扩建项目经济评价方法;增加了并购项目经济评价的基本要求;补充了电信、农业、林业、水利、教育、卫生、市政和房地产等行业经济评价的特点。

参数部分,建立了建设项目经济评价参数体系;明确评价参数的测算方法、测定选取的原则、动态适时调整的要求和使用条件;修改了部分财务评价参数和国民经济评价参数等。第三版《方法与参数》贯彻了《国务院关于投资体制改革的决定》的精神,体现了以人为本和全面、协调、可持续的科学发展观,适应了投资、财会、外贸体制深化改革的要求,既总结了国内的经验,又注意与国际通行做法接轨;既有继承,又有创新,内容全面,适用广泛,理论严谨,方法科学,简便易行,指导性更强,是政府投资与建设管理、工程设计、工程咨询、银行审贷、投资公司、资产评估等专业人员进行建设项目经济评价相关业务的基本依据和重要工具,也是大专院校教师和科研人员教学和科研的重要专业指导书籍。

本章小结

本章主要对项目可行性研究的基础知识作了简要论述,并对项目可行性研究的内容作了详细阐明,作为学习项目可行性研究的基础。本章第一节介绍了可行性研究概念和作用。第二节详细解释了可行性研究的三个阶段和主要内容。第三节和第四节介绍了可行性研究的组织与实施依据和程序,并列举了可行性研究在我国的应用情况。通过本章的学习,读者应该对项目可行性研究有一个基本的认识和把握。

关键词

项目可行性研究　投资机会研究　初步可行性研究　详细可行性研究　可行性研究的内容　可行性研究的依据　可行性研究的工作程序

复习思考题

1. 可行性研究的概念和作用是什么?
2. 可行性研究分哪几个阶段?其主要职能分别是什么?
3. 可行性研究的主要内容有哪些?
4. 可行性研究工作需要满足哪些要求?
5. 可行性研究的工作程序是什么?

参 考 文 献

[1] 赵国杰主编:《投资项目可行性研究》,天津大学出版社 2003 年版。
[2] 宋国防主编:《工程经济》,中国科学技术出版社 2005 年版。
[3] 黄渝祥,邢爱芳主编:《工程经济学》,同济大学出版社 1985 年版。
[4] 宋国防,贾湖主编:《工程经济学》,天津大学出版社 2000 年版。
[5] 虞和锡主编:《工程经济学》,中国计划出版社 2002 年版。
[6] 法律出版社法规中心主编:《公司法及司法解释汇编》,法律出版社 2019 年版。
[7] 国家发展改革委员会,建设部发布:《建设项目经济评价方法与参数》(第三版),中国计划出版社 2006 年版。
[8] 全国咨询工程师(投资)职业资格考试用书编写组组编:《项目决策分析与评价》,哈尔滨工程大学出版社 2019 年版。
[9] 曾肇河主编:《公司投资与融资管理》,中国建筑工业出版社 2006 年版。
[10] 郑立群主编:《工程项目投资与融资》(第 2 版),复旦大学出版社 2017 年版。
[11] 李志远,全品品主编:《建筑施工企业税务与会计》(第 4 版),中国市场出版社 2020 年版。
[12] 刘家顺,粟国敏主编:《技术经济学》,机械工业出版社 2003 年版。
[13] 周理编著:《工程经济学》,烃加工出版社 1989 年版。
[14] 全国造价工程师职业资格考试培训教材编审委员会主编:《建设工程造价管理》,中国计划出版社 2019 年版。
[15] 卢明银主编:《技术经济学》,中国矿业大学出版社 2005 年版。
[16] 傅家骥,全允桓主编:《工业技术经济学》(第 3 版),清华大学出版社 1996 年版。
[17] 方勇主编:《技术经济学》(第 2 版),机械工业出版社 2018 年版。
[18] 邵颖红主编:《工程经济学概论》(第 3 版),电子工业出版社 2015 年版。
[19] 赵国杰主编:《工程经济学》(第 2 版),天津大学出版社 2004 年版。
[20] 李南主编:《工程经济学》(第 5 版),科学出版社 2018 年版。
[21] 千住镇雄,伏见多美雄主编:《经济性工学基础》,日本能率协会 1982 年版。
[22] 千住镇雄等主编:《经济性分析》,日本规格协会 1982 年版。
[23] 中村善太郎主编:《经济工程学入门》,中国石化出版社 1992 年版。
[24] 王克强,王洪卫主编:《工程经济学》,上海财经大学出版社 2004 年版。

［25］Leland Blank，Anthony Tarquin 主编：*Engineering Economy*，清华大学出版社 2003 年版。

［26］William G.Sullivan，Elin M.Wicks，James T.Luxhoj：*Engineering Economy*（第 14 版），清华大学出版社 2011 年版。

［27］［美］朴赞锡（Chan S Park）：《工程经济学原理》（第 3 版），机械工业出版社 2015 年版。

复习思考题参考答案

第一章　工程经济学

略

第二章　经济学基础知识

1. 经济学是研究个人、家庭、企业、政府以及其他社会组织如何进行选择和使用可以有许多用途的稀缺的经济资源,以便在某个时间生产经济物品(经济物品指必须付出某种代价才能得到的物品),并把所生产的经济物品分配给社会成员供其消费的一门社会科学。

经济学所要讨论的就是如何利用现有的经济资源尽可能地生产更多的经济物品来更有效地满足人类欲望的所谓选择问题。选择包括:生产产品的选择、生产时间的选择、生产方式的选择和产品使用者的选择。

2. 需求定律:在其他条件不变的情况下,需求量随价格的上升而减少,随价格的下降而增加。

供给定律:在其他条件不变的情况下,商品供给量随价格的上升而增加,随价格的下降而减少。

3. 在市场均衡状态下,需求价格和供给价格相等,此时的价格就称为均衡价格。在同样的均衡状态下,需求量和供给量相等,此时的商品数量被称为均衡数量。

供给和需求的变化将引起均衡产量与均衡价格的如下变化:

(1) 当价格上升时,均衡需求量下降;反之则上升。

(2) 当价格下降时,均衡供给量下降;反之则上升。

(3) 当市场出现过度需求时,价格会上升,直至达到新的均衡为止。

(4) 当市场出现过度供给时,价格会下降,直至达到新的均衡为止。

(5) 在需求不变的情况下,供给增加时导致均衡价格下降,但均衡产量增加;供给减少时导致均衡价格上升,但均衡产量减少。

(6) 在供给不变的情况下,需求增加导致均衡价格和产量同时增加;需求减少导致均衡价格和产量同时减少。

(7) 当供求同时增加(或减少)时,均衡产量增加(或减少),但均衡价格不定。

(8) 当供求反向变动时,均衡价格与需求变化方向相同,而均衡产量不定。

4. 基数效用是指用效用单位表示的效用,而效用单位则是人们用来度量效用大小的单位。

边际效用递减规律是指由于同一物品的每一单位对消费者的满足程度不同,当消费者消费或购买某种物品的数量增加时,连续增加的每单位物品所提供的效用呈递减趋势。

5. 序数效用论认为,效用是一个有点类似于香、臭、美、丑那样的概念,效用的大小是无法具体衡量的,效用之间的比较只能通过顺序或等级来表示。

6. 资金的时间价值原则、现金流量原则、增量分析原则、机会成本原则、有无对比原则、可比性原则、风险收益的权衡原则。

第三章 工程经济分析要素

1. 答:对于工程建设项目来说,项目总投资一般由建设投资、流动资金和建设期利息三项构成。建设投资包括工程建设费用、工程建设其他费用和预备费用,其中工程建设费用主要指建筑工程费、设备及工器具购置费和安装工程费。

2. 答:建设投资分项详细估算法是分为三项来估算,即机器设备的投资估算,建筑物、构筑物的投资估算,其他投资估算。即先估算出机器设备的投资,然后根据建筑物和其他投资与机器设备投资的一般比例关系,来分别估算出另外两部分的投资。

流动资金分项详细估算法是对形成流动资金的各项流动资产和流动负债分别进行估算,即对存货、现金、应收账款、预付账款和应付账款、预收账款六项内容进行估算。

3. 答:总成本费用包括外购原材料费用、外购燃料及动力费用、工资及福利费、修理费、折旧费、摊销费、矿山维简费、财务费用和其他费用九项内容。

外购原材料费用包括直接材料费中预计消耗的原材料、辅助材料、备品配件、外购半成品、包装物以及其他直接材料;外购燃料及动力费用包括直接材料费中预计消耗的外购燃料及动力,制造费用、管理费用以及销售费用中的外购水电费等;工资及福利费包括直接工资及其他直接支出(指福利费),制造费用、管理费用以及销售费用中管理人员和销售人员的工资及福利费;修理费是指为恢复固定资产原有生产能力,保持其原有使用效能,对固定资产进行修理或更换零部件而发生的费用,它包括制造费用、管理费用和销售费用中的修理费;固定资产折旧是指固定资产由于损耗而减少的价值,可以分为有形损耗和无形损耗两种;摊销费指无形资产摊销费和其他资产摊销费;维简费是对矿山、油井、天然气井和森林等自然资源的使用收取的一定费用,按照生产产品数量(采矿按每吨原矿产量,林区按每立方米原木产量)计提维持简单再生产费;财务费用是企业为筹集所需资金而发生的费用(称为借款费用),包括利息支出、汇兑损失以及相关的手续费等;其他费用是指制造费用、管理费用和营业费用之和,扣除上述费用后的费用。

4. 答:无形资产的摊销期限,凡法律和合同或企业申请书分别规定有效期限和受益年限的,按照法定有效期限与合同或企业申请书规定的受益年限孰短的原则确定。无法确定有效期限,但企业合同或申请书中规定有受益年限的,按企业合同或申请书中规定的受益年限确定。无法确定有效期限和受益年限的,按照不应超过10年的期限确定。

5. 答:总成本费用是指项目在一定时期内,为生产和销售产品而花费的全部成本和费用。其中,成本是指工业企业为生产各种产品(包括产成品、自制半成品等)和提供劳务所发生的直接人工、直接材料消耗和与生产有关的制造费用的总称;费用是企业在生产经营过程中发生的各项耗费。我们通常把为生产某种产品而发生的生产成本及与生产有关的费用之和称为产品成本、成本费用,或称为产品的生产成本,简称成本。

经营成本是项目经济评价中的一个专门术语,在财务会计中没有经营成本的概念。经营成本涉及产品生产及销售、企业管理过程中的物料、人力和能源的投入费用,它反映企业的生产和管理水平。在工程项目的经济分析中,经营成本被应用于现金流量的分析。

经营成本费用＝总成本费用－折旧费－矿山维简费－摊销费－财务费用

式中：总成本费用＝生产成本＋管理费用＋财务费用＋销售费用。

经营成本是为经济分析方便从总成本费用中分离出来的一部分费用,之所以要分离出折旧费、摊销费、维简费和财务费用,其原因在于：项目评价动态分析的基本报表是现金流量表,它根据项目在计算期内各年发生的现金流入和流出,进行现金流量分析。各项现金收支在何时发生,就在何时计入。由于投资已在其发生的时间作为一次性支出计入现金流出,所以不能将折旧费和摊销费在生产经营期再计为现金流出,否则会发生重复计算。因此,在现金流量表中不能将含有折旧费和摊销费的总成本费用作为生产经营期经常性支出,而规定以不包括折旧费和摊销费的经营成本作为生产经营期的经常性支出。对于矿山项目,将维简费视同折旧费处理,因此经营成本中也不包括维简费。

6. 答：机会成本是指将一种具有多种用途的有限资源置于特定用途时所放弃的收益。当一种有限资源具有多种用途时,可能有许多个投入这种资源获取相应收益的机会,如果将这种资源置于某种特定用途,必然要放弃其他的资源投入机会,同时也放弃了相应的收益,在所放弃的机会中最佳的机会可能带来的收益,就是将这种资源置于特定用途的机会成本。

沉没成本是指过去已经支出而现在已无法得到补偿的成本。例如,企业考虑某台旧设备是否需要更新这一问题时,该设备几年前的购置成本已经作为一项沉没成本,不应影响是否更新的决策。若设备更新后能够提高企业的生产能力,并且降低单位产品的生产成本,则应考虑更新设备,反之则不考虑更新。

7. 答：营业收入是企业对外销售产品或提供劳务所取得的收入。企业的营业收入包括产品营业收入和其他营业收入。产品营业收入包括销售产成品、自制半成品、工业性劳务取得的收入；其他营业收入包括材料销售、技术转让、包装物出租、外购商品销售、承担运输等非工业性劳务所取得的收入。生产多种产品和提供多项服务的,应分别估算各种产品及服务的营业收入。计算营业收入时,假设生产出来的产品能全部按定价售出,销售量等于生产量,即

营业收入＝销售量(或生产量)×销售单价

利润是劳动者新创造的价值,应在全社会范围内进行分配。企业实现的利润中的一部分以缴纳所得税的方式交给国家,作为国家的财政收入。企业缴纳所得税后的利润,除国家另有规定外,一般按照固定的顺序分配。利润分配就是企业将实现的税后利润在投资者之间进行分配,具体表现为在弥补亏损、法定盈余公积金、任意盈余公积金以及股东之间分配利润、股利和剩余未分配利润等。

8. 答：房产税是以房产为征税对象,依据房产价格或房产租金收入向房产所有人或经营人征收的一种税。房产税的计税依据是房产的计税价值或房产的租金收入,按照房产的计税价值征税的称为从价计征,按照房产的租金收入征税的称为从租计征。

关税是由海关对进出国境或关境的货物、物品征收的一种税。我国海关有关法律法规规定,我国进口关税的纳税人为进口货物的收货人,出口关税的纳税人为出口货物的发货人。从关税征税范围来看,凡是国家允许,属于《中华人民共和国进出口税则》规定应税的货物、物品,均属于关税的征税范围。关税应纳税额的计算分为四种方法：从价税计算、从量税计算、复合税计算以及滑准税计算。

应纳税额＝营业额×税率

所得税是企业取得利润后,先向国家缴纳所得的税。根据企业所得税法的规定,企业所得税实行 25% 的比例税率。企业所得税税率一般是 25%,符合条件的小型微利企业,所得税的税率一般为 20%。国家重点扶持的高新技术企业,所得税的税率一般为 15%。非居民企业对于来源于中国境内的所得缴

纳企业所得税,适用税率均为20%。PE溢价投资类企业,所得税税率一般在40%左右。如果企业上一年度发生亏损,可用当年应纳税所得额予以弥补,按弥补亏损后的应纳税所得额来确定适用税率,企业所得税的计算公式为

$$应纳税额 = 应纳税所得额 \times 税率$$

$$应纳税所得额 = 应纳税收入总额 - 准予扣除项目金额$$

式中:收入总额是指企业在生产经营活动中以及其他行为中取得的各项收入的总和;准予扣除项目金额是指纳税人每一纳税年度发生的与取得应税收入有关的所有必要和正常的成本、费用、税金和损失。

9. 解:(1) 采用生产能力指数法,估算该项目的设备投资

$$I_2 = I_1 \left(\frac{Q_2}{Q_1}\right)^n \cdot f = 13 \times \left(\frac{30}{20}\right)^{0.8} \times 1.2 \times 6.86 = 148.02(亿元)$$

(2) 采用百分比估算法,估算该项目的建设投资

$$I = C(1 + f_1\lambda_1 + f_2\lambda_2 + f_3\lambda_3 + \cdots) + C' = 148.02(亿元)$$

$$I \times [1 + 1.2 \times (40\% + 20\% + 30\%)] + 80 = 387.83(亿元)$$

10. 解:应收账款 = 年经营成本/年周转次数 = 21 000/12 = 1 750(万元)

现金 = (年工资及福利费 + 年其他费用)/年周转次数
= (1 100 × 0.72 + 860)/9 = 183.56(万元)

外购原材料、燃料 = 年外购原材料、燃料动力费/年周转次数
= 19 200/9 = 2 133.3(万元)

在产品 = (年外购原材料、燃料费 + 年工资及福利费 + 年修理费
+ 年其他制造费用)/年周转次数
= (19 200 + 1 100 × 0.72 + 21 000 × 0.1 + 660)/9
= 2 528(万元)

产成品 = 年经营成本/年周转次数 = 21 000/9 = 2 333.33(万元)

存货 = 2 133.3 + 2 528 + 2 333.33 = 6 994.7(万元)

流动资产 = 1 750 + 183.56 + 6 994.7 = 8 928.3(万元)

流动负债 = 应付账款 = 年外购原材料、燃料动力费/年周转次数
= 19 200/12 = 1 600(万元)

流动资金 = 8 928.3 − 1 600 = 7 328.3(万元)

11. 解:(1) 主厂房投资 = 设备费 + 建筑工程费 + 安装工程费

$$= 4 223 \times (1 + 18\% + 12\%) = 5 490(万元)$$

工程费用及工程建设其他费 = 主厂房投资 + 辅助生产项目投资 + 公用工程投资
+ 服务性工程投资 + 环境保护工程投资
+ 总图运输工程投资 + 工程建设其他费
$$= 5 490 \times (1 + 9\% + 12\% + 0.7\% + 2.8\% + 1.5\% + 32\%)$$
$$= 8 674(万元)$$

(2) 建设投资。

$$基本预备费 = 工程费用及工程建设其他费 \times 10\%$$
$$= 8\,674 \times 10\% = 867(万元)$$

$$工程费用 = 5\,490 \times (1+9\%+12\%+0.7\%+2.8\%+1.5\%)$$
$$= 6\,917(万元)$$

$$第1年涨价预备费 = 6\,917 \times 30\% \times [(1+3\%)-1] = 62(万元)$$

$$第2年涨价预备费 = 6\,917 \times 50\% \times [(1+3\%)^2-1] = 211(万元)$$

$$第3年涨价预备费 = 6\,917 \times 20\% \times [(1+3\%)^3-1] = 128(万元)$$

$$涨价预备费 = 62+211+128 = 401(万元)$$

$$建设项目投资 = 8\,674+867+401 = 9\,942(万元)$$

$$第1年利息 = 6\,416 \times 30\% \times 1/2 \times 6\% = 58(万元)$$

$$第2年利息 = (6\,416 \times 30\% + 58 + 1/2 \times 6\,416 \times 50\%) \times 6\% = 215(万元)$$

$$第3年利息 = (6\,416 \times 30\% + 58 + 6\,416 \times 50\% + 215$$
$$+ 1/2 \times 6\,416 \times 20\%) \times 6\%$$
$$= 263(万元)$$

$$建设期利息 = 58+215+263 = 536(万元)$$

(3) 流动资金估算。

$$外购原材料、燃料动力费 = 9\,482/4 = 2\,371(万元)$$

$$在产品 = (9\,482+410+218+820)/120 = 91(万元)$$

$$产成品 = 30\,877/18 = 1\,715(万元)$$

$$应收账款 = 50\,000/8 = 6\,250(万元)$$

$$现金 = (410+20\,820)/12 = 1\,769(万元)$$

$$应付账款 = 9\,482/6 = 1\,580(万元)$$

$$流动资金 = 流动资产 - 流动负债 = 2\,371+91+1\,715+6\,250$$
$$+1\,769-1\,580 = 10\,616(万元)$$

12. 解：年数总和 $= 4+3+2+1 = 10$

采用年数总和法计算的各年折旧率和折旧额见表3-8。

表3-8 年数总和法折旧计算 （单位：元）

年 份	应计提折旧总额	年折旧率	年折旧额	累计折旧
1	58 000－2 000＝56 000	4/10	22 400	22 400
2	56 000	3/10	16 800	39 200
3	56 000	2/10	11 200	50 400
4	56 000	1/10	5 600	58 000

13. 解：按不同折旧方法计算的设备每年折旧额见表 3-9。

表 3-9　设备每年折旧额

使用年限	年工作量/小时	年计提折旧额/万元			
		平均年限法	工作量法	双倍余额递减法	年数总和法
1	20	9.5	5.94	20	17.3
2	30	9.5	8.9	16	15.55
3	30	9.5	8.9	12.8	13.82
4	30	9.5	8.9	10.2	12.1
5	40	9.5	11.88	8.2	10.4
6	40	9.5	11.88	6.55	8.64
7	40	9.5	11.88	5.24	6.91
8	40	9.5	11.88	4.2	5.2
9	30	9.5	8.9	5.9	3.45
10	20	9.5	5.94	5.9	1.73
合计	320	95	95	95	95

14. 土地增值额 $= 5\,000 - 3\,700 - 277.5 = 1\,022.5$（万元）

土地增值税实行四级超率累计税率，求增值额与扣除项目金额的比率如下：$1\,022.5/(3\,700 + 277.5) = 25.71\% < 50\%$，所以，土地增值税税率取 30%，对应的速算扣除系数取 0，

则应缴纳的土地增值税 $= 1\,022.5 \times 30\% = 306.75$（万元）

第四章　资金的时间价值

1. 解：(1) $F = 100 \times \dfrac{(1+0.06)^{11} - 1}{0.06} = 1\,497.16$（元）

   (2) $P = 100 \times \dfrac{(1+0.06)^{10} - 1}{(1+0.06)^{10} \times 0.06} + 100 = 836.01$（元）

   (3) $A = 836.01 \times \dfrac{(1+0.06)^{10} \times 0.06}{(1+0.06)^{10} - 1} = 113.59$（元）

2. 解：(1) $F = 100 \times (1+0.12)^5 = 176.23$（万元）

   (2) $T = 12 \times 5 + 100 = 160$（万元）

   (3) $T = 12 + 9.6 + 7.2 + 4.8 + 2.4 + 100 = 136$（万元）

   (4) $A = 100 \times \dfrac{(1+0.12)^5 \times 0.12}{(1+0.12)^5 - 1} = 27.74$（万元）

   　$T = 27.74 \times 5 = 138.7$（万元）

   (5) 以上四种方式是等值的。

3. 解：由 $F = P(1+i)^n$

   得　　　　　　　$2\,000 = 1\,000 \times (1+i)^8$

$$i = \sqrt[8]{2} - 1 \qquad i = 9.05\%$$

同理，由 $F = P(1+i)^n$

得
$$8\,000 = 1\,000 \times (1+0.090\,5)^n$$

$$(1.090\,5)^n = 8$$

$$n = \frac{\ln 8}{\ln 1.090\,5} = 24(年)$$

4. 解：(1) 由 $F = P(1+i)^n$ 得

$$F = 1\,000 \times \left(1 + \frac{0.12}{4}\right)^{10 \times 4} = 3\,262.04(元)$$

(2) $i = \left(1 + \frac{0.03}{3}\right)^3 - 1 = 3.03\%$

$$F = 300 \times \frac{(1+0.030\,3)^{40} - 1}{0.030\,3} = 22\,774.84(元)$$

(3) $i = \frac{0.09}{2} = 0.045$

$$F = 600 \times \frac{(1+0.045)^{20} - 1}{0.045} = 18\,822.85(元)$$

5. 证明：(1) 右式 $= \frac{(1+i)^{n-1} - 1}{(1+i)^{n-1} i} + \frac{1}{(1+i)^n} = \frac{[(1+i)^{n-1} - 1](1+i) + i}{(1+i)^n i}$

$$= \frac{(1+i)^n - 1}{(1+i)^n i} = (P/A, i, n)$$

$$= 左式$$

(2) 左式 $= P \frac{(1+i)^n i}{(1+i)^n - 1} - L \frac{i}{(1+i)^n - 1}$

上式中加一个 Li，减一个 Li，有

$$= P \frac{(1+i)^n i}{(1+i)^n - 1} - L \frac{i}{(1+i)^n - 1} + Li - Li$$

$$= (P - L) \frac{(1+i)^n i}{(1+i)^n - 1} + Li$$

$$= 右式$$

6. 解：$i = \frac{6\%}{12} = 0.5\%$

$$F = 500 \times \frac{(1+0.005)^{71} - 1}{0.005} \times (1+0.005)^{50} = 54\,526.790(元)$$

$$A = 54\,526.790 \times \frac{(1+0.005)^{120} \times 0.005}{(1+0.005)^{120} - 1} = 605.4 < 1\,000(元)$$

答：这笔存款不够支付10年房租。

7. 解：$i_月 = \frac{12\%}{12} = 1\%$

$$A = 5\,000 \times \frac{(1+0.01)^{48} \times 0.01}{(1+0.01)^{48} - 1} = 131.67(元)$$

$$T_{26} = 131.67 \times \frac{(1+0.01)^{22}-1}{(1+0.01)^{22} \times 0.01} + 131.67 = 2\,720.35(元)$$

$$T_{48} = 131.67 \times \frac{(1+0.01)^{23}-1}{0.01} = 3\,386.07(元)$$

8. 解：$P = 40 \times \frac{(1+0.06)^{12}-1}{(1+0.06)^{12} \times 0.06} + \frac{1\,000}{(1+0.06)^{12}} = 832.32(元)$

9. 解：$i_4 = \left(1 + \frac{\frac{12\%}{2} \times 8}{8}\right)^8 - 1 = 59.38\%$

$$P = 50\,000 \times \frac{(1+0.539\,8)^4 - 1}{(1+0.593\,8)^4 \times 0.593\,8} = 71\,153.9(元)$$

10. 解：$P = 600 \times (P/A, 12\%, 6) - 80 \times (P/G, 12\%, 6) + 140$
    $\times (P/F, 12\%, 6) - 1\,400 = 423(万元)$

    $A = 423 \times (A/P, 12\%, 6) = 102.8(万元)$

11. 解：$A_1 = 2.5 \times 100 \times 3\,000 = 750\,000(元/年)$，已知 $j=10\%$，$i=15\%$，$n=4$，得

$$P = 750\,000 \left[\frac{1-(1+0.1)^4(1+0.15)^{-4}}{0.15-0.1}\right] = 244.34(万元)$$

第五章　投资项目经济评价指标与方法

1. **时间性指标**：利用时间的长短来衡量项目对其投资回收清偿能力的指标。常用的时间性评价指标有静态投资回收期、动态投资回收期、借款还款期等。

   静态投资回收期是在不考虑资金时间价值的条件下，以项目净收益抵偿项目全部投资所需要的时间。其定义表达式为

$$\sum_{t=0}^{pt}(CI-CO)_t = 0$$

   动态回收期是在考虑资金时间价值的条件下，以项目净收益抵偿项目全部投资所需要的时间。其定义表达式为

$$\sum_{t=0}^{Pt}(CI-CO)_t(1+i_c)^{-t} = 0$$

2. **价值性指标**：反映项目投资的净收益绝对量大小的指标。常用的价值性评价指标有净现值、净年值、净终值等。

   净现值是指投资项目按基准收益率(i_c)，将各年的净现金流量折现到投资起点的现值之代数和。其计算公式为

$$NPV(i_c) = \sum_{t=0}^{n}(CI-CO)_t(1+i_c)^{-t}$$

   净年值也称净年金，是指把投资项目所有现金流量转化为与其等值的年金。求一个投资项目的净年值，可以先求出该项目的净现值，然后乘以资金回收系数进行等值变换求解，即

$$NAV(i_c) = NPV(i_c)(A/P, i_c, n)$$

3. **比率性指标**：反映项目单位投资获利能力或项目对贷款利率的最大承受能力的指标。常用的比

率性指标有内部收益率、净现值率等。

内部收益率是一个同净现值一样被广泛采用的项目评价指标,它是指使项目净现值为零时的折现率。其计算公式为

$$NPV(IRR) = \sum_{t=0}^{n}(CI-CO)_t(1+IRR)^{-t} = 0$$

净现值率 NPVR 是衡量单位投资所获得的净现值的大小,它是项目计算期的净现值与全部投资现值的比率。其计算公式为

$$NPVR = \frac{NPV(i_c)}{I_p}$$

4. 内部收益率指标的经济含义是项目对占用资金的恢复能力,对于一个有投资者和经营者之间发生了借贷关系的企业来说,内部收益率是仅从企业内部经营(即经营期间无外部资金投入或无内部资金转为外部资金)来回收投资余额的资金回收利率。

5. 解:(1) 求静态投资回收期。利用静态投资回收期公式计算为

$$P_t = \frac{227}{17.5} \approx 13(年)$$

(2) 动态投资回收期。利用动态投资回收期公式计算为

$$P'_t = \frac{\lg 17.5 - \lg(17.5 - 7.5\% \times 227)}{\lg(1+7.5\%)} = 49.87 \approx 50(年)$$

所以静态投资回收期和动态投资回收期分别约为 13 年和 50 年。

6. 解:按净现值指标进行评价

$$NPV(20\%) = -40\,000 + (15\,000 - 3\,500)(P/A, 20\%, 4) \\ + 5\,000(P/F, 20\%, 4) = -7\,818.5(元)$$

由于 $NPV(20\%) < 0$,此投资经济上不合理。

7. 解:$NPV(12\%) = -1\,000 + \dfrac{-2\,000}{1+12\%} + \dfrac{-1\,500}{(1+12\%)^2} + \dfrac{1\,450 \times (P/F, 12\%, 8)}{(1+12\%)^3}$

$$= 89.39 > 0$$

$$IRR = 13.37\% > 12\%$$

故该项目在经济上可行。

8. 解:(1) $IRR = 5.4\%$

(2) $P'_t = -\dfrac{\ln\left(1-\dfrac{Ii}{R}\right)}{\ln(1+i)} = -\dfrac{\ln\left(1-\dfrac{8\,000 \times 10\%}{1\,260}\right)}{\ln(1+10\%)} = 10.6 \approx 11(年)$

所以该仓库至少要使用 11 年才值得投资。

9. 解:设 $i_1 = 10\%$,$i_2 = 15\%$,分别计算其净现值:

$$NPV_1 = -100 + 20(P/F, 10\%, 1) + 30(P/F, 10\%, 2) \\ + 20(P/F, 10\%, 3) + 40(P/F, 10\%, 4) \\ + 40(P/F, 10\%, 5) = 10.16(万元)$$

$$NPV_2 = -100 + 20(P/F,15\%,1) + 30(P/F,15\%,2)$$
$$+ 20(P/F,15\%,3) + 40(P/F,15\%,4)$$
$$+ 40(P/F,15\%,5) = -4.02(万元)$$

再用内插法算出内部收益率 IRR。

$$IRR = 10\% + (15\% - 10\%)\frac{10.16}{10.16 + 4.02} = 13.5\%$$

由于 IRR(13.5%)大于基准折现率(12%),故该项目在经济效果上是可以考虑的。

10. 解:

(1)

年	0	1	2	3	4
净现金流量	−100	40	37	24	22
累计净现金流量	−100	−60	−23	1	23

$$P_t = (3-1) + \left|\frac{-23}{24}\right| = 2.95(年)$$

(2)

年	0	1	2	3	4
净现金流量	−100	40	37	24	22
净现金流量折现值	−100	37.04	31.72	19.05	16.17
累计净现金流量现值	−100	−62.96	−31.24	−12.19	3.98

$$P'_t = (4-1) + \left|\frac{-12.19}{16.17}\right| = 3.75(年)$$

静态投资回收期较长,这是因为:静态投资回收期是在不考虑资金时间价值的条件下,以项目的净收益回收其全部投资所需要的时间。动态投资回收期考虑了资金时间价值是把投资项目各年的净现金流量按基准收益率折成现值之后,再来推算投资回收期。当基准收益率等于零时,静态投资回收期等于动态投资回收期;其他情况下,因为基准收益率所代表的资金时间价值的存在,动态投资回收期大于静态投资回收期。

(3) $NPV(8\%) = 40 \times (P/F,8\%,1) + 37 \times (P/F,8\%,2) + 24 \times (P/F,8\%,3) + 22 \times (P/F,8\%,4) - 100 = 3.98(万元)$

(4) 设 $i_1 = 10\%$,则

$NPV_1(10\%) = 40 \times (P/F,10\%,1) + 37 \times (P/F,10\%,2) + 24 \times (P/F,10\%,3) + 22 \times (P/F,10\%,4) - 100 = -0.0027(万元)$

设 $i_2 = 9\%$,则

$NPV_2(9\%) = 40 \times (P/F,9\%,1) + 37 \times (P/F,9\%,2) + 24 \times (P/F,9\%,3) + 22 \times (P/F,9\%,4) - 100 = 1.956(万元)$

使用内插法计算内部收益率:

$$IRR = i_1 + \frac{NPV_1}{NPV_1 - NPV_2}(i_2 - i_1) = 10.14\%$$

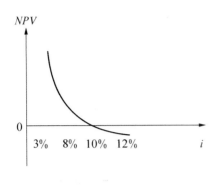

(5) NPV(3%) = 40×(P/F,3%,1) + 37×(P/F,3%,2) + 24×(P/F,3%,3) + 22×(P/F,3%,4) − 100 = 15.219(万元)

NPV(8%) = 40×(P/F,8%,1) + 37×(P/F,8%,2) + 24×(P/F,8%,3) + 22×(P/F,8%,4) − 100 = 3.98(万元)

NPV(10%) = 40×(P/F,10%,1) + 37×(P/F,10%,2) + 24×(P/F,10%,3) + 22×(P/F,10%,4) − 100 = −0.0027(万元)

NPV(12%) = 40×(P/F,12%,1) + 37×(P/F,12%,2) + 24×(P/F,12%,3) + 22×(P/F,12%,4) − 100 = −3.726(万元)

第六章 投资项目多方案比选与排序

1. 答：现实中的方案间存在多种关系，如方案相互独立、方案具有从属关系、方案具有互斥关系等，其中最常见的是互斥型、独立型和层混型三种类型。

互斥型方案的特点是项目或方案之间具有互不相容性（相互排斥性）。在每个项目（方案）中，能够任选一个并且只能选择一个。一旦选中任意一个方案（项目），其他方案（项目）必须放弃，不能同时被选中。互斥型亦可称为替代型、排他型、对立型、择一型等。如公司计划购买一台机器设备，市场上有生产同类型设备的三个厂家可供选择，因为只能购买其中一家的产品，而不能同时选购各厂家的产品，这就是互斥型方案。

2. 答：对于两个或两个以上方案的比选，可采用差额指标。两个方案在投资、年收益、残值以及经营费用等方面的差异量，构成新的现金流量即差额现金流量，因此对不同方案的差额现金流量进行分析的方法称为差额分析法。评价互斥型方案时，应根据不同方案的现金流量之差量，采用差量的净现值（ΔNPV）、差量的内部收益率（ΔIRR）和差量的投资回收期（静态差量投资回收期 ΔP_t、动态差量投资回收期 $\Delta P_t'$）等指标进行方案比选。

3. 解：采用净现值法：$NPV_A = -5\,000 + 1\,400(P/A,15\%,10) = 2\,026.23(元)$

$NPV_B = -8\,000 + 1\,900(P/A,15\%,10) = 1\,537.72(元)$

$NPV_C = -10\,000 + 2\,500(P/A,15\%,10) = 2\,547(元)$

由于 $NPV_C > NPV_A > NPV_B$，所以 C 为最优方案。

4. 解：首先计算出 A，B 项目及 A，B 差额项目的内部收益率。

$$IRR_A = 23\%$$
$$IRR_B = 34\%$$
$$IRR_{B-A} = 12\%$$

但由于这里 A，B 项目的投资相等，所以不能用前面的原理来选择，即当用投资多的项目减去投资少的项目，若此时的 $IRR > i_c$，则投资多的项目优于投资少的项目。我们可以通过画图的方式来选择。

由上图看出：当 $0 \leq i_c \leq 12\%$ 时，选 A 项目；当

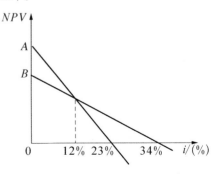

图 6-15 图解法比选项目示意

$12\% < i_c \leqslant 34\%$ 时,选 B 项目。

5. 解:由于两方案的寿命不等,应用最小公倍数法,它们的最小公倍数为 18,分别计算它们的净现值:

$$NPV_A = -10\,000 + (6\,000 - 3\,000)(P/A,10\%,18) - (10\,000 - 1\,000)[(P/F,10\%,6)$$
$$+ (P/F,10\%,12)] + 1\,000(P/F,10\%,18) = 6\,836.2(元)$$

$$NPV_B = -15\,000 + (6\,000 - 2\,500)(P/A,10\%,18) - (15\,000 - 1\,500)(P/F,10\%,9)$$
$$+ 1\,500(P/F,10\%,18) = 8\,248.85(元)$$

由于 $NPV_B > NPV_A$,所以应选择 B 方案,可以多获得净现值 1 412.65 元。

6. 解: $PC_A = 70 + 13(P/A,15\%,10) = 135.2(万元)$
$PC_B = 100 + 10(P/A,15\%,10) = 150.2(万元)$
$PC_C = 110 + 5(P/A,15\%,5) + 8(P/A,15\%,5)(P/F,15\%,5) = 140.1(万元)$

因为 $PC_B > PC_C > PC_A$,所以方案 A 为优。

7. 解:(1) 设年产量为 Q,若选择 A 设备有利,则:

$$PC_A < PC_B$$

$$20 + Q \times 8 \frac{(1+0.13)^8 - 1}{(1+0.13)^8 \times 0.13} < 30 + Q \times 6 \frac{(1+0.13)^8 - 1}{(1+0.13)^8 \times 0.13}$$

解得: $Q < 10\,420(件)$,此时选择 A 设备有利。

(2) $20 + 1.3 \times 8 \dfrac{(1+i)^8 - 1}{(1+i)^8 \times i} < 30 + 1.3 \times 6 \dfrac{(1+i)^8 - 1}{(1+i)^8 \times i}$

$$\frac{(1+i)^8 - 1}{(1+i)^8 \times i} < 3.846\,2$$

设 $i = 20\%$,则不等式左边 $= 3.837$;
设 $i = 15\%$,则不等式左边 $= 4.487$。

由三角形比例关系,有: $i_c > 19.93\%$,此时选择 A 设备有利。

(3) $20 + 1.5 \times 8 \dfrac{(1+0.13)^n - 1}{(1+0.13)^n \times 0.13} < 30 + 1.5 \times 6 \dfrac{(1+0.13)^n - 1}{(1+0.13)^n \times 0.13}$

即 $\dfrac{(1+0.13)^n - 1}{(1+0.13)^n \times 0.13} < 3.333\,3$

解得 $n < 4.65(年)$,此时选择 A 设备有利。

8. 解:(1) 净现值(NPV)评价。

① 取各方案计算期的最小公倍数作为研究期,8 年。

$NPV_A = -3\,500[1 + (P/F,10\%,4)] + 1\,255(P/A,10\%,8) = 804.9(万元)$
$NPV_B = -5\,000 + 1\,117(P/A,10\%,8) = 959.2(万元)$

$NPV_B > NPV_A$,选择方案 B。

② 取年限最短的方案寿命期作为共同研究期,4 年。

$NPV_A = -3\,500 + 1\,255(P/A,10\%,4) = 478.4(万元)$
$NPV_B = [-5\,000(A/P,10\%,8) + 1\,117](P/A,10\%,4) = 570(万元)$

$NPV_B > NPV_A$，选择方案 B。

(2) 净年值(NAV)评价。

$$NAV_A = -3\,500(A/P, 10\%, 4) + 1\,255 = 150.9(万元)$$

$$NAV_B = -5\,000(A/P, 10\%, 8) + 1\,117 = 179.8(万元)$$

$NAV_B > NAV_A$，选择方案 B。

(3) 内部收益率(IRR)评价。

① 计算各方案自身的内部收益率。

$$NPV_A = -3\,500 + 1\,255(P/A, IRR_A, 4) = 0$$

应用试算法，求得 $IRR_A = 16.18\% > i_c$，方案 A 可行。

$$NPV_B = -5\,000 + 1\,117(P/A, IRR_B, 8) = 0$$

应用试算法，求得 $IRR_B = 15.08\% > i_c$，方案 B 可行。

② 计算差额内部收益率。

$$NAV_{B-A} = -[5\,000(A/P, \Delta IRR, 8)] - [3\,500(A/P, \Delta IRR, 4)] + 1\,117 - 1\,255 = 0$$

求得，$\Delta IRR = 12.7\% > i_c$

因此，应选择初始投资大的方案 B。

9. 解：由于两方案的寿命期不同，取其最小公倍数 18 作为共同的研究期。

$$PC_A = 30\,000 + (30\,000 - 5\,000)(P/F, 15\%, 6) + (30\,000 - 5\,000)(P/F, 15\%, 12)$$
$$+ 20\,000(P/F, 15\%, 18) - 5\,000(P/F, 15\%, 18) = 167\,636.2(元)$$

$$PC_B = 40\,000 + 40\,000(P/F, 15\%, 9) + 18\,000(P/F, 15\%, 18) = 161\,674.9(元)$$

因为 $PC_A > PC_B$，所以空压机方案 B 为优。

10. 解：(1) 采用净现值法。

因为寿命趋于无穷大，有 $NPV = -I + R/i_c$。

故：

$$NPV_A = -200 + \frac{20}{0.1} = 0$$

$$NPV_B = -300 + \frac{51}{0.1} = 210$$

$$NPV_C = -400 + \frac{60}{0.1} = 200$$

$$NPV_D = -500 + \frac{75}{0.1} = 250$$

因为 D 方案的净现值最大，故 D 方案最优。

(2) 采用淘汰无资格方案的方法。

制作表 6-33，识别无资格方案，淘汰之。

表 6-33 无资格方案的识别

方案	$\Delta R/\Delta I$	无资格方案	$\Delta R/\Delta I$	无资格方案	$\Delta R/\Delta I$
A	0.1	A			
B	0.31		0.17		0.17
C			0.09	C	
D			0.12		0.12

由表 6-33 看出,A,C 是无资格方案。

此时只需对 B,D 项目进行比较。又由于寿命为无穷大,故有:

$$\Delta IRR = \Delta R/\Delta I$$

所以有: $\Delta IRR_{0B} = 17\%$

$\Delta IRR_{BD} = 12\%$

绘出排序图(图 6-16)

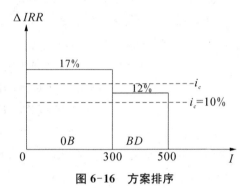

图 6-16 方案排序

由排序图看出:

当 $12\% < i_c \leqslant 17\%$ 时,选择 B 方案最经济。

(3) 如果政策上规定必须投资,则 A,C 不再是无资格方案,所以重算差额收益率。

$$\Delta IRR_{0A} = \frac{20}{200} = 10\%$$

$$\Delta IRR_{AB} = \frac{31}{100} = 31\%$$

$$\Delta IRR_{BC} = \frac{9}{100} = 9\%$$

$$\Delta IRR_{CD} = \frac{15}{100} = 15\%$$

绘出排序图,可以得到:

当 $18\% < i_c \leqslant 31\%$ 时,若必须投资应选择 B 方案最经济。

当 $i_c > 31\%$ 时,若必须投资应选择 A 方案最经济,因为 A 方案投资最少,即损失最少。

11. 解:3 个方案可能的组合数位 $2^3 - 1 = 7$ 种,各方案组合的投资及净年值计算列于表 6-34(单位:万元)。

表 6-34 A,B,C 3 个方案的互斥组合

序 号	方案组合	投资额	净年值
1	A	100	30
2	B	70	27
3	C	120	32

续 表

序 号	方案组合	投资额	净年值
4	A，B	170	57
5	A，C	220	62
6	B，C	190	59
7	A，B，C	290	89

由此可知,第 7 种方案组合的投资额超过了资金约束条件 250 万元,不可行;在允许的 1 到 6 方案组合中,按互斥方案选择的准则,第 5 个方案组合(A,C)为最优选择,即选择 A 和 C,达到有限资金的最佳利用,净年值总额为 62 万元。

12. 解:(1) 按内部收益率作为评价指标,先分析方案固有的收益(即计算各方案的 IRR)。

$$-500 + 80(P/A, IRR_A, 20) = 0 \quad IRR_A = 15\%$$
$$-500 + 70(P/A, IRR_B, 20) = 0 \quad IRR_B = 12.7\%$$
$$-500 + 60(P/A, IRR_C, 20) = 0 \quad IRR_C = 10.3\%$$

从方案固有的收益来看,$IRR_A > i_c$(13%),方案 A 可以接受;而 $IRR_B < i_c$,$IRR_C < i_c$,B、C 方案不可接受。

(2) 从自有资金的角度来看,决定项目选择的标准主要看自有资金的效率,此时,方案 A 的 IRR 没有变化。对于方案 B,500 万元投资当中有 250 万元是无息贷款,到寿命期末只需还本金,所以,方案 B 的自有资金的 IRR 由下式求得:

$$-250 - 250(P/F, IRR_B, 20) + 70(P/A, IRR_B, 20) = 0$$

则 $IRR_B = 12.7\%$。

对于方案 C,400 万元的低息贷款,每年等值的还本利息为:

$$400(A/P, 4\%, 20) = 29.43(万元)$$

所以,方案 C 自有资金的 IRR 由下式求得:

$$-100 + (60 - 29.43)(P/A, IRR_C, 20) = 0$$

则 $IRR_C = 30.4\%$。

因此,从自有资金的角度来看,3 个方案的 IRR 均大于 i_c,都可以接受,而且 IRR_C 的自有资金效率最高,可优先选择方案 C。

第七章 工程项目融资

1. 答:工程项目融资与传统的企业融资相比,有如下具体表现。

(1) 工程项目融资以融资建设一个具体的项目或收购一个已有的项目为出发点,以项目为导向;企业融资则以一个企业的投资和资金运动需要为出发点。

(2) 在工程项目融资中,项目债务资金提供者主要关心项目本身的经济强度、效益前景、战略地位等,其偿还保证依赖于项目本身的预期净现金流量和盈利性;而在企业融资中,项目债务资金提供者主要关心企业资信、偿债能力、获利能力和企业管理当局经营管理能力。

(3) 工程项目融资比一般的企业融资需要更大的、更集中的资金量,更长的占用周期。

2. 答:既有法人融资方式的基本特点是:由既有法人发起项目、组织融资活动并承担融资责任和风险;建设项目所需的资金,来源于既有法人内部融资、新增资本金和新增债务资金;新增债务资金依靠既有法人整体(包括拟建项目)的盈利能力来偿还,并以既有法人整体的资产和信用承担债务担保。

新设法人融资方式的基本特点是:由项目发起人(企业或政府)发起组建新的具有独立法人资格的项目公司,由新组建的项目公司承担融资责任和风险;建设项目所需资金的来源,可包括项目公司股东投入的资本金和项目公司承担的债务资金;依靠项目自身的盈利能力来偿还债务;一般以项目投资形成的资产、未来收益或权益作为融资担保的基础。

3. 答:(1) 投资总额在300万美元以下(含300万美元)的,其注册资本的比例不得低于70%。

(2) 投资总额在300万美元以上至1000万美元(含1000万美元)的,其注册资本的比例不得低于50%,其中投资总额在420万美元以下的,注册资本不得低于210万美元。

(3) 投资总额在1000万美元以上至3000万美元(含3000万美元)的,其注册资本的比例不得低于40%,其中投资总额在1250万美元以下的,注册资本不得低于500万美元。

(4) 投资总额在3000万美元以上的,其注册资本的比例不得低于三分之一,其中投资总额在3600万美元以下的,注册资本不得低于1200万美元。

4. 答:政府投资主要用于关系国家安全和市场不能有效配置资源的经济和社会领域,包括加强公益性和公共基础设施建设,保护和改善生态环境,促进欠发达地区的经济和社会发展,推进科技进步和高新技术产业化。中央政府投资除本级政权等建设外,主要安排地区、跨流域以及对经济和社会发展全局有重大影响的项目(例如三峡工程、青藏铁路)。

对政府投资资金,国家根据资金来源、项目性质和调控需要,分别采取直接投资、资本金注入、投资补助、转贷和贷款贴息等方式,并按项目安排使用。在项目评价中,对投入的政府资金,应根据资金投入的不同情况进行不同的处理:

(1) 全部使用政府直接投资的项目,一般为非经营性项目,不需要进行融资方案分析。

(2) 以资本金注入方式投入的政府投资资金,在项目评价中应视为权益资金。

(3) 以投资补贴、贷款贴息等方式投入的政府投资资金,对具体项目来说,既不属于权益资金,也不属于债务资金,在项目评价中应视为一般现金流入(补贴收入)。

(4) 以贷款方式投入的政府投资资金(统借国外贷款),在项目评价中应视为债务资金。

5. 答:准股本资金是指投资者或者与项目利益有关的第三方所提供的一种从属性债务。相对于股本资金而言,准股本资金在债务本金的偿还上更具灵活性,不用规定在某一特定期间强制性地要求项目公司偿还;另外,准股本资金是指在偿还顺序上先于股本资金但落后于高级债务和担保债务的次级债务,在高级贷款人计算项目的债务股本比率时被当作股本资金。

项目融资中最常见的准股本资金的投入形式有:无担保贷款、可转换债券、附有认股权的债券、零息债券、以贷款担保形式提供的准股本资金。

6. 答:项目债务资金的融资方式大致可分为九大类:商业银行贷款;政策性银行贷款;出口信贷;外国政府贷款;国际金融机构贷款;银团贷款;发行债券;发行可转换债和融资租赁。

融资租赁是资产拥有者在一定期限内将资产租给承租人使用,由承租人分期付给一定的租赁费的融资方式。一般由出租人按承租人选定的设备,购置后出租给承租人长期使用。在租赁期内,出租人以收取租金的形式收回投资,并取得收益,承租人支付租金租用设备进行生产经营活动。租赁期满后,出租人一般将设备作价转让给承租人。

回租租赁是承租人将原来自己所有的设备或其他固定资产卖给出租人,再向出租人以融资租赁方式租用这些资产。回租租赁有两种方式。一种是,承租人首先借入资金买来设备,然后将该设备转卖给租赁公司以归还贷款,最后再从租赁公司租入该设备以供使用。另一种是,承租人将原有的设备甚至生产线、厂房卖给租赁公司,同时即向租赁公司租用同一资产,这样在不影响使用原有资产的情况下,又拿出一笔现金可以进行新的项目投资。

7. 答:融资方案的资金结构分析应包括如下内容。

(1) 总资金结构:无偿资金、有偿股本、准股本、负债融资分别占总资金需求的比例。

(2) 资本金结构:政府股本、商业投资股本占比;国内股本、国外股本占比。

(3) 负债结构:短期信用、中期贷款、长期贷款占比;内外资借款占比。

债务资金结构分析中需要分析各种债务资金的占比,包括负债的方式及债务期限的配比。具体包括:债务期限配比、境内外借贷占比、外汇币种选择、偿债顺序安排。

8. 答:汇率风险,是指项目因汇率变动而遭受损失或预期收益难以实现的可能性。对于任何一个项目来说,只要在融资活动中运用到外币资金,都有可能因汇率变动而使融资成本提高或生产收益下降,形成外汇风险。降低汇率风险可以采用以下两种方式。

(1) 汇率封顶,即在正式签署贷款合同或提取贷款前,项目公司与债权人协商约定一个固定的汇率最高值,还款时,债务人以不超过已协商约定的汇率最高值进行换汇还款。

(2) 货币利率的转换,是指为降低借款成本或避免将来还款的汇价和利率风险,从而将一种货币的债务转换为另一种货币的债务。

9. 解:$K_s = \dfrac{2}{56 \times (1-10\%)} + 12\% = 15.97\%$

10. 解:$K_p = \dfrac{200 \times 14\%}{200 \times (1-4\%)} = \dfrac{14\%}{1-14\%} = 14.58\%$

11. 解:(1) 每年计息 2 次:

$$实际年利率:i_1 = \left(1+\dfrac{8\%}{2}\right)^2 - 1 = 8.16\%$$

$$资金成本:k_1 = (1-25\%) \times 8.16\% = 6.12\%$$

(2) 每年计息 4 次: $$实际年利率:i_2 = \left(1+\dfrac{8\%}{4}\right)^4 - 1 = 8.24\%$$

$$资金成本:k_2 = (1-25\%) \times 8.24\% = 6.18\%$$

(3) 每年计息 12 次: $$实际年利率:i_3 = \left(1+\dfrac{8\%}{12}\right)^{12} - 1 = 8.3\%$$

$$资金成本:k_3 = (1-25\%) \times 8.3\% = 6.23\%$$

第八章 工程项目财务效益评价

1. 答:进行财务评价,首先要在明确项目评价范围的基础上,根据项目性质和融资方式选取适宜的方法,然后通过研究和预测选取必要的基础数据进行成本费用估算、营业收入和相关税费估算,同时编制相关辅助报表。在此基础上编制主要财务报表和计算财务评价指标进行财务分析。由此,为判别项目的财务可行性为目的而进行的财务评价应该包括以下基本内容。

(1) 选取财务评价基础数据与参数,包括主要投入物和产出物财务价格、税率、利率、汇率、计算期、固定资产折旧率、无形资产和其他资产的摊销年限,生产负荷及基准收益率等基础数据和参数。

(2) 估算计算期内的营业收入和成本费用。

(3) 编制财务评价报表,主要有:财务现金流量表、利润与利润分配表、财务计划现金流量表、借款还本付息计划表、资产负债表。

(4) 计算财务评价指标,进行盈利能力分析和偿债能力分析。

(5) 进行不确定性分析,包括敏感性分析和盈亏平衡分析。

(6) 编写财务评价报告。

2. 答:既然财务评价要在国家现行会计制度、税收法规的基础上估算营业收入和成本费用,考察项目的获利能力,那么财务评价与税收法规和会计制度必然有着紧密的联系。但由于财务评价的特殊性,又不可能完全符合税收法规和会计制度,它们的关系可以表示为以下三个方面:

(1) 财务评价要与国家现行会计制度和税收法规相适应。

(2) 财务评价可做一些有别于现行会计制度和税收法规的处理。

(3) 会计制度与税收法规矛盾时的处理。

在一些具体规定上,有时会遇到会计制度与税收法规相矛盾的地方,例如按照会计制度应该计入成本费用的某些支出,按税法规定却不能在所得税前扣除。在财务评价中可以按照从税的原则进行处理,即直接按税收法规的规定编制报表和进行计算。

3. 答:从不同角度进行的现金流量分析所选取的判别基准可能是不同的,在选取中应注意以下几点。

(1) 判别基准的确定要与指标的内涵相对应。内部收益率指标有三个层次,即项目财务内部收益率、项目资本金内部收益率、投资各方内部收益率,这些指标从不同角度考察项目的盈利能力,用以判别项目盈利能力的最低可接受收益率也可能有所不同。

(2) 判别基准的确定要与所采用的价格体系相协调,是指所采用的价格是否包含通货膨胀因素。如果计算期内考虑通货膨胀,并采用时价计算内部收益率,则确定判别基准时也应考虑通货膨胀因素,反之亦然。

(3) 项目财务内部收益率的判别基准,可采用行业或专业(总)公司统一发布执行的财务基准收益率,或由评价者自行设定。设定时常考虑以下因素:行业边际收益率、银行贷款利率、资本金的资金成本等。

(4) 资本金内部收益率的判别基准,应为最低可接受收益率。它的确定主要取决于当时的资本收益水平以及资本金所有者对权益资金收益的要求,涉及资金机会成本的概念,还与投资者对风险的态度有关。

(5) 投资各方内部收益率的判别基准,为投资各方对投资收益水平的最低期望值,也可称为最低可接受收益率,它只能由各投资者自行确定。

4. 答:财务内部收益率是使指项目在整个计算期内各年净现金流量现值累计等于零时的折现率。它反映项目所占用资金的盈利率,是考察项目盈利能力的主要动态评价指标。项目财务内部收益率(FIRR)的判断依据,应采用行业发布或项目评价人员设定的财务基准收益率或折现率(i_c)为基准。

财务净现值是指按基准收益率或设定的折现率(一般采用基准收益率i_c),将项目计算期内各年净现金流量折现到建设期初的现值之和。评价标准:当财务净现值大于或等于零时,表明项目的盈利能力达到或超过按折现率计算的盈利水平,项目财务上可行;反之项目在财务上不可行。

投资回收期是指以项目的净收益抵偿全部投资(固定资产投资、流动资金)所需要的时间,它是考察项目在财务上的投资回收能力的主要静态评价指标。投资回收期以年表示,一般从建设开始年算起。投资回收期越短,表明项目的盈利能力和抗风险能力越好。

5. 答: 非营利性项目财务效益分析方法与营利性项目有所不同,一般不计算项目的财务内部收益率、财务净现值、投资回收期指标,而是代之以一些特殊的指标,如有必要或可能时才需要计算反映借款偿还能力的指标。

非营利性项目财务效益评价的内容与指标如下:

(1) 单位功能(或者单位使用效益)投资。

(2) 单位功能运营成本。

(3) 运营和服务收费价格。

(4) 借款偿还期。

6. 答:

表 8-16 某项目投资现金流量表　　　　　　　　　　　　(单位: 万元)

项　　目	1	2	3	4	5—12	13
一、现金流入						
1. 营业收入				2 000	2 000	2 000
2. 回收固定资产余值						100
3. 回收流动资金						300
二、现金流出						
1. 固定资产投资	1 000	500	500			
2. 流动资金投资				300		
3. 经营成本				450	450	450
4. 税金及附加				120	120	120
5. 所得税				310	310	310
三、净现金流量	−1 000	−500	−500	820	1 120	1 520

$$年折旧额 = \frac{(1\,000+500+500)(1-5\%)}{10} = 190(万元)$$

$$年经营成本 = (340+300) - 190 = 450(万元)$$

$$所得税 = (2\,000-190-450-120) \times 25\% = 310(万元)$$

$$FNPV = -\frac{1\,000}{(1+0.1)^1} - \frac{500}{(1+0.1)^2} - \frac{500}{(1+0.1)^3} + \frac{820}{(1+0.1)^4}$$

$$+ 1\,120\frac{(1+0.1)^{10}-1}{(1+0.1)^{13} \times 0.1} + \frac{400}{(1+0.1)^{13}}$$

$$= 4\,148.26(万元)$$

因为 $FNPV > 0$,所以该项目可行。

第九章 工程项目的不确定性分析

1. 答：不确定性是指：① 对项目有关的因素或未来的情况缺乏足够的信息因而无法做出正确的估计；② 没有全面考虑所有评价项目的因素而造成的实际价值与预期价值之间的差异。

风险是指由于随机原因所引起的项目总体的实际价值与预期价值之间的差异。

导致估算和预测偏差的原因主要有以下几个方面。

(1) 基本数据的误差，这一般是由原始统计数据的差错造成的。

(2) 样本数据量不够，不足以反映客观的变动趋势或数据之间的关系。

(3) 统计方法的局限性或数学模型过于简化，不能很好地反映实际情况。

(4) 假设前提不准确。

(5) 无法预见的经济或社会政治情况的变动。

(6) 经济关系或经济结构的变化。

(7) 存在不能以数量表示的因素。

(8) 新产品或替代品的出现。

(9) 技术或工艺的变化和重大突破。

2. 答：所谓敏感性分析，是指分析并测定项目主要不确定因素的变化对项目评价指标的影响程度，并判定各个因素的变化对目标的重要性。

敏感性分析的步骤为：① 确定分析指标；② 找出需要分析的不确定性因素；③ 计算不确定因素的变动对经济指标的影响程度；④ 计算指标并确定敏感性因素。

3. 答：盈亏平衡分析，又称量本利分析，反映的是成本、产量和利润之间的关系，它是将成本划分为固定成本和变动成本，假定产销量一致，根据产量、成本、售价和利润四者之间的函数关系，进行预测、决策和不确定性分析的一种分析方法。进行这种分析时，将产量或者销售量作为不确定因素，求取盈亏平衡点所对应的产量或者销售量。

4. 解：盈亏平衡产量为：$QB = \dfrac{200\,000}{100-50} = 4\,000$(件)

盈亏平衡生产能力利用率：$EB = \dfrac{20\,000}{(100-50) \times 6\,000} = 66.7\%$

盈亏平衡销售收入：$SB = 100 \times \dfrac{20\,000}{100-50} = 400\,000$(元)

盈亏平衡销售价格：$PB = 50 + \dfrac{200\,000}{60\,000} = 83.3$(元/件)

目标产量为：$QT = \dfrac{200\,000 + 100\,000}{100-50} = 6\,000$(件)

5. 解：各方案的总成本分别为：

$$C_A = 5\,000 + 2.5x$$

$$C_B = 10\,000 + 4x$$

$$C_C = 13\,000 + 2.5x$$

$$C_D = 18\,000 + 12.5x$$

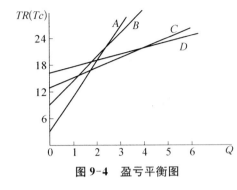

图 9-4 盈亏平衡图

应取其中最小者为优。这里可借助于盈亏平衡图(图 9-4)求解。BEP 点应有 A,方案 C 平衡。

令 $5\,000 + 6x = 13\,000 + 2.5x$,在 BEP 点应有方案 C。

令 $13\,000 + 2.5x = 18\,000 + 1.25x$,解得:$x_{b2} = BEP_2 = 4\,000$(件)。

所以,当 $x \leqslant 2\,286$ 时,用方案 A,因为 A 成本最小。$2\,286 \leqslant x \leqslant 4\,000$ 时,用方案 C,$4\,000 \leqslant x$ 时,采用方案 D。

6. 解:设投资额为 K,年销售收入为 B,年经营成本为 C,期末资产残值为 L。用净现值指标评价本方案的经济效果,计算公式为

$$NPV = -K + (B - C)(P/A, 10\%, 10)(P/F, 10\%, 1) + L(P/F, 10\%, 11)$$

按照正文表 9-3 的数据:

$$NPV = -15\,000 + 4\,600 \times 6.144 \times 0.909\,1 + 2\,000 \times 0.350\,5 = 11\,394(万元)$$

下面用净现值指标分别就投资额、产品价格和经营成本等三个不确定因素作敏感性分析。

设投资额变动的百分比为 x,分析投资额变动对方案净现值影响的计算公式为:

$$NPV = -K(1+x) + (B - C)(P/A, 10\%, 10)(P/F, 10\%, 1) + L(P/F, 10\%, 11)$$

设经营成本变动的百分比为 y,分析经营成本变动对方案净现值影响的计算公式为:

$$NPV = -K + [B - C(1+y)](P/A, 10\%, 10)(P/F, 10\%, 1) + L(P/F, 10\%, 11)$$

设产品价格变动的百分比为 z,产品价格的变动将导致销售收入的变动,销售收入变动的比例与产品价格变动的比例相同,故分析产品的价格变动对方案净现值影响的计算公式可写成:

$$NPV = -K + [B(1+z) - C](P/A, 10\%, 10)(P/F, 10\%, 1) + L(P/F, 10\%, 11)$$

按照上述三个公式,分别取不同的 x,y,z 值,可以计算出各不确定因素在不同变动幅度下方案的净现值。计算结果见表 9-5。可以看出,在同样的变动率下,产品价格的变动对方案净现值的影响最大,经营成本变动的影响次之,投资额变动的影响最小。

分别使用前面的三个公式,不难计算出,当 $NPV = 0$ 时:

$$x = 76.0\%;\ y = 13.4\%;\ z = -10.3\%$$

也就是说,如果投资额与产品价格不变,年经营成本高于预期值 13.4% 以上,或者投资额与经营成本不变,产品价格低于预期值 10.3% 以上,方案将变得不可接受。而如果经营成本与产品价格不变,投资额增加 76.0% 以上,才会使方案变得不可接受。

表 9-5 不确定因素的变动对净现值的影响   (单位:万元)

不确定因素 \ 变动率	−20%	−15%	−10%	−50%	0
投 资 额	14 394	13 644	12 894	12 144	11 394
经营成本	28 374	24 129	19 884	15 639	11 394

续 表

不确定因素＼变动率	−20%	−15%	−10%	−50%	0
产品价格	−10 725	−5 195	335	5 864	11 394
投 资 额	10 644	9 894	9 144	8 394	
经营成本	7 149	2 904	−1 341	−5 586	
产品价格	16 924	22 453	27 983	33 513	

根据上面的分析,对于本投资方案来说,产品价格与经营成本都是敏感因素。

7. 解:设初始投资变化率为 x,年销售收入变化为 y,年经营成本变化率为 z,则:

$$NPV(12\%) = -320(1+x) + 88(1+y)(P/A, 12\%, 10)$$
$$-26(1+z)(P/A, 12\%, 10) + 25(P/F, 12\%, 10)$$
$$= 38.35 - 320x + 497.2y - 146.9z$$

取不同的经营成本变动幅度代入上式,就可将上式降维,求出一组 $NPV=0$ 的临界线方程:

当 $z=20\%$ 时,$y = -0.018 + 0.644x$;

当 $z=10\%$ 时,$y = -0.048 + 0.644x$;

当 $z=-10\%$ 时,$y = -0.107 + 0.644x$;

当 $z=-20\%$ 时,$y = -0.137 + 0.644x$。

将 $38.35 - 320x + 497.2y - 146.9z = 0$ 绘成图形,即得图 9-5。

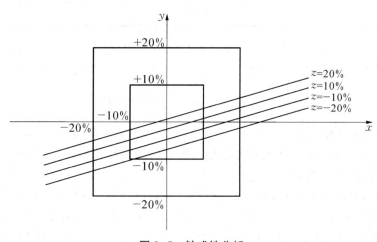

图 9-5 敏感性分析

由图 9-5 可看出,经营成本上升临界线向左上方移动,对应相同的投资额及销售收入的盈利可能性降低。经营成本下降临界线向右下方移动,盈利可能性增加。如果投资额增加 5% 而年销售收入降低 5% 时,如果经营成本增加 10%,则项目不能盈利,而经营成本下降 10%,则项目可以盈利。

8. 解:当达到盈亏平衡点时,$B=C$,则有:

$$-0.5Q^2 + 3\,000Q = -0.1Q^2 + 500Q + 2\,850\,000$$

解方程得盈亏平衡点的产量为:

$$Q_1^* = 1\,500(\text{吨}), Q_2^* = 4\,750(\text{吨})$$

因此，当产量处于 $1\,500(\text{吨}) < Q < 4\,750(\text{吨})$ 的范围内时，该项目可以盈利。

同时，可求得利润最大时的产量 $Q_{max} = 3\,125(\text{吨})$，此时利润额为 $1\,056\,250(\text{元})$。

9. 解：这里选择净现值作为分析指标，并设矿石储量、投资额和矿石价格为不确定性因素时的净现值分别记为：NPV_1，NPV_2，NPV_3（单位：亿元），矿石储量、投资额和矿石价格的变化率分别记为 X，Y，Z，则净现值的计算式为：

$$NPV_1 = -7.2 + (0.1 \times 60 - 3.2)[P/A, 15\%, 3(1+X) \div 0.1]$$
$$= -7.2 + 2.8[P/A, 15\%, 30(1+X)]$$
$$NPV_2 = -7.2 \times (1+Y) + 2.8 \times (P/A, 15\%, 30) = 11.18 - 7.2Y$$
$$NPV_3 = -7.2 + [0.1 \times 60(1+Z) - 3.2](P/A, 15\%, 30)$$
$$= 11.18 + 39.396Z$$

令 X，Y，Z 均取值 0，$\pm 10\%$，$\pm 20\%$，得表 9-6。

表 9-6 某矿石开采项目的敏感性分析表

NPV 变化率 因　素	-20%	-10%	0	$+10\%$	$+20\%$
储　　量	10.81	11.04	11.18	11.28	11.34
投 资 额	12.62	11.90	11.18	10.46	9.74
矿石价格	3.31	7.25	11.18	15.12	19.06

根据表中的数据，可以画出敏感性分析图。可以看出，矿石价格是最敏感性因素，其他两因素的变化对净现值的影响不大。另外，当各因素在 $\pm 20\%$ 的范围内变化时，净现值都大于 0，项目均保持可行。

第十章　工程项目风险分析

1. 答：根据造成风险的范围大小划分，风险可分为宏观风险和微观风险。宏观风险包括国际风险、政治政策风险、经济金融风险、法律风险、灾害风险；微观风险包括技术风险、市场风险、管理组织风险、投资风险、配套条件的风险因素、融资风险。

2. 答：专家法是以发函、开会或其他形式向专家进行调查，对项目风险因素及其风险程度进行评定，将多位专家的经验集中起来形成分析结论的一种方法。由于它比一般的经验识别法更具客观性，因此应用更为广泛。采用专家定性评定法时，所聘请的专家应熟悉该行业和所评估的风险因素，并能做到客观公正。为减少主观性，专家一般应有 10 位左右，至少不低于 4 位。

在运用这种方法时，可以根据专家的经验，对项目的了解程度，对专家评分的权威性确定一个适宜的权重。最后的风险值为每位专家评定的风险值乘以各自的权重，所得积和再除以全部专家的权重值的和。

3. 灰色关联分析法的基本步骤如下：① 选择参考变量；② 组成比较向量；③ 对各向量进行初值化处理；④ 做线性变换；⑤ 计算关联系数和关联度。

4. 答：并联响应模型中一项活动 S 有 n 个风险因素存在，只要其中任一风险出现，活动 S 都会受到风险影响,风险因素 $X_1, X_2, \cdots, X_n$ 的概率分布的叠加称"概率乘法"。串联响应模型中若所有活动都以串联关系存在,而这些活动都必然出现,与并联响应模型对应,对各项活动应采取串联的方式进行变量概率分布叠加,概率曲线的串联叠加称"概率加法"。

5. 答:蒙特卡洛法的模拟步骤如下:

(1) 确定输入变量及其概率分布(对于未来事件,通常用主观概率估计)。

(2) 通过模拟试验,独立地随机抽取各输入变量的值,并使所抽取的随机数值符合既定的概率分布。

(3) 建立数学模型,按照研究目的编制程序计算各输出变量。

(4) 确定试验(模拟)次数以满足预定的精度要求,以逐渐积累的较大样本来模拟输出函数的概率分布。

6. 解:(1) 计算净现值的期望值。净现值期望值的计算如图 10-7 所示。图中共有 9 个分支,其中每个分支都表示在上列不确定条件下可能发生的事件。每个分支各线段上的百分数表示各不确定因素的变动量,圆圈内的数字表示不确定因素发生变化的概率。第一分支表示的情况作第一事件,依次类推。

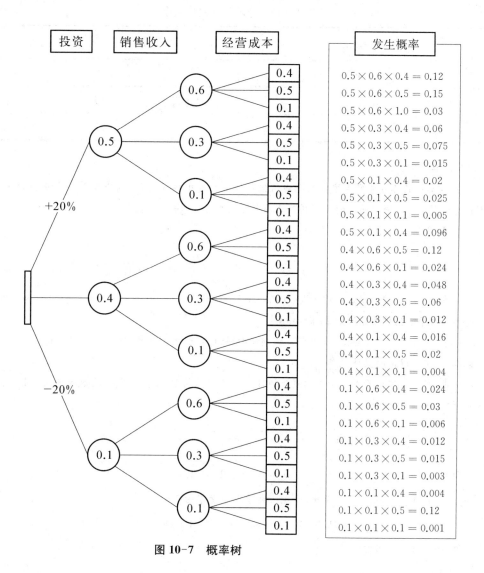

图 10-7 概率树

净现值的期望值的计算步骤如下:

① 分别计算各可能发生事件发生的可能性即发生的概率。如第一事件发生的概率为:

$$P_1(销售价格降低20\%) \times P_2(可变成本降低20\%) = 0.2 \times 0.2 = 0.04$$

式中:P 为各不确定因素发生变化的概率。

这样可计算出全部9个事件可能发生的概率,将所得数值顺序列入图右侧"发生概率"一栏中,其合计数应为1。

② 分别计算各可能发生事件的净现值;利用表中各不确定因素对净现值影响的数据,经过计算可得到相应的净现值,顺序列入图右侧的"净现值"栏中。

③ 将各事件发生的可能性与其净现值分别相乘,顺序得到"加权净现值",如图中最后一列数字所示。然后计算各加权净现值的期望值。该方案的期望值为5.32亿元。

(2) 计算净现值大于或等于零的概率。可利用净现值累计概率表,如表10-14所示。

表 10-14 净现值和累计概率

净 现 值	累 计 概 率
−4.736	0.06
−2.218	0.16
−0.315	0.20

具体计算如下:

① 将计算出的各可能发生事件的净现值按负值从大到小顺序排列,到出现第一个正值为止;并将各可能发生事件的概率按同样的顺序排列求得的累计概率,一并列入表中。

② 净现值小于零的累计概率为

$$P(NPV<0) = 0.16 + (0.2-0.16)\frac{|-2.218|}{|-2.218|+0.315} \approx 0.805$$

净现值大于等于零的累计概率则是:$P(NPV \geqslant 0) = 1 - P(NPV < 0) = 1 - 0.195 = 0.805$。

7. 解:取净现值作为经济效果评价指标。

第一步,求各事件的净现值,得出项目的期望净现值为0.197 5亿元,所以该项目可行。

第二步,求净现值的累计概率。

第三步,求净现值大于或等于零的累计概率。利用直线方程来求。用 x 表示净现值,用 y 表示累计概率,构造如下的直线方程:

$$y - 0.35 = \frac{0.7 - 0.35}{0.222\,5 - (-0.277\,5)} \times [x - (-0.277\,5)]$$

化简得
$$y = 0.7x + 0.544\,25$$

令 $x = 0$,得 $y \approx 0.544\,3$。因此,净现值大于或等于零的概率为

$$P(NPV \geqslant 0) = 1 - 0.544\,3 = 0.455\,7$$

因此,项目的风险很高。

8. 解：步骤同前两题所示，净现值大于或等于零的累计概率为 0.707 1，该项目的风险属于中等。

第十一章　设备更新的经济分析及决策

1. 答：设备磨损可分为两大类。第一类是设备的机器实体发生磨损，故称有形磨损或物质磨损。根据引起有形磨损的原因，它又可以分为：设备在外力的作用下产生的有形磨损和在自然力的作用下产生的有形磨损。第二类是设备的无形磨损，它是指机器设备在价值形态上的损失，故又称经济磨损。根据导致无形磨损的原因，无形磨损也有两种形式：一是由于制造工艺的不断改进，劳动生产率的不断提高，生产同样机器设备所需社会必要劳动消耗减少，导致原有机器设备的价值相应贬值。二是由于技术进步，生产出更先进、效率更高、耗费原材料能源更少的机器设备，从而使原机器设备的生产率可能低于社会平均水平，继续使用将使个别产品成本远高于社会平均成本。

2. 答：设备的经济寿命是指给定的设备具有最低等值年成本的时期，或最高的等值年净收益的时期。换言之，经济寿命即一台设备开始使用直至在经济前景的分析中不如另一台设备更有效益而被替代时所经历的时期。

确定设备经济寿命的模型主要有两种：一种是静态重置模式；另一种是动态重置模式。

3. 答：如图 11-2，OA 表示设备的标准性能线，事实上设备在使用时其性能是沿 AB_1 线下降的，如不修理仍继续使用，寿命一定很短。如在 B_1 进行大修理，设备的性能又恢复至 B 点。自 B 点起使用，其性能又继续劣化，当降至 C_1 点时，又进行第二次大修理，其性能可恢复至 C 点。这样经过大修理后的性能又能恢复到某种程度，但经过使用又会下降，终至 G 点，设备就不能再修理了，其物理寿命即宣告终结。把图中 A，B，C，D，E，F，G 各点相连，就形成一条曲线，这条曲线就是设备使用过程中的性能劣化曲线。

通过性能劣化曲线我们可以看出，设备是不能过度修理的。设备的性能将随着修理次数的增多而逐渐降低，阻碍生产的发展；修理费用则会逐渐增加，经济效益显著下降。这种经济的不合理性，严重阻碍了技术进步。长此以往，将会形成一个庞大而落后的修理行业。

4. 答：设备更新经济性分析，是多方案比较的过程，一般应遵循下列程序：

(1) 确定目标。目标可以是一台设备、某个生产装置或一条生产线等。

(2) 收集资料。收集设备的折旧、费用、性能、技术进步、磨损程度资料。

(3) 计算经济寿命，确定最佳更新时机。

(4) 拟定更新方式。如果设备的更新方式有多个，要根据不同的目标及具备的条件制定更新方式，再分别制定出内部方案。对各自的内部方案进行经济评价后，选出各自的最佳方案。

(5) 选择更新方式。

(6) 实施。

5. 答：租赁分为经营性租赁和融资租赁。经营性租赁是指与所租用的设备一起，承租人会收到一名设备操作人员。经营性租赁通常无法通过租金收入完全得到补偿，并要求出租人维护设备和对设备投保，"撤销"选择权是经营性租赁的重要特征；融资租赁恰好与经营性租赁相反，在融资租赁下，出租人不提供维修、维护等服务，并且能够得到完全的补偿，承租人通常拥有在到期日续租的权利，是不能被撤销的。

6. 解：设备经济寿命的计算，详细见表 11-10。

表 11-10 设备经济寿命计算 (单位:元)

使用年限 ①	运行成本初始值与其劣化值之和 ②	年末残值 ③	运行成本及其劣化值的年平均值 ④	年平均设备费用 ⑤	年平均总费用 ⑥=④+⑤
1	700+0=700	7 200	700	2 800	3 500
2	700+100=800	5 300	750	2 350	3 100
3	700+150=850	3 500	783	2 167	2 950
4	700+250=950	2 200	825	1 950	2 775
5	700+400=1 100	1 100	880	1 780	2 660
6	700+600=1 300	900	950	1 517	2 467
7	700+850=1 550	700	1 036	1 329	2 365
8	700+1 150=1 850	500	1 138	1 188	*2 326
9	700+1 500=2 200	300	1 256	1 078	2 334
10	700+2 000=2 700	100	1 400	990	2 390

通过计算,使用设备的年平均总费用在使用年限为 8 年时最低,其值为 2 326 元,故该设备的经济寿命为 8 年。

7. 解:根据前面的公式,计算出不同服务年限各方案的总费用如表 11-11 所示。

从以上的计算结果可以看出,如果设备只考虑使用 2 年(如 2 年以后产品将更新换代),以原封不动使用旧设备的方案为最佳。这时不仅没有更换的必要,就连大修理也是多余的。如果只打算使用 3—5 年,最佳方案是对原设备进行一次大修理。如果估计设备将使用 6—7 年,最佳方案是对原设备进行现代化改装。如果使用期在 8 年以上,则用高效率新型设备替换旧设备的方案最佳。

表 11-11 各种方案的总费用($i=10\%$) (单位:元)

使用年限 总费用方案	1	2	3	4	5	6	7	8	9	10
旧设备继续使用(TC_o)	259.7*	3 234.9*	5 982.6							
旧设备大修理(TC_r)	1 855.3	3 702.1	5 526.7*	7 248.2*	9 193.4*	10 996.2	12 724.2	14 376.0	15 908.0	17 096.1
旧设备现代化改装(TC_m)	2 765.1	4 542.0	6 363.9	7 849.5	9 215.5	10 471.5*	11 626.1*	12 687.4	13 556.8	14 141.5
用高效率新设备替换(TC_h)	4 563.6	6 135.0	7 715.1	8 976.4	10 179.0	11 033.1	11 696.5	12 393.6*	13 018.3*	13 321.6*
用原型新设备替换(TC_n)	4 900	6 987.6	8 882.4	10 602.2	12 163.2	13 580.1	14 866.0	16 033.2	16 982.4	17 553.0

第十二章 项目可行性研究

1. 答:可行性研究就是在项目的投资前期,对拟建项目进行全面、系统的技术经济分析和论证,从而为项目投资决策提供可靠依据的一种科学方法和工作阶段。其作用体现在以下几个方面。

(1) 作为主管部门决定是否批准投资项目的主要依据。

(2) 作为向银行贷款的依据和银行审查判断是否贷款的依据。

(3) 作为向当地政府及环保当局申请建设执照的依据。

(4) 作为该项目与有关部门互定协议、签订合同的依据。

(5) 作为项目工程建设基础资料的依据。

(6) 作为科研试验、设备制造的依据。

(7) 作为企业组织管理、机构设置、职工培训等工作安排的依据。

2. 答:一个完整的可行性研究应包括投资机会研究、初步可行性研究、详细可行性研究三个阶段。

(1) 投资机会研究。投资机会研究,又称投资机会确定,其任务是提出建设项目投资方向的建议,即在一个确定的地区和部门内,根据自然资源、市场需求、国家产业政策和国际贸易情况,通过调查、预测和分析研究,选择建设项目,寻找投资的有利机会。对于大中型项目,投资机会研究所用的时间一般为1—2个月,而小型项目或不太复杂的项目一般能在2个星期内完成。投资机会研究所需费用约占投资总额的0.1%—1%。

(2) 初步可行性研究。初步可行性研究,也称预可行性研究,是正式的详细可行性研究前的预备性研究阶段。其目的体现在以下两个方面:确定项目是否值得进行详细可行性研究;确定哪些是关键性问题,并需要进行辅助性专题研究。对项目投资和生产成本的估算精度一般要求控制在±20%左右,研究所需时间为4—6个月,所需费用约占投资总额的0.25%—1.25%。

(3) 详细可行性研究。详细可行性研究又称为最终可行性研究,通常简称为可行性研究,它是项目前期研究的关键环节,是项目投资决策的基础。这一阶段的主要目标是:① 提出项目建设方案;② 效益分析和最佳方案的选择;③ 依据标准,对拟建项目提出结论性意见。可行性研究的内容比较详尽,所花费的时间和精力都比较多。这一阶段中投资额和成本都要根据该项目的实际情况进行认真调查、预测和详细计算,其计算精度应控制在±10%以内,大型项目可行性研究工作所花费的时间为8—12个月,所需费用约占总投资额的0.2%—1%,中小型项目可行性研究工作所花费的时间为4—6个月,所需费用约占总投资额的1%—3%。

3. 答:项目可行性研究是在项目建议书被批准后,对项目进行的更为详细、深入、全面的技术和经济论证工作,并在此基础上编制的可行性研究报告。通过对各种可能的技术方案的分析、测算、比较,推荐最佳方案,供决策部门做出最终决定。投资项目可行性研究报告一般包括下列11项内容。

(1) 项目总论。

(2) 项目背景和发展概况。

(3) 市场分析与建设规模。

(4) 建设条件与厂址选择。

(5) 工厂技术方案。

(6) 环境保护与劳动安全。

(7) 企业组织和劳动定员。

(8) 项目实施进度安排。

（9）投资估算与资金筹措。

（10）财务效益、经济与社会效益评价。

（11）可行性研究结论与建议。

4. 答：要使项目的可行性研究能够为项目的投资决策提供依据和有一定的质量，可行性研究应达到如下要求。

（1）可行性研究应具有科学性、公正性。

（2）承担可行性研究的单位应具有相应的条件和资格。

（3）可行性研究的深度应达到一定的标准和要求。

（4）落实可行性研究的费用来源。

5. 答：根据项目的投资建设程序和原国家计委颁发的《关于建设项目进行可行性研究的试行管理办法》，我国可行性研究一般要经历如下工作程序。

（1）项目的投资者提出项目建议书和初步可行性研究报告。

（2）进行可行性研究或委托有关单位进行可行性研究工作。

（3）承担单位进行可行性研究工作。

（4）可行性研究报告的预审与复审。

（5）可行性研究报告的审批。

附表 复利系数表

1%

n	(P/P, i, n)	(P/F, i, n)	(F/A, i, n)	(A/F, i, n)	(A/P, i, n)	(P/A, i, n)
1	1.010 00	0.990 10	1.000 00	1.000 00	1.010 00	0.990 10
2	1.020 10	0.980 30	2.010 00	0.497 51	0.507 51	1.970 40
3	1.030 30	0.970 59	3.030 10	0.330 02	0.340 02	2.940 99
4	1.040 60	0.960 98	4.060 40	0.246 28	0.256 28	3.901 97
5	1.051 01	0.951 47	5.101 01	0.196 04	0.206 04	4.853 43
6	1.061 52	0.942 05	6.152 02	0.162 55	0.172 55	5.795 48
7	1.072 14	0.932 72	7.213 54	0.138 63	0.148 63	6.728 19
8	1.082 86	0.923 48	8.285 67	0.120 69	0.130 69	7.651 68
9	1.093 69	0.914 34	9.368 53	0.106 74	0.116 74	8.566 02
10	1.104 62	0.905 29	10.462 21	0.095 58	0.105 58	9.471 30
11	1.115 67	0.896 32	11.566 83	0.086 45	0.096 45	10.367 63
12	1.126 83	0.887 45	12.682 50	0.078 85	0.088 85	11.255 08
13	1.138 09	0.878 66	13.809 33	0.072 41	0.082 41	12.133 74
14	1.149 47	0.869 96	14.947 42	0.066 90	0.076 90	13.003 70
15	1.160 97	0.861 35	16.096 90	0.062 12	0.072 12	13.865 05
16	1.172 58	0.852 82	17.257 86	0.057 94	0.067 94	14.717 87
17	1.184 30	0.844 38	18.430 44	0.054 26	0.064 26	15.562 25
18	1.196 15	0.836 02	19.614 75	0.050 98	0.060 98	16.398 27
19	1.208 11	0.827 74	20.810 90	0.048 05	0.058 05	17.226 01
20	1.220 19	0.819 54	22.019 00	0.045 42	0.055 42	18.045 55
21	1.232 39	0.811 43	23.239 19	0.043 03	0.053 03	18.856 98
22	1.244 72	0.803 40	24.471 59	0.040 86	0.050 86	19.660 38
23	1.257 16	0.795 44	25.716 30	0.038 89	0.048 89	20.455 82
24	1.269 73	0.787 57	26.973 46	0.037 07	0.047 07	21.243 39
25	1.282 43	0.779 77	28.243 20	0.035 41	0.045 41	22.023 16

1% 续附表

n	(F/P, i, n)	(P/F, i, n)	(F/A, i, n)	(A/F, i, n)	(A/P, i, n)	(P/A, i, n)
26	1.295 26	0.772 05	29.525 63	0.033 87	0.043 87	22.795 20
27	1.308 21	0.764 40	30.820 89	0.032 45	0.042 45	23.559 61
28	1.321 29	0.756 84	32.129 10	0.031 12	0.041 12	24.316 44
29	1.334 50	0.749 34	33.450 39	0.029 90	0.039 90	25.065 79
30	1.347 85	0.741 92	34.784 89	0.028 75	0.038 75	25.807 71
31	1.361 33	0.734 58	36.132 74	0.027 68	0.037 68	26.542 29
32	1.374 94	0.727 30	37.494 07	0.026 67	0.036 67	27.269 59
33	1.388 69	0.720 10	38.869 01	0.025 73	0.035 73	27.989 69
34	1.402 58	0.712 97	40.257 70	0.024 84	0.034 84	28.702 67
35	1.416 60	0.705 91	41.660 28	0.024 00	0.034 00	29.408 58
36	1.430 77	0.698 92	43.076 88	0.023 21	0.033 21	30.107 51
37	1.445 08	0.692 00	44.507 65	0.022 47	0.032 47	30.799 51
38	1.450 53	0.685 15	45.952 72	0.021 76	0.031 76	31.484 66
39	1.474 12	0.678 37	47.412 25	0.021 09	0.031 09	32.163 03
40	1.488 88	0.671 65	48.886 37	0.020 46	0.030 46	32.834 69

5%

n	(F/P, i, n)	(P/F, i, n)	(F/A, i, n)	(A/F, i, n)	(A/P, i, n)	(P/A, i, n)
1	1.050 00	0.952 38	1.000 00	1.000 00	1.050 00	0.952 38
2	1.102 50	0.907 03	2.050 00	0.487 80	0.537 80	1.859 41
3	1.157 63	0.863 84	3.152 50	0.317 21	0.367 21	2.723 52
4	1.215 51	0.822 70	4.310 13	0.232 01	0.282 01	3.545 95
5	1.276 28	0.783 53	5.525 63	0.180 97	0.230 97	4.329 48
6	1.340 10	0.746 22	6.801 91	0.147 02	0.197 02	5.075 69
7	1.407 10	0.710 68	8.142 01	0.122 82	0.172 82	5.786 37
8	1.477 46	0.676 84	9.549 11	0.104 72	0.154 72	6.463 21
9	1.551 33	0.644 61	11.026 56	0.090 69	0.140 69	7.107 82
10	1.628 89	0.613 91	12.577 89	0.079 50	0.129 50	7.721 73
11	1.710 34	0.584 68	14.206 79	0.070 39	0.120 39	8.306 41
12	1.795 86	0.556 84	15.917 13	0.062 83	0.112 83	8.863 25
13	1.885 65	0.530 32	17.712 98	0.056 46	0.106 46	9.393 57
14	1.979 93	0.505 07	19.598 63	0.051 02	0.101 02	9.898 64
15	2.078 93	0.481 02	21.578 56	0.046 34	0.096 34	10.379 66

续附表

5%

n	$(F/P, i, n)$	$(P/F, i, n)$	$(F/A, i, n)$	$(A/F, i, n)$	$(A/P, i, n)$	$(P/A, i, n)$
16	2.182 87	0.458 11	23.657 49	0.042 27	0.092 27	10.837 77
17	2.292 02	0.436 30	25.840 37	0.038 70	0.088 70	11.274 07
18	2.406 62	0.415 52	28.132 38	0.035 55	0.085 55	11.689 59
19	2.526 95	0.395 73	30.539 00	0.032 75	0.082 75	12.085 32
20	2.653 30	0.376 89	33.065 95	0.030 24	0.080 24	12.462 21
21	2.785 96	0.358 94	35.719 25	0.028 00	0.078 00	12.821 15
22	2.925 26	0.341 85	38.505 21	0.025 97	0.075 97	13.163 00
23	3.071 52	0.325 57	41.430 48	0.024 14	0.074 14	13.488 57
24	3.225 10	0.310 07	44.502 00	0.022 47	0.072 47	13.798 64
25	3.386 35	0.295 30	47.727 10	0.020 95	0.070 95	14.093 94
26	3.555 67	0.281 24	51.113 45	0.019 56	0.069 56	14.375 19
27	3.733 46	0.267 85	54.669 13	0.018 29	0.068 29	14.643 03
28	3.920 13	0.255 09	58.402 58	0.017 12	0.067 12	14.898 13
29	4.116 14	0.242 95	62.322 71	0.016 05	0.066 05	15.141 07
30	4.321 94	0.231 38	66.438 85	0.015 05	0.065 05	15.372 45
31	4.538 04	0.220 36	70.760 79	0.014 13	0.064 13	15.592 81
32	4.764 94	0.209 87	75.298 83	0.013 28	0.063 28	15.802 68
33	5.003 19	0.199 87	80.063 77	0.012 49	0.062 49	16.002 55
34	5.253 35	0.190 35	85.066 96	0.011 76	0.061 76	16.192 90
35	5.516 02	0.181 29	90.320 31	0.011 07	0.061 07	16.374 19
36	5.791 82	0.172 66	95.836 32	0.010 43	0.060 43	16.546 85
37	6.081 41	0.164 44	101.628 14	0.009 84	0.059 87	16.711 29
38	6.385 48	0.156 61	107.709 55	0.009 28	0.059 28	16.867 89
39	6.704 75	0.149 15	114.095 02	0.008 76	0.058 76	17.017 04
40	7.039 99	0.142 05	120.799 77	0.008 28	0.058 28	17.159 09

8%

n	$(F/P, i, n)$	$(P/F, i, n)$	$(F/A, i, n)$	$(A/F, i, n)$	$(A/P, i, n)$	$(P/A, i, n)$
1	1.080 00	0.925 93	1.000 00	1.000 00	1.080 00	0.925 93
2	1.166 40	0.857 34	2.080 00	0.480 77	0.560 77	1.783 26
3	1.259 71	0.793 83	3.246 40	0.308 30	0.388 03	2.577 10
4	1.360 49	0.735 03	4.506 11	0.221 92	0.301 92	3.312 13
5	1.469 33	0.680 58	5.866 60	0.170 46	0.250 46	3.992 71

8% 续附表

n	(F/P,i,n)	(P/F,i,n)	(F/A,i,n)	(A/F,i,n)	(A/P,i,n)	(P/A,i,n)
6	1.586 87	0.630 17	7.335 93	0.136 32	0.216 32	4.622 88
7	1.713 82	0.583 49	8.922 80	0.112 07	0.192 07	5.206 37
8	1.850 93	0.540 27	10.636 63	0.094 01	0.174 01	5.746 64
9	1.999 00	0.500 25	12.487 56	0.080 08	0.160 08	6.246 89
10	2.158 93	0.463 19	14.486 56	0.069 03	0.149 03	6.710 08
11	2.331 64	0.428 88	16.645 49	0.060 08	0.140 08	7.138 96
12	2.518 17	0.397 11	18.977 13	0.052 70	0.132 70	7.536 08
13	2.719 62	0.367 70	21.495 30	0.046 52	0.126 52	7.903 78
14	2.937 19	0.340 46	24.214 92	0.041 30	0.121 30	8.244 24
15	3.172 17	0.315 24	27.152 11	0.036 83	0.116 83	8.559 48
16	3.425 94	0.291 89	30.324 28	0.032 98	0.112 98	8.851 37
17	3.700 02	0.270 27	33.750 23	0.029 63	0.100 63	9.121 64
18	3.996 02	0.250 25	37.450 24	0.026 70	0.106 70	9.371 89
19	4.315 70	0.231 71	41.446 26	0.024 13	0.101 13	9.603 60
20	4.660 96	0.214 55	45.761 96	0.021 85	0.101 85	9.818 15
21	5.033 83	0.198 66	50.422 92	0.019 83	0.099 83	10.016 80
22	5.436 54	0.183 94	55.456 76	0.018 03	0.098 03	10.200 74
23	5.871 46	0.170 32	60.893 30	0.016 42	0.096 42	10.371 06
24	6.341 18	0.157 70	66.764 76	0.014 98	0.094 98	10.528 76
25	6.848 48	0.146 02	73.105 94	0.013 68	0.093 68	10.674 78
26	7.396 35	0.135 20	79.954 42	0.012 51	0.092 51	10.809 98
27	7.988 06	0.125 19	87.350 77	0.011 45	0.091 45	10.935 16
28	8.627 11	0.115 91	95.338 83	0.010 49	0.090 49	11.051 08
29	9.317 27	0.107 33	103.965 94	0.009 62	0.089 62	11.158 41
30	10.062 26	0.099 38	113.283 21	0.008 83	0.088 83	11.257 78
31	10.867 67	0.092 02	123.345 87	0.008 11	0.088 11	11.349 80
32	11.737 08	0.085 20	134.213 54	0.007 45	0.087 45	11.435 00
33	12.676 05	0.078 89	145.950 62	0.006 85	0.086 85	11.513 89
34	13.690 13	0.073 05	158.626 67	0.006 30	0.086 30	11.586 93
35	14.785 34	0.067 63	172.316 80	0.005 80	0.085 80	11.654 57
36	15.968 17	0.062 62	187.102 15	0.005 34	0.085 34	11.717 19
37	17.245 63	0.057 99	203.070 32	0.004 92	0.084 92	11.775 18
38	18.625 28	0.053 69	220.315 95	0.004 54	0.084 54	11.828 87
39	20.115 30	0.049 71	238.941 22	0.004 19	0.084 19	11.878 58
40	21.724 52	0.046 03	259.056 52	0.003 86	0.083 86	11.924 61

10%

n	$(F/P,i,n)$	$(P/F,i,n)$	$(F/A,i,n)$	$(A/F,i,n)$	$(A/P,i,n)$	$(P/A,i,n)$
1	1.100 00	0.909 09	1.000 00	1.000 00	1.100 00	0.909 09
2	1.210 00	0.826 45	2.100 00	0.476 19	0.576 19	1.735 54
3	1.331 00	0.751 31	3.310 00	0.302 11	0.402 11	2.486 85
4	1.464 10	0.683 01	4.641 00	0.215 47	0.315 47	3.169 87
5	1.610 51	0.620 92	6.105 10	0.163 80	0.263 80	3.790 79
6	1.771 56	0.564 47	7.715 61	0.129 61	0.229 61	4.355 26
7	1.948 72	0.513 16	9.487 17	0.105 41	0.205 41	4.868 42
8	2.143 59	0.466 51	11.435 89	0.087 44	0.187 44	5.334 93
9	2.357 95	0.424 10	13.579 47	0.073 64	0.173 64	5.759 02
10	2.593 74	0.385 54	15.937 42	0.062 75	0.162 75	6.144 57
11	2.853 12	0.350 49	18.531 17	0.053 96	0.153 96	6.495 06
12	3.138 43	0.318 63	21.384 28	0.046 76	0.146 76	6.813 69
13	3.452 27	0.289 66	24.522 71	0.040 78	0.140 78	7.103 36
14	3.797 50	0.263 33	27.974 98	0.035 75	0.135 75	7.366 69
15	4.177 25	0.239 39	31.772 48	0.031 47	0.131 47	7.606 08
16	4.594 97	0.217 63	35.949 73	0.027 82	0.127 82	7.823 71
17	5.054 47	0.197 84	40.544 70	0.024 66	0.124 66	8.021 55
18	5.559 92	0.179 86	45.599 17	0.021 93	0.121 93	8.201 41
19	6.115 91	0.163 51	51.159 09	0.019 55	0.119 55	8.364 92
20	6.727 50	0.148 64	57.275 00	0.017 46	0.117 46	8.513 56
21	7.400 25	0.135 13	64.002 50	0.015 62	0.115 62	8.648 69
22	8.140 27	0.122 85	71.402 75	0.014 01	0.114 01	8.771 54
23	8.954 30	0.111 68	79.543 02	0.012 57	0.112 57	8.883 22
24	9.849 73	0.101 53	88.497 33	0.011 30	0.111 30	8.984 74
25	10.834 71	0.092 30	98.347 06	0.010 17	0.110 17	9.077 04
26	11.918 18	0.083 91	109.181 77	0.009 16	0.109 16	9.160 95
27	13.109 99	0.076 28	121.099 94	0.008 26	0.108 26	9.237 22
28	14.420 99	0.069 34	134.209 94	0.007 45	0.107 45	9.306 57
29	15.863 09	0.063 04	148.630 93	0.006 73	0.106 73	9.369 61
30	17.449 40	0.057 31	164.494 02	0.006 08	0.106 08	9.426 91
31	19.194 34	0.052 10	181.943 42	0.005 50	0.105 50	9.479 01
32	21.113 78	0.047 36	201.137 77	0.004 97	0.104 97	9.526 38
33	23.225 15	0.043 06	222.251 54	0.004 50	0.104 50	9.569 43
34	25.547 67	0.039 14	245.476 70	0.004 07	0.104 07	9.608 57
35	28.102 44	0.035 58	271.024 37	0.003 69	0.103 69	9.644 16

10% 续附表

n	$(F/P,i,n)$	$(P/F,i,n)$	$(F/A,i,n)$	$(A/F,i,n)$	$(A/P,i,n)$	$(P/A,i,n)$
36	30.912 68	0.032 35	299.126 81	0.003 34	0.103 34	9.676 51
37	34.003 95	0.029 41	330.039 49	0.003 03	0.103 03	9.705 92
38	37.404 34	0.026 73	364.043 43	0.002 75	0.102 75	9.732 65
39	41.144 78	0.024 30	401.447 78	0.002 49	0.102 49	9.756 96
40	45.259 26	0.022 09	442.592 56	0.002 26	0.102 26	9.779 05

12%

n	$(F/P,i,n)$	$(P/F,i,n)$	$(F/A,i,n)$	$(A/F,i,n)$	$(A/P,i,n)$	$(P/A,i,n)$
1	1.120 00	0.892 86	1.000 00	1.000 00	1.120 00	0.892 86
2	1.254 40	0.797 19	2.120 00	0.471 70	0.591 70	1.690 05
3	1.404 93	0.711 78	3.374 40	0.296 35	0.416 35	2.401 83
4	1.573 52	0.635 52	4.779 33	0.209 23	0.329 23	3.037 35
5	1.762 34	0.567 43	6.352 85	0.157 41	0.277 41	3.604 78
6	1.973 82	0.506 63	8.115 19	0.123 23	0.243 23	4.111 41
7	2.210 68	0.452 35	10.089 01	0.099 12	0.219 12	4.563 76
8	2.475 96	0.403 88	12.299 69	0.081 30	0.201 30	4.967 64
9	2.773 08	0.360 61	14.775 66	0.067 68	0.187 68	5.328 25
10	3.105 85	0.321 97	17.548 74	0.056 98	0.176 98	5.650 22
11	3.478 55	0.287 48	20.654 58	0.048 42	0.168 42	5.937 70
12	3.895 98	0.256 68	24.133 13	0.041 44	0.161 44	6.194 37
13	4.363 49	0.229 17	28.029 11	0.035 68	0.155 68	6.423 55
14	4.887 11	0.204 62	32.392 60	0.030 87	0.150 87	6.628 17
15	5.473 57	0.182 70	37.279 71	0.026 82	0.146 82	6.810 86
16	6.130 39	0.163 12	42.753 28	0.023 39	0.143 39	6.973 99
17	6.866 04	0.145 64	48.883 67	0.020 46	0.140 46	7.119 63
18	7.689 97	0.130 04	55.749 71	0.017 94	0.137 94	7.249 67
19	8.612 76	0.116 11	63.439 68	0.015 76	0.135 76	7.365 78
20	9.646 29	0.103 67	72.052 44	0.013 88	0.133 88	7.469 44
21	10.803 85	0.092 56	81.698 74	0.012 24	0.132 24	7.562 00
22	12.100 31	0.082 64	92.502 58	0.010 81	0.130 81	7.644 65
23	13.552 35	0.073 79	104.602 89	0.009 56	0.129 56	7.718 43
24	15.178 63	0.065 58	118.155 24	0.008 46	0.128 46	7.784 32
25	17.000 06	0.058 82	133.333 87	0.007 50	0.127 50	7.843 14

12%   续附表

n	(F/P, i, n)	(P/F, i, n)	(F/A, i, n)	(A/F, i, n)	(A/P, i, n)	(P/A, i, n)
26	19.040 07	0.052 52	150.333 93	0.006 65	0.126 65	7.895 66
27	21.324 88	0.046 89	169.374 01	0.005 90	0.125 90	7.942 55
28	23.883 87	0.041 87	190.698 89	0.005 24	0.125 24	7.984 42
29	26.749 93	0.037 38	214.582 75	0.004 66	0.124 66	8.021 81
30	29.959 92	0.033 38	241.332 68	0.004 14	0.124 14	8.055 18
31	33.555 11	0.029 80	271.292 61	0.003 69	0.123 69	8.084 99
32	37.581 73	0.026 61	304.847 72	0.003 28	0.123 28	8.111 59
33	42.091 53	0.023 76	342.429 45	0.002 92	0.122 92	8.135 35
34	47.142 52	0.021 21	384.520 98	0.002 60	0.122 60	8.156 56
35	52.799 62	0.018 94	431.663 50	0.002 32	0.122 32	8.175 50
36	59.135 57	0.016 91	484.463 12	0.002 06	0.122 06	8.192 41
37	66.231 84	0.015 10	543.598 69	0.001 84	0.121 84	8.207 51
38	74.179 66	0.013 48	609.830 53	0.001 64	0.121 64	8.220 99
39	83.081 22	0.012 04	684.010 20	0.001 46	0.121 46	8.233 03
40	93.050 97	0.010 75	767.091 42	0.001 30	0.121 30	8.243 78

15%

n	(F/P, i, n)	(P/F, i, n)	(F/A, i, n)	(A/F, i, n)	(A/P, i, n)	(P/A, i, n)
1	1.150 00	0.869 57	1.000 00	1.000 00	1.150 00	0.869 57
2	1.322 50	0.756 14	2.150 00	0.465 12	0.615 12	1.625 71
3	1.520 88	0.657 52	3.472 50	0.287 98	0.437 98	2.283 23
4	1.749 01	0.571 75	4.993 38	0.200 27	0.350 27	2.854 98
5	2.011 36	0.497 18	6.742 38	0.148 32	0.298 32	3.352 16
6	2.313 06	0.432 33	8.753 74	0.114 24	0.264 24	3.784 48
7	2.660 02	0.375 94	11.066 80	0.090 36	0.240 36	4.160 42
8	3.050 92	0.326 90	13.726 82	0.072 85	0.222 85	4.487 32
9	3.517 88	0.284 26	16.785 84	0.059 57	0.209 57	4.771 58
10	4.045 56	0.247 18	20.303 72	0.049 25	0.199 25	5.018 77
11	4.652 39	0.214 94	24.349 28	0.041 07	0.191 07	5.233 71
12	5.350 25	0.186 91	29.001 67	0.034 48	0.184 48	5.420 62
13	6.152 79	0.162 53	34.351 92	0.029 11	0.179 11	5.583 15
14	7.075 71	0.141 33	40.504 71	0.024 69	0.174 69	5.714 48
15	8.137 06	0.122 89	47.580 41	0.021 02	0.171 02	5.847 37

15%   续附表

n	$(F/P,i,n)$	$(P/F,i,n)$	$(F/A,i,n)$	$(A/F,i,n)$	$(A/P,i,n)$	$(P/A,i,n)$
16	9.357 62	0.106 86	55.717 47	0.017 95	0.167 95	5.954 23
17	10.761 26	0.092 93	65.075 09	0.015 37	0.165 37	6.047 16
18	12.375 45	0.080 81	75.836 36	0.013 19	0.163 19	6.127 97
19	14.231 77	0.070 27	88.211 81	0.011 34	0.161 34	6.198 23
20	16.366 54	0.061 10	102.443 58	0.009 76	0.159 76	6.259 33
21	18.821 52	0.053 13	118.810 12	0.008 42	0.158 42	6.312 46
22	21.644 75	0.046 20	137.631 64	0.007 27	0.157 27	6.358 66
23	24.891 46	0.040 17	159.276 38	0.006 28	0.156 28	6.398 84
24	28.625 18	0.034 93	184.167 84	0.005 43	0.155 43	6.433 77
25	32.918 95	0.030 38	212.793 02	0.004 70	0.154 70	6.464 15
26	37.856 80	0.026 42	245.711 97	0.004 07	0.154 07	6.490 56
27	43.535 31	0.022 97	283.568 77	0.003 53	0.153 53	6.513 53
28	50.065 61	0.019 97	327.104 08	0.003 06	0.153 06	6.533 51
29	57.575 45	0.017 37	377.169 69	0.002 65	0.152 65	6.550 88
30	66.211 77	0.015 10	434.745 15	0.002 30	0.152 30	6.565 98
31	76.143 54	0.013 13	500.956 92	0.002 00	0.152 00	6.579 11
32	87.565 07	0.011 42	577.100 46	0.001 73	0.151 73	6.590 53
33	100.699 83	0.009 93	664.665 52	0.001 50	0.151 50	6.600 46
34	115.804 80	0.008 64	765.365 35	0.001 31	0.151 31	6.609 10
35	133.175 52	0.007 51	881.170 16	0.001 13	0.151 13	6.616 61
36	153.151 85	0.006 53	1 014.345 68	0.000 99	0.150 99	6.623 14
37	176.124 63	0.005 68	1 167.497 53	0.000 86	0.150 86	6.628 81
38	202.543 32	0.004 94	1 343.622 16	0.000 74	0.150 74	6.633 75
39	232.924 82	0.004 29	1 546.165 49	0.000 65	0.150 65	6.638 05
40	267.863 55	0.003 73	1 779.090 31	0.000 56	0.150 56	6.641 78

20%

n	$(F/P,i,n)$	$(P/F,i,n)$	$(F/A,i,n)$	$(A/F,i,n)$	$(A/P,i,n)$	$(P/A,i,n)$
1	1.200 00	0.833 33	1.000 00	1.000 00	1.200 00	0.833 33
2	1.440 0	0.694 44	2.200 00	0.454 55	0.654 55	1.527 78
3	1.728 00	0.578 70	3.640 00	0.274 73	0.474 73	2.106 48
4	2.073 60	0.482 25	5.368 00	0.186 29	0.386 29	2.588 73
5	2.488 32	0.401 88	7.441 60	0.134 38	0.334 38	2.990 61

20%

n	$(F/P,i,n)$	$(P/F,i,n)$	$(F/A,i,n)$	$(A/F,i,n)$	$(A/P,i,n)$	$(P/A,i,n)$
6	2.985 98	0.334 90	9.929 92	0.100 71	0.300 71	3.325 51
7	3.583 18	0.279 08	12.915 90	0.077 42	0.277 42	3.604 59
8	4.299 82	0.232 57	16.499 08	0.060 61	0.260 61	3.837 16
9	5.159 78	0.193 81	20.798 90	0.048 08	0.248 08	4.030 97
10	6.191 74	0.161 51	25.958 68	0.038 52	0.238 52	4.192 47
11	7.430 08	0.134 59	32.150 42	0.031 10	0.231 10	4.327 06
12	8.916 10	0.112 16	39.580 50	0.025 26	0.225 26	4.439 22
13	10.699 32	0.093 46	48.496 60	0.020 62	0.220 62	4.532 68
14	12.839 18	0.077 89	59.195 92	0.016 89	0.216 89	4.610 57
15	15.407 02	0.064 91	72.035 11	0.013 88	0.213 88	4.675 47
16	18.488 43	0.054 09	87.442 13	0.011 44	0.211 44	4.729 56
17	22.186 11	0.045 07	105.930 56	0.009 44	0.209 44	4.774 63
18	26.623 33	0.037 56	128.116 67	0.007 81	0.207 81	4.812 19
19	31.948 00	0.031 30	154.740 00	0.006 46	0.206 46	4.843 50
20	38.337 60	0.026 08	186.688 00	0.005 36	0.205 36	4.869 58
21	46.005 12	0.021 74	225.025 60	0.004 44	0.204 44	4.891 32
22	55.206 14	0.018 11	271.030 72	0.003 69	0.203 69	4.909 43
23	66.247 37	0.015 09	326.236 86	0.003 07	0.203 07	4.924 53
24	79.496 85	0.012 58	392.484 24	0.002 55	0.202 55	4.937 10
25	95.396 22	0.010 48	471.981 08	0.002 12	0.202 12	4.947 59
26	114.475 46	0.008 74	567.377 30	0.001 76	0.201 76	4.956 32
27	137.370 55	0.007 28	681.852 76	0.001 47	0.201 47	4.963 60
28	164.844 66	0.006 07	819.223 31	0.001 22	0.201 00	4.969 67
29	197.813 59	0.005 06	984.067 97	0.001 02	0.201.02	4.974 72
30	237.376 31	0.004 21	1 181.881 57	0.000 85	0.200 85	4.978 94
31	284.851 58	0.003 51	1 419.257 88	0.000 70	0.200 70	4.982 45
32	341.821 89	0.002 93	1 704.109 46	0.000 59	0.200 59	4.985 37
33	410.186 27	0.002 44	2 045.931 35	0.000 49	0.200 49	4.987 81
34	492.223 52	0.002 03	2 456.117 62	0.000 41	0.200 41	4.989 84
35	590.668 23	0.001 69	2 948.341 15	0.000 34	0.200 34	4.991 54
36	708.801 87	0.001 41	3 539.009 37	0.000 28	0.200 28	4.992 95
37	850.562 25	0.001 18	4 247.811 25	0.000 24	0.200 24	4.994 12
38	1 020.674 70	0.000 98	5 098.373 50	0.000 20	0.200 20	4.995 10
39	1 224.809 64	0.000 82	6 119.048 20	0.000 16	0.200 16	1.995 92
40	1 469.771 57	0.000 68	7 343.857 84	0.000 14	0.200 14	4.996 60

25%

n	$(F/P,i,n)$	$(P/F,i,n)$	$(F/A,i,n)$	$(A/F,i,n)$	$(A/P,i,n)$	$(P/A,i,n)$
1	1.250 00	0.800 00	1.000 00	1.000 00	1.250 00	0.800 00
2	1.562 50	0.640 00	2.250 00	0.444 44	0.694 44	1.440 00
3	1.953 13	0.512 00	3.812 50	0.262 30	0.512 30	1.952 00
4	2.441 41	0.409 60	5.765 63	0.173 44	0.423 44	2.361 60
5	3.051 76	0.327 68	8.207 03	0.121 85	0.371 85	2.689 28
6	3.814 70	0.262 14	11.258 79	0.088 82	0.338 82	2.951 42
7	4.768 37	0.209 72	15.073 49	0.066 34	0.316 34	3.161 14
8	5.960 46	0.167 77	19.841 86	0.050 40	0.300 40	3.328 91
9	7.450 58	0.134 22	25.802 32	0.038 76	0.288 76	3.463 13
10	9.313 23	0.107 37	33.252 90	0.030 07	0.280 07	3.570 50
11	11.641 53	0.085 90	42.566 13	0.023 49	0.273 49	3.656 40
12	14.551 92	0.068 72	54.207 66	0.018 45	0.268 45	3.725 12
13	18.189 89	0.054 98	68.759 58	0.014 54	0.264 54	3.780 10
14	22.737 37	0.043 98	86.949 47	0.011 50	0.261 50	3.824 08
15	28.421 71	0.035 18	109.686 84	0.009 12	0.259 12	3.859 26
16	35.527 14	0.028 15	138.108 55	0.007 24	0.257 24	3.887 41
17	44.408 92	0.022 52	173.635 68	0.005 76	0.255 76	3.909 93
18	55.511 15	0.018 01	218.044 60	0.004 59	0.254 59	3.927 94
19	69.388 94	0.014 41	273.555 76	0.003 66	0.253 66	3.942 35
20	86.736 17	0.011 53	342.944 70	0.002 92	0.252 92	3.953 88
21	108.420 22	0.009 22	429.680 87	0.002 33	0.252 33	3.963 11
22	135.525 27	0.007 38	538.101 09	0.001 86	0.251 86	3.970 49
23	169.406 59	0.005 90	673.626 36	0.001 48	0.251 48	3.976 39
24	211.758 24	0.004 72	843.032 95	0.001 19	0.251 19	3.981 11
25	264.697 80	0.003 78	1 054.791 18	0.000 95	0.250 95	3.984 89
26	330.872 25	0.003 02	1 319.488 98	0.000 76	0.250 76	3.987 91
27	413.590 31	0.002 42	1 650.361 23	0.000 61	0.250 61	3.990 33
28	516.987 88	0.001 93	2 063.951 53	0.000 48	0.250 48	3.992 26
29	646.234 85	0.001 55	2 580.939 41	0.000 39	0.250 69	3.993 81
30	807.793 57	0.001 24	3 227.174 27	0.000 31	0.250 31	3.995 05
31	1 009.741 96	0.000 99	4 034.967 83	0.000 25	0.250 25	3.996 04
32	1 262.177 45	0.000 79	5 044.709 79	0.000 20	0.250 20	3.996 83
33	1 577.721 81	0.000 63	6 306.887 24	0.000 16	0.250 16	3.997 46
34	1 972.152 26	0.000 51	7 884.609 05	0.000 13	0.250 13	3.997 97
35	2 465.190 33	0.000 41	9 856.761 32	0.000 10	0.250 10	3.998 38

25% 续附表

n	$(F/P,i,n)$	$(P/F,i,n)$	$(F/A,i,n)$	$(A/F,i,n)$	$(A/P,i,n)$	$(P/A,i,n)$
36	3 081.487 91	0.000 32	12 321.951 64	0.000 08	0.250 08	3.998 70
37	3 851.859 89	0.000 26	15 403.439 56	0.000 06	0.250 06	3.998 96
38	4 814.824 86	0.000 21	19 255.299 44	0.000 05	0.250 05	3.999 17
39	6 018.531 08	0.000 17	24 070.124 30	0.000 04	0.250 04	3.999 34
40	7 523.163 85	0.000 13	30 088.655 38	0.000 03	0.250 03	3.999 47

30%

n	$(F/P,i,n)$	$(P/F,i,n)$	$(F/A,i,n)$	$(A/F,i,n)$	$(A/P,i,n)$	$(P/A,i,n)$
1	1.300 00	0.769 23	1.000 00	1.000 00	1.300 00	0.769 23
2	1.690 00	0.591 72	2.300 00	0.434 78	0.734 78	1.360 95
3	2.197 00	0.455 17	3.990 00	0.250 63	0.550 63	1.816 11
4	2.856 10	0.350 13	6.187 00	0.161 63	0.461 63	2.166 24
5	3.712 93	0.269 33	9.043 10	0.110 58	0.410 58	2.435 57
6	4.826 81	0.207 18	12.756 03	0.078 39	0.378 39	2.642 75
7	6.274 85	0.159 37	17.582 84	0.056 87	0.356 87	2.802 11
8	8.157 31	0.122 59	23.857 69	0.041 92	0.341 92	2.924 70
9	10.604 50	0.094 30	32.015 00	0.031 24	0.331 24	3.019 00
10	13.785 85	0.072 54	42.619 50	0.023 46	0.323 46	3.091 54
11	17.921 60	0.055 80	56.405 35	0.017 73	0.317 73	3.147 34
12	23.298 09	0.042 92	74.326 95	0.013 45	0.313 45	3.190 26
13	30.287 51	0.033 02	97.625 04	0.010 24	0.311 11	3.223 28
14	39.373 76	0.025 40	127.912 55	0.007 82	0.307 82	3.248 67
15	51.185 89	0.019 54	167.286 31	0.005 98	0.305 98	3.268 21
16	66.541 66	0.015 03	218.472 20	0.004 58	0.304 88	3.283 24
17	86.504 16	0.011 56	285.013 86	0.003 51	0.303 51	3.294 80
18	112.455 41	0.008 89	371.518 02	0.002 69	0.302 69	3.303 69
19	146.192 03	0.006 84	483.973 43	0.002 07	0.302 07	3.310 53
20	190.049 64	0.005 26	630.165 46	0.001 59	0.301 59	3.315 79
21	247.064 53	0.004 05	820.215 10	0.001 22	0.301 22	3.319 84
22	321.183 89	0.003 11	1 067.279 63	0.000 94	0.300 94	3.322 96
23	417.539 05	0.002 39	1 388.463 51	0.000 72	0.300 72	3.325 35
24	542.800 77	0.001 84	1 806.002 57	0.000 55	0.300 55	3.327 19
25	705.641 00	0.001 42	2 348.803 34	0.000 43	0.300 43	3.328 61

30%	续附表

n	(F/P,i,n)	(P/F,i,n)	(F/A,i,n)	(A/F,i,n)	(A/P,i,n)	(P/A,i,n)
26	917.333 30	0.001 09	3 054.444 34	0.000 33	0.300 33	3.329 70
27	1 192.533 29	0.000 84	3 971.777 64	0.000 25	0.300 25	3.330 54
28	1 550.293 28	0.000 65	5 164.310 93	0.000 19	0.300 19	3.331 18
29	2 015.381 26	0.000 50	6 714.604 21	0.000 15	0.300 15	3.331 68
30	2 619.995 64	0.000 38	8 729.985 48	0.000 11	0.300 11	3.332 06
31	3 405.994 34	0.000 29	11 349.981 12	0.000 09	0.300 09	3.332 35
32	4 427.792 64	0.000 23	14 755.975 46	0.000 07	0.300 07	3.332 58
33	5 756.130 43	0.000 17	19 183.768 10	0.000 05	0.300 05	3.332 75
34	7 482.969 56	0.000 13	24 939.898 53	0.000 04	0.300 04	3.332 89
35	9 727.860 43	0.000 10	32 422.868 08	0.000 03	0.300 03	3.332 99
36	12 646.218 55	0.000 08	42 150.728 51	0.000 02	0.300 02	3.333 07
37	16 440.084 12	0.000 06	54 796.947 06	0.000 02	0.300 02	3.333 13
38	21 372.109 35	0.000 05	71 237.031 18	0.000 01	0.300 01	3.333 18
39	27 783.742 16	0.000 04	92 609.140 53	0.000 01	0.300 01	3.333 21
40	36 118.864 81	0.000 03	120 392.882 69	0.000 01	0.300 01	3.333 24

35%

n	(F/P,i,n)	(P/F,i,n)	(F/A,i,n)	(A/F,i,n)	(A/P,i,n)	(P/A,i,n)
1	1.350 00	0.740 74	1.000 00	1.000 00	1.350 00	0.740 74
2	1.822 50	0.548 70	2.350 00	0.425 53	0.775 53	1.289 44
3	2.460 38	0.406 44	4.172 50	0.239 66	0.589 66	1.695 88
4	3.321 51	0.301 07	6.632 88	0.150 76	0.500 76	1.996 95
5	4.484 03	0.223 01	9.954 38	0.100 46	0.450 46	2.219 96
6	6.053 45	0.165 20	14.438 41	0.069 26	0.419 26	2.385 16
7	8.172 15	0.122 37	20.491 86	0.048 80	0.398 80	2.507 52
8	11.032 40	0.090 64	28.664 01	0.034 89	0.384 89	2.598 17
9	14.893 75	0.067 14	39.696 41	0.025 19	0.375 19	2.665 31
10	20.106 56	0.049 74	54.590 16	0.018 32	0.368 32	2.715 04
11	27.143 85	0.036 84	74.696 72	0.013 39	0.363 39	2.751 88
12	36.644 20	0.027 29	101.840 57	0.009 82	0.359 82	2.779 17
13	49.469 67	0.020 21	138.484 76	0.007 22	0.357 22	2.799 39
14	66.784 05	0.014 97	187.954 43	0.005 32	0.355 32	2.814 36
15	90.158 47	0.011 09	254.738 48	0.003 93	0.353 93	2.825 45

35%　　　　　　　　　　　　　　　　　　续附表

n	$(F/P,i,n)$	$(P/F,i,n)$	$(F/A,i,n)$	$(A/F,i,n)$	$(A/P,i,n)$	$(P/A,i,n)$
16	121.713 93	0.008 22	344.896 95	0.002 90	0.352 90	2.833 67
17	164.313 81	0.006 09	466.610 88	0.002 14	0.352 14	2.839 75
18	221.823 64	0.004 51	630.924 69	0.001 58	0.351 58	2.844 26
19	299.461 92	0.003 34	852.748 34	0.001 17	0.351 17	2.847 60
20	404.273 59	0.002 47	1 152.210 25	0.000 87	0.350 87	2.850 08
21	545.769 35	0.001 83	1 556.483 84	0.000 64	0.350 64	2.851 91
22	736.788 62	0.001 36	2 102.253 19	0.000 48	0.350 48	2.853 27
23	994.664 63	0.001 01	2 839.041 80	0.000 35	0.350 35	2.854 27
24	1 342.797 25	0.000 74	3 833.706 43	0.000 26	0.350 26	2.855 02
25	1 812.776 29	0.000 55	5 176.503 69	0.000 19	0.350 19	2.855 57
26	2 447.247 99	0.000 41	6 989.279 98	0.000 14	0.350 14	2.855 98
27	3 303.784 79	0.000 30	9 436.527 97	0.000 11	0.350 11	2.586 28
28	4 460.109 47	0.000 22	12 740.312 76	0.000 08	0.350 08	2.856 50
29	6 021.147 78	0.000 17	17 200.422 23	0.000 06	0.350 06	2.856 67
30	8 128.549 50	0.000 12	23 221.570 00	0.000 04	0.350 04	2.856 79
31	10 973.541 83	0.000 09	31 350.119 51	0.000 03	0.350 03	2.856 88
32	14 814.281 47	0.000 07	42 323.661 33	0.000 02	0.350 02	2.856 95
33	19 999.279 98	0.000 05	57 137.942 80	0.000 02	0.350 02	2.857 00
34	26 999.027 97	0.000 04	77 137.222 78	0.000 01	0.350 01	2.857 04
35	36 448.687 76	0.000 03	104 136.250 75	0.000 01	0.350 01	2.857 06
36	49 205.728 48	0.000 02	140 584.938 51	0.000 01	0.350 01	2.857 08
37	66 427.733 45	0.000 02	189 790.666 99	0.000 01	0.350 01	2.857 10
38	89 677.440 15	0.000 01	256 218.400 44	0.000 00	0.350 00	2.857 11
39	121 064.544 21	0.000 01	345 895.840 59	0.000 00	0.350 00	2.857 12
40	163 437.134 68	0.000 01	466 960.384 80	0.000 00	0.350 00	2.857 13

后 记

能有机会编写《工程经济学》这本教材，首先感谢复旦大学出版社罗翔老师的约稿。

工程经济学是以工程技术为主体，以技术和经济这个系统为核心的综合性应用学科，是简化经济比较的一种数学方法集合。

笔者从事工程经济学的教学、科研工作十余年，本书也可以说是笔者多年教学经验的总结。

对工程经济学这门学科的了解和研究，首先感谢我的硕士导师虞和锡教授、博士导师张世英教授，是他们的谆谆教导和严谨治学深深影响了我对知识的学习。此外，我的同事赵国杰教授在我的工作中也给予了极大的支持。在此向他们表示深深的感谢。

本书由杨克磊副教授主编，负责设计、规划并定稿，参加编写的还有佘震宇、李海涛、高铁军、刘旌、蒋水宾，在此表示感谢。感谢所有参加本书编写工作的我的研究生们——蒋燕、杜金鑫、司云波、叶黎黎、陶静、刁鹏。

感谢在我工作上给予大力支持的我的爱人赵奕和我的儿子杨鸿钦，他们的理解和支持是我工作的动力和精神支柱。

作为教材，本书在总结归纳前人著作的基础上，引用和参考了许多同仁的教材和专家学者的研究成果，其资料在本书的参考文献中列出，有些可能疏忽而遗漏，在此谨向他们表示衷心的感谢和歉意。由于编者水平有限，书中难免有错误或不妥之处，恳请读者批评指正。

最后再次感谢复旦大学出版社罗翔老师对我的信任和支持。

杨克磊
2007 年 4 月 18 日

图书在版编目(CIP)数据

工程经济学/杨克磊,廖青虎编著. —2 版. —上海:复旦大学出版社,2021.5
(复旦博学.21 世纪工程管理系列)
ISBN 978-7-309-15491-7

Ⅰ.①工… Ⅱ.①杨… ②廖… Ⅲ.①工程经济学-高等学校-教材 Ⅳ.①F062.4

中国版本图书馆 CIP 数据核字(2021)第 080068 号

工程经济学(第二版)
杨克磊　廖青虎　编著
责任编辑/方毅超

复旦大学出版社有限公司出版发行
上海市国权路 579 号　邮编:200433
网址:fupnet@fudanpress.com　http://www.fudanpress.com
门市零售:86-21-65102580　团体订购:86-21-65104505
出版部电话:86-21-65642845
浙江临安曙光印务有限公司

开本 787×1092　1/16　印张 19.75　字数 433 千
2021 年 5 月第 2 版第 1 次印刷

ISBN 978-7-309-15491-7/F·2773
定价:48.00 元

如有印装质量问题,请向复旦大学出版社有限公司出版部调换。
版权所有　侵权必究